算数教育指導用語辞典［第五版］

日本数学教育学会 編著

教育出版

発刊にあたって

日本数学教育学会　会　長　田島　一郎
出版部長　宇喜多　義昌

　戦後・算数教育は生活単元学習時代（昭22〜32年）から，数理の系統学習時代（昭33〜42年），現代化学習時代（昭43〜51年）を経て，精選化学習時代（現行学習指導要領・昭52年〜現在）へと移り，算数教育内容は改善され，指導法も行き過ぎは是正され，伝統的な指導も改善された形で復活されてきている。

　算数教育は，論理数学または純正数学の教育を目ざす数学教育とは少しく異なる。すなわち，目標においては「数量や図形についての基礎的な知識と技能を身につけ」させるにしても，自然や社会の中にある素朴な日常事象の数量的な面，図形的な面をとらえ，数量化し，図形化する。ついで「筋道を立てて考え（主として，帰納と類推によって一般化，法則化し），処理する能力と態度を育てる。」ことを目標としている。

　また，算数教育では，生活経験が浅く，知的にも未熟な段階にある児童達であることから，その指導法においても数学教育とは自ずから違ったものとなっている。したがって，算数教育では実験，実測，操作活動等が取り上げられ，特有な指導用語が伝統的に使われている。例えば，零（0）の役割りとして"無の零"，"空位の零"，"計算上の零"，があり，また，整数の減法では，"減加法"，"減々法"，"数え引き"等々の指導用語が使われている。これらの用語は大学の数学教育の中で使われることはほとんどない。したがって，現場の小学校教師になって初めて先輩教師から聞いて知ることが多いのである。このため若い教師は面くらったり，未知のためにコンプレックスを感じたりする。

　日本数学教育学会の出版部としては，比較的早くから本書の発刊企画をもっていて，このための準備を進めてきた。今般，全国的にわたり算数教育の研究指導にあたっている先生方の総力を結集し，出版部幹事の先生方を中心に原稿執筆，検討，校正をお願いし，日本数学教育学会として誇り得る算数教育指導用語辞典を完成することができた。

　全国の算数教育のご指導にあたっている諸先生方ばかりでなく，これから算数教育を志す方々にも座右の書として本書を広くご活用戴ければ幸いである。

昭和59年7月

は　し　が　き

　はじめに　　概念の学習は記号過程，とりわけ言語過程と深い関連をもっている。数学的な用語，記号の学習と概念の学習とは，殊更に深く考察すべき独特な問題をもっている。したがって，算数教育のねらいの一つとして，数量や図形についての用語を用いることの意義について理解させ，それらを用いて，簡潔，明確に表したり考えたりすることは，極めて重要であることは言うまでもない。教師が算数を指導するとき，児童が算数を学習するときも，常に用語の存在なくしては，一歩も進められないのである。教師は，単に児童が学習するときに用いる用語のみならず，算数教育を深く考察したり，有効的に進めたり，研究したりするためには，ある程度の用語の知識を持ち，十分に理解しておくことは大切である。

　このようなことから，日本数学教育学会では，小学校の先生方の労力を少しでも軽減し，一方日々の指導や研究を能率的かつ実効的に進めるために，座右の書が必要欠くべからざるものと考え，出版部において，"算数教育指導用語辞典"を発案し，永い間審議を尽くして，企画・編集をすることになった。

　編集方針について

　本辞典の編集にあたっては，次のような方針をとっている。

　１．この辞典に取り上げる用語は，まず，項目として取り上げる用語であり，さらにそれを解説するにあたって多くの用語を取り上げるものである。項目としての用語は，学習指導要領，文部省指導書，教科書指導書，並びに既刊の算数教育図書の中に見られる算数教育に携わる人にとって欠くべからざる基本用語を精選して取り上げている。その範囲は，古典算術用語から，現代のパソコンの用語，算数教育と関連の深い心理学的用語も含まれている。

　２．全体の構成を「第１部」と「第２部」に分けている。第１部は一般的な用語とし，青表紙教科書に始まり，目標，数学的思考，操作，教具，教育機器などに関するもので，全40語を取り上げている。とくに，算数教育上必要不可欠な用語として十分精選したものである。また，第２部は，第１学年から第６学年までの数と計算，量と測定，図形，数量関係の各領域の指導内容における基本用語

として，暗算から割合までの全69語を取り上げている。したがって，第1部，第2部を合計して109語に及んでいる。

　3．用語の解説にあたっては，次のように考えて編集している。
（1）第1部では，主に一般的，理論的な解説であるが，できる限り算数の指導との関連に触れることにする。また，なかには1ページの解説にとどめたものもあるが，その意味が十分に尽くせるよう簡潔平易な記述を心掛けた。
（2）第2部では，例えば，「数の概念」について言うと，第1学年から第6学年まで，その指導内容がどのように系統的に位置づけられているかが分かるようにしている。そして用語の数学的な意味や教育的な意味を述べ，さらに各学年の具体的内容や重点としてどのようなものがあるか，また，単なる用語集でなく，その主な指導法，注意すべき点，児童のつまずきなどについても手短な解説をしている。
（3）第1部，第2部とも解説の中に出てくる用語をさらに詳しく説明する必要のあるものは，下欄（各ページの下段）に取り上げている。また，用語の解説の間に"算数閑話十二題"を取り上げ，興味・関心を喚起して読めるように努めている。

　おわりに　本辞典の執筆にあたっては，数学教育学者，数学者，指導主事，小学校で直接学習指導にあたる校長・教諭など82名の方々が，慎重に吟味され，内容の程度，選択，配列について非常な苦心が払われている。そして努めて平易，懇切，明解をモットーとして，誰にも分かるように細心の注意がなされている。

　本書が多くの先生方や教員養成大学の学生諸君に大いに読まれ，活用され，算数教育界の質的向上に，いささかでも貢献できれば誠に幸いである。

　なお，本書の企画，編集に多大の労を戴いた出版部の編集委員，本書の刊行に対し，積極的な意欲と万全の配慮を賜わられた新数社の諸氏に満腔の謝意を表する次第である。

　　昭和59年7月

　　　　　　　　　　　　　　　　　　　　編集委員長　　大野清四郎
　　　　　　　　　　　　　　　　　　　　幹事代表　　　金児　　功

新訂にあたって

日本数学教育学会　会　長　茂　木　　勇
出版部長　小　高　俊　夫

　日本数学教育学会の出版部が「算数教育指導用語辞典」を編集し，新数社から初版を発行したのは昭和59年（1984）のことであり，そのときからすでに8年を経過した。この間，江湖の読者諸氏から非常な歓迎を受け，算数の指導研究に多大の貢献をして今日に至った。

　この辞典の「はしがき」に書かれているように，数学的な用語・記号や数学的な概念，または算数教育の基礎理論を理解しておくことは，算数教育を考察したり研究を進めたりする上に，極めて大切である。

　今回，平成元年（1989）の3月に学習指導要領が改訂され，すでに情報化時代と特徴づけられる新しい世界に向けての算数教育が進行しつつある。この時期に当たり，この時代の要求に沿うよう，旧版を全面的に検討して改訂の手を加えることになった。本書が旧版に増して多数の先生方や教職志望の学生諸君に存分に活用して頂けることを念じている。

新訂・増補に際しては，

　1．新訂版も旧版の編集方針を踏襲して，「第1部」「第2部」とも採用する用語はほとんどそのままとし，その内容を学習指導要領の改訂にともなって改めた。また，改訂にともなって追加すべきものを巻末に増補した。その結果，第1部には45語，第2部には74語の合計119語が収録された。

　2．新訂版は，旧版の執筆者82名のほか新たに6名，および協力者3名を加え総勢91名に及ぶ全国の方々にお願いした。

　ここで改めて旧版の執筆者各位に対し深甚なる敬意を表するとともに，今回新風を吹き込んで下さった新訂・増補版の執筆者・協力者の方々に心から感謝の言葉を贈りたいと思う。最後に，旧版にひき続き長い間本学会の事業にご協力下さいました新数社社長島田豊治氏，さらには本学会出版部の伊従寿雄氏をはじめとする幹事の諸氏，とりわけ緻密さを要する面倒な編集業務に献身してこられた小泉眞悦氏に対して，満腔の謝意を捧げる次第である。

平成4年3月

三訂版にあたって

　　　　　　　　　　　　　　　　　　　日本数学教育学会　会　長　澤　田　利　夫
　　　　　　　　　　　　　　　　　　　　　　　　　出版部長　吉　田　　稔

　この辞典は，「はしがき」に書かれているように，数学の学習過程を，1つの記号過程としてとらえ，それを踏まえつつ，言語の獲得過程と概念形成との間には強い関連があるとの認識の上に立って編集・作成されたものである。

　実際，教師が算数を教えるときも，子どもが自ら算数を学習するときも，言語の意味の理解とその活用を通して，指導と学習が成立することを想起すれば，この辞典の編集のねらいは一層よく感得されるであろう。

　そこで，今回そのような編集のねらいを一層実現させるために，また平成10年の学習指導要領の改訂を契機に，新学習指導要領に対応させることをも念頭において，三訂版を作成することを試みてみたのである。

　この三訂版を作成するに際しては，旧版の編集方針を踏襲するとともに，旧版の良さをできるだけ生かすため，今般，学習指導要領からカットされた用語は，原則として削除せずそのまま残す努力をした。

　また，新学習指導要領にとりあげられた新しい用語や，これまでの算数教育の歩みがとらえられるように，歴史的な事項の解説をふやすとともに，数学を専門としない小学校の先生方が読んですぐその意味がわかるように，文章表現を改める努力をも行った。

　ここで改めて旧版の執筆者各位に敬意を表すとともに，今回新しいアイディアを数多く提供してくださり，改訂の実をもたらしてくれた三訂版の執筆者の方々に心から感謝の言葉を申し述べたいと思う。とりわけ，構想の豊かさと作業の綿密さとを要求される，辞典編集独特の面倒なとりまとめを献身的にしていただいた編集主任の小泉眞悦氏には，どう感謝の気持ちを申し述べればよいか適当な言葉がみつからない。

　最後に，出版事情の厳しい中，本事業をひき受けてくださいました教育出版の関係者の方々，特に編集作業を中心的に担われた阪口建吾氏，そして，実務を一手にひき受けられた日本教材システムの佐々木達氏に感謝の言葉を贈りたいと思う。

　　　　　　　　　　　　　　　　　　　　　　　　　　　　　　　平成16年5月

第四版刊行にあたって

日本数学教育学会　会　長　中原忠男
出版部長　重松敬一

　平成20年の学習指導要領改訂では，21世紀は「知識基盤社会」であるとされ，新たな知識を生み出す知的活動に不可欠な算数の学力向上に力が注がれることとなった。

　算数の知識体系は，現実の事象を理解し，読み解くための基盤として働くものである。算数の学力向上といっても，計算技能の向上ばかりを目指していたのでは新しい時代に対応した算数教育とはならない。それは古くから気付かれ，実践されてきたことであるが，あらためてそのことを肝に銘じて算数の指導に当たらねばならないと思う。

　今般，平成20年の学習指導要領改訂を契機に「算数教育指導用語辞典」の第四版を刊行することとなった。この辞典は，初任の先生方等には難解な算数教育の'業界用語'に解説を加え，算数の指導法の研鑽に役立てることを目指したものである。難解な業界用語の裏には，算数に対する見方，あるいは，算数の指導上の理念などが隠されている。第四版においては，学習指導要領改訂の背景にある考え方の解説を充実させた。この辞典を活用して，算数の指導に対する考え方をも修得し，さらによりよい指導法を生み出していってもらいたいと思う。

　第四版の編集においては第三版の編集方針を踏襲し，旧版のよさを最大限に生かすように努めた。新学習指導要領における指導年次にしたがって記述し，当該学年までに何が指導され，どのような力を身に付けてきているかが一目でわかるようになっている。必要な場合には旧学習指導要領との違いにも触れ，なじみのない学年での指導や学習指導要領移行期の指導にも役立つものである。

　この辞典の改訂は，初版から第三版までの出版にかかわられた執筆者，編集者の方々の努力の上に成し遂げられたものである。そして，その偉業を改訂の形で受け継いでいくことができることを幸せに思う。そして，本辞典が，日本の算数教育の質的向上の助けとなることができれば最上の喜びである。

　最後に，本書の刊行を引き受けてくださいました教育出版の方々，および，緻密な作業が要求される辞典編集の実務を担当された日本教材システムの堀越一夫氏に感謝の念を表したい。

平成20年11月

第五版刊行にあたって

日本数学教育学会　会　長　藤井斉亮
出版部長　松尾七重

　このたび平成29年の学習指導要領の改訂に伴い，第五版を刊行することになった。この学習指導要領では，知・徳・体にわたる「生きる力」を子供たちに育むため，「何のために学ぶのか」という学習の意義を共有しながら，授業の創意工夫や教科書等の教材の改善を引き出していけるよう，全ての教科等について，１．知識及び技能，２．思考力，判断力，表現力等，３．学びに向かう力，人間性等の三つの柱で再整理して，知識の理解の質を高め資質・能力を育む「主体的・対話的で深い学び」の実現を目指している。算数・数学について言えば，数学的な見方や考え方の捉え方の明確化，小中高で一貫して求められているデータの活用の内容等の増加が認められる。

　そのため，第五版では，新学習指導要領の趣旨に合わせて改訂を行った。編集にあたっては，基本的には，第四版の編集方針を踏襲し，旧版までに積み重ねられ，蓄積された功績をできるだけ残すようにした。そのため，現代の算数教育とは必ずしも直接的に関わらない内容であっても，削除は行わなかった。その一方で，新学習指導要領で重点化されている数学的活動，数学的見方・考え方，データの活用等については追加したり，修正したりして掲載するようにした。また昨今の状況に合わせて，プログラミング教育や幼児期の算数等に関わる内容を追加した。これらは出版部幹事全員の方からの意見をもとに選択した項目である。

　こうして出来上がった第五版は，初版から第四版までの出版に関わられた執筆者，編集者の方々が成し遂げられた偉業の上に完成されたものであり，先人の方々の功績を讃えるととともに，その恩恵にあずかれることを幸いに思う。算数・数学教育に関わる多くの教育関係者の今後の研究の進展に貢献できることが最大の喜びである。

　最後に，本書の刊行を快くお引き受けくださり，編集作業の実務を担当していただき，百周年記念式典の時期に合わせた完成にご尽力いただいた，教育出版の阪口建吾氏に感謝の意を表したい。

平成30年7月

初版・新訂増補版・第三版・第四版・第五版　執筆者・協力者
（敬称略・五十音順）

青柳 雅計	杉山 高一	堀江 英隆	島田　茂
家田 晴行	杉山 吉茂	堀山 欽哉	橋本 吉彦
池田 公夫	鈴木 正紀	本郷 春治	町田 彰一郎
伊従 寿雄	高木 正一	本田 京子	
入子 祐三	高野　操	本田 敏子	（第三版）
岩田 貞夫	高森 敏夫	正木 孝昌	大澤 隆之
上原 徳次	滝沢 達郎	松山 武士	黒澤 俊二
宇喜多 義昌	滝　富夫	松山　貢	小泉 眞悦
氏家 勝巳	竹内 嗣郎	丸山　保	坂本 正彦
内山 守常	武末 哲夫	水町　浩	白石 和夫
大島 仁太郎	田島 一郎	宮本 一郎	田中 博史
大野 清四郎	田中 正夫	三輪 辰郎	長谷川 雅枝
岡部 賢一	田村　弘	山崎 光弘	吉田　稔
小野 英夫	坪田 耕三	山田 臣一	
加藤 宣彦	手島 勝朗	山中　優	（第四版）
金児　功	時任 サヨ	山本 哲雄	大澤 隆之
金子 繁雄	土橋　稔	吉村　啓	坂本 正彦
川越 一夫	中川 三郎	渡辺 正八	白石 和夫
神田 哲男	仲田 紀夫		田中 博史
木村　寛	中野 洋二郎	（増補版）	二宮 裕之
楠本 善之助	中村 恵一	飯島 康男	長谷川 雅枝
工藤 敦男	中村 享史	伊藤 説朗	
小泉 眞悦	中村 文子	片桐 重男	（第五版）
小島　宏	二階 直隆	小島　宏	岸本 忠之
小島 康子	西崎 道喜	小林 敢治郎	白石 和夫
小西 豊文	西中　隆	島田　功	辻　宏子
小林 敢治郎	野口 哲郎	清水 静海	辻山 洋介
小林　森	橋本 吉彦	杉山 吉茂	中和　渚
笹井 昭孝	原田 純一	谷　賢治	日野 圭子
塩谷　敬	平岡　忠	平岡　忠	松尾 七重
柴田 録治	古川 善晴		松島　充
杉岡 司馬	星野 征男	梶　外志子	

出版部編集委員

(敬称略・五十音順)

初版編集委員

□出版部長　◎委員長　○幹事代表　●顧問

伊従　寿雄	□宇喜多　義昌	大島　仁太郎
◎大野　清四郎	小野　英夫	○金児　功
小泉　眞悦	小島　宏	手島　勝朗
中村　享史	堀山　欽哉	●佐藤　良一郎

新訂・増補版編集委員

◎出版部長　○副部長　◇主任　●顧問

◇伊従　寿雄	◎小高　俊夫	○小野　英夫
小泉　眞悦	手島　勝朗	本間　清美
松尾　吉陽	松澤　正夫	●宇喜多　義昌

第三版編集委員

◎出版部長　○副部長　◇編集主任

大澤　隆之	黒澤　俊二	◇小泉　眞悦
坂本　正彦	○白石　和夫	田中　博史
長谷川　雅枝	◎吉田　稔	

第四版編集委員

◎出版部長　○副部長　□主任　◇副主任

大澤　隆之	黒澤　俊二	◇坂本　正彦
◎重松　敬一	○白石　和夫	田中　博史
□二宮　裕之	長谷川　雅枝	日野　圭子

第五版編集委員

◎出版部長　○副部長

岸本　忠之	○白石　和夫	辻　宏子
辻山　洋介	中和　渚	日野　圭子
◎松尾　七重	松島　充	

目　次

══ 第 1 部 ══

101	ICT機器の活用	3
102	アルゴリズム	5
103	一般化・特殊化の考え	6
104	オープンエンド・アプローチ	8
105	外延・内包	10
106	外延量・内包量	11
107	拡張の考え	12
108	関数	13
109	気付き	15
110	逆・裏・対偶	16
111	黒表紙教科書	17
112	形式陶冶・実質陶冶	19
113	形式不易の原理	20
114	構成主義	22
115	コミュニケーション	23
116	思考実験	24
117	集合の考え	26
118	資料の整理と統計量	27
119	水道方式	29
120	推論	30
121	数学教育現代化	32
122	数学的活動	33
123	数学的な考え方	35
124	数学的表現	39
125	数学的モデル	41
126	数学的リテラシー	42
127	数感覚	43
128	数直線	44
129	数理的な処理	45
130	スキーマ	46
131	図形の包摂関係	47
132	筋道を立てて考える	49
133	スパイラル	50
134	全国学力・学習状況調査	51
135	操作的な活動	53
136	素地指導	54
137	対応	55
138	楽しさ	57
139	知識基盤社会	58
140	抽象化の考え	59
141	直観と論理	60
142	つながり	62
143	TIMSS	63
144	データの活用	65
145	統計的な見方・考え方	67
146	統合的な考え	69

147	洞察	70
148	背理法	71
149	発見学習	73
150	発散的思考・収束的思考	74
151	発展的な考え	75
152	PISA	76
153	批判的思考	78
154	評価の観点	79
155	振り返り	81
156	プログラミング教育	82
157	分離量・連続量	84
158	ペリー運動	85
159	弁別	86
160	見積り	87
161	緑表紙教科書	88
162	メタ認知	90
163	問題解決	91
164	問題づくり	93
165	幼児期の算数	94

===== 第 2 部 =====

201	暗算	97
202	以上・未満	99
203	位置の考え方	100
204	円	103
205	円グラフ・帯グラフ	105
206	円周率	108
207	重さ	109
208	折れ線グラフ	111
209	概算	113
210	概数	115
211	概測	117
212	かけ算とわり算の関係	120
213	角	122
214	かさ	126
215	形の構成と分解	129
216	かっこを用いた式	131
217	関数関係	133
218	記数法と命数法	137
219	基本的な図形	140
220	グラフ	142
221	計算のきまり	145
222	計算の工夫	147
223	合同	150
224	言葉の式・公式	153
225	作図	156
226	三角形	157
227	□を使った式	160
228	四角形	163
229	式で使われる記号	167
230	式の表現と読み	169
231	時刻と時間	171
232	四則	173

233	縮図と拡大図	176
234	小数	179
235	小数の計算	182
236	数の概念	186
237	数の相対的な大きさ	193
238	数量や図形についての感覚	194
239	図形の操作	195
240	整数のかけ算	197
241	整数の性質	202
242	整数のたし算	206
243	整数のひき算	210
244	整数のわり算	213
245	正多角形	219
246	線分図	221
247	測定	223
248	そろばんの活用	228
249	対称	230
250	体積	233
251	代表値	236
252	確からしさ	238
253	たし算とひき算の関係	239
254	単位	241
255	単位量当たり	243
256	柱状グラフ	245
257	直線・平面の位置関係	247
258	長さ	251
259	延べと平均	253
260	場合の数	255
261	速さ	257
262	比	259
263	比例・反比例	262
264	分解式と総合式	267
265	文章題	269
266	分数	279
267	分数の計算	283
268	平面図形	286
269	ぼうグラフ	289
270	メートル法	291
271	面積	293
272	文字を使った式	297
273	立体図形	299
274	量の概念	305
275	割合	312

索　引 ………………………………………………… 321〜333

算数閑話
- ツェノンの逆説 …………… 14
- ハミルトンの四元数 ………… 21
- 概数と近似値計算 …………… 114

〈参考〉 用語・記号について

小学校では，ふつう次の表のような用語・記号が教科書等で取り扱われている。
このうち太字体で示したものは，平成29年改訂学習指導要領に〔用語・記号〕としてあげられているものである。これについては，次のように説明している。

　　各学年の内容に示す〔用語・記号〕は，当該学年で取り扱う内容の範囲や程度を明確にするために示したものであり，その指導に当たっては，各学年の内容と密接に関連させて取り上げるようにし，それらを用いて表したり考えたりすることのよさがわかるようにすること。

　　関連欄には小学校と関連する中学校で扱う用語・記号の主なるものを示した。

学年	用　　語	記　　号	関　　連
1	**一の位，十の位**，かず，十，百，しき，**たしざん，ひきざん**，けいさん，かたち，さんかく，まる，しかく，じこく，前，後，左，右，上，下，ながさ	**＋，－，＝**	自然数，符号，絶対値，項，係数，≦，≧，弧，弦，垂直二等分線，接線，角錐，円錐，回転体，内角，外角，母線，ねじれの位置，π，∥，⊥，∠，△，関数，変数，変域，座標，原点，平均値，中央値，最頻値，相対度数，範囲，階級，同類項，対頂角，内角，外角，定義，証明，逆，≡，変化の割合，傾き，∞，根号，有理数，無理数，因数，√　，全数調査
2	**単位，直線，直角，頂点，辺，面**，千，万，**分数，かけ算**，九九，百の位，千の位，ひっ算，かさ，**正方形，長方形，三角形，四角形，直角三角形**，三角じょうぎ，**表，グラフ**，倍，長さ	**×，＞，＜，mm，mL，dL，L，日，時，分，時間，（　），**	
3	**等号，不等号，小数，小数点**，$\frac{1}{10}$**の位（小数第一位），数直線，分母，分子，分数，わり算**，一万の位，億，そろばん，暗算，数直線，**二等辺三角形，正三角形，角，円，球，中心，半径，直径**，コンパス，じょうぎ，**重さ**，メートル法	**÷，km，g，kg，t，秒，□**	
4	**和，差，積，商，以上，以下，未満，真分数，仮分数，帯分数，平行，垂直，対角線，平面**，兆，一億の位，一兆の位，$\frac{1}{100}$**（小数第二位），**$\frac{1}{1000}$**（小数第三位），整数**，およその数，**がい数，四捨五入**，真分数，仮分数，帯分数，角の大きさ，角度，分度器，面積，平面，位置，**平行四辺形，ひし形，台形，立方体，直方体，見取図，展開図**，メートル法，**割合**	**cm²，m²，km²，a，ha，**	
5	**最大公約数，最小公倍数，通分，約分，合同，底面，側面，比例，偶数，奇数，約数，倍数，素数，公倍数，公約数，体積，割合，百分率**，パーセント，**円グラフ，帯グラフ，角柱，円柱，多角形，正多角形，円周率，平均**，時速，速さ，分速，秒速，メートル法	**％，割，分，厘，cm³，m³**	
6	**線対称，点対称，対称の軸，対称の中心，縮図，拡大図，対称な図形，比，比例，反比例，比の値，ドットプロット，平均値，中央値，最頻値，階級**	**：**	

xiii

凡　例

本辞典は，おおむね次のように構成してある。
第1部………1年から6年にまたがるような一般的用語65項目の解説で，理論編
　　　　　　としての性格をもつもの
第2部………学年ごとの指導内容に直結する用語75項目の解説を行い，指導法等
　　　　　　にも触れて記述し，実践編としての性格をもつもの

A　見出し

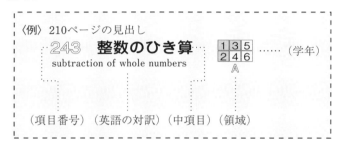

（項目番号）（英語の対訳）（中項目）（領域）

1．項目の配列順序
　①　項目番号
　　　　第1部を100番台，第2部を200番台とし，それぞれ101，201から順に番号をつけた。なお，この番号は項目を索引するときに利用できる。
　②　中項目
　・第1部，第2部ともそれぞれ五十音順とした。
　・英文による対訳の1つの例を併記した。
　・よう音（はねる音）及び促音（つまる音）は，同音のときはあとに配列し，濁音・半濁音は清音と同一に扱ったが，同音のときはあとに配列した。

2．領　域
　　領域は，平成29年改訂の学習指導要領に準拠し，次のように記号で表示した。
　　Ⓐ…数と計算　　Ⓑ…図形　　Ⓒ…測定（1〜3年），変化と関係（4〜6年）
　　Ⓓ…データの活用

3．学　年
　　　1年から6年までの学年の中で影をつけた部分の数字は，その項目を取り扱う学年を表示している。上の例では1年から3年までの教材であることを示す。

B 本　文
　1．記載のしかた（原則として）
　　・新かなづかい，常用漢字使用
　　・本文の初めに要点を解説
　　・取り扱う学年を表示
　　・学習指導要領の改訂で削減された内容を発展で表示し，発展的な学習の指導の便を図った。
　2．引用記号
　　① 関連項目
　　　　中項目どうしの間で関連の深い項目の番号を，例えば右の例で（☞240）のように示した。
　　② 小項目
　　　　小項目に関連する内容で詳述する必要のある語句については，（＊）で示し脚注で取り上げた。
　　　　例えば，右の例で小項目として取り上げた「減加法*」は，そのページの脚注で解説されている。
C 索　引
　1．掲載用語
　　・中項目として掲げたすべての用語を載せた。
　　・本文中にある太字体で表示した用語についても，原則として載せ，活用し易くした。
　2．配列順序
　　・五十音順とし，同一用語は原則として該当するページを示した。
　　・同一のかなの中では清音・濁音の順とした。

〈例〉120ページの項目　212
　かけ算とわり算の関係とは，かけ算とわり算が互いに逆の演算であることである。例えば $a \times b = c$ ならば，$c \div b = a$ または $c \div a = b$ が成り立つことである。

3年　この学年では，かけ算の意味（☞240）やわり算の意味（☞244），およびわり算の検算としてかけ算を用いる場合で，かけ算とわり算の関係についてふれることになる。

〈例〉210ページの本文右段

3　ひき算の仕方
　18以下の2位数から1位数をひいて繰り下がる計算，例えば，$13-7$ は1年での計算指導の最重点になる。この計算は，古くから次に示す方法で指導されてきたものであるが，最も中心になるのは(2)の減加法である。
　(1)　数えひき*
　(2)　減加法*
　(3)　減々法*
　(4)　補加法*

〈例〉210ページの脚注右段

減加法
　$13-9$ で，13を10と3に分解する。そして3を別にしたまま $10-9=1$ とひき算を終え，答えの1と別にしておいた3とをまとめて，$1+3=4$ と計算する。ひいてたすので減加法と名づけたのである。

$13-9=4$ ……13は10と3
$10-9=1$ ……10ひく9は1
$1+3=4$ ……1たす3は4

〈参考〉 参考資料等について

　本辞典を編集するにあたって多数の著書や資料等を参考にしたが，主に辞(事)典類については下記に負うところが大きかったので，読者の参考に供したいと思う．

1	岩波数学辞典　第4版	日本数学会編	岩波書店
2	岩波西洋人名辞典　増補版	岩波書店編集部	岩波書店
3	新小学校教育課程講座（算数）	吉川成夫編著	ぎょうせい
4	新中学校教育課程講座（数学）	根本　博編著	ぎょうせい
5	学術用語集　数学編	文部省	大日本図書
6	新版学校教育辞典	今野喜清，新井郁男他編	教育出版
7	広辞苑　第六版	新村　出編	岩波書店
8	算数科教育法演習と資料	算数科教育法研究会編	明治図書
9	算数・数学科重要語300の基礎知識	平林一栄・石田忠男編	明治図書
10	算数・数学科問題解決ハンドブック	伊藤説朗訳・解説，S. クルーリック，J. Aルドニック共著	明治図書
11	算数・数学教育と数学的な考え方	中島健三	金子書房
12	小学校学習指導要領解説　算数編	文部科学省	東洋館出版社
13	初等数学辞典	杉村欣次郎他編	岩崎書店
14	指導計画の作成と学習指導（指導資料）	文部省	東洋館出版社
15	新算数指導実例講座（全10巻）	中島健三他編	金子書房
16	新数学事典	一松　信他編	大阪書籍
17	新数学指導事典	仲田紀夫編	近代新書
18	小学校学習指導要領の解説と展開（算数編）	金本良通編著	教育出版
19	数学教育事典	弥永昌吉他編	明治図書
20	数学教育用語辞典	石谷　茂他編	明治図書
21	数学小辞典	矢野健太郎編	共立出版社
22	数学的な考え方の具体化	片桐重男	明治図書
23	数学100の慣用語	数学セミナー増刊編	日本評論社
24	中学校学習指導要領解説　数学編	文部科学省	教育出版
25	日本国勢図会	矢野恒太記念会編	矢野恒太記念会
26	問題解決過程と発問分析	片桐重男	明治図書
27	理科年表	国立天文台編	丸　善
28	和英／英和算数・数学用語活用辞典	日本数学教育学会編	東洋館出版社

第1部

101　ICT機器の活用
utilization of informational communication technology

　コンピュータなどのICT機器を活用することにより，算数と現実の問題との関連を強化し，あるいは，算数自体に秘められた真実の探求などの数学的活動を豊かにすることができる。

1 ICT機器の活用

(1) 学習指導要領上の要請

　平成29年改訂学習指導要領では，「数量や図形についての感覚を豊かにしたり，表やグラフを用いて表現する力を高めたりするなどのため，必要な場面においてコンピュータなどを適切に活用すること。」と示された。資料などの情報を分類整理したり，図形を動的に変化させたり，数理的な実験をしたりするなど，ICT機器の機能を活用することによって，数量や図形についての感覚を豊かにしたり，表現したりする力を高めたりする指導の工夫が求められている。

　また，情報化が一層進展するこれからの社会において，「情報を読み解く」ことや，「情報技術を手段として使いこなしながら，論理的・創造的に思考して課題を発見・解決し，新たな価値を創造する」ことは，子どもに求められる資質・能力の一つである。このような「情報活用能力」を育成するために，各学校においては，情報手段を活用するために必要な環境を整え，これらを適切に活用した学習活動の充実を図るために，各教科等の特質に応じて，ICT機器等を用いた学習活動を計画的に実施することがあげられている。プログラミング教育はその一つであり，小学校においては，算数科での取り組みが注目されている。

(2) 数学的活動の充実のために

　平成29年3月に発表された学習指導要領においては，「現実の世界」と「数学の世界」双方における問題解決の過程が相互に関わり合って展開されることが，算数の学習過程のイメージとして示されている。よって「数学的活動」は，この問題解決の過程に位置づけられている。ICT機器の活用はこの数学的活動の充実のために考えられる必要がある。

　算数の授業では，手計算に適した数値を扱うことが多いが，現実に算数を適用する場面では，桁数の多い数値も出てくる。実際に近い場面で算数を適用する体験を持たなければ，児童にとって算数は現実の問題と関係ないものとして学習されてしてしまうだろう。そのような場面では，子どもの発達段階に応じた，電卓などの利用が必須である。（例えば，現実の問題に対して平均の考えを適用する場合等。）

　数学の世界における問題解決や探究について，例えば，「1÷7のように割り切れない計算における小数の各位の数にはどのような特徴があるか？」という課題に取り組むことが考えられる。実際に計算を正確に実行することではなく，特徴を考えることに児童の活動が焦点化されるよう，ICT機器を活用することは，数学的活動の充実につながる。

　更に，問題解決の過程に位置づけられる。またWeb上で動作する文書作成や表計算などの汎用ソフトは，インターネット上で一つのファイルを複数人で同時に扱うことが可能であり，空間に縛られない学習活動が期待できる。

フリーソフトの活用
　近年，広範囲のOSで無料で利用可能なフリーソフトが開発され，機能，使いやすさの面でも有料ソフトに劣らないものが多くある。例えば，動的幾何ソフトとしてはGeogebraが挙げ

た数学的活動において，友達と考えを伝え合うことで学び合ったり，学習の過程と成果を振り返りよりよく問題解決できたことを実感したりするために，よりよい解法へと洗練させるための意見の交流や議論など，対話的な学びが大切になる。この際，文書作成やプレゼンテーションのための汎用ソフトを活用することが有効である。

2 教育用ソフトの活用

(1) 表計算ソフト

表計算ソフトは，簡単な命令をあらかじめ表に埋め込んでおくことで，各セルにデータを入力するだけで，集計（平均や最大値，最小値など）が行える。さらに，これらのデータをもとに各種のグラフや散布図を描く機能が備わっている。セルに命令を埋め込む機能を活用すれば，度数分布表の作成や相対度数の計算を行うこともできる。「データの活用」領域においては，知識・技能の習得とともに，例えば第6学年においては表計算ソフトなどを活用して，一連の統計的な問題解決をできるようになることや結論について批判的に捉え妥当性について考察することができるようになる。

(2) 動的幾何ソフト

動的幾何ソフトでは，メニューの選択と組み合わせによって図の作成を行うことができる。また出来上がった図は，マウスを利用して連続的に変形させることができる。この変形では，図の作成過程で定義された要素間の依存関係を保持しているため，一見同じ図形に見えても，動きが異なる場合がある。これを生かして，図形の要素，例えば線分の長さ，角の大きさを動的変形の中で観察し，考察することで，図形の性質を探究することができる。例えば，平行四辺形を変形する過程で，長方形などの他の四角形を発見することができる。

(3) コンピュータの動作原理

コンピュータは，その仕組みを全く知らずとも利用できる道具となった。算数科をはじめとする各教科のためのソフトウェアも多数つくられており，デジタル教科書にもこれらが反映されている。しかし，コンピュータはプログラムによって動き，その根底にあるものは，広い意味での計算としてのアルゴリズム（☞102）である。コンピュータに触れることを通してアルゴリズムの存在に気付き，アルゴリズムを見出したり，つくり出したりすることの有用性に気付かせることは，プログラミング教育（☞156）につながる。

表計算ソフト等を用いる場合の留意事項

表計算ソフト等の計算結果は，何も設定しなければ，あらかじめ定められた桁数（例えば8桁）に丸められ表示される。例えば1÷3の結果は，0.3333333のように表示される。これは真の値に対して四捨五入するなど何らかの操作をした結果であることに注意しなければならない。

また電卓等では，計算は入力された順に実行されるのが通常である。普通の算数のように乗除優先の約束はなく，また，かっこを用いて計算順序を変更することもできない場合がある。電卓等での計算の約束と算数での計算の約束は異なることに注意が必要である。更に電卓は，計算結果の確定は「＝」キーで行う。これは，等号は計算を実行することを意味するという，子どもたちの算数の授業を通しての経験に基づく誤解を補強しかねないものである。

102 アルゴリズム
algorithm

1 アルゴリズムの意味

9世紀のアラビアの数学者アル-フワリズミの著書で用いられた，アラビア数字を使った**計算法**を，彼の名前をなまって，あるいは彼の名にちなんで，**アルゴリズム**（algorithm）といったのが初めである。しかし，後にこの術語は，代数演算に対して，数値計算が用いられる**数学的な演算**を意味するようになった。

例えば，二つの整数の最大公約数を求める計算方法を，ユークリッドのアルゴリズム（日本では**ユークリッドの互除法***）とよんでいる。

現代ではさらに広く，機械的に実行可能な計算手順のことをアルゴリズムというようになっている。計算の意味も広がり，数値計算のみを対象としてはいない。

アルゴリズムは日本語では**算法**ともいう。日本工業規格（JIS）では，算法およびアルゴリズムの意味を「明確に定義された有限個の規則の集まりであって，有限回適用することにより問題を解くもの」と定めている。ここでは，明確に定義されていることと，有限回適用されることが重要である。すなわち，アルゴリズムとは，その指示に忠実に従うかぎり，誰が実行しても同じ結果が得られ，しかも，無限に試行を繰り返すことなく，必ず結果が得られる計算手順のことであるということができる。

筆算で行う加減乗除法はアルゴリズムの典型例である。筆算による除法は，一見，試行錯誤を伴うようにみえるが，その過程は系統的に行うことが可能であり，また，確実に終了することが保証されるから，やはり，アルゴリズムである。また，四捨五入は，指定された桁の位置までの数値のなかから最も近い数を選ぶアルゴリズムであるといえる。

2 プログラミング的思考

プログラミング的思考とは，自分が意図する一連の活動を実現するために，どのような動きの組合せが必要であり，一つ一つの動きに対応した記号を，どのように組み合わせたらいいのか，記号の組合せをどのように改善していけば，より意図した活動に近づくのか，ということを論理的に考えていく力である。

アルゴリズムの一種である筆算は，計算の手続を一つ一つのステップに分解し，記憶し反復し，それぞれの過程を確実にこなすことであり，プログラミングの一つ一つの要素に対応する。筆算の学習は，プログラミング的思考の素地を体験していることである。ただし，筆算を学習すること自体がプログラミング的思考ではなく，どのような手続きを組み合わせていけば答えが求められるのかを論理的に考えることが大切である。

ユークリッドの互除法

整式でも，整数でも使える最大公約数の求め方で，交互に余りをわり算して，最後にわり切れたときの除数が最大公約数である。例えば，二つの整数2930と3809の最大公約数は，上の計算で293となる。

	2930	3809	1
3	2637	2930	
	293	879	3
		879	
		0	

算数学習におけるアルゴリズムの意義

筆算は，数学の歴史の中で最初から存在したものではなく，長い年月をかけて人類が改良を重ねて生み出した「アルゴリズム」であり，そうしたものを生み出す人間の数学的な思考が，今日の人工知能の動きや働きなどを支えている。こうした視点にも留意しながら，筆算指導をしていくことも重要である。

103 一般化・特殊化の考え
idea of generalization and specialization

数理的な事象のなかにひそむ法則や原理を把握するためには，「一般化」「特殊化」という考え方が不可欠であって，算数学習全体において広く行われている。

1 一般化の考えとは

ポリアは自著「いかにして問題を解くか」の中で一般化の意味を「一般化は一つの対象についての考察から，その対象を含む集合の考察へ移っていくことである。あるいはまた，制限された集合から，その集合を含むもっと大きな集合の考えに移ることである」と述べている。

例えば，次のような指導場面において一般化の考えが見られる。

1m50円のひもを3m買ったとき，代金を求めるだけなら50×3という式を立てて150円と答えを出せば終わりである。ここでもし，ひもを4m，5mと買ったらそれぞれ代金はいくらになるか，また，ひもを3m買ったときでも，ひもの代金が1m60円，70円であったらそれぞれ代金はいくらになるかを発展的に考えてみる。このような考え方を通して，1mの値段，ひもの長さ，代金の間の関係として，次の式が成り立つことが感得される。

（1mの値段）×（長さ）=（代金）

上の式が感得されると，この式をよりどころに分数を学習したならば，ひもの長さを自然数という制限を越えて$\frac{1}{2}$mとか，$\frac{1}{3}$mの場合にも代金を求めていこうとするだろう。こうしてより一般化した式，

（基準とする大きさ）×（基準の大きさを単位として測った数）=（全体の数）

の定立に向かっていくであろう。以上のような過程の中には一つの対象についての考察からその対象を含むより大きな集合に移っていこうとする一般化の考えがある。

- 正三角形，二等辺三角形，直角三角形などの特殊な三角形についてそれぞれ三つの内角の和が2直角であることを確認し，これらを基にしてどんな三角形でも，三つの角の和がいつも2直角であることを結論づけていくときにも，この過程の中に一般化の考えがみられる。
- 碁石を正方形状に並べたときの全体の個数がどう表せるかを考えさせるときにも一般化の考えがはたらいている。また，碁石を正方形状，正五角形状，正六角形状……と並べたときの全体の個数を求めさせる際にも一般化の考えがはたらいている。

2 特殊化の考えとは

ポリアは同じ著書の中で特殊化の意味を次のように説明している。

一般化と抽象化の関係（☞140）

抽象化の考えは，外延を一応固定しておいて，概念の内包を明確にすることであり，これは多くのものに共通な性格を求めていこうとする考えである。したがって，抽象しようとすることは，一つの対象についての考察から，その対象を含む集合の考察へ移っていこうとしている考えであるということもできる。このことから，抽象化することは一般化を図っていることだということもできる。ただ一般化の考えは，内包を一応固定しておいて，それに応じる外延をできるだけ広げていこうという考えに着目していることに留意しておきたい。

概念の形成過程においては，抽象化と一般化のどちらを強調するかということが問題になるが，いままでの考察からわかるように，そのいずれもほかを全然無視しようとするものではないので，抽象化と一般化の両者を統合的に考えて，概念形成を図るのがよい。

「ある事象の集合に関する考察から，それに含まれるそれより小さい集合，または，その中の一つの事象について考えることを特殊化という」。

特殊化は，一般化の**逆思考**である。特殊化の考えが表れる具体的な場面をあげてみよう。

・多角形が幾つ三角形に分かれるかを見出すには四角形，五角形，六角形の場合で考えている。

・図形の包摂関係（☞131）

上の例では平行四辺形を長方形にするのに「隣り合う2角が等しい」という条件②が付け加えられ，「長方形」を「正方形」にするにはさらに「隣り合う2辺が等しい」という条件④を付け加えている。一般に条件が付加されれば，その条件を満たすものの集合は小さくなる。このようにするのが特殊化の考えである。

3 一般化・特殊化の考えをのばす指導

一般化と特殊化の考えは，互いに逆の関係にあり，相互依存的であるので，一般化・特殊化を切り離して授業を構成することはできない。一般化から特殊化のほうへ指導したほうがよい教材と，特殊化から一般化へ流したほうがよい教材とを分けて授業構想を立てたほうがよい。

・一般化から特殊化

・特殊化から一般化

多角形の内角の和を求めるのに，四角形，五角形，六角形の内角の和を求めさせる。

4 一般化・特殊化の教育的価値

一般化のもつ教育的価値を中心に述べる。一般化というと漠然としたものを考えると思う。しかし，一般化という思考活動はきわめて具体的なイメージを伴ったもので，単に事実や素材の単純な形式化ではなく，仮想的な変形や推論が含まれている。そしてそこには，「考察対象」の全貌を一挙に把握したいという強い動機がはたらいており，部分化する人間の認識活動を全体化する機能が強く存在している。このように，一般化は人間をある種の爽快な感じにさせる何者かを有しているともいえる。

ポリア（Polya, George 1887〜1985）
元スタンフォード大学教授。本来の研究のほかに，How to solve it（邦題「いかにして問題を解くか」丸善）などの教育書でも有名になった。この著書で，問題解決の過程において，4つの重要な区分があることを指摘した。(1)問題を解決すること　(2)計画を立てること　(3)計画を実行すること　(4)ふり返ってみること　（☞163）

ポリアは，他にも幾つか重要な書物を著し，数学学習のヒントを提示している。

そうした著書の中で，次の書物はとりわけ重要で，様々な数学的な考えをとり上げ，一般化，特殊化の考えの実相を深く探究させようとしている。

「帰納と類比」（丸善），「発見的推論――そのパターン」（丸善），「数学の問題の発見的解き方」（みすず書房）

104 オープンエンド・アプローチ
open-end approach

1 オープンエンド・アプローチとは
通常授業で取り上げられる問題は，答えが1つであることが多い。正しい答えがただ一通りにきまっている問題を「完結した問題」または「クローズドな問題」という。それに対して，正答がいく通りにも可能になるように条件づけた問題を，未完結な問題，結果がオープンな問題，オープンエンドの問題と呼ぶ。オープンエンド・アプローチとは，未完結な問題を課題として，そこにある正答の多様性を積極的に利用することで授業を展開し，その過程で，既習の知識・技能・考え方をいろいろに組合せて新しいことを発見していく経験を与える方法である。オープンエンド・アプローチには，①答えが多様となる問題を取り上げるだけでなく，②解決方法が多様となる問題を取り上げたり，③原問題を解決した後，原問題を発展させて新しい問題を作ったりすることも含まれる。

2 オープンエンド・アプローチの意義
(1) オープンエンド・アプローチの経緯
オープンエンド・アプローチは，島田茂氏らが昭和46年度から始めた特定研究『数学教育における高次目標の評価方法に関する開発研究』において，高次目標の評価方法として始められた。

(2) オープンエンド・アプローチの意義
オープンエンド・アプローチの意義として以下が挙げられる。
① 数学の問題は1つでないことを理解する。
② 多様に考えることができる。
③ コミュニケーションが活発になる。
④ 評価用具として使える。

児童から多様な問題・解決方法・解決自体が出されるため，それをどのように話し合って行くかが重要である。そこで授業過程で行われる「練り上げ」とも結びついている。練り上げの評価の観点については次頁「多様な考え」を参照。

オープンエンドの問題に対する子どもの反応を評価する観点として，①流暢性（たくさんの数学的なアイデアを出せるか），②柔軟性（いろいろな角度から異なる数学的なアイデアを思いつくか），③独創性（他人の思いつかないような独特の数学的なアイデアを思いつくか）の3つがある。

3 オープンエンドの問題の種類と具体例
(1) 問題の多様性
ここでいう「問題づくり」とは，「作問指導」と区別する必要があり，原問題の数値や条件を変えて発展させることにねらいがある。竹内芳男・澤田利夫氏を中心として研究された『問題から問題へ』によると「児童・生徒に，与えられた1つの問題から出発して，その問題の構成要素となっている部分を，類似なものや，より一般的なものに置き換えたり，その問題の逆を考えたりすること等を通して，新しい問題をつくり，自ら解決しようとするような主体的な学習活動をさせること」となっている。

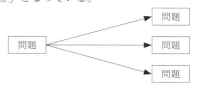

(2) 解決方法の多様性
解決方法の多様性については，これまでの算数の授業で取り上げられている。
例「リボンを0.6m買ったらその代金は45円でした。このリボン1m買うと代金はいくらですか」のような文章題では，

①数直線を書いて求める，②単位を変えて，0.6mを60cmにして求める，③言葉の式（1mの値段 × 長さ）を立てて求める．小学校段階では，解決方法の多様性が中心であるが，中学校段階以上であれば，証明の多様性も含まれる．

さらに子供から多様な解決方法が出されるので，それを授業でどのように取り上げていくかが重点となり，授業展開の「練り上げ」としても関係が深い．

(3) **解決の多様性**
オープンエンドの問題として以下の問題がある．

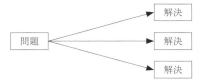

(例) A, B, Cの3人でおはじき遊びをしたら，下の図のようになりました．この遊びでは，落としたおはじきのちらばりの小さい方が勝ちとなります．

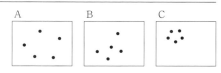

この例では，「おはじきの散らばり程度は，A, B, Cの順にだんだん小さくなっている」といえそうです．

このような場合，ちらばりの程度を数で表すしかたをいくとおりも考えてください．
答えは以下のようなものがある．
① 多角形の面積
② 多角形の周の長さ
③ 2点を結ぶ最大線分
④ 線分の和
⑤ 任意の点から各点への長さの和
⑥ 円などでおおうときの最小の円の半径
⑦ 座標の導入による平均偏差，標準偏差などによる方法

上記の問題を，それぞれオープンプロブレムの問題，オープンプロセスの問題，オープンエンドの問題とも言う．

多様な考え
子供の多様な考えは数学的な見方や考え方，知識や技能などの既習事項と関連しているので，教師は瞬時に子供の多様な考えを正しく評価することは難しい．そこで教師は，評価の観点を予め予測しておく必要がある．古藤怜氏は，多様な考えの4つの観点を示している．

(1) **独立的な多様性**
数学的な考え方としては妥当であるが，アイデアとしては相互の関連性が薄く，しかもそれぞれに同等な価値がある多様性．

(2) **序列化可能な多様性**
数学的な効率性の面から，それぞれの考えについて，1番よい考え，2番目によい考え，……，というように序列を付けて評定できる多様性．

(3) **統合化可能な多様性**
始め無関係だと考えられたいくつかの考えについて，そこに共通性を認めたり，または新しいアイデアを導入して，1つにまとめたり，首尾一貫性のあるものにする多様性．

(4) **構造化可能な多様性**
始め独立的な多様性と思えた多様な考えについて，それらの相互関係を分析すると，新しい関連性が生まれてくることがあり，それらの視点から関連づけを図る多様性．

105 外延・内包
extension, intension

1 概念の外延・内包

概念について,その概念のもつすべての性質を**内包**といい,その概念に当てはまるすべてのものの集合を**外延**という。内包と外延とは,概念のもつ二つの側面である。例えば,平行四辺形という概念についていえば,

- 四つの辺をもつ
- 四つの角をもつ
- 向かい合った辺が平行である。
- 向かい合った辺の長さが等しい。
- 向かい合った角の大きさが等しい。
- 内角の和が360°である。

などが平行四辺形の内包である。また,個々の平行四辺形(正方形・長方形も含めて)すべてが,平行四辺形の外延である。

さらに,長方形という概念についていえば,上に述べた平行四辺形の性質だけでなく,

- 四つの角が直角である。
- 二つの対角線は等しい。

などの性質が平行四辺形の内包に加わる。

2 外延と内包の関係,上位概念と下位概念

上に述べたように,外延が平行四辺形から長方形に狭くなると内包は多くなり,内包が少ないほうが外延が広いという関係がある。

概念や定義のゆるい(大きい)もの,すなわち,外延の大きい概念(したがって内包は少ない)を,外延の小さい概念に対して**上位概念**といい,小さい概念を大きい概念に対して**下位概念**という。

例えば,平行四辺形は長方形の上位概念であり,長方形は平行四辺形の下位概念である。このとき,内包についてみると,上位概念の内包を,下位概念の内包が含むという関係が見られる。

3 外延と内包の指導

外延と内包は概念の二つの側面であるから,一般に,新しい概念を理解させる場合には,この二つの面からのアプローチが考えられる。

(1) 外延からのアプローチ

例えば,低学年で四角形の概念を形成させる場合に,いろいろな形をした色板を,ある観点から仲間分けをさせ,集まった集合に対して用語を教えるという方法が用いられる。これが外延からのアプローチであり,言葉の理解が乏しい低学年では,これを用いることが多い。

(2) 内包からのアプローチ

例えば,「2組の対辺が平行な四角形を平行四辺形という」のように,平行四辺形のもつ性質の一部を言葉で述べて概念を示そうとする指導は内包からのアプローチであり,高学年で多くなる。

概念の包摂関係

上位概念と下位概念のように,ある概念がより一般的な概念に包括されるという従属関係を,概念の包摂関係という。外延でいえば,外延の集合の包含関係としてとらえられ,右のようにベン図で表現される。

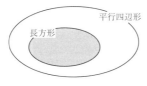

概念の理解のためには,概念間の包摂関係を認識させることが大切であるが,小学校段階では難しい問題もあるので,形式的にならないように留意したい。

概念形成で,外延からアプローチした場合は,内包を明らかにする努力をしなければならないし,内包からアプローチした場合は,外延に目を向けさせて広げていこうとする考えがなければならない。このことは**集合の考え**の一部でもある。

106 外延量・内包量
extensive quantity, intensive quantity

日常生活に用いられる量は，従来，大別して，長さ・重さ・面積・体積のような空間的なものと，日・時・分・秒のような時間的なものとに分類されていた。

しかしそうした分類でなく，量を**分離量**と**連続量**に分け（☞157），連続量をさらに外延量と内包量*とに分け，内包量はまた**度**と**率**とに分けることもある。

1 外延量

例えば，80Lの水に70Lの水をたせば，体積は80+70で150Lになる。「体積」という量は，ものを"合併"すればたし算した結果になる性質をもっている。このような性質を**加法性**という。加法性をもつ量には，ほかに長さ，面積などがあり，加法性をもつ量を**外延量**という。

長方形の面積について外延量間の関係をまとめると，次のようになる。

(1) 外延量Ⓐ=外延量Ⓑ×外延量Ⓒ
　　（面積）　=（たて）×（横）

例 たて4cm，横5cmの長方形の面積は何cmですか。（4年）

(2) 外延量Ⓑ=外延量Ⓐ÷外延量Ⓒ
　　（たて）=（面積）÷（横）

(3) 外延量Ⓒ=外延量Ⓐ÷外延量Ⓑ
　　（横）　=（面積）÷（たて）

例 面積が180cmの長方形の紙の，たてが12cmならば横は何cmですか。（4年）

2 内包量

密度や速度のように，重さ÷体積や，距離÷時間，つまり外延量÷外延量で求められ，**加法性**をもたない量を**内包量**という。児童には用語を教える必要はない。小学校では「単位量当たりの大きさ」として5年の"異種の二つの量の割合"の中で指導する。また，一方の容器の中の水が30度で，他方が40度であるとき，これらの水を混合しても温度は70度にならない。すなわち，温度は加法性をもたないから，内包量であるとする。こういう量の性質をしっかり理解させることが大切である。

(1) 内包量の分類

内包量には異種の外延量の商として求められるもの（密度=重さ÷体積，速度=距離÷時間など）や，同種の外延量の商として求められるもの（食塩水の濃度=食塩の重さ÷食塩水の重さ，利率=利息÷元金など）があり，前者に属する内包量を**度**，後者に属する内包量を**率**ということがある。

(2) 外延量と内包量の結びつき

例 くにおさんは50mを10秒で走ります。
① 秒速何mですか。
② 15秒では，何m走りますか。
③ 100mを何秒で走りますか。（6年）
について**内包量の3用法***を正しく扱えるよう指導することが望まれる。

量の体系

※ 表の番号は量についての系統的指導の順序を示す。

内包量の3用法
① 内包量の第1用法
　　内包量Ⓐ=外延量Ⓑ÷外延量Ⓒ
　　（速さ）=（距離）÷（時間）
② 内包量の第2用法
　　外延量Ⓑ=内包量Ⓐ×外延量Ⓒ
　　（距離）=（速さ）×（時間）
③ 内包量の第3用法
　　外延量Ⓒ=外延量Ⓑ÷内包量Ⓐ
　　（時間）=（距離）÷（速さ）

107　拡張の考え
idea of extension

拡張とは，見方を変えることにより，ある概念・演算・法則等をより広く考えその適用範囲を広めていくことである。

これは**数学的な考え**として重要なものであり，むしろ中学校，高等学校と数学のレベルが進むにつれて明瞭に現れてくるが，小学校においても，ところどころにその芽が見られるので，それを育てるように指導することが大切である。

1　概念の拡張

概念の拡張で，最も普遍的なものは数の概念の拡張である。数を公理的に構成して，拡張していく場合はふつう，

　　自然数→整数→有理数→実数

の順序で考える。しかし，小中高の数学教育ではこのような考え方でなく，次のようになっている。

　小学校　　自然数→零→整数
　　　　　　　→分数・小数（正の数）
　中学校　　正負の有理数→無理数
　高等学校　実数→複素数

小学校においてどのようにして数の拡張の考えを指導するかを述べる。

(1) 初めは自然数を導入し，その集合数・順序数としての意味を理解させる。

さらに，ものの無を表す必要から，0を導入する。ここでは，自然数で無を表すことができないので，新しい数が必要になるという考え方がある。

さらに，自然数に0を追加した全体を数の対象としてとらえる考え方がある。自然数と零を合わせた数を**全数**（whole number）というが，この用語を児童に指導する必要はない。

(2) 自然数では端数の量を表すことはできないので，それを表すために新しい分数・小数を導入する。

しかし，分数・小数はいままでの自然数や零とまったく無関係な別個の数ではなくて，例えば整数2は分数$\frac{2}{1}$, $\frac{4}{2}$と同じとみる。すなわち，整数は分数の特別なものであるとみて，新しい分数を生み出すときに，前の整数を包含して拡張するという考えがある。整数の範囲ではわり算が自由にできないから，それができるように分数を導入する。例えば$\frac{2}{3}$を$2\div 3$とみる。これは5年で扱う。

2　計算の意味の拡張

例えば，乗法$a\times b$の意味は，低学年では自然数の範囲で，aをb回繰り返し加えるという累加を乗法としてとらえさせる。しかし，このままでは乗数が分数の場合にはあてはまらない。5年では，

　　（基準の量）×（割合）

というように，いままでの乗法の意味を，整数倍も含めて捉え直し，**拡張された乗法の意味**[*]となる。

演算の可能性としての数の拡張

自然数の集合では，二つの自然数a, bについて，$a+b$, $a\times b$は自然数となるが，$a-b$は必ずしも可能ではない。

そこで，減法が常に可能となるように自然数から整数（正負の整数，零）を作り出す。そして，正の整数を自然数と同じとみて，整数は自然数の拡張したものと考える。

整数の集合では，加減乗が常に可能であるが，除法は必ずしも可能ではないので，除法$a\div b$がいつも可能になるように有理数$\frac{a}{b}$を作り出す。そして，有理数$\frac{a}{1}$をいままでの整数aと同じとみて，有理数は整数の拡張したものと考える。有理数では加減乗除の四則がいつも可能になる。

乗法の意味の指導

自然数の範囲で$a\times b$を指導するのに，早く倍概念を導入して，2の5倍を2×5ととらえさせ，その答えを$2+2+2+2+2=10$として理解させる指導も一つの方法である。

108 関数
function

算数教育では，関数そのものを扱うというより，中学校で関数を扱うときの素地的なことや，関数的な観点からものをみていく，いわゆる**関数の考え**とよばれるものを取り扱う。そして，この関数の考えによって，算数科の内容をよりよく理解すると同時に，関数の考えそのものも伸ばして広く活用できるようにする。また，児童にこの関数の考えを身につけさせることは，算数科でねらいとする**数学的な考え**を育てるという立場からもきわめて重要であるといえる。

1 関数の意味

日常身の回りにあるもののなかには，一方の数量と他方の数量が伴って変わるものが多い。二つの数量のうち，一方の数量が決まれば，あるきまりで（ある対応で）ほかの数量もただ一つに決まるとき，後者の数量は前者の数量の**関数**であるという。これら二つの数量は**関数関係**にあるともいう。

例えば，水槽に蛇口から一定量ずつ水を入れるとき，入れる時間を決めれば入る水の量も決まるので，水槽に入る水の量は水を入れる時間の関数である。次のものも関数関係にある数量の例である。

・10の分解で，たして10になる一方の数と他方の数
・かけ算の，例えば3の段の九九で，かける数と答え（積）
・針金の重さの測定で，長さと重さ
・円で，直径と円周の長さ
・速さが一定の乗物で，走る時間と走る道のり
・面積が一定の長方形で，縦の長さと横の長さ

このように，関数関係にある二つの数量は，4年の「伴って変わる2量の関係」からはじまり，いろいろな学年で扱われる。

2 関数の考え

上述の円周という曲がった線の長さを求めるのに，直径という簡単なものをもとに，その3.14倍ととらえることは，関数的な見方として優れている。

このように，ある数量について調べようとするとき，それと関連の深いほかの数量を見つけ，それらの数量の間に成り立つ対応の関係を明らかにして，その関係を利用して考察を進めていくことが**関数の考え**の基本である。

関数の考え方の育成では，次のような点に着目して考察を進めていくことが大切である。

（1） **二つの数量間の依存関係に着目する。**

ある数量と関係づけられる数量としてどんな数量があるのか，それらの二つの

4 関数の数学的な定義

二つの集合 X と Y があって，X の各要素に対して，Y のただ一つの要素が対応する対応の規則が定められているとき，X から Y への関数が与えられたという（☞136）。

関数の本質は，集合と対応であるといえる。たとえば，X，Y が数の集合で，X の要素に「2倍する」という対応の規則で Y のただ一つの要素が決まるとき，この「2倍する」という対応の規則が関数である。

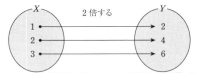

なお，中学校においても，関数の指導では「ある量 x に伴って変わる他の量 y があつて，x の値を決めるとそれに対応する y の値がただ1つに決まるとき，**y は x の関数である**という。」と定義されている。

108 関 数

数量は伴って変わるか,その変わる範囲はどこか,また,一方を決めれば他方が決まるか,などについて考察していく。

(2) 伴って変わる二つの数量の間の対応や変化の特徴を明らかにする。

数量間の対応や変化の特徴をとらえやすくするには,数量の関係を**表・グラフや式**に表したり,それらから読み取ったりするのが効果的である。

(3) 二つの数量の間の対応や変化の特徴を,問題解決に積極的に活用する。

この場合にも表・グラフや式を利用するが,表・グラフといってもそれぞれの特徴があるので,そのよさを生かして関数関係がよく現れるよう選んで活用する。

3 **関数の考えの指導**

関数の考えは,ものごとを関連づけて考察することから生まれたといえる。

したがって関数的な考えを育てるには,積極的にものごとを関連づけてみて,あるものをほかのものに対応づけたり,あるものの値をいろいろと変えたときのほかのものの変わり方をみるなどの見方や経験を豊かにするようにする。

このように,ものを関連づけたり,変化の原因をさぐったり,さらには物事を置き換えたり,動かしたりして,対応のきまりを発見し,関係を見やすくすることは,数学的な考えの育成という立場からもきわめて重要である。

算数のよさの体得

あるものを他のものと関係づけようとするとき,他のものとしてどのようなものを選ぶかによって,関係づけがしやすくなったり,しにくくなったりするので,適当なものを選んで,考察や処理が手ぎわよく運べるようにして,算数のよさというものを体得させることはきわめて重要である。

たとえば,比例の関係を巧みに生かした上手な測定などはその良い例である。

ツェノンの逆説
——動くものは危険——

ツェノン(ゼノンともいう)は,紀元前460年ごろのギリシャの哲学者であり,弁証法の祖とよばれる人である。

彼は次の四つの逆説(パラドクス)の作者として後世の人々によく知られているが,数学の発展にもプラス面,マイナス面の両方に大きな影響を与えた。

(1) **アキレスと亀**

足の速い軍神アキレスが,その前を走る足の遅い亀を追い抜けない。

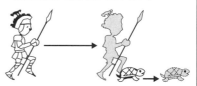

アキレスがいま亀がいたところまで行くと,その時間分亀は前に進んでいる。この論理は永遠に続けられる。

(2) **二分法**

いまの位置から,その先の地点まで無限の点があり有限の時間には行けない。

(3) **飛矢不動**

飛ぶ矢は瞬間的に空間の位置を占める。一瞬止まっているものがなぜ動くことができるか。

(4) **競技場**

ある時間は,その半分の時間と等しい。

これらのパラドクスはすべて,時間,運動,無限といった内容をもっているのでおかしなことが起こる,と考えられた。

この結果から,プラトンを代表する哲学者・数学者たちは用語を厳密に定義することに力を入れ,曖昧さを避ける努力をしたが,一方では運動や無限といった"関数"の芽をつみ,これを除く数学者をつくりあげていった。これによって関数は2000年も眠り続けたのである。

109 気付き
awareness

1 背景

小学校学習指導要領（平成元年告示）の算数科の目標は、「数理的な処理のよさが分かり」であったが、同（平成10年告示）の算数科の目標は、「活動の楽しさや数理的な処理のよさに気付き」に変わった。

この部分は、教育課程審議会の答申（平成10年7月29日）の算数、数学の改善の基本方針において、「学ぶことの楽しさや充実感を味わいながら学習を進めることができるようにする」という情意面の強調を反映したものである。

情意面が強調されることとなった背景として、我が国の子供たちの実態として、IEA（国際教育到達度評価学会）の国際数学・理科教育動向調査（TIMSS）では、算数が楽しいという子供の割合は増加しているものの低く、算数が得意であるという子供の割合も低い結果となっている。子供たちが算数は楽しい・面白いと感じ、算数が得意になることが課題である。

2 活動の楽しさに気付く

前半部分の「活動の楽しさに気付く」は、情意面の強調を反映したものである。

様々な数学的活動があるが、一例として、子供が算数の楽しさに気づきやすい数学的活動は以下のようである。
① 算数を日常生活の事象と結び付ける活動
② 具体物を扱った操作的・作業的活動
③ 実際の数量の大きさを実験・実測する体験的活動
④ 表や図、グラフなどからきまりを発見する探究的活動
⑤ 解決した問題から新しい問題をつくる発展的活動

子供たちは本来数学的問題解決に興味を持ち、積極的に取り組もうとする。指導の際には、教師が子供に数学的活動の楽しさを気づかせようとするのではなく、子供の興味を引き出し、積極的な取り組みを引き出すことが必要である。

3 数理的な処理のよさに気付く

後半部分の「数理的な処理のよさに気付く」とは、数学の価値や算数を学習する意義に気付くことであり、学習意欲を促したり、学習内容を理解したりすることにつながる。子供の主体的な関わりが重要であるため、「気付く」という積極的な表現が用いられている。

よさの捉え方

「よさ」については、一例として、①よさの対象、②対象を使った活動（方法）、③よさの種類という3つの観点から捉える。
①よさの対象………知識・理解の内容、数学的な考え方、表現・技能
②対象を使う方法………数える、比較する、測る、並べる、等
③よさの種類………有用性、簡潔性、一般性、正確性、能率性、発展性、美しさ

例 「数」を使って、個数を調べたり、大きさの比較をしたりする。→有用性
「十進位取り記数法（表現の仕方）」を使って、簡潔に分かりやすく数を表したり、数の大小を比較したりする。→簡潔性、一般性

このように各々の対象、方法、種類を明確にしながら教材研究を進めることが必要である。子供が学習の中で主体的によさに気付けるように、指導を工夫する必要がある。

110　逆・裏・対偶
converse, reverse, contraposition

二つの命題 p, q があるとき，「p ならば q である」というふうに合成した命題を，一般に条件文といい，$p \to q$ で表す。p を仮定，q を結論という。

命題 $p \to q$ に対して，その**逆・裏・対偶**という命題を考えることができる。

p, q の真偽に応じて，これらの真偽が定められている。

もちろん，これらは小学校で指導されるものではないが，子供の思考のなかに逆などの素地がみられないわけではない。

1　逆

命題 $p \to q$ があるとき，仮定 p と結論 q を入れ換えた命題 $q \to p$ を，$p \to q$ の**逆**という。

$p \to q$ が真であっても，逆の $q \to p$ が真であるとは限らない。いわゆる「逆は必ずしも真ならず」といわれていることである。$p \to q$ と $q \to p$ の真偽が一致していないことを以下に示そう。

例えば，「a が 6 の倍数ならば，a は 3 の倍数である」は，「6 の倍数の集合は，3 の倍数の集合に含まれる」と同値である。

この逆「a が 3 の倍数ならば，a は 6 の倍数である」は真ではない。なぜなら，「15 は 3 の倍数であるが 6 の倍数でない」という**反例**をあげることができるからである。

児童は，「偶数ならば 2 で割り切れる」の逆「2 で割り切れるならば偶数である」がいえるので，それと同様に「正方形ならば四つの角は直角である」の逆「四つの角が直角ならば正方形である」が正しいと考えがちになることに注意したい。

2　裏

「p である」の否定「p でない」を $\sim p$ で表す。$p \to q$ に対して，$\sim p \to \sim q$ をもとの命題の**裏**という。裏も必ずしも真であるとは限らない。

例えば，先の命題の裏「a が 6 の倍数でないならば a は 3 の倍数でない」は必ずしも真ではない。なぜならば，「15 は 6 の倍数でないが，15 は 3 の倍数になっている」からである。

3　対偶

$p \to q$ に対して，$\sim q \to \sim p$ を**対偶**という。$p \to q$ が真ならば，対偶は必ず真である。

「正方形ならば四つの角は直角である」ことから，「四つの角が直角でないならば，正方形でないのかなあ」と考えるのは，対偶の考えの素地であるということができよう。

逆・裏・対偶の関係

命題とその逆・裏・対偶の相互関係を示せば，次のようになる

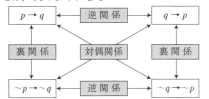

$p \to q$ とその逆・裏・対偶の真偽表

T は Truth(真)の略，F は False(偽)の略

p	q	$p \to q$	$q \to p$	$\sim p \to \sim q$	$\sim q \to \sim p$
T	T	T	T	T	T
T	F	F	T	T	F
F	T	T	F	F	T
F	F	T	T	T	T

$p \to q$ とその逆 $q \to p$ は，p, q がともに真または偽のときはともに真になる。

111 黒表紙教科書
"Black-cover"(Kuro-byoshi) textbooks

黒表紙教科書とは，明治38（1905）年文部省から出版された算数（当時は算術）の国定教科書のことで，正式な名称は『**尋常小学算術書**』*である。

1 黒表紙教科書誕生までとその影響

明治維新を迎え，欧米の文化が急激に流れ込むなかで，数学は和算をやめて西洋数学を採用しなければならないと明治政府は決心した。

明治5年に学制を定め，6年には『**文部省編纂 小学算術書**』という算術教科書を発行した（和紙，和とじ，縦書き，文章は漢数字，計算はアラビア数字）。

この教科書は，絵も多く取り入れ，**直観主義**の流れをくむ進歩的な優れたものであった。

このように優れた教科書であったが，和算で教育された先生方には直観主義のよさが理解されず，教科書の精神が生かしきれず失敗に終わった。

明治10年代になると，『**数学三千題**』というような数学の書物が出て，問題を多く解くことが大事であるという考え方が流行するようになった。

これを憂えた東大教授寺尾寿博士などが，**理論算術**を重視すべきことを提唱し，明治23年に算術書を書いた。これが一世を風靡するようになり，小学校教育にまで及んできたので，これを心配した東大教授藤沢利喜太郎博士が明治28年ごろ三千題流を退けるとともに，理論算術を排撃し，計算の熟練，実用的知識の習得と併せて緻密な考え方を養うことを目当てとした算術教育を提唱した。

これが基となって，明治38年黒表紙教科書が国定教科書として誕生した。しかしこの教科書は，藤沢が欧州留学（明治20年帰国）で受けた**数え主義**の考え方を強調するあまり，直観・実験・実測を極度に排斥した。

この教科書が作られる前後，欧米では**数学教育の改良運動**が起こっていた。しかし，日本は欧米の動きとは逆に旧式の算術教育へ進み，30年の遅れをとることとなった。

2 黒表紙教科書の特色

黒表紙教科書編纂の目標は，当時の小学校令施行規則第4条の算術科の要旨に基づいて，次のように示されている。

　　算術ハ日常ノ計算ニ習熟セシメ，生活上必須ナル智識ヲ授ケ，兼ネテ思考ヲ正確ナラシムルヲ以テ要旨トス。

つまり計算の習熟，知識の習得，考え方を正確にすることから成っている。

実際，この教科書を開くと，どのページも数字と文字で埋まり，計算問題が大部分を占め，次に知識を授ける部分，そ

黒表紙教科書の名称

尋常小学算術書は，表紙の色が黒一色（内容も黒一色）であるため，昭和10年以降に発行された緑表紙の『**尋常小学算術**』，昭和16年以降の青表紙の『**カズノホン**』（1～2年）『**初等科算数**』（3年以上）と区別するために，黒表紙教科書という名称が使われた。

1，2年は教師用書だけ，3年以上は児童用・教師用に分かれ，各学年1冊ずつで，1年は65ページ，2年以上は81ページずつである。

黒表紙教科書の修正

第1次の修正（1910～1912）では，1年の数範囲は100まで，2年の数範囲は1000まで拡張された。2乗・3乗の用語が4年に入れられた。

第2次の修正では，各学年の数と計算のところへ，応用問題を入れた。また，簡易な暗算の問題を全学年にわたって載せた。

第3次の修正では，6年の分数を5年に移し，メートル法を全面的に採用した。

して応用問題のページから構成されている。つまり算術の内容は、整数・諸等数（長さ、面積等）・小数・分数の計算を筆算で行うことが中心で、そのほかに求積算があり、上学年では比例・歩合算・利息算を取り扱い、これらにそれぞれ応用問題が付け加えられていた。すなわち、日常計算を中心とし、その中に生活上必須の知識を織り込み、応用問題で思考を練るといった意味のものであった。

生活上必要な知識として金高・長さ・面積・体積・目方などの題名のページがあり、そこでは単位や単位関係を教え、それを用いて計算して解く問題が続いている。

応用問題の中には、生活事実から離れて、計算・応用のためと思われる問題も見られる。

計算問題には、

6993) 741111 （4年）

{(3＋4)×6－8}÷2.4（5年）

のように複雑なものも提示されている。

また、4年の2、3学期に、小数の加減乗除、5年の2学期で分数の初めから加減乗除すべてを学習するような仕組みとなっている。

③ 小学算術(黒表紙)改正に関する意見

昭和7年5月17、18日の両日文部省大臣官舎において以下の項目について、かねて通知を受けた18名が、小学算術に関する諸問題に応じて意見を述べた。

― 小学校令施行規則中の算術教育の要旨を改正する必要ありや
― 小学算術書全般に関して意見を求む
　（イ）編纂の根本方針
　（ロ）教材の種類範囲
　（ハ）教材の学年配当
　（ニ）教材の配列
　（ホ）問題の種類・性質・提出方法
　（ヘ）教科書の形式
― 尋常小学算術書第一・第二学年児童用編纂の必要ありや
― 珠算に関する規定並びに小学珠算書に改正すべき点ありや
― 算術教育の効果を挙ぐる為に取るべき方法如何
― 其の他
　　　（備考：原文の仮名は片仮名）

上記の内容にかかわった柿崎兵部（女子学習院）は次のような答申を行っている。

「従来の算術はすなわち計算の術であり、計算以外のことであっても、それは付帯的なものにすぎなかった。将来は、図形、グラフおよび数量に関する知識などを内容としなければならないので、学科名は変更して、その内容にふさわしい"数学"とした方がよい」

（数学教育の発展　大日本図書　pp.267－268）

『数学三千題』とは

明治12（1879）年に学校令が公布され、14年に教則ができて以来、算術書が種々出版されたが、その中で『数学三千題』が広く使用された。これは、学校のみではなく、当時の官吏登用試験のための受験参考書として用いられた、ともいわれている。これは当時、「難問を解くことによって頭がよくなる」といった考えから、数学教育が難問主義に陥り、この書がその代表選手格になったといえよう。

112　形式陶冶・実質陶冶
formaldiscipline, substantialdiscipline

　算数教育における陶冶の本質は何であるかを考えるとき，そこに対立する二つの概念として実質陶冶と形式陶冶とがあることに気づく。前者は客観的価値の習得に関する面であり，後者は人間の心的諸能力の錬磨に関する面である。

　実質陶冶は客観的価値の習得ということから，教育内容としての知識や技能そのものの習得を陶冶の本質とみる考え方であり，算数教育では当然重視されていることである。したがって，以下では，**形式陶冶**について述べることにする。

1　形式陶冶の意味

　形式陶冶は，実質陶冶でいう知識や技能の内容自体の習得よりも，内容を介して精神の形式的能力を養うことを陶冶の本質とするものである。たとえば，知識や技能を獲得する記憶力・推理力・思考力・想像力など，いわば文化を生み出し，これに働きかける能力自体の育成である。

　この立場に初めて学問的根拠を与えたのは，18世紀に始まる**能力心理学***である。それは，精神現象を記憶力・推理力などのいくつかの能力に分けて精神を説明しようとしたものである。

　そして，特定の教材ないし場面で，記憶力や思考力を訓練すれば，別の教材の学習にもその効果が**転移***するというのである。

　したがって，正しい推理力や正しい判断力は，数学を学習することによって発達することになる。たとえば，数式の教材で推理力を養えば，その効果が図形の教材にも転移するとし，さらに理科・社会などの学習にも転移するというのである。

2　形式陶冶説の論争点

　能力心理学に基づく形式陶冶説に対して，J. ヘルバルトは反対した。能力心理学流にいえば，歩行は歩行能力により，計算は計算能力によることになる。これは○○能力というレッテルを張っただけで，何の説明にもならないと主張した。すなわち，記憶・推理・判断などの精神現象は独立に存在するのでなく，観念がどのように連合するかによって現れるものであるとの**観念力学説**を主張した。この考えが認められて，形式陶冶説を支える能力心理学が壊滅した。

　ところで，形式陶冶説・実質陶冶説は教育の二面をなし，切り離してはありえない。われわれは，ある教材で論理的思考を養えば，他の教材でも論理的に思考して学習できるようになってもらいたいし，さらに他の教科でも，社会生活においても，論理的に考える人間にしたいのである。ここにいかなる場合に転移が実現するかということが問題になる。

能力心理学
　精神現象をいろいろな能力に分析記述し，しかもそれらの能力が主体であるとする心理学である。
　C. ウォルフは認識能力と欲望能力に2大別し，認識能力をさらに2分して，低次の認識能力には，感覚・想像・記憶が，高次の認識能力には，快不快・感官的衝動・感官的嫌悪・情緒があり，高次の欲望能力には意志があるとした。

転移
　ある学習をしたことが，その後の学習に影響を及ぼすことを**転移**という。前学習が後学習を促進する場合を**正の転移**，妨害する場合を**負の転移**といい，普通，学習効果の転移というときは前者をさす。転移についての理論には，前学習と後学習との間に内容や方法の同一要素または類似があるときに転移する，また，一つの場面における経験が一般化され，他の場面に適用するとき転移するなどがある。

113 形式不易の原理
principle of permanence of form

数を自然数から拡張して新しい数を構成していくうえで，大切な考え方である。

1 数の拡張の考え (☞107)

自然数を出発点として，しだいに数の概念を拡張していくときに決め手となるのは，加減乗除の四則演算である。

(1) 自然数の集合の中では，2数の和および積は必ずこの集合に属する。すなわち，自然数系では加法および乗法はなんらの制限なしに行うことができる。

しかし，加法の逆の演算である減法については，大小関係の制限をしない限り自然数の範囲を超えてしまう。そこで，自然数を拡張する必要が生ずる。

(2) 自然数系に0および負の数の概念を加えることによって新しく拡張された整数系を考えれば，このなかでは加法・減法・乗法を自由に行うことができる。

しかし，整数系で乗法の逆演算である除法を行うとすれば，除数が1または，被除数が除数の整数倍と制限しない限り，整数の範囲を超えることになる。そこで整数系を拡張する必要が生ずる。

(3) 除法も自由にできるようにするために，新しく拡張された有理数系では，0による除法を除いて，加減乗除の四則が無制限に許されることになる。

2 形式不易の原理

1で，自然数から有理数まで，数を拡張したが，そこで大切なことは，自然数で成り立つ演算についての法則が，整数・有理数に対しても成り立つような共通な一貫した演算法則がなければならないとし，それを，**交換・結合・分配に関する法則**で示す。

すなわち，自然数で成り立つ計算法則
交換法則 $a+b=b+a$ $a\times b=b\times a$
結合法則 $(a+b)+c=a+(b+c)$
         $(a\times b)\times c=a\times(b\times c)$
分配法則 $a\times(b+c)=a\times b+a\times c$

が，新しく拡張されたより広い範囲の数においても成り立つように，数を構成するのである。このような原理は数を拡張するうえで大切な形式規則となる。これが**形式不易の原理**といわれるものである。

形式不易の原理を歴史的にみれば，次のようになる。

形式不易の原理を最初に指摘したのはG.ピーコック(1791～1858)である。すなわち，算術的代数学の記号に適用される計算の法則は，そのまま記号的代数学に応用できることを仮定し，このことを形式不易の原理とよんだ。

しかし，算術的代数学では数の範囲を自然数と正の分数に限り，減法では被減数を減数より大きいものに限るなど偏った区分をしている。また，記号的代数学

計算法則に関する注意事項

数の拡張では，三つの計算法則の確かめが必要であったが，これはあくまでも形式であって，これと離れた具体的な場面では注意すべきことがある。

例えば，交換法則に関しては，同じ加法でも合併ならば交換が可能であるが，追加（増加）の場合では交換は不可能である。例えば，ミカンが5個あって3個もらうと8個になるということから，3個もらって5個あっ

てというのは意味が曖昧になってしまう。不用意に交換すると時間差を無視したりすることになる。

また，乗法で，被乗数と乗数を交換しているのは，2次元的な面積の場合が，縦横同じ種類のものが並んでいる人間とかおはじきなどの数を求める場合はわかりよい。

ただし，この場合でも，被乗数と乗数を交換したとき，その基準量をどうとらえたか，操作の観点をどこに置いたかをよく考え，そ

では，虚数をとらえているが，無理数を無視しているなどの点に不完全さが見られた。

　H．ハンケル（1839～1873）は，ピーコックの不完全さを見直したうえで，さらにこの原理が拡張された実数系や複素数系にまで及んで成立することを示した。さらに，原理に示された三つの計算法則は，高々複素数の範囲までに止まることを示し，さらにその拡張が多元数に及ぶときは，これらの三つの法則のどれかが不成立になることを示唆している。例えば，多元数のなかで W．ハミルトンの四元数については交換の法則は成り立たない。また，A．ケーリーが示した**八元数**の場合では，交換法則のほかに結合法則も不成立となるのである。

③ 形式不易の原理の素地

小学校では形式不易の原理の考えを意識的に指導するわけではない。数の拡張は，自然数に始まり，それに零が加えられる。

そして，交換・結合の法則が成り立つことをしだいにわからせ，分数・小数へと拡張されるに従って，6年までに交換・結合・分配の三つの法則が成り立つことを理解させる。

新しい数を考え出すたびに，これらの法則がいつも成り立っているだろうかと振り返らせるのがよいであろう。

の違いをはっきりとつかんでおかねばならない。同数累加や倍概念で操作する1次元的な乗法では，安易な交換は許されない。

例えば，三つの皿にみかんが2個ずつあるとき，みかん全部の個数は2×3で求められる。しかし，皿の数三つにみかんの数2個をかけて3×2というのは意味がなく，このような具体的な場面で2×3が3×2に等しくなることを理解させるのは，かなり無理があると考えられる。

ハミルトンの四元数
—— 橋上のヒラメキ ——

ハミルトンは1805年生まれのイギリスの数学者・光学者・力学者である。5歳のとき英語のほか，ラテン語・ギリシャ語・ヘブライ語を，8歳でフランス語・イタリア語を，10歳ではアラビア語など9か国語をマスターしたという。

22歳のときには，トリニティ-カレッジ大学の教授になった。

1843年のある日，いつものように愛妻と散歩をしていて橋を渡りかけたとき，長年考え続けてきた「四元数」についての優れた発想のヒラメキが起きた。

家に帰るまでに忘れてはいけないと思った彼は，急いで橋の欄干に書きつけ，あとでそれを紙に写し取ったという。

デカルトがベッドの中で，ポアンカレが馬車の踏み板に足をかけたときなど，数学の大発見は机の上ではない場所でのヒラメキが多いのである。

四元数というのは，四則と累乗根でできる下の数をすべて含む想像的数で，

$$u = t + ix + jy + kz$$

（$t,\ x,\ y,\ z$ は実数）

について，次のように乗法が定義される。

$$i^2 = j^2 = k^2 = -1,\ jk = -kj = i$$
$$ki = -ik = j,\ ij = -ji = k$$

その後，ケーリーによる「八元数」も創案された。

114　構成主義
constructivism

「構成主義とは何か」この問いに対比的に答えるならば、**知識注入型指導**に対し、**構成主義型指導**は教授者と学習者が知識を能動的に作ることが学習であるとする理論である。1980年代から米国を中心に大きな影響力をもつようになった主張である。

1　知識注入型指導の弱点

知識注入型指導とは、習熟すべき教育内容を予めカリキュラムとして決定し、教師はそれに沿ってカリキュラムに盛られた知識を生徒に伝達し、生徒はそれを受け取り、練習問題を通してそれを身につけるというものである。

この指導法では、生徒にはさまざまな理解の仕方があるのに、理解に至る道筋がカリキュラムや教科書によってあらかじめ定められてしまう欠点がある。

2　構成主義の基本原理

(1) 知識の能動的構成

構成主義では、知識は外界との感覚経験や他人からの伝達によって、受動的に受け取られるものではなく、人それぞれの内面で、能動的に作り上げられるものであるとする。例えば、2個のおはじき、2個のりんごなどは観察可能であるが、2という数の概念はそれぞれの個人が内面に作り出した認識である。

(2) 反省的活動による構成

知識は、自分自身の経験を振り返って考察し、経験を再組織化することによって成長するという原理である。

外界からの刺激を受けたとき、人間がそれらの刺激から経験を作り出して初めて知識を構成するための素材となる。そうして形成されたさまざまな経験を、自分で問題の解決に役立つように組織しなおすことで意味のある知識となる。

(3) 適応を目ざした知識

構成主義では、知識の獲得は、経験世界で直面する問題の解決に有用なものへと向かうものであるとする。数学では、命題の真偽が最大の関心事であるが、子供の関心事は問題の解答如何なのである。

3　急進的構成主義

構成主義は、本来、人間の認識に関する考え方である。構成主義では、すべての認識は人間が自分の経験世界を組織化しようとする努力により生み出されたものであり、あらかじめ存在しているわけではないとする。この考え方では、客観的な知識の存在は否定されてしまう。数学的な知識を教師が教えることはできず、子供自身が自ら構成するのを支援するだけである。この考え方は、構成主義の中で、特に、**急進的構成主義**（radical constructivism）とよばれている。

カリフォルニア数学戦争（Math War）

1992年、米国カリフォルニア州は、**全米数学教師協会**（NCTM）が推奨するカリキュラム案に沿った**算数・数学科の指導要綱**を制定した。この要綱は、構成主義の考えに沿ったもので、学習者が協同作業を通して数学を作る活動を重視したものであった。

しかし、この要綱が実施に移されると**基礎学力の不足**が問題となり、大学の数学教師や父母などを中心として大規模な反対運動が生起した。学習者が最終的に習得するべき内容が明確に示されていなかったために学習の目標が不明確で、焦点の定まらない活動は熱帯雨林をさまよい歩くようだと評された。現在では、多くの教師は伝統的なカリキュラムとのバランスをとったものを実施している。

1998年、カリフォルニア州は、明確な到達目標を含む改定を行った。この指導要綱では、指導方法は教師の選択とされた。

115 コミュニケーション
communication

 算数・数学教育においてコミュニケーションというものが重視されるようになった。それは、様々な算数・数学のアイディアが、数学的なコミュニケーションを通して、学習者の思考活動を促し、反省させ、思考対象を修正しつつ、数学的な議論を活性化させるからである。
 なおコミュニケーションは、アイディアのもつ個人的な性格を公的なものにしていく契機を与える点にも留意したい。

1 コミュニケーションと学習
 子供が算数・数学について思考し、推論し、その結果を口頭または筆記によってコミュニケートしていく場合、どんな学習を展開し、どのような能力・態度を身につけさせていくべきかまとめてみよう。
 (1) コミュニケートすることの大切さを、数学を話し、聞く、読む、書くという局面を通して実感し、数学的能力と態度を感得していく。
 (2) 説得力の大切さを知る。
 (3) 他者の説明を聞くことによって、自分の理解をより確かなものにしていく。
 (4) 算数・数学のアイディアを、複数の視点から探求でき、自らの思考をより鋭いものにしていける。
 (5) 算数・数学のアイディアをどう表現すればよいのかその工夫が求められるため、数学的表現力が身につき、自らの数学的理解を精緻化できる。
 (6) 発達段階に対応したコミュニケーションの仕方を学び、それによって、自らの算数・数学的な推論能力が洗練され、いっそう深い学習が可能となる。

2 コミュニケーションと指導
 コミュニケーションをいかし、それを取り入れた指導を考えてみよう。
 (1) 子供にコミュニケーション能力をつけるには、単純な課題ではなく、思考の深化を促し、子供から議論が巻き起こるような「**おもしろい数学的課題**」を与えること。
 (2) テクノロジーは、よりよいコミュニケーションを生み出す媒体であると考えられているので、それを組み入れた学習プログラムを導出していくこと。
 (3) 日本でこれまで行われていた「話し合い」活動を改めて検討してみること。

3 コミュニケーションと算数・数学教育
 アメリカの全米数学教師協会は、2000年4月に「スタンダード*」を発刊し、コミュニケーションの1つのあり方を提示した。それは以下のようなものである。
 ① 子供の算数・数学的考えを、コミュニケーションを通して促し、それを整理・組織し、思考の活性化を図る。
 ② 算数・数学的思考を首尾一貫させ、仲間や教師とコミュニケートできるようにする。
 ③ 他者の算数・数学的思考やその方略を分析・評価する。
 ④ 算数・数学のアイディアを正確に表すため、数学の言葉を使えるようにする。

スタンダード
 スタンダードには1989年版と2000年版があり、2000年版スタンダードは正確には"Principles and Standards for School Mathematics"という。
 学年区分、内容の構成等は、1989年版が、幼稚園(K)-4学年、5学年-8学年、9学年-12学年の3区分、2000年版が、前幼稚園(PreK)-2学年、3学年-5学年、6学年-8学年、9学年-12学年の4区分になっている。問題解決、**コミュニケーション**、推論、つながり、**表現**などが指導内容としてとり上げられているのが特徴的である。

116 思考実験
thought experiments

思考実験*は物理学などで行う**現物実験**に対して，思考のうえで，ある実験方式を想定し，仮説や理論を検証する実験を指していたが，しだいに科学研究の広い範囲で用いられるようになってきた。

教育上は，学習者自身が学習の過程で生じた問題に対し，現物実験の手法になぞらえて，ある条件のもとで認められる事実の存在や，事象間に見られる因果的法則などを頭の中で確かめる精神活動をいう。その際，事物・事象を理想化したり，制御したり，人為的に変化させたりしてその内面的性質を発見しやすくする。

このように思考実験は，課題の解決や発展に向けて見通しをもったり，解決過程の妥当性を検証したりするのに役立つ。

1 思考実験を伴う学習例

(1)「駐車場に車が8台とまっていました。しばらくして見たら15台になっていました。車は何台ふえたのでしょう」

この課題に対して，仮に1台増えると台数は8+1，2台増えると台数は8+2と，おはじきを置く実験の代わりに頭の中での試行で「○台増えれば△台になる」と考えて，条件に見合う数を見つける。この過程に素朴な思考実験が見られよう。

(2)「多角形の対角線の数を調べよう」

この課題に対して，図のように四角形を五角形に変化させてみる。対角線はEから，A，E，Dの3頂点以外の$(5-3)$個の頂点に引いたものと，辺が対角線に変わったADとで$(5-3+1)$本増える。この見方が常にできるかを追究し，一般に$(n-1)$角形がn角形に変わるとき，対角線は$(n-2)$本増えることがわかる。n角形の対角線の数は$2+3+\cdots+(n-2)$から$n\times(n-3)\div2$がとらえられよう。

2 思考実験の背景と意義

平成10年改訂学習指導要領において算数的活動の重要性が指摘されて以来，学習指導要領改訂のたびごとに，その重要性が強調されてきている。算数的活動とは，児童が目的意識をもって主体的に取り組む算数にかかわりのある様々な活動である。単に「作業的・体験的な活動など身体を使ったり，具体物を用いたりする活動に限られるものではない」とされ，思考実験にも相当する「内的な活動」として，「算数に関する課題について考える活動」「算数の知識をもとに発展的・応用的に考える活動」「考えたことなどを表現したり，説明したりする活動」などをその具体例として示している。

思考実験
思考実験についてマッハ（Mach, Ernst; 1838～1916）は，現物実験（狭義の実験）に対して，「より高度な知的段階で広く行われている別種の実験」ととらえ，思考実験には，現物実験のお膳立てをすること，理想化や抽象化が伴うこと，思考のなかで事物を変化させてみることなどの特徴があるとしている。

また，思考実験について，わが国では篠原助市が，著書『教授原論』（岩波書店; 1942）などで「思考実験（マッハ）」として紹介され，「思考実験とは心中に於てあれかこれかと思いめぐらしつつ，多様な事実を結合し，あるいは一定の結果を期待し，または想定するなど一種精神的な実験である。」といっている。

また，小平邦彦は「数学の印象」（『数学のすすめ』筑摩書房; 1969）において，数学を研究したり，数学を理解したりする際に，思考実験の意味での「考えること」が大切であることを指摘している。

3 思考実験を伴う学習指導の改善

(1) 思考の過程における結果や方法の見通し,その根拠への問いかけなどの活動をいっそう重視すること

思考の過程で,結果や方法についての見通しをもつことは,思考の無駄を少なくしたり首尾よく問題を解決したりするための重要な営みであるといえる。

結果や方法についての見通しは,試行錯誤や推測によって行われる暫定的なものである。したがって,その根拠を明らかにしていくことが必要になる。

(2) 創造的,発展的な思考を展開する契機として,思考実験を生かすこと

一般に,思考はそれまでの体験や経験を基にして展開する。その際,既習の性質や手続きなどを仮に認めて考え,時には部分修正していく場合が多く見られる。

数と計算では,計算について成り立つ性質を学習し,適用する数の範囲を拡張する際にこれを活用していくといったときに見られる。例えば,第2学年で学習したかけ算九九を構成するきまり「かける数を1大きくすると,こたえはかけられる数だけ大きくなる」をよりどころとして,適用する数の範囲を拡張していく。あるいは,整数の計算について成り立つ性質をよりどころにして,小数や分数の計算を考察していく。

また,量と測定の内容では,さまざまな量の測定を通して,測定の手続きについての理解を深めることができる。そして,新しい量に直面したとき,既習の手続きを仮定してそれと同じ具合に考えようとすることから,問題解決が始まる。

図形の性質の調べ方や数量の関係の調べ方などについても同様である。

このように思考実験は,主体的,創造的な思考を展開するうえで重要なはたらきをするものといえる。

(3) 思考実験の過程では,それらの過程や結果の観察をいっそう重視すること

思考実験に試行錯誤はつきものである。その際,思考の過程を振り返り,錯誤の原因やそれを生かす方向で考えを進める**試行接近***は,創造的に学習を展開するうえで不可欠のことである。したがって,単に実行するだけでなく,その過程や結果をじっくり観察して次の展開への契機を見出すことを体験させ,その重要性がわかるようにしたい。

(4) 物的にも人的にも,学習環境を整備するよう努めること

思考実験が自由にしかも柔軟にできるようにしたい。

物的な面では,多様な手だてを準備し,必要に応じそれらを自由に活用するようにする。例えば,空き教室があれば算数実験室として活用することなどが考えられるであろう。

また,人的な面では,誤りや不十分な考えでも,それから学び取りそれを契機としていっそう充実した学習をしようとする雰囲気を作ることなどが大切であろう。

思考実験による試行接近

例 1から9までの整数の和を次のように工夫したとする。

$1+2+3 = 2\times 3 = 6$
$4+5+6 = 5\times 3 = 15$
$7+8+9 = 8\times 3 = 24$
$6+15+24 = 15\times 3 = 45$

このような場を契機として試行過程を振り返り,かけ算の用いられる数の範囲を拡大してみるように勧めると,次のような発展が見られる。

$1+2+3+4+5 = 3\times 5 = 15$
$1+2+3+4+5+6+7 = 4\times 7 = 28$
$1+2+3+4+5+6+7+8+9 = 5\times 9 = 45$

連続する数字が偶数個の場合にもこの考えを活用できないかどうか。どんな数列の和を求めるのにこの考えが用いられるかなど,新しい課題を設定することができる。

117 集合の考え
idea of set

算数の対象となるいろいろな事象を，数理的にとらえたり，論理的に考えたりするとき，集合の考えを用いることは大切である。この集合の考えを算数・数学の学習を通して，しだいに育てていくことは重要である。

1 集合の概念

次のような「ものの集まり」を考える。
(1) 1から5までの自然数の集まり
(2) 2でわり切れる整数の集まり
(3) かなり大きい自然数の集まり
(4) 細長い長方形の集まり

(1),(2)のように，任意のものがその「ものの集まり」の元であるかどうかが決定されるとき，その「ものの集まり」を集合という。(3),(4)は「かなり大きい」「細長い」の判定が不明確であるので，数学的意味では集合とはいえない。

集合とは，数・図形など具体的なものを，ある観点から一つの集まりとしてとらえていこうとする考えに基づいている。すなわち，数・図形や具体的な事象からそれらに共通な構造を抽象し，ほかのいろいろな構造を捨象したものが集合の概念である。この集合には，**無限集合**と**有限集合**がある。

2 集合の考え

小学校では，集合論の初歩的内容そのものを指導しようということでなく，集合の考えに立って考察できるようにすることが必要とされているであろう。

算数科の目標にある「事象を数理的に捉え」るときや「見通しをもち筋道を立てて考察する」ときには，
・考察の対象の範囲を明確に捉えようとする。
・場の条件を明確にして捉えようとする。
といったことが大切である。

(1) 集合の考えによる概念形成

自然数の概念は，ものの集合がもつ一つの属性をとらえたものといえる。例えば，3という概念は，三つのカップの集合，三つの皿の集合，三つのスプーンの集合，……などに共通な属性を抽出して生まれた概念である。

正方形の概念規定をする場合は，いろいろな形の四角形の紙を，判定条件に従って正方形とそうでないものに分類し（**なかまづくり，なかま分け**），正方形を規定する条件を明確にしていく。

(2) 集合の考えと分類整理

算数では，考察の対象を目的に照らして，何らかの観点から分類整理することが大切で，どのように**分類整理***して思考を進めるかが重要となる。

カントールと集合論

集合を数学の対象にしたのはG.カントールであり，現代の数学の基礎には集合があるといえる。カントールは，**集合の定義**を「集合とは，われわれの直観または思考の対象で，確定し，しかも互いに明確に区別されるものを，一つの全体にまとめたものである」としている。彼は，無限集合の濃度の理論，順序数の理論を作った。集合論は無限を一つの数学的実態としてとらえた点に価値がある。

集合と分類整理（☞241）

分類整理については，統計に関連したものだけでなく，その他の分野でも多くある。例えば，集合を同値関係に着目して**類別**する。整数を奇数と偶数とに分ける場合，$a-b$が2でわり切れるときaはbと一つの同値関係にあるが，小学校ではこのような意識はないとしても，事実上類別していることになる。

また，幾つかの三角形の集合を，合同なものの集合に分けるなども類別である。

118 資料の整理と統計量
organization of data and statistic quantity

1 資料の整理と分類整理

ある集団について何か調べようとしても,集めた資料そのままでは雑然としていて,その集団の構成や特性はつかみにくい。そこで,得られた資料を**分類整理**する必要がある。

(1) 素地となる経験に着目する

小学校では,生活指導のために様々な掲示が使われる。児童の学校生活と関連の深い日課表や校内の絵地図などがその例としてあげられよう。

このような表や絵地図を見て行動していくことが,算数で分類整理をしたり,表やグラフを学ぶときの素地となる。

(2) 資料

統計資料の利用には,児童自身が観察・調査・測定によって得た資料の利用と,すでに調査されている資料を利用する場合とがある。

いずれの場合にも資料には,調査の目的,調査の主体・客体,調査の時期・方法が明かにされている必要がある。

(3) 分類には,質的分類と量的分類がある

分類整理して表に表す場合,表1のように分類の基準をとって,標識を属性としてまとめる場合と,表2のように,量的区分に従ってまとめる場合とがある。

表1のような分類を**質的分類**といい,表2のような分類を**量的分類**という。

表 1 けがをした場所

場 所	人数
廊 下	5
昇降口	4
教 室	3
体育館	4
運動場	7
その他	2
合 計	25

表 2 ボール投げ

記録(m) 以上～未満	人数
12～13	3
13～14	4
14～15	6
15～16	10
16～17	8
17～18	5
18～19	4
合 計	40

2 統計的な見方・考え方

資料を分類整理させるなど統計指導のねらいは,ある集団の大量の現象における法則性を把握する能力をのばすことにある。

資料を表やグラフにまとめたりするのも集団の特性を理解するためである。

1次元・2次元の表（度数分布表・相関表）

小6男子の身長の表

生徒(男)	身長(cm)
1	146.5
2	142.5
3	150.7
4	141.6
5	135.9
6	146.0
7	150.7
8	146.1
9	145.5
10	150.2
11	146.5
12	149.8
13	141.3
14	145.3
15	149.6

（以下略） (1次元)

小6男子の身長と体重との相関表

身長(cm) 体重(kg)	135～140	140～145	145～150	150～155	155～160	160～165	計
50～55			1			1	2
45～50			1	1	1		3
40～45		1	1	3			5
35～40		1	4	2			7
30～35		2	1				3
25～30	1						1
計	1	4	8	6	1	1	21

(2次元) (☞269)

いろいろなグラフ (☞205・208)

折れ線グラフ

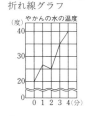
やかんの水の温度

円グラフ

えびの輸入量の割合
（合計2億5千万kg）
(1998年)

帯グラフ

かにの輸入量の割合（合計1億2千万kg）
(1998年)

3 統計量

資料全体の特徴を表すのに、表やグラフではなく、数値を用いる場合がある。

(1) 代表値

資料全体の特徴をある適当な数値で代表したものを**代表値**という。その主なものには、**平均値、中央値、最頻値**がある。

平均値は、資料の個々の数値の総和を資料の個数でわった値である。

中央値は、資料の個々の数値を大きさの順に並べたとき、その中央に位置する値のことで、**メジアン**ともよばれる。資料の個数が偶数のときは、中央の2数の平均を取る。

最頻値は、資料のなかで最大の個数値で、**モード**ともよばれる。

次のような資料があるとき、平均値、中央値、最頻値はそれぞれ2.3人、2人、2人である。

きょうだいの数	1	2	3	4	計
人　数	6	20	13	2	41

ここで、平均値、中央値、最頻値のどれがどのようなときに代表値として適当であるかを議論することは、代表値の意味を理解するうえで大切である。ちなみに、平均は極端な少数の値によって、その値が大きく左右されるという難点をもつ。

(2) 散布度

ある資料全体の特徴をつかむのに代表値だけでは不十分な場合がある。

このような場合、資料全体の特徴の違いを表すのに散布度を用いる。**散布度**は、ちらばりの度合いを表す数値である。

散布度を表す数値には、**範囲、平均偏差、分散、標準偏差**、などがある。

これらの数値の意味を調べてみよう。

例 A君とB君の10回の計算テストの得点は、次のようであった。

A	8, 7, 6, 5, 7, 8, 9, 7, 7, 6
B	5, 8, 7, 7, 4, 5, 10, 7, 8, 9

範囲とは、資料のなかの最大値と最小値との差のことである。

この場合であれば、Aの範囲は$9-5$であるので4点、Bの範囲は6点である。

しかし範囲では、ちらばりの程度を表すのには大ざっぱすぎるので別の数値が使われる。

上の例の場合、下の図のように表したほうがちらばり具合がよくわかる。

すなわち、個々の資料の値と平均値7との差をとって図に表すのである。

このような値を統計では**偏差**とよぶ。

偏差＝個々の資料の値－平均値

ただ、偏差の総和は、いつも0になってしまうので、散布度を一つの数値で表す場合は、偏差の絶対値や偏差の2乗を考える。

- **平均偏差**とは、偏差の絶対値の平均のことである。
- **分散**とは、偏差の2乗の平均のことである。
- **標準偏差**とは、分散の平方根の正の値のことである。

偏差値

試験結果の処理で用いられる偏差値は、平均をμ、標準偏差をσとするとき、素点xを$\dfrac{x-\mu}{\sigma}\times 10+50$によって換算したもので、その平均は50、標準偏差は10となる。

119 水道方式
"Water supply"(Suido)method

遠山啓が昭和33年に提唱した，小学校における計算練習の方式で，水源池から特殊型，退化型へと，練習問題を系統的に配列することからその名がついた。その方式は，量に基づき，タイルを用い，筆算を中心とし，計算の型分けに特徴がある。後に文字計算などにも適用された。

1 タイル
数を書き表したり計算したりするには，十のまとまりを作ったりバラにしたりするが，この考えをわからせるためのスキーマ（シェマ）（☞130）としてタイルを用いる。また，5のかたまりを強調するときは，かんづめタイルを用いる。

枚	本	個
(3枚のタイル)	(6本のタイル)	(5個のタイル)
3	6	5

5のびんづめタイル
5のかんづめタイル

2 計算の意味の指導
加法は，集合数的な合併から順序数的な増加への順で指導する。減法は，同じ趣旨で求残→求減→求差，乗法は，（1当たり量）×（いくつ分）＝（全体の量）で，除法は，等分除→包含除の順で，意味の指導をする。

3 計算の指導
計算は，素過程*から複合過程*へ，一般型から特殊型への順を，原則とする。例えば，減法の素過程は，繰り下がりのないもの→0を含むもの→繰り下がりのあるものの順に指導し，繰り下がりは5と5で十の考え方（5－2進法）で，例えば13－7を右の図のように扱う。

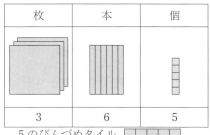

2位数の減法の複合過程は，繰り下がりのないもの→一の位に0を含む特殊型→答の十の位が0になる退化型（例29－22）→繰り下がりのある一般型→何十からひく特殊型（例90－29）→減数が1位数の退化型（例99－2）の順に扱う。

4 小数・分数の計算
一般から特殊への原則に従い，帯小数どうしの加減，帯分数どうしの繰り上がり・繰り下がりのない加減を水源池とする。小数の乗法は（帯小数）×（帯小数）から入るが，除法は（小数）÷（整数）を指導してから（帯小数）÷（帯小数）へ入る。分数の乗除は，仮分数から帯分数への順に扱い，（分数）×（分数）や（分数）÷（分数）で約分のないものが水源池となる。

素過程
基本的な計算を素過程という。加法の素過程は，0＋0，9＋9など1位数と1位数との加法100通り。減法の素過程は，加法の素過程の逆の減法で0－0，18－9など100通り。乗法の素過程は，0×0，9×9など1位数と1位数との乗法100通り。除法の素過程は，余りのある場合も含めて，0÷1，6÷3，7÷3，10÷2，89÷9など1位数や2位数を1位数でわって商が1位数の除法450通り。

複合過程
素過程を複合した多位数の計算を複合過程といい，そのうちで最も典型的なものを水源池という。2位数の加法を型分けすると，①が繰り上がりのない水源池，②が0を含む特殊型，③が十の位がない退化型，④が繰り上がりのある水源池，⑤は和の一の位が0となる特殊型，⑥は十の位がない退化型である。

①　22　②　22　③　22　④　29　⑤　29　⑥　29
　＋22　　＋20　　＋ 2　　＋29　　＋21　　＋ 9

120 推 論
reasoning

算数では，見通しをもち筋道立てて考察する力や，数量や図形の性質を見い出し，統合的・発展的に考察する力を育成することが，ねらいの一つになっている。これらは推論といわれるものの典型的な思考形式である。

1 推論の意味

数学的な推論として，真の命題を導き出す演繹だけではなく，誤った結論を得る可能性のある帰納や類推なども重要である。ここでは，算数や数学において典型的な推論として次の3つをあげる。

演繹的推論
帰納的推論
類比的推論

これらの考察においては，数学的な推論が重要なはたらきをもつ。これらは帰納的な考え，類推的な考え，演繹的な考えとも言われる。

さらに，確率的な不確かさを伴う統計的推論*や，蓋然的推論もある。

2 帰納的推論

帰納的推論とは，個々の特殊な事例に基づいて，一般的な結論を導く推論である。すなわち，特殊から一般への推論の方法である。

例えば幾つかの三角形の内角を測って，その和がみんな180°になっていることから，どんな三角形でも内角の和が180°であろうと考えるのが帰納的推論である。

また，$(3 \times 2) \times 5 = 3 \times (2 \times 5)$，$(2 \times 6) \times 5 = 2 \times (6 \times 5)$ から $(a \times b) \times c = a \times (b \times c)$ を導くのも，$\frac{3}{4} \times \frac{2}{5} = \frac{3 \times 2}{4 \times 5}$, $\frac{9}{7} \times \frac{5}{3} = \frac{9 \times 5}{7 \times 3}$ から $\frac{b}{a} \times \frac{d}{c} = \frac{b \times d}{a \times c}$ を導くのもその例である。

帰納的推論は新しい事実の予想や発見に適した推論で，子供の創造的能力を養う面から大切である。しかし，この推論で予想した事実が正しいかどうかの保証はなく，それは検証されなければならない。しかしながら，上の例の予想した三角形の内角の和が180°になることや，結合法則が成り立つことを演繹的に証明することは，小学校の指導内容として，本格的に取り上げる内容ではない。小学校では，帰納した法則をほかの事例で試してその信頼性を深めたり，既知の正しい事柄から演繹的に正しいことを確かめたりするような活動をとり上げていくようにしたい。ただ，いつも予想したことが正しいと思い込むことがないように指導には注意したい。

3 演繹的推論

幾つかの真の命題を根拠にして，ほかの命題が真であることを論理的に導き出すことを演繹的推論という。根拠とした

統計的推論

11月3日文化の日は晴れるとよくいわれる。この意味は，必ず晴れるということではなく，11月3日の天気を過去何十年か調べてみると，晴れる日が多かったという事実に基づいているのである。ここで晴れるというのは，ある不確かさを伴った結論である。ときには「確率80％で晴れる」と表現することもある。

この例のように，問題としている対象を考察して，確率的な表現を伴って結論を出すことがある。これは統計的推論といわれる。

天気予報の雨の降る確率40％などの表現は，いろいろな角度からの観測データに基づいて，統計的に推論した結果である。

現行の降水確率予報の技術的基礎となっているものは，数値予報である。数値予報というのは，大気の運動や気温などを支配する方程式をコンピュータによって数値的に解き，現在の大気の状態から将来の状態を予測する方法である。

命題を**前提**または**仮定**といい，導き出した命題を**終結**または**結論**という。

仮定から結論を，論理の法則に従って導き出す過程を演繹という。次の三段論法はその代表的な例である。

〈仮言三段論法〉　〈定言三段論法〉
　p ならば q　　　すべての x について
　q ならば r　　　$p(x)$ ならば $q(x)$
　ゆえに，　　　　　$p(a)$ である。
　p ならば r　　　ゆえに，$q(a)$ である。

普通は，定言三段論法が多い。例えば，すべての三角形の内角の和が180°であるということがわかっており，この図形が三角形であることから，その内角の和が180°であると考えるのは，定言三段論法による。

4　類比的推論（類推）

考察の対象としている二つの事柄の類似性に着目して，既知である一方の対象が成り立つ事柄から，未知なる他方の対象についても成り立つであろうと推論するのが，**類比的推論***（類推）である。もちろん検証は必要である。

例えば，整数の加法では結合法則が成り立つから，乗法についてもそれが成り立つであろうと推測するのは類推である。また，1mが300円の電気コードについて，2mは300円×2，3mは300円×3であり，これらは整数倍であるが，このことから乗数が小数の場合，2.5mの値段は300円×2.5と考えるのも類推である。

5　証拠と推論

われわれの生活では，いろいろの情報や資料をよりどころにして，一つの判断をしていくのがふつうである。

G.ポリアは，「論証的推論によって数学的知識を獲得しますが，私どもの推測は，**蓋然的推論**によって支持されるのです」と述べ，次のように例をあげている。

論証的推論
蓋然的推論 ─┬─ 帰納的証拠（物理学者）
　　　　　　├─ 情況的証拠（裁判官）
　　　　　　├─ 記録的証拠（歴史学者）
　　　　　　├─ 統計的証拠（経済学者）
　　　　　　└─ 確率的証拠（気象官）

論証的推論は，完全で疑う余地はないが，蓋然的推論は完全を期待することはできない。この点が，数学とほかの学問とが大きく異なるところである。

近年ではコンピュータ等による「**実証的推論**」も用いられる。例えば，1976年イリノイ大学の研究者が，最新の大型コンピュータを1200時間動かし，130年来の難問であった"地図の四色塗り分け問題"が解決されている。

算数教育においても，このような推論と論証的推論の意味やはたらきを考慮した指導が必要である。

統計的推論の事例
気象情報における降水確率の報道

類比的推論の形式

類比的推論は次の形式をとる。
　MはPである。
　Sは a, b, c などの諸点においてMと同じである。
　ゆえに，SもおそらくPであろう。
例えば，地球には人間が住んでいる。火星には地球と同じような自然環境がある。だから，火星にも人間のような生物が住んでいるかもしれないと判断する。

121 数学教育現代化
the modernization of mathematics education

第2次世界大戦後，欧米各国の産業界は経済の復興，産業の振興に伴い，科学技術の根底にある現代数学への役割を重視し始めた。その結果，1950年代後半に「**数学教育の現代化運動**」が登場してきた。

日本では，戦後の**生活単元学習**から論理的系統性を重視した**系統学習**に切り替えられた時期（1955）であった。

その後諸外国の現代化の影響を受け，わが国の数学教育が全面的に具体化されたのは，小学校1968年，中学校1969年，高校1970年に学習指導要領が告示され，それぞれ3年後にそれらが実施されたときからであった。

1 小学校における現代化

総括目標を実現させるため，小学校から**集合の考え**が取り入れられた。

また，それ以外にも**関数，確率**などの新しい概念を導入し，算数教育の刷新をはかった。数の概念にしても，いまでは中学校ではじめて学ぶ負の数まで扱い，計算の原理を明確にしたり，**図形の包摂関係**など論理的な考え方が強調された。

例えば，教科書では次のような場面設定が見られた。
・集合の導入例
・負の数の導入例
・包摂関係の扱い例

2 数学教育現代化をめぐる論争

現代化に対して，様々な意見が出され，その後の数学教育のあり方に大きな影響を与えた。

正田健次郎は「数学教育の現代化とは，現代数学の初歩を教えることではなく，現代数学に現れるいろいろな見方を通じて自由に，素直にものを見る力を養うという立場をとるべきで，数学はあくまでも道具で，生徒の人格形成の一環としての数学教育でなければならない」と主張したのに対し，小平邦彦は，"New Math批判"と題し，アメリカ滞在中にSMSGの実験用テキストで学んだ長女の学習体験をもとに次のように述べている。

「現代数学の基礎は集合論だから数学教育は集合から始めるべきだというのが数学教育現代化論者のいい分である。(中略) すべての物質は素粒子から成り立っているから，物理教育は素粒子論から始めるというのと同じである。論理的な基礎だからといって，そのまま学習の基礎になるとは限らない。(後略)」

今後は上述のような現代化をめぐる論議の根底にある考えを特定し，冷静に検討していく必要がある。特に，数学観，教育観をもとに分析し，根源的な視点に立って考察していくことが大切である。

マスコミと現代化

この時期，マスコミの数学教育に寄せる関心は全く異常とでもいうべきもので，大新聞といわれる各紙はこぞって数学教育の批判の一大キャンペーンを展開した。

その展開の中で「新幹線授業」「見切り発車」「積み残し」などの流行語を生み出し，数学教育現代化は学習内容を多くし，質を高めたために，数学嫌いや落ちこぼれの児童・生徒を大量に生産したと批判が繰り返された。

指導法と現代化

今後の現代化では，カリキュラムの展開とともに指導法の現代化が伴なわなければならない。最近は学習心理学，特に**ピアジェ**以後の認知心理学等，認知科学の発達が目覚しく，発見学習，交互作用，創造学習，構造的学習，個別指導，範例統合方式などの学習理論の研究が盛んになっており，それを活かす形で現代化の再評価を試みる必要がある。

122 数学的活動
mathematical activity

平成29年3月に改訂された学習指導要領においては，平成20年改訂学習指導要領の枠組みや教育内容を維持した上で，新しい時代に必要となる資質・能力を育成するという視点から，算数科の充実が図られている。その中で「算数的活動」は，その内容を充実させるとともに，小・中・高等学校を通して数学的に考える資質・能力の育成をめざすことから，「数学的活動」へと変わった。

1 背景

「算数的活動」の用語は，平成10年改訂学習指導要領の算数科の目標に新たに用いられるようになった。これは，目標を実現するための学習指導方法の原理を述べたもので，これまでは学習指導方法が示されるということはなかった。当時の学習指導要領解説によれば，「児童が，数量や図形についての算数的活動に取り組むことを通して，算数科の目標を狙い通りに実現することを示した」とされ，自ら積極的に算数的活動に取り組む児童を育てることが算数科の大切な目標であるとしている。つまり，算数の授業を教師の説明中心から，児童の主体的な活動が中心となるよう転換することを意図していた。この「算数的活動」は，平成29年の学習指導要領の改訂において，これまでの意味を継承しつつ，より充実させ「数学的活動」へと変化する。

平成29年3月に発表された学習指導要領の改訂に向けては，これからの社会において必要な力はこれまでの「生きる力」であることを改めて捉え直し，教育課程全体を通して育成をめざす資質・能力を明確化し，三本の柱（「何を理解しているか，何ができるか」，理解していること・できることをどう使うか」「どのように社会・世界と関わり，よりよい人生を送るか」）に整理され具体化された。また，資質・能力の育成のために学習の質を一層高める授業改善の取り組みを活性化していくことの必要性から，「主体的・対話的で深い学び」の実現に向けた授業改善（アクティブラーニングの視点にたった授業改善）を推進することが示された。これに関わって各教科においては，通常行われている学習活動（言語活動，観察実験，問題解決的な学習など）の質を向上させることを主眼とすることや，各教科等ならではの物事を捉える視点や考え方（「見方・考え方」）を働かせることが重要になることなどが，留意して取り組むこととして示されている。

このような背景を受け，小学校算数科では，数学的に考える資質・能力の育成をめざす観点から，実社会とのかかわりと算数・数学を統合的・発展的に構成していくことを意識して，数学的活動の充実を図っている。

2 「数学的活動」の意味

学習指導要領解説によれば，「数学的活動」とは，「事象を数理的に捉えて，算数の問題を見出し，問題を自立的，協働的に解決する過程を遂行すること」と

数学的活動の例①（わり算の筆算）
整数同士のわり算では図や具体物による操作をして，児童は答えを見つけることができる。ここで答えがわかったからよしとするのではなく，これを生かして，筆算の仕方を児童自ら導き出すことが数学的活動である。そ

のためには「この操作を式で表すことができないか」と数学的に表現を高めることや，具体的な操作とのかかわりを基に，筆算を作り出し，そのよさを感得できることが重要である。

されている。

算数・数学の問題発見・解決の過程は「現実の世界」と「数学の世界」それぞれにおける事象を対象とした，問題解決の二つの過程が相互に関わり合って展開するとされている。

この過程において，単に問題に対する解を求めることだけでなく，解決の結果や結果にいたる過程を振り返り，結果を再解釈したり，新たな問題を見出したりして，統合的・発展的に考察することが重要である。また，数学的活動の様々な局面で数学的な見方・考え方を働かせることができ，活動の過程を通してこれからの社会に求められる資質・能力の育成を図ることができるとされている。このように，今までの「算数的活動」の意味を，問題発見や問題解決の過程に位置付けることでより明確にしたものが「数学的活動」である。

3 数学的活動の内容

「算数的活動」は，各学年の内容ごとに具体的に示されていた。これに対し，「数学的活動」は，問題発見・解決の過程として位置づけられたことに伴って，枠組みのみを示すものへと変化している。この枠組みは，数学的な問題発見や問題解決の過程に位置づく3つの活動（「日常事象から見出した問題を解決する活動」，「算数の学習場面から見出した問題を解決する活動」，「数学的に表現し伝え合う活動」）を中核とした項目からなり，基礎的・基本的な知識及び技能の確実な定着，思考力等の高まり，算数を学ぶことの楽しさや意義の実感のためにその役割が果たされることが求められている。よって，発達段階や取り上げる学習内容等に対応して，小学校においては活動が整理され，各内容領域やそれらを相互に関連付けた内容の学習の中で指導することが示されている。

4 数学的活動の指導上の留意点

児童が自ら問題を見出したり，解決に必要な事柄を考え，解決方法を見出したりする（解決の構想）課題や提示の仕方を工夫したい。解決しやすくなるようにといった配慮は，児童の創造的な活動を妨げる可能性がある。児童自身が考えた解決の構想に基づいて試行錯誤したり，その結果導かれた結果がたとえ期待していたものとは異なったりしても，自らの活動を振り返り評価することによって改善していく過程が重要である。

また，解が求められたらそれでよしとせず，よりよい解決方法を求めていく態度の涵養が重要である。そのためには言語活動を通して，友達と考えを伝え合うことで学び合ったり，よりよい解法に洗練させたりするための話し合いなど対話的な学びを取り入れていくことが必要である。この経験が，よりよく問題解決できたことを実感できる機会につながる。

議論の際には，よりよい考えへと高めるようにするため，算数のよさ（簡潔性，明瞭性，的確性，正確性，合理性，能率性，一般性など）の観点から考えられるようにすることが大切である。

数学的活動の例②（資料の調べ方）

身の回りの事象について，興味・関心や問題意識に基づいて統計を使って解決していくことは，数学的活動の一つである。そのためには，例えば平均値などの代表値を求めるなどの知識・技能を身に付けるだけではなく，それぞれの値の意味を理解し，適切な場面で活用できるようにすることが重要である。また，自分たちが出した結論や問題解決の過程が妥当なものであるかを様々な観点や立場から検討する機会が，算数を学ぶよさの一つであることを理解できるようにする必要がある。

123 数学的な考え方
mathematical thinking

　数学的な考え方の捉えや位置付けは様々であるが，一般的に，算数・数学にふさわしい創造的な活動を行う力やその活動において働かせる考え方であると捉えられる。数学的な考え方には，関数の考えや集合の考え，一般化，特殊化の考え等があり，いずれも算数・数学に固有な考え方である。数学的な考え方によって数学的なアイディアや発想等が生まれ，算数の学習を創造的に行うことが可能になる。

　算数科の目標においては昭和33年改訂の学習指導要領において導入され，評価の観点の名称としても用いられてきた。平成29年改訂では「数学的な見方・考え方」として捉え直されている。

1　数学的な考え方の必要性

　膨大な数学的知識がわれわれの前に出現している。そしてその知識を生活や社会などにおいて活用し，応用していかなければならない。そうした状況にあってわれわれに必要なことは何であろうか。

　必要なのは，数学的な考え方を身につけることである。それによって数学を創造的に学べ，その経験をふまえ，学習者自身の手でその学んだことを拡張・発展させて，同時にその限界性も明らかにでき，また的確な応用も可能となる。

2　算数という教科の特性

　算数科はほかの教科と比べてどんな特徴をもった教科なのかを明らかにしよう。

(1) 抽象性，論理性，明確な表現性

　算数で扱う概念は，身の回りのものから抽象して得られた数や図形などの概念である。だから，算数科では，多くのものに共通する性質を抽出し，多様な場面に適用可能な概念を児童に形成しようとする。こうしたことから，算数科にはほかの教科にはない抽象性という特徴が色濃くにじみ出ていることがわかる。

　抽象性は，論理によって支えられていることを考えると，論理性というものもこの教科の重要な特徴であることがわかる。

　ところで，上述した抽象性，論理性は目に見えるものではないので，それを目に見えるものにするためにどのような工夫をしたらよいのか，すなわち，表現が大事な課題となる。つまり，表現性がこの教科の大きな特徴にならざるを得ないのである。したがって，算数科には明確な表現性が備わっているといえる。

(2) モデルの考え

　表現と論理は算数を支える車の両輪である。抽象化された概念を具体的に表現し，それをもとにして推論を進め結果を出す。今度は逆にその結果を抽象の世界に戻し，数学の世界での位置づけを明確化していく。こういうことは算数ではよく行われることである。

　算数は抽象的であるため，連続量を扱う場合，数直線のように，抽象概念に対

数学的な考え方と算数科の目標 I

　「数学的考え方」という言葉が算数科の学習指導要領で初めて用いられたのは昭和33年である。それ以前の昭和26年の学習指導要領には，一般目標として「数量関係の考察処理」がそれにあたる考え方として，次のように強調されている。
○　「……物事を数量関係から見て考察処理する能力を伸ばし，算数を用いて，めいめいの思考や行為を改善し続けてやまない傾向を伸ばす」
○　「……数量関係を考察または処理する能力を伸ばすとともに，さらに数量関係をいっそう手ぎわよく処理しようとする傾向を伸ばす」

する具体物を用いて考え方を進めることがある。このような考えが**モデルの考え**であって，数値化して数直線上で思考し，そのあとで再び数値を操作して問題の場面に戻すといった活動は，モデルの考えを有効にはたらかせた例といえる。

そういう意味では，関数をグラフに表すとき，モデルの考えが使われていることがわかる。横軸，縦軸は長さを表しているのに，数値という抽象物を媒介にすることによって，横軸が時刻となったり，縦軸が生産量になったりするのを見れば，そのことがわかるであろう。

(3) アルゴリズム化

算数は**アルゴリズム**を作る教科であるといえる。問題解決の手法が見つかると，それをアルゴリズム化し，機械的な手順としてそれを応用できるようにする。アルゴリズムの考察では，妥当性，効率，覚えやすさなどの観点が重要であるが，その手順がどんな場合に適用可能であるのかの考察も不可欠である。

3 算数を発展させる数学的な考え方
(1) 数学的構造の抽出

算数は問題場面から**数学的構造**を見出すことから始まる。すなわち，**規則性，法則性**を意識し，それを**体系化**することである。ここでは，ある特性を抽出し，ある特性は捨てるという**抽象と捨象**が行

われる。また，中学校数学では直線は幅がなく限りなく続くものと考えるような**理想化**も行われる。算数でも，例えば，ものの個数を考えるときなどに，そこではすべてが均質のものと考えるように理想化が行われている。

(2) 拡張と統合

算数を発展させるのが，新しく見出された性質や既有の概念を**拡張**し統合していく考え方である。例えば，小学校では，整数に関する加減乗除の概念を小数や分数に拡張し，それを統合する。

また，その際，**一般化**の考えも用いられる。概念を拡張し，整理していく過程では，例えば，正方形（ましかく）を長方形（ながしかく）と独立した概念としてではなく，正方形を長方形の一種であるとみなすことが行われる。

4 問題解決における数学的な考え方
(1) 算数における問題解決

算数の問題解決では，様々な考え方を学ぶことができる。概念を明確化すること，**一般化・特殊化，抽象化や単純化**，あるいは**類推や帰納的推論**などの考え方が使われる。これらの考え方は，算数を作り，発展させる際にも用いられる。

(2) 記号化

概念を明確にするための重要な手法が**記号化**である。

数学的な考え方と算数科の目標Ⅱ

昭和33年と43年の算数科の目標には，
○「……より進んだ数学的な考え方や処理のしかたを生み出すことができるようにする」
と明示されるようになった。

昭和43年の総括的目標で挙げられている「日常の事象を数理的にとらえ，筋道を立てて考え，統合的，発展的に考察し処理する能力と態度を育てる」は，この数学的な考え方の主要な側面を示しているものとみられる。

昭和52年，平成元年の目標では「数学的な考え方」ということばは見られないが，「日常の事象を数理的にとらえ，筋道を立てて考え，処理する能力を育てる」や「数理的な処理のよさが分かり，進んで生活に生かそうとする態度を育てる」などと，数学的な考え方の育成に重点をおいていた。平成10年，20年の目標では，さらに「算数的活動を通して」「活動の楽しさ」という語が追加され，活動を通して数学的な考え方を身につけていくとする考え方が強調されるに至っている。

記号化には二つの段階がある。第1の段階は概念を言葉で表現することである。それによって，ほかの概念と区別して議論することができるようになる。

記号化の第2の段階は，狭い意味での記号の使用，すなわち，簡潔な表現が可能な単純なシンボルを用いることである。例えば，算数では，たし算に対して特別なシンボル「＋」を用いる。この段階の記号化は，人間の頭脳の情報処理能力を有効に引き出す手法として重要な考えである。ものごとを記号化し，記号操作の原理を整理することで記号に思考を肩代わりさせることができる。

（3） 思考実験と類推

問題解決の過程では，**思考実験**が有力な手法となる。例えば，概数を用いた見積りでは，考えられる様々な場合について結果を想定する。そうした思考実験の結果，見積りについての見通しをもつことができる。

また，問題解決において解を発見する糸口を見出すときに用いられる考え方の多くは，既有の知識から類似のものを連想し，それと同様のことがいえないだろうかと考える**類推**の考えであろう。人間の思考は無から有を生じる魔術ではなく，多くの場合，類似のものからの連想がヒントになっている。

ただし，類推した結果は，いつでも正しいとは限らない。

（4） 一般化・特殊化

一般化と**特殊化**とは対をなす概念である。与えられた課題について特殊な場合を考えたり，極端な場合を考えると解決の糸口が見つかることがある。これが，特殊化の考えである。一方，与えられた問題を一般化すると，展望が開け，問題解決が容易になることがある。

例えば，「平面上に10本の直線を引くとき，平面は最大幾つの領域に分けられるか」というような問題を解くのに，問題を一般化し，「平面上に n 本の直線を引くとき，平面は最大幾つの領域に分けられるか」という問題を考えれば，n の値が小さいほうから順に考察が進められ解決に至ることができる。これが，一般化の考えである。

また，問題解決の過程において未知の定数を変数に置き換えて考察することを「**関数の考え**」という。例えば，鶴亀算の問題は，鶴の増減と足の本数の増減との関係を調べることで解決できる。

5 **算数を応用する際に用いられる数学的な考え方**

（1） 数理的手法

数理的手法とよばれる内容もたいていの場合，算数を通して学ぶべき重要な内容である。例えば，集団に関する性質を述べる際に用いられる最大値，最小値，

数学的な考え方と算数科の目標Ⅲ

平成29年の教科目標では，冒頭に「数学的な見方・考え方を働かせ，数学的活動を通して」と述べられ，数学的な考え方が見方と対の形になり，意味や位置付けが変更された。知識・技能，思考力・判断力・表現力，学びに向かう力・人間性等を「数学的活動を通して」育成することに加え，数学的活動において「数学的な見方・考え方」を働かせることの重要性が明示されている。

「見方・考え方」は各教科等の特質に応じた物事を捉える視点や考え方であり，「数学的な見方」と「数学的な考え方」はそれぞれ，「事象を数量や図形及びそれらの関係についての概念等に着目してその特徴や本質を捉えること」，「目的に応じて数，式，図，表，グラフ等を活用し，根拠を基に筋道を立てて考え，問題解決の過程を振り返るなどして既習の知識・技能等を関連付けながら統合的・発展的に考えること」であるとされている。

平均値などがそうした内容といえる。

また，長さ，広さ，重さなどの測定結果を数値で表現する数値化の考えも，数理的手法の基本といえる。

(2) 算数独自のアイディア

数を数えるとき，十進法では十ずつの束を作る。さらに十の束を十個集めて百という単位を用いる。このような考えを**単位の考え**という。これを使わず，順に数詞を作っていったのでは大きな数を表現するのは大変である。

また，数値を表す際に用いる**位取り記数法**は，加減乗除の計算を容易なものとする優れたアイディアであるといえる。

```
  ３２６      三百二十六
＋１０８     ＋  百   八
```

6 算数の内容を整理する際に用いられる考え・考え方

集合の包含関係，あるいは共通部分，合併などの概念は，学習した内容を整理するのに有効な手法である。例えば，四角形全体の集合において，ひし形の集合を平行四辺形の集合の部分集合とみたり，ひし形の集合と長方形の集合の共通部分は正方形の集合であるといったとらえ方が有効である。

7 数学的な考え方の育成

算数を機械的な操作として学習すると，短期的には成果を得やすい。しかし，長期的な視点でみたときには問題があり，一般的には，数学的な考え方を伴なわない学習では児童が発展や応用等に取り組む活動がみられないことが多い。数学的な考え方を伴なう学び方の有効性に気づかせることが大切である。

平成29年改訂の学習指導要領では，数学的に考える資質・能力を「数学的な見方・考え方」を働かせ，数学的活動を通して育成することが求められている。そして，各学年段階までに育成を目指す資質・能力と対応させる形で，働かせる「数学的な見方・考え方」が示されている。今後の学習指導に当たっては，数学的活動においてどのような「数学的な見方・考え方」を働かせるのかを明確にすることとともに，育成を目指す資質・能力との対応に留意することが重要である。

やや高度な数学的考え方

(1) 集合の考

現代数学では集合の考えが頻繁に用いられる。個々のものを対象とするよりも，ものの集まりに注目し，集まりどうしの関係を考察すると見通しがよくなることがあるからである。例えば，最大公約数は公約数のうち最大のものであるが，最大公約数を扱うより，公約数の全体の集合を扱うほうが容易になることがある。

(2) 再帰

同種の，しかし，より規模の小さい問題に帰着させる問題解決の手法を再帰という。

①贋金の問題…n枚の貨幣のなかに1枚本物より重い贋物が混じっているとき，天秤を何回か使って贋物を見つけ出す手順が問題である。この問題は，n枚の貨幣を3グループに分割し，うち2グループを同数となるようにすれば，それぞれについて問題を考えることで解決する。

②ハノイの塔…3本の棒があって，うち1本の棒に，大きさが異なり中心に穴のあいた円盤が10枚，下から大きさの順に刺してある。ハノイの塔の問題というのは，一度に移動できる円盤は一枚のみで，小さい円盤の上に大きい円盤を置くことはできないというルールのもとですべての円盤を別の棒に移すゲームである。ハノイの塔の問題は，円盤が9枚のときの手順がわかれば解決する。同様に手順が9枚のときは円盤が8枚のときの，円盤が8枚のときは円盤が7枚のときの，……，となるが，円盤の枚数が1枚や2枚のときは単純な問題だから，このように枚数が少ない場合に帰着させる手法で解決できる。

124　数学的表現
mathematical representation

　一般に，思考は，言語を媒介とする自己内の対話によって成立し，他者に向けて表現したり他者の表現内容を受け入れたりする活動を通して整理され，洗練され，深められる。したがって，考える力は表現する能力を抜きにしては考えられない。平成20年改訂以降の学習指導要領に表現力の育成が加わったのもそのためである。

1　数学的表現*について
(1)　現実的表現
　実物を用いて，現実に即した操作や実験をするもので，問題の意味を理解するために効果がある。問題の意味が理解できない児童に，実物を操作させたり，問題の場面を絵で示したりして，問題を把握させることがある。特に低学年では，発達段階に即して，問題提示をする場面や考え方を説明するときに実物を使うと子供の理解を助けることが多い。

(2)　操作的表現
　おはじきやブロック等の半具体物をモデルとして操作する表現で，現実的表現と同様，問題の意味の理解に効果がある。この表現は，具体的な「現実的表現」と抽象的な「言語的表現」や「記号的表現」を結ぶ中間的なはたらきをするもので，具体から抽象への媒介をするものとして，特に低学年で重要である。操作的表現の操作性には，数量や図形を動的にとらえる効果や試行錯誤を繰り返すことにより，自力で答えを見つけることができるというはたらきがある。また，操作の意味を振り返ったりそれを吟味したり，操作の仕方を変えて確かめたりすることによって，自分の思考の筋道を整理し修正したり，考え方を説明する根拠としたりするはたらきがある。

(3)　図的表現
　絵，図，グラフ等による表現であり，具体物を必要としないために様々な学習場面で用いられる。グラフ等は算数の学習の対象とされている。
　図的表現の表し方は，低学年に見られる具体レベルの絵から，操作的表現とほぼ同様の内容を図で表現した半具体レベルの図（テープ図，線分図，面積図，数直線など），関数グラフのような抽象的な図まで様々である。表現内容についても，問題場面の情景を表す，問題場面の数量の関係を表す，結果を表す，結果を求める手順を表すなど幅広く考えられる。
　このように，図的表現は，数学的な構造を明確化したり，算数に関する知識や考え方などの内容を具体から抽象までの幅広いレベルに対応して，イメージ化・視覚化して伝えたりするはたらきがある。

(4)　言語的表現
　日常言語による表現であり，内言語としての思考の様相を表出するはたらきがある。すなわち，頭の中で行う自己内対話としての"思考"の内容を言語によって明確化し，整理し，伝達する役割をもつものである。算数の学習場面では，図や数式の意味や考えの説明を書いたり話したりする活動が主として行われる。
　言語的表現は，日常言語を用いること

数学的な表現様式
　数学的な表現様式について，中原忠男は，彼の研究（1992）の中でブルーナーのEIS理論を基盤として，「現実的表現」「操作的表現」「図的表現」「言語的表現」「記号的表現」の五つの分類によってとらえている。東京都立教育研究所では，1998年にこれらの表現様式が児童・生徒の発達段階ごとの表現の様相がとらえやすいとし，そのはたらきについて分析している。

から，意味を明確化し，伝達する機能に優れている。したがって，言語的表現とほかの表現との相互の読み換えを重視して，それぞれの表現様式によって表現された内容を明確にすることが，自らの考えを整理し深めるために大切である。

(5) 記号的表現

算数で扱う記号には，数字や文字，演算記号，関係記号などがあり，それらを用いた数学的文章ともいえる式を中心として扱われる。これらは，一定の決まり（いわば数学的文法）にしたがって用いられるものである。このきまりの多くが世界共通のものなので，一般に，算数における記号的表現は国際語としての機能を果たすものである。

記号的表現は，思考の過程や結果などを簡潔にしかも厳密に表現できるという特徴をもっている。また，式を用いることにより具体的な意味を離れてものごとを形式的に処理することができる。このような記号的表現の簡潔・明瞭性，伝達性，形式性などが，数学の学問としての発展や科学の進歩の基礎としての役割を果たしてきた要因であるといえる。

2 数学的表現能力を育てる指導

(1) 表現活動の系統的指導

発達段階に応じた多様な表現活動を系統的に指導する。

低学年では，身の回りにある具体物にふれ，観察し，操作することにより，数量や図形についての概念が形成される。したがって，児童の表現活動も現実的表現や操作的表現が多く用いられることになる。そして，図的表現，言語的表現，記号的表現により，抽象化され，しだいに数学的概念が育っていく。このことから，この過程をきめ細かく系統的に指導することが大切である。五つの表現を用いる経験を豊かにする教材や活動を工夫するとともに，それぞれの表現をほかの表現に読み換える活動も十分に行い，表現方法が関連づけられて身につくようにすることが大切である。

高学年では，低学年の学習事項を基にして，しだいに数学的な記号的表現を用いて考えを進めていけるようにする。

(2) 表現活動の関連的指導

それぞれの表現のはたらきを生かす思考の様相には個人差がある。低学年でも現実的表現や操作的表現活動を必要としない児童もいれば，高学年になってもまだ必要な児童がいる。したがって，一律に具体的場面を提示したり，操作を指示したりせず，自由に考えさせることが重要である。しかしながら，問題場面がイメージできなかったり操作や図による表現を用いないと考えが進まなかったりする児童もいる。また，言語的表現や記号的表現だけでは，十分に理解できない児童もいる。このような場合，現実的表現や操作的表現，図的表現を活用したり，多様な表現を関連づけたりすることによって，理解を深め，表現力を高めることも重要である。

ブルーナーのEIS理論

ブルーナー（1961）は，「いかなる知識領域も，あるいはその知識領域のいかなる問題も，次の三つの方法で表すことができる」として，

活動的表象　enactive representstion
映像的表象　iconic representation
象徴的表象　symbolic representation

の三つを表現方法として述べている。

そして，活動的，映像的，象徴的な表象の順に獲得されるとともに理解しやすい表現であるとして，E→I→Sを順序づけ，体系的にとらえている。そのなかで，活動，図式，象徴は年齢や背景など人それぞれにその難易度と効用が変わってくることを示唆している。

125 数学的モデル
mathematical model

1 数学的モデル

地球儀は、地球のモデルである。この実物を小さくしたモデルから、地球のことを知ることができる。これに対して、**数学的モデル***とは、事象の特徴または本質を、数式などを使って数学的に表現したモデルである。このモデルをもとに数学的な処理を行って数学的な結果を導き、その結果を元の事象において捉え直すことにより、問題解決を行うことができる。

数学的モデルを作るときは、まず事象の特徴をよくとらえることが大切である。そして、現実の事象のうち特徴の肝要なものを取り上げ、そうでないものを単純化・理想化する。数式化が難しい場合には、関連要因や相互依存の関係を**概念モデル**によって表すこともある。これは、グラフや図表や教具などの簡単なモデルになることがある。

2 算数科における数学的モデル

算数科で「数理的に捉える」ということは、事象の中に数学的な概念を認め、それを数学的な考察や処理の対象として、把握することであるが、これは事象の構造を数学的モデルを適用して捉えることであるといえる。このように、事象から数学的モデルを作ったり数学的モデルを用いて事象を捉え直したりすることを**数学的モデリング**という。

例えば数直線は、測定数の観点に立って数を表す数学的モデルとして、大切な役割をもっている。また、数の初歩的な学習において、教具としておはじきやタイルなどを利用する場合がある。また、数図やアレイ図、テープ図、面積図等もある。十進位取り記数法や計算の仕方の学習では、位取り板が利用されることもある。

また、ある品物の売買の際、代金を求めるとき、(代金)=(単価)×(個数)として計算するが、これも $a \times b = c$ という数学的モデルを用いて事象を数理的に捉えているといえる。この場合、代金がその個数に比例するという関数関係が成り立つと条件化したり、その品物が大きさや形は異なっていても同一の単位として理想化あるいは抽象化したりすることが必要である。

モデル化する際に、事象と同じ構造をもつ図式に置き換えてみることが、事象を数式化するときの手助けになることがある。例えば、二つのさいころを投げた標本空間を格子点で図示することによって、二つのさいころの目が同じになる確率を知ることが、容易になるであろう。

正規分布モデル（数学的なモデルの例）

確率論における重要な数学的モデルとして、正規分布モデルがある。ガウスは、偶然誤差 e の確率分布が $N(\mu, \sigma^2)$、すなわち、その確率密度関数が

$$f(x) = \frac{1}{\sqrt{2\pi}\sigma} \times \exp(-(x-\mu)^2/2\sigma^2) \cdots ①$$

であると仮定した。また、系統的誤差 μ を引いた偶然量 x の分布は $N(0, \sigma^2)$ と仮定し、これに基づいて、最小二乗法を述べている。この**誤差法則**は、ガウスが仮定した数学的モデルである。

このモデルは、いろいろな事象の確率法則と一致する。また、二つのパラメーター μ、σ^2 によって**確率密度関数**が式①のように定まり、それらが標本からの統計量である平均および分散に一致している。

さらに正規化 $Z = (X-\mu)/\sigma$ を行うと、Z の分布は標準正規分布 $N(0, 1^2)$ になる。よって、任意の正規分布 $N(\mu, \sigma^2)$ の確率法則が、この標準正規分布 $N(0, 1^2)$ の数表から求められる。

126　数学的リテラシー
numeracy, mathematical literacy

1　数学的リテラシーとは
「数学的リテラシー」とは，数学的な「読み書き能力」のことである。

英語の「numeracy」は，数や数値に関することを意味する「numerical」と読み書き能力を意味する「literacy」とをつなげた造語である。

2　数学的リテラシーの必要性
知識基盤社会において，知識の多くは数学の概念を用いて表現され，また，新たな知識を生み出すためには数学の概念を介した思考が不可欠である。

複雑な現象をとらえ，理解するためには，高次の数学概念を必要とするものがある。たとえば，ある現象は n を定数として x^n に比例する。ここで，n は負の数の場合もあるし，分数や小数を考えなければならない場合もある。べき乗の概念は，かけ算の反復から生じる概念で，たし算からかけ算の概念が生まれ，さらに意味を拡張されていくのと似ている。しかしながら，かけ算の概念しか持たない者が，べき乗に比例して変化する現象に出会ったときに，それを的確に読み取ることはできないであろう。

問題解決にあたっては，現象を把握し，数学に関する知識を用いて現象を解析し，解決の方針を立てる。そのような数学に関する知識も数学的リテラシーの構成要素である。

数学的リテラシーは，知識を他者に伝達する場合にも用いられる。情報の送り手と受け手が共通のリテラシーを持たなければ情報伝達は成立しない。また，受け取った情報に対して，論理的に分析して的確に真偽判断を行うことも，数学的リテラシーの重要な構成要素の一部である。

数学を現実問題に適用する場合には，何らかの近似が行われることが多い。近似手法についての知識を持たなければ，そのような手法で得られた結果を正しく評価することができない。

3　変化する数学的リテラシー
数学的リテラシーは，「読み・書き・そろばん」のそろばんに対応する内容である。現代では，「読み・書き・コンピュータ」と言い換えてもいいだろう。コンピュータが使えるためには，問題を数学的に定式化することが不可欠である。また，コンピュータが行う計算についての知識がなければ計算結果の正しさを保証することができない。また，コンピュータにどのような計算を任せることができるかを知っていなければ，数学の知識を役立たせることができない。

必要とされる数学的リテラシーは，時代とともに変化していくものである。

OECD-PISA における数学的リテラシー

OECD-PISA 数学調査では，数学を活用して判断することなど，幅広い観点からリテラシーの内容を規定している。具体的には，「数学が現実で果たす役割を見つけ，理解し，現在及び将来の個人の生活，職業生活，友人や家族や親族との社会生活，建設的で関心を持った思慮深い市民としての生活において確実な根拠に基づき判断を行い，数学に携わる能力」となっている。

数学的リテラシーと数学的思考力

現実の現象には，既存の数学では扱えないものも多い。このような場合に新たな数学を作り出す数学的な能力（数学的思考力）を伸ばすことも学校教育には期待されている。

同時に，数学的思考力は，数学的リテラシーに対するメタ知識の役割をも果たす。学習者が自身の数学的リテラシーに対して自信が持てるように数学的思考力の育成を図ることも大切である。

127 数感覚
number sense

　算数教育のねらいの一つに,「数量や図形についての感覚を豊かにする」がある。数について,問題場面に即して直観的に判断する**数学的センス***が**数感覚**である。この数感覚は,知識に対する多様な見方を育てることだけでなく,数の活用を積極的に促すことができるようになるまで高める必要がある。

1 数感覚の内容

　数感覚の内容について,片桐重男(1995)は,次の(1)～(6)のように述べている。

　(1) 問題場面に照らして,どのように数や数字を使ったらよい(**数化**)かを直観的に判断する。

　例えば,ボールの弾力性を比べるのに,床に落としたときの高さで考えようとしたり,起こりうる場合を調べるのに,それぞれのものを数字で表して考えようとする。

　(2) 問題場面に照らして,どの程度の概数にしようかということを直観的に考える。

　例えば,資料をぼうグラフにかこうというとき,資料の有効数字を2桁ぐらいにしてみようととっさに考えたり,会場に集まった人数を概数を使って「200人ぐらい」ととらえたりする。

　(3) ある数に対して,それとほかの数との関係を適切に考えようとする。

　例えば,4.8を0.1が48個あるものとみたり(相対的な大きさ),5より0.2小さいとみたり,0.8の6倍とみたり,6×8÷10とみたりするなど,場面によってとっさに適切な見方をしていく。

　(4) 日常の場面に照らして数値の妥当性や異常を感じ取る。

　例えば,ある問題の答えを求めて「ある人の体重が200kg」「ノートの値段が3円」などとなったとき,現実に合わないからおかしいと考える。

　(5) 計算で得られた数値を妥当かどうかを直観的に判断する。

　例えば,計算で① 263×23＝6094,② 263＋53＋75＋29＝521となったら,①は1の位が3×3＝9だからおかしい,②は1の位が奇数が4個だから和は偶数でなければならないとか,1の位の和が20だからおかしいと考える。

　(6) 「数えたり測ったりするときに,手際のよい方法を直観的に考える」といった数え方の工夫ができる。

2 数感覚の指導上の留意点

　数感覚は,算数的にみて条件の整った問題を与え,それを解決させるだけでは育たない。実際的な問題を自分の力で考えさせ,どう考えたらよかったかを振り返らせながらまとめさせていくことが,指導のポイントである。

　(1) 問題を解決するのにどんな数をどう使ったらよいかなどを考えるような問題場面を提示する。

　(2) 問題や探究の目的に照らして,どのようにして適切な見方をし,どの程度の概数をとったらよいかを判断しなくてはならない問題場面を提示する。

　(3) 計算の際には,概算によって,見通しを立てたり結果の確かめをしたりする習慣をつける。

　(4) 日常に使われている数の妥当性を考える場面を随時設ける。

数学的センス
　野崎昭弘は,数学的センスなるものを自著「数学的センス」(日本評論社1988)の中で,次のような目次を立てて論述している。

1 命名のセンス　2 判断のセンス　3 分析のセンス
4 集中のセンス　5 「わからない」ということ
6 わかりやすさ　7 言葉のセンス　8 空間のセンス
9 美的センス　10 知的センス　11 公理のセンス
12 構造について　13 無限について　(以下略)

128 数直線
number line

数直線は数のモデルの一つで、数についての性質や関係を直観的にとらえやすくするはたらきがある。また、数直線は数の**外的スキーマ**（☞130）ともいえる。

1 数直線について

一つの直線を横にかき、次のような方法で、その上の点に数を対応させたとき、この直線を**数直線**という。

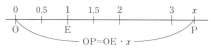

① まず、直線上に二つの点OとEとをとり、点Oには0を、点Eには数1を対応させる（点Eは点Oの右にとる）。
② 直線上の点O、任意の点Pについて、線分OPの長さを、線分OEの長さを単位として測定し、測定値をxとする。
（OPの長さ）＝（OEの長さ）×x
③ 点Pに数xを対応させる。

点Oを**原点**、点Eを**単位点**という。

数直線上の点で、数の**代数的・順序的・位相的***などの性質が直観的に理解される。数直線は実数の集合と同一視され、整数・小数・分数などの概念形成や、その演算・大小関係・離散性・稠密性の理解を深めることができる。

2 数直線による数の指導の系統化

数直線は、「数と計算」の意味理解を助ける有効なモデルであるので、1年から系統的に指導することが大切である。数範囲を整数、小数、分数と広げるごとに、その範囲で指導することが望ましい。また、小数や分数の乗除の意味を拡張する際、2本の数直線を用いる（☞202, 235）が、3年の整数の乗除の学習あたりから2本の数直線を扱っておくことが大切である。

(1) 1年では、0と自然数の大小および順序を知り、数の系列を作ったり数直線の上に表したりする。「かずのせん」として、1列に並んだものの順位を示すことと関連させながら取り扱うようにする。数を数直線上に表すと、それらの数は直線上で等間隔になっている点と1対1に対応させることができることをしだいに理解させていく。

(2) 3年以降では、小数と分数を数直線の上に表して、整数と同じ系列の中に位置づける。分数は都合のよい大きさを選んで、それを1として考え、その1を等分した長さを単位として表すことができる（単位分数への理解を助ける）。

(3) 5年で、数と計算のまとめとして、整数・小数と分数との相互関係について、数直線上の点に対応させ、原点からの距離の大小によって、数の相等や大小が決められることの理解を深める。

数直線と数の構造

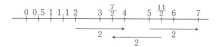

数は、数直線上の一つの点で表せる。矢線2は、増減を意味し、どの点からでも左右への移動が矢線で表せる。

代数的とは、5から2増えて5＋2＝7となること、5＋2＝2＋5などが数直線でとらえやすいことを意味している。

順序的とは、1、2、……の順序や大小関係が数直線上で直観的にとらえやすいことを意味している。

位相的とは、整数については隣り合う二つの整数の間には整数は存在しないこと（**離散性**）、また整数と小数・分数の全体では、どんな二つの数の間にも必ず数が存在すること（**稠密性**）がとらえやすいことを意味している。

129 数理的な処理
managemental mathematically

算数科の目標の中に「数理的な処理のよさに気付き」と述べられている。数理という言葉は，昭和初期の**数理思想**[*]に端を発し，昭和43年の学習指導要領の算数の目標に「日常の事象を**数理的にとらえ**…」と位置づけられ，以降多少その表現を変えながらも，数理的な考察・処理が目標に挙げられている。このことは，算数教育の重要なねらいであることを示している。

1 数理的な処理について

数理的な処理には，「日常の事象を数理的にとらえる」ことや「数理的にとらえた事柄を考察したり解決したり，それらの結果を表現したりする」ことなどが含まれる。このことは児童が日常生活において出会う事象を数理的にとらえ算数の舞台にのせる，つまり算数の問題としてとらえ，既習の算数を用いて合理的かつ能率的に**考察・処理・表現**することであるといえる。

そのためには，具体的な事象を，目的に合うように数学的な問題や模型（**モデル**）としてとらえることが必要になる。その際，事象を理想化したり，ある条件を満たすことがらとみなしたりすることなどが行われる。

(1) 理想化・抽象化（☞140）

抽象化するときに大切なことは**理想化**である。例えば，児童の身近な物から長方形を抽象化するとき，紙・本・机・黒板などをとり上げるが，それは，決して長方形でなく，四隅が直角でなかったり，表面が凸凹であったりする場合が多い。しかし，このようなことを無視して，理想的なものを考えることが理想化である。

(2) 条件化

幾つかの事柄の間の関係を調べようとするとき，これらの事柄に付随したいろいろの条件が，場面を複雑にしていることがよくある。例えば，何歩か歩いて進んだ距離を求めるとき，実際にはいつも一定の歩幅で歩くことは不可能であるので，歩幅はいつも一定であるとして理想化して算数の問題を考えていく。このように理想的な状態とみなすためにものごとを条件化するのである。

2 数理的な処理のよさ

数理的な処理には簡潔性，明瞭性，的確性，有用性，一般性，正確性，能率性，発展性，審美性などのよさがある。

例えば，数を十進位取り記数法で表すことには，どんな大きな数も0〜9の10個の数字で表すことができ，大小比較や計算処理も容易になり，有用性が高い。

数理思想

この言葉が初めて用いられたのは，昭和10年から逐年にわたり発刊されたいわゆる**緑表紙教科書**『**尋常小学算術**』（☞156）である。その趣旨は次のようであった。

「尋常小学算術は，児童の**数理思想**を開発し，日常生活を**数理的に正しくする**ように指導することに主意を置いて編纂してある」

この数理思想の意味は，真理を愛し，数理を追求・把握して喜びを感ずる心を基調とし，事象の中に数理を見出し，事象を数理的に考察し，数理的な行動をしようとする精神的態度であった。

平成29年改訂の小学校学習指導要領では，算数科の「目標」の（1）に，「数量や図形などについての基礎的・基本的な概念や性質などを理解するとともに，日常の事象を数理的に処理する技能を身に付けるようにする」と示されている。

130 スキーマ
schema

1 スキーマ（シェマ）の意味

フランス語のschémaのことで，英語読みでスキーマといい，図式・図解などとも訳されている。これは心理学用語で，事柄を認知したり，外界にはたらきかけたりするときに土台をなす枠組みのことである。心理学では，**概念形成**をしばしばスキーマ形成とよぶ。概念を理解する際，その心的体制に注目した場合の言葉で，心的構造に対して与えられた一般的な心理学用語である。

知覚は，受容する器を通して取り入れられた外部からの情報だけによって成立するのではない。刺激を受容する以前に，すでに手持ちの構造化された情報をもっている。このような手持ちの情報内部における相互関連，すなわち情報の「**構造**」をスキーマという。

子供は何かを学習するときに，各自それぞれ特有のスキーマをもっている。例えば「27の$\frac{1}{3}$」を考えるとき，答えは9とすぐ出るが，式を書かせると$27÷\frac{1}{3}=9$とする場合がある。なぜこんな誤りをするのかと一方的に叱ってはならない。子供は既習の「整数わる整数」27÷3で，商は被除数より小さくなるというスキーマをもっていて，そのために，9は27より小さいので，式は$27÷\frac{1}{3}=9$としてしまうのである。これは教材の学習にとって，**マイナスのはたらきをするスキーマの例**[*]である。

2 スキーマとモデル

指導内容を構造性をもったものに教材化するための有効な方法は**モデル化**である。教材がモデルの形で提示されると，構造が明瞭になり，子供にとってわかりやすいものとなる。

モデルには，一般に**物的モデル**と**思考的（観念的）モデル**の2種類がある。

物的モデルはいわゆる教具とよばれるものである。思考的モデルには**形象－直観的モデル**がある。例えば，数直線は数の視覚的表示として形象－直観的モデルといえる。また，タイルも数の十進構造の形象－直観的モデルである。

この形象－直観的モデルをスキーマということがある。そこで，いままでの心的構造であるスキーマを**内的スキーマ**，形象－直観的モデルを**外的スキーマ**という。

　長いひもが2本，短いひもが1本で，長いひもは短いひもより10cm長く，全部で110cmである。それぞれ何cmか。

このような問題で，次のように考える線分図は，外的スキーマの例といえる。

マイナスのはたらきをするスキーマの例

$\frac{1}{2}+\frac{1}{3}$を初めて指導したときは，子供は$\frac{1}{2}+\frac{1}{3}=\frac{1+1}{2+3}=\frac{2}{5}$とすることはほとんどないであろう。

しかし，分数と分数の乗法で$\frac{1}{2}×\frac{1}{3}=\frac{1×1}{2×3}$を学習した後に，再び既習の$\frac{1}{2}+\frac{1}{3}$にあたると$\frac{1}{2}+\frac{1}{3}=\frac{1+1}{2+3}$とする子供がいる。その原因として次のようなことが考えられる。

分数については，乗法のほうが加法よりも単純で，分母どうし，分子どうしをかけて求められる。これが一つのスキーマを形成してしまい，それが影響して，既習の$\frac{1}{2}+\frac{1}{3}$にぶつかると，分母どうし，分子どうしを加えるというような誤りを生じさせると考えられる。

131 図形の包摂関係
subsumption relations among figures

　各図形の定義や性質に基づいて，特殊な図形がより一般的な図形に包括されるという関係を，**図形の包摂関係**という。
　平成10年改訂学習指導要領では，正方形と長方形等，図形の包摂関係については小学校では取り扱われないことになった。

1 三角形の相互関係

　辺の相等関係で三角形を見直すと，2辺等長の三角形の特別な場合として3辺等長が考えられる。**二等辺三角形を少なくとも2辺が等しい三角形**と規定すれば，下図のように**正三角形**との間に**包摂関係***が成り立つことになる。

　この関係は具体的には，右上の図のような作図を通して明らかにされる。例えば，二等辺三角形は，辺アイを固定すると，辺アウの長さは任意に定めてもかけるのに対し，正三角形は辺アウを辺アイと等長にとるという条件が加わって一意的に決まってくる。ここで，正三角形が二等辺三角形の特別な場合とみる見方が現れ，両者の相互の関係が明らかにされる。

2 四角形の相互関係
(1) 辺の位置関係や相等関係

　2辺の位置関係としての平行・垂直を念頭において，例えば，「1組の向かいあう辺が平行な四角形」を「少なくとも一組の向かいあう辺が平行な四角形」と見直すと，**平行四辺形を台形の特別な形**としてみることができる。
　また，平行四辺形に垂直の条件を付加したり，平行四辺形で直角のある四角形を考えたりすると，今度は**長方形**が平行四辺形の中に含まれることがわかる。

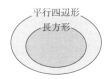

　さらに，辺の相等関係で四角形を見直すと，**正方形は長方形の特別の形**であり，

包摂関係
　特殊な概念が，より一般的な概念に包括されるように，**種概念**が**類概念**に従属する関係を包摂関係という（☞105）

種概念
　種ともいう。二つの概念が上級，下級の従属関係に立つ場合，上位の概念（類概念または類という）に対して，下位の普遍性の度合いのより少ない概念のことをいう。
　例えば，人間は動物の種概念である。

図形の名称
　各図形の名称については，次のように決められている。
　すなわち，一般の図形の集合から，条件が付加されて特殊な図形の集合が作られたとき，その特殊な図形の集合に名づけられた名称が，その図形の名称となるということである。例えば，長方形も正方形も平行四辺形の条件はもつが，平行四辺形とよばず，付加された条件でできた集合の名称を用いるのである。

131 図形の包摂関係

平行な辺に相等関係を付加していくと，ひし形が平行四辺形の特別な形になる。

(2) 性質の共有性による相互関係

図形の相互関係は，図形の性質の共有性で明らかにすることもできる。

例えば，四角形の2本の対角線の等長性に着目すると，正方形は長方形に含まれ，対角線の交わり方に着目すると，正方形はひし形に含まれる。

また，対角線が互いにほかを2等分することに着目すると，正方形，長方形，ひし形はすべて平行四辺形に含まれる。

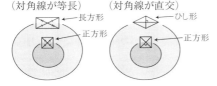

(3) 図形の対称性と相互関係

図形の対称性でも，四角形の相互関係を明らかにすることができる。

① 四角形の対称性

四角形 対称性	正方形	長方形	ひし形	平行四辺形
線対称	◎	◎	◎	
点対称	◎	◎	◎	◎

② 対称性と相互関係

正方形，長方形，ひし形は，線対称を共有し，正方形，長方形，ひし形，平行四辺形は，点対称性を共有する。

(4) 作図による相互関係

四角形の相互の関係は，作図を通して明らかにすることができる。例えば，隣り合う辺が3cmと5cmの平行四辺形で，アの角を直角にすると長方形ができるというように，目でみせると相互の関係をしっかり見定めさせていくことができる。ひし形と正方形についても同様である。

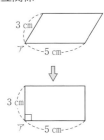

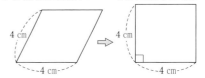

平行四辺形と長方形，ひし形と正方形の関係は，上位概念である平行四辺形とひし形にそれぞれ等角という条件を付加して導き出されたものと考えられるが，平行四辺形とひし形，長方形と正方形の相互の関係は，等辺条件を付加して導き出される。なおこの平行四辺形とひし形，長方形と正方形の相互の関係も，作図を通して理解を促進することができる。

包摂関係と集合の包含関係

三角形全体の包摂関係は，下の図のような集合の包含関係としてとらえられる。

（正三角形の集合）⊂（二等辺三角形の集合）

また，四角形全体の包摂関係は，下の図のような集合の包含関係としてとらえられる。

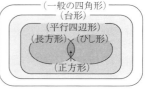

（長方形の集合）⊂（平行四辺形の集合）
（正方形の集合）⊂（ひし形の集合）

132 筋道を立てて考える
reasoning

我々が行う**思考活動**は，既有の思考の枠組みを活用してなされる。例えば，新たな問題に出会うと，その問題を分解し，既有の思考の枠組みで解決できないかどうかを考える。

結論に関する**見通し**を得たとき，それが本当に正しいことかどうかを確認するため，推論の各ステップを明確にして議論する。

さらに，未知の答えを探すのに，すべての場合を順にとり上げ考えることによって理詰めで解決することもある。

1 筋道を立てて解決を目ざす思考

筋道を立てて考えることの中心となるのは演繹的思考であるが，その過程では，類推や帰納などの思考も用いられる。

例えば，$13-7$ のような繰り下がりのある引き算の問題を考えてみよう。

13は10と3に分けることができるという知識と，10を2数の和に分ける知識とを結びつけると，13を10と3に分離し，10から7を引いて，その残りと3を加えて $13-7$ の答えを導くことができる（減加法）。

また，13から1，2，3を引くことが簡単にできることから，13から4を引くことも容易にできると考えられる。
$13-1=12$，$13-2=11$，$13-3=10$

減数を1増やすと引き算の答えは1ずつ減るから $13-4=9$ であることが予測される。そして，このことは，4を3と1とに分割することで，
$13-4=13-(3+1)=13-3-1=9$
のように合理的に説明できる。この考えを発展させれば，
$13-7=13-(3+4)=13-3-4=6$
のように計算できる（減々法）。

このように問題解決の過程では，過去において出会い習熟している類似の問題と新たな問題との違いを認識し，その違いを埋めるために，何をどう発展させて考えていけばよいのかを考えるのである。

2 すべてを尽くす論理

すべての場合を尽くし，落ちがないことを確認するのも筋道を立てて考える考え方の1つで，その例を次に示そう。

例えば，何人かの人で同じ枚数ずつの色紙を持ち寄ったとき全部で60枚あったとする。6人の人が10枚ずつ持ち寄ればうまくそうなるが，それは，唯一の解ではない。60を $2\times2\times3\times5$ と素因数分解すれば，このことをもとにして60を2数の積に表す方法のすべてを落ちなく列挙できる。

3 解析的思考

結論がいえるためにはどうであればよいかを考えることによって問題解決につながる。これは，通常，演繹が必要条件を求めていくことに相当するのに対し，与えられた課題に対して十分条件を求めていくことに相当する。

例えば，与えられた円の中心を求めたいとき，円の中心は円の直径上にあるから，直径を2本かけばよい。そして，直径は円の対称軸であるから，紙を折って重ね合わせることで直径は作図できる。

見通し（洞察）

学習指導要領の算数科の目標には「見通しをもち筋道を立てて考察する」のように「見通し」と対にして述べられている。これは，思考実験などの算数的活動を通して洞察力を発揮すべきことを要求する文言であるとみることができる。このように筋道を立てて考えるときには，既有の知識が適用できるように目の前の問題を変形しなければならない。その能力が**洞察力**（見通す力）である。

133　スパイラル
spiral

1　1960年代のスパイラル・カリキュラム

もともと「スパイラル・カリキュラム」とは、1960年代にアメリカのブルーナーによって提唱された考え方で、「学習者が異なる時期・発達段階において教科の重要な知識に繰り返し接することが望ましい」という考え方に基づくカリキュラム編成の考え方である。ブルーナーは、「重要な概念は一度の機会においてのみ学ばれるべきものではなく、できるだけ早期にその知識の本質に触れ、その後次第に同一の知識を深く、多様な文脈において学習する機会をもつべきである」としている。その考えの根底には、各学問領域に必須の教科内容を、児童の知的発達段階に適合し、かつ学問の本質的な性格・特徴を偽らない形で教えることができる、という仮説（ブルーナーの仮説）があるとされる。学習者が、直感的・具体的に把握する段階から、次第に形式的・抽象的に把握する段階へと進んでいけるように、初等教育の始まりから中等教育の終わりまで一貫した連続性・継続性をもたせたカリキュラム編成が目指された。

我が国では、昭和40年代の「現代化カリキュラム」において大きな影響を受けている。しかし、数学の高度な内容を初等教育にまで下ろして教科内容に組み入れ、いくつかの学年に分けて児童に繰り返し履修させるとカリキュラムは、児童・生徒の学習に大きな負担をかける結果となり、1960年代終わりからのカリキュラムの現代化に対する批判とともに、教育課程の根源的見直しを迫られることとなった。

2　今日的な意味でのスパイラル

一方で「スパイラル」という語は、以下に示すような形で今日的に用いられるようになっている。平成20年1月に、中央教育審議会答申「幼稚園、小学校、中学校、高等学校及び特別支援学校の学習指導要領等の改善について」が示された。算数・数学科における改善の基本方針として、反復（スパイラル）による教育課程の編成について次のように述べられている。

数量や図形に関する基礎的・基本的な知識・技能の確実な定着を図る観点から、算数・数学の内容の系統性を重視しつつ、学年間や学校段階間で内容の一部を重複させて、発達や学年の段階に応じた反復（スパイラル）による教育課程を編成できるようにする。

このことは、教育課程編成の原理としてのみならず、改善の具体的事項として学習指導方法の原理としても捉えられている。

算数指導におけるスパイラル

平成20年中教審答申では、「反復」あるいは「繰り返し」といわず、「反復（スパイラル）」と表現されている点について注目しておきたい。学んだことを繰り返すことで確かな学力を培うことも大切であるが、ここでいうスパイラルには、学習の質的な深まりが伴うべきものである。下の学年で学習した内容を反復することは、単なる定着を図るためのものではなく、新たな学習課題へと進んでいくことへの礎となるべきものである。

134 全国学力・学習状況調査

OECD-PISA調査の結果や，学力低下についての世間の注目などを受け，文部科学省は平成19年度より全国学力・学習状況調査を行っている。対象学年は，小学6年生と中学3年生で，教科に関する調査（国語・算数・数学・理科（3年に1回），英語（平成31年度から3年に1回実施予定））と，生活習慣や学習環境等に関する質問紙調査を行う。その目的は以下の通りである。
・国が全国的な義務教育の機会均等とその水準の維持向上の観点から各地域における児童生徒の学力・学習状況をきめ細かく把握・分析することにより，教育及び教育施策の成果と課題を検証し，その改善を図る。
・各教育委員会，学校等が全国的な状況との関係において自らの教育及び教育施策の成果と課題を把握し，その改善を図るとともに，そのような取組を通じて，教育に関する継続的な検証改善サイクルを確立する。
・各学校が各児童生徒の学力や学習状況を把握し，児童生徒への教育指導や学習状況の改善等に役立てる。

教科に関する調査は，算数A（知識）と算数B（活用）の2つの調査が行われる。

算数Aは，数量や図形についての基礎的・基本的な知識・技能が身に付いてるかどうかをみる問題である。例えば，四則計算，図形の面積，図形の性質に関する問題が出題されている。

算数Bは，数量や図形についての基礎的・基本的な知識・技能を活用することができるかどうかをみる問題である。具体的には，条件を変えた複数の図形の面積が等しい理由を説明する，グラフから資料の特徴や傾向をよみとる，買い物の場面で百分率を用いて問題を解決する，式の形に着目して計算結果の大小を判断し，説明する，などが出題されている。

文部科学省・国立教育政策研究所は，「平成29年度調査結果の概要及び主な特徴」の中で，以下の指導改善の要点を挙げた。
・具体的な問題場面において，乗法で表

平成29年度全国学力・学習状況調査
　　　　　小学校第6学年　算数Bの問題例
ゆりえさんたちは，交流会に来てくれた地域の方20人に，お礼の手紙と記念品をいっしょに封筒に入れて送ろうとしています。
1通送るのにかかる料金は，封筒の大きさと重さによって，次のように決まっています。

1通送るのにかかる料金

封筒の大きさ	封筒の重さ	料金
小さい封筒	25g 以内	82円
	50g 以内	92円
大きい封筒	50g 以内	120円
	100g 以内	140円
	150g 以内	205円

手紙と記念品を小さい封筒に入れると，1通の重さは27gになりました。また，大きい封筒に入れると，1通の重さは36gになりました。ゆりえさんたちは，料金をできるだけ安くするために，小さい封筒に入れて送ることにしました。

(1) 手紙と記念品を封筒に入れて，20通送るときの料金について考えます。小さい封筒に入れて送る場合は，大きい封筒に入れて送る場合と比べて，何円安くなりますか。
　求め方を言葉や式を使って書きましょう。
　また，答えも書きましょう。

小さい封筒に入れるためには，長方形の形をした手紙を3つに折る必要があります。

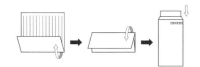

すことができる二つの数量の関係を理解したり，小数の乗法の計算において，乗数を整数に置き換えて考えるときの，乗法の性質を理解したりすることは相当数の児童ができている。

・資料から，二次元表の合計欄に入る数を求めたり，示された式の中の数の意味を，二次元表と関連付けながら正しく解釈し，それを記述したりすることに課題がある。

・問題に示された二つの数量の関係を一般化して捉え，そのきまりを記述することに課題がある。

・示された方法や考えを解釈し，問題場面に適用したり，ほかの場合に適用して解決方法を考え，それを記述したりすることに課題がある。

これらの特徴から次のように「指導改善と充実のポイント」を示している。

(1)計算技能の確かな定着と「計算の意味と計算の仕方」を理解している。(2)任意単位による測定について理解している。(3)高さが等しい平行四辺形と三角形について，底辺と面積の関係を理解している。(4)資料から，二次元表の合計欄に入る数を求めることができる。(5)問題に示された二つの数量の関係を一般化して捉え，そのきまりを記述できる。(6)料金の差を求めるために，示された資料から必要な数値を選び，その求め方と答えを記述できる。(7)直線の数とその間の数の関係に着目し，示された方法を問題場面に適用することができる。(8)仮の平均を用いた考えを解釈し，示された数値を基準とした場合の平均の求め方を記述できる。(9)示された式の中の数の意味を，表と関連付けながら正しく解釈し，それを記述できる。(10)身近なものに置き換えた基準量と割合を基に，比較量を判断し，その判断の理由を記述できる。

ゆりえさんは，手紙をなるべくきれいに3つに折るために，先生から3等分する点を見つける方法を教えてもらいました。

3等分する点を見つける方法

① 同じはばに並んだ4本の平行な直線の，1本目の直線と4本目の直線に手紙の長い辺の両はしをあわせる。

② 2本目，3本目の直線と手紙の長い辺が交わった点が，手紙の長い辺を3等分する点になる。

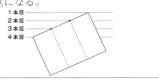

同じはばに並んだ直線を4本使うと，直線と直線の間が3つになるので，3等分する点を見つけることができるのですね。

手紙の用紙には，同じはばに並んだ13本の平行な直線がひかれています。

ゆりえさんは，手紙を3つに折るために，もう1枚の手紙の用紙を使おうと考えました。そして，下の図のように，1本目と13本目の直線に手紙の両はしをあわせて，3等分する点を見つけました。

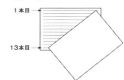

(2) 13本の直線のうち，手紙の長い辺と交わった点が，その辺を3等分する点になるのは，上から何本目と何本目の直線ですか。答えを書きましょう。

135　操作的な活動
manipulative activity

　操作を生かした学習活動は古くから重要視されていた。例えば，ペスタロッチは手による教育を，デューイも経験や行動を通して学ぶことを強調した。また，ブルーナーは物事の理解は一般に行動による段階から発達するともいっている。

　このように，児童の指導に際しては，操作を通して考えを進め，理解を深めていき，学習のねらいの達成を図ることが大切である。

1　操作的な活動とは
操作という語は，
① 対象にはたらきかける個体の具体的・行動的な活動
② 演算・運算・作用
③ ピアジェのいう一貫した構造的体系をもった**心的活動***

などといった種々の意味に解される。

　算数指導の立場から取り上げる操作は，学習のねらいの達成を意図して，行動を通して対象を扱っていくことであるといえる。そして，この操作による学習活動が操作的活動である。操作的な活動には，具体物を用いた操作，念頭操作，**形式的操作**がある。

(1) 具体的操作活動
　具体的操作は，念頭操作や形式的操作を助けたり，その準備段階としての手などで対象を扱う，手作業（manipulation）に近いものを指す。例えば，おはじきを使って数える，色紙で模様を作る，ひごで三角形・四角形を作る，器具を使って量をはかる，定規・コンパス・分度器を使って図形やグラフをかく，図形やその一部を移動して等積変形をする，立体を展開したり展開図をかくなどである。

(2) 念頭操作
　念頭操作は，形式的操作に近く，対象を直接扱わなくても，直接扱ったように頭の中で思考できる心的活動である。

　例えば，2位数から1位数をひく繰り下がりのある減法の計算方法で，おはじきによる実際的な操作活動を反復している間に，実際にやらなくても，頭の中でその行為を再現したり，模倣したりすることができるようになる。これは操作活動の内面化とよばれている。

2　操作的な活動を取り入れる留意点
(1) 目的の明確な操作的活動
　操作活動を強調する目的は，児童に操作を通して考えさせることであり，低学年ほど大切である。操作や操作に用いる材料のおもしろ味にひかれ，単に興味本位の遊びに終わらせてはならない。そのためには，児童に操作活動の目的や必要性を十分につかませたうえで操作活動をさせる必要がある。また，児童の学年や実態に即して場面・材料・方法を工夫し，学習効果を上げるようにする。

(2) 個人差に配慮する
　児童の思考の進め方には，個人差がある。具体的操作を必要とする児童もいれば，念頭操作や形式的操作で解決できる児童もいる。問題解決の場面においては，一律に具体的操作を指示するのではなく，自由に考えさせ，個々の児童の思考活動やつまずきに合うように指導のあり方を配慮する必要がある。

ピアジェの心的活動
　ピアジェ（Jean Piaget 1896~1980 スイスの心理学者）は，幼児からの認識や知能の発達の側面を，次のように述べている

① 感覚運動期（0~2歳）
② 前操作的思考期（2~7歳）
③ 具体的操作期（7~11，12歳）
④ 形式的操作期（11，12~14歳）

136 素地指導
teaching for readiness

低学年で形成された算数の素地は，算数全般を理解するための基礎となる。低学年での数の命名法・記数法，1年での10までの数の合成・分解，1位数に1位数を加えて2位数となる加法，その逆の減法，2年での乗法と乗法九九など，$\frac{1}{2}$，$\frac{1}{4}$などの簡単な分数など，これらの土台の上に立って中・高学年の「数と計算」の学習指導は展開される。このような**素地指導**はほかの領域にも見られる。

1 素地指導とはどのようなことか

低学年でつちかわれる概念や操作などは，これを習得する過程で身につく算数に対する興味・関心・問題意識，児童の個人差に対する教師の配慮などとからみ合って，算数学習の土台が築かれる。これらの土台を素地指導とよぶことがある。また，ある題材の学習指導に当たり，それを可能にする事前の基礎的な指導を素地指導ともよぶ。

2 素地指導の具体例*

(1) 入学初期における児童の数概念の調整（入学初期）

幼稚園での多様な生活指導や生活環境の相違などを反映し，入学当初の児童の数概念の個人差は大きい。この個人差の調整は算数の素地の素地ともいうべき課題である。幼稚園と小学校との連続を配慮して適切な生活指導も行い，生活科などとの合科指導を考えてもよい。

① 数える対象の構成と1対1の対応

・ ランダムに置かれている具体物を数えやすいように並べかえる。
・ 並べられたものを数えるのに，カスタネットのようなリズム楽器などにより音と具体物との1対1の対応を図る。

② 聴覚・触覚による数え方

・ リズム楽器などを下の音譜で示したように，イチ，ニ（1拍休み），サン，シ（1拍休み）のように唱えながら打たせる。イチ，サン，ゴのような数のきれ目にアクセントを置いて打たせる。このようなリズミカルな数え方によって数系列を理解し，2，4，6，……，3，6，9のような数え方のできる素地を作る。
・ リズム楽器で打った音の数と，数図のような視覚的にとらえられる対象とを対応させて数の抽象化を図る。

(2) 図形の抽象的な見方（低学年）

① 立体の面として存在する円や，正方形・長方形などの辺・頂点を使って例えば魚や鳥などの図案を作らせ，その過程で平面図形についてのイメージを培う。

② 円・半円・弧をかくときは，丸い缶の底などを使い，正方形・ひし形・長方形・直角三角形の場合は，さいころなどの立体を使って，その辺，頂点（角，かど）をしっかり写しとらせ，彩色して図案を作る。この過程で図形の抽象的な見方への素地を育てる。

表・グラフの見方の素地の例（低学年）

2年までに表・グラフの混在している絵グラフや絵地図によって，生活指導をしたり，簡単な表の形にまとめたり，それを読んだりするが，これは3年で表やグラフを指導するときの素地の一部になっているものである。

除法の素地の例（低学年）

(1) 具体的な教具により，同数累減を行い，包含除を理解する素地とする。
(2) 40cmのテープを二つに折って，その長さを測り，さらにそれを二つに折って測り，2等分・4等分の操作をさせる。

137 対応
correspondence

算数の学習を進めるときの大切なものの見方，考え方の1つに「**対応**」がある。この対応という言葉には，「対応する」「対応させる」という表現が含まれ，さらには「～を～に対応させる」「～に～を対応させる」「～は～と対応している」「～と～とは対応する」といった多様な表現が生み出される。ところで，このような対応というものの見方・考え方は，算数学習という局面だけではなく，もっと広く，様々な分野で重要なはたらきをする。人間とコンピュータとを比較してそのパターン認識の違いを述べるとき，人間には，「～を～としてみる」といった認識の機能が備わっていることがよく強調される。このように，対応には人間だけが有する基本的なパターン認識が色濃く反映していると考えられるのである。そのような意味で算数・数学の中心的な概念である関数が**対応の概念**を基礎においている点に殊さら留意する必要がある。

1 対応づけをして進める数の学習

数の概念を確立させていくには，対応の考えが不可欠である。例えば，右上のア，イのように，大きい○と小さい○とを並べておき，どちらのほうが個数が多いかをきいてみると，たいていの児童がアのほうが多いと答える。これは，個数を数えることが，ものの属性を捨象したものと数詞との間に**1対1対応**をさせることであるという意味があまり理解されていないためである。

したがって，5までの数の学習を展開するとき，次のように指導を進めていく。
・ものの集まりに着目させ，関心をもたせる。
・二つの具体的なものの集まり（**集合**）の要素を1対1に対応づけ，それによって大小や相等を調べる。
・具体的なものの集まりを，おはじきなどの半具体物に置き換え，その半具体物の集まりの多少を調べる。
・半具体物と数詞とを対応させていく。

例えば下の図ウで，チューリップとチョウとは1対1対応である。1対1対応は，実線や点線のように2つの集まりの各々の要素をどう対応させてもよい。

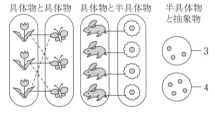

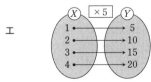

このように対応とは，ものの集まりと集まりとの関係をみてゆく概念である。土俵を決めそこにあるものを置き換えて

いろいろな対応

集合Xから集合Yへの対応 $f: X \to Y$ があるとする。

1対1対応 すべての $X \ni x$ に対して $f(x)$ がただ一つ決まり，$a, b \in X$ について $a \neq b$ ならば $f(a) \neq f(b)$ のとき，1対1対応という。小学校で出てくる教材では，1対1対応のものが多い。

多対1対応 例えば，1年の児童の集合とその組の担任教師の集合で，児童に担任を

137 対 応

考えられるようにすることでもある。

2 図形の学習における対応の考え

図形を考察する観点は，大きさと形と位置である。例えば，数直線上である位置を表す点をAと名づけたり，別の点をBとしたりするとき，そこに**対応の考え**がはたらいている。

この場合，二つの点にA，Bをそれぞれ対応させるという。

ところで位置を考えないで，形と大きさに着目すると，「合同」という概念が生まれるが，合同の性質を調べるときにも対応という考えが下のように使われる。

① 下の図(1)の場合，頂点アを頂点ケに辺アイを辺ケカに重ねる。このように，㋐の四角形を㋑の四角形に重ねるとき，どの頂点や辺を対応させるかを考える。

② 対応する角の大きさだけを調べて，図形が合同といえるかどうか考える。下の図(2)の場合，アとオは**対応する点**，角ウと角エは**対応する角**，辺アウと辺オエは**対応する辺**という。

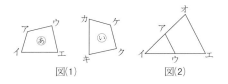
図(1)　　　　図(2)

また，**対称移動**，**回転移動**など考えるときも対応の考えは重要である。

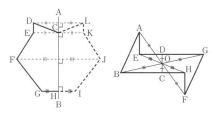

「点Fと点Jとは対応する」，「点Aを点Fに対応させる」という。

3 数量関係の学習における対応の考え

平行四辺形の性質をもとにして比例の考えを学ばせるときには，底辺の長さ，高さ，面積などを互いに対応づけて，その関係をみていくという学習が不可欠である。

ア

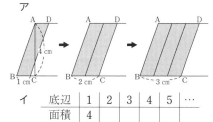

イ
底辺	1	2	3	4	5	…
面積	4					

上のアを見ながら，イの表を完成し，それをもとにグラフをかいていく。この一連の学習には対応の考えが随所にはたらいている。それを以下に示そう。

・アの図の変化から面積の変化をとらえる。ここでは，変われば変わるという意識のもとで学習が行われる。
・イの表を完成させるにはアでの変化を決まれば決まるととらえていく。
・表にある対応する二つの数の組を座標平面上の点に対応させてグラフをかいていく。

対応させるときは，$a \neq b$ でも $f(a) = f(b)$ となりうるから，多対1対応となっている。1対1対応と多対1対応をまとめて**一意対応**という。関数は**一意対応**の場合である。

1対多対応　整数の集合から，その約数の集合への対応では，例えば，10の約数は1，2，5，10であるから，10には四つの数が対応する。1には1だけが対応している。このような対応を**1対多対応**という。いろいろな場面で対応について考えさせたい。

138 楽しさ
amusement

平成10年改訂学習指導要領に「楽しさ」という言葉が導入された。児童が数学的活動の楽しさに気付き，実践することを目的としている。数学的活動を積極的に取り入れることにより，児童が活動の中に楽しさを見出せるような授業を創造することが望まれる。

1 学習意欲の喚起の課題

楽しさを味わわせようという試みには，学習意欲の喚起の課題が含まれる。

学習意欲を喚起させるには，意外性，思い違い，理解の不確かさの三つの状況に目を向けることが有効である。

ア 意外性 例えば，答えが一つと思っていたものが解いていく過程でいろいろな解き方や解答が出てきたときに味わう心理・認識状況である。

具体的な例としては次のような例があげられよう。

「$3+7=?$」を問えば，結果は10でただ1通りしかない。ここで「$10=?$」と問うとどうなるだろうか。先の問いに対する答えが一つしかなかったから，これも一つしかないと考えて1通りの答えしか書かない子供がふつうだろう。しかし，実際は，加法に限定しても「$10=2+8$」「$10=1+9$」「$10=3+3+4$」「$10=1+2+3+4$」といろいろな答えが出てきて夢中になる。この夢中にさせる心的状況が意外性の一つといえる。

面積の導入に使用される次のような問題も，意外性を利用したものといえる。

> 次のような図形をかいてみよう。
> (1) まわりの長さが16cmの正方形
> (2) まわりの長さが16cmの長方形

(1)が1通りしかないから(2)も1通りしかないと考えてしまうが，実はそうではない。このような数学的活動は，子供に意外性を感じさせながら学ぶ楽しさを味わわせていくだろう。

イ 思い違い ウ 理解の不確かさ
自分は当然こう思っていたのに本当はそうでないことを知ったときの心的状況で，意外性の心情と似た側面もあるが，「問題解決」よりは「知識・理解」の獲得の場で生じる心の動きといえよう。認知面におけるズレの感情であって「おや？」「どうして」という問いを生み出す心の動きとしてもまとめられる。

2 楽しさとおもしろさ

今日の算数は「楽しかった」，昨日の算数は「おもしろかった」というとき，そこにはどんな心の動きの違いがあるか。

楽しさは，学習対象と一体化したときの感ずる感情であって，おもしろさは，対象との間の距離によって生じる感情であり，しかも対人関係のなかで発現するズレの感情ともいえる。

例えば，今までに「ごちゃごちゃ」していた計算過程をある視点からとらえ，関係や法則を見出した場合や，一挙にものごとがつかめて爽快感を味わえた場合などに，「おもしろさ」が感じ取れるのではないだろうか。

認識のありようと楽しさ，おもしろさ

現実のものを全体的に認識するには，部分から始めることが多い。認識しやすいように対象を分割し，対象のもつ抵抗力を和らげ，取り組みやすいようにする認識の方法である。

ところが，対象を分割せず，それを縮小して操作しやすいようにするという方法もある。

この部分よりも全体の認識を優先させるという認識の転倒が知性や感情に喜びを与え，楽しさ，おもしろさを感得せしめる。

139　知識基盤社会
knowledge-based society

1　知識基盤社会とは
「知識基盤社会」は，知識が社会・経済の発展を駆動する基本的な要素となる社会を指す言葉である。20世紀は，ものを作り出すことにとどまらず，ものに価値を見出し，ものつくりを基盤とする社会であった。21世紀は，仕組みや考え方など，知識そのものに価値が与えられる社会であると考えられる。

2　知識基盤社会における学校教育
文部科学省によって「知識基盤社会」という言葉が最も早く用いられたのは，平成17年の中央教育審議会答申「我が国の高等教育の将来像」であろう。そこでは，知識基盤社会は，「新しい知識・情報・技術が政治・経済・文化をはじめ社会のあらゆる領域での活動の基盤として飛躍的に重要性を増す社会」であると定義されている。そして，「知識基盤社会」の特質として，①知識には国境がなく，グローバル化が一層進む。②知識は日進月歩であり，競争と技術革新が絶え間なく産まれる。③知識の発展は旧来のパラダイムの転換を伴うことが多く，幅広い知識と柔軟な思考力に基づく判断が一層重要になる。④性別や年齢を問わず参画することが促進されることなどを挙げている。

3　知識基盤社会の特質と学校教育
知識基盤社会は，働くことの意味するところが物の生産から知識の生産へと変化する。だから，学校教育においては，将来の知的労働に備えた資質・能力開発が重要になる。また，知識基盤社会は新たな知識の創造が社会の発展に寄与をもたらす社会であるから，新たな知識を生み出す創造性の育成の必要性が増大する。

4　知識基盤社会に対応する算数教育　見えないものを見る技術
現代社会を支える情報通信システムを支える技術は半導体技術であるが，トランジスタの動作を理解しても情報通信システムの理解にはつながらない。そこで用いられるものは，ほとんどが目に見えないもの，たとえば誤り符号の訂正理論であったりする。現代のコンピュータ科学は抽象化の科学であるともいわれる。今日のコンピュータ科学においては，ものごとの本質を抽出し，新たな概念として定式化し使いやすい形に整理する活動が重要な位置を占めている。

このように，現代科学技術においては，見えないものを見えるようにする技能が欠かせない。算数科は見えないものを見えるようにする技術，すなわち，概念の抽象化を経験する教科である。たとえば，かけ算という見方が確立してはじめて見えてくるものも多い。

パラダイム（paradigm）
ある一時代の人々のものの見方・考え方を根本的に規定している概念的枠組みのことをパラダイムという。そして，その時代や分野において当然のことと考えられていた認識（パラダイム）が革命的かつ非連続的に変化することをパラダイムシフト（パラダイムの転換）という。たとえば，電子計算機の普及は，数学理論に対する見方にパラダイムシフトを起こしたと考えられる。

パラダイム論の起源
パラダイム論の起源は，1960年代にさかのぼる。科学史家T．クーンは，パラダイムを「一般に認められた科学的業績で，一時期の間，専門家に対して問い方や答え方のモデルを与えるもの」と定義し，科学研究では，パラダイムでは対処できない変則事例の蓄積によって，パラダイムの危機が生じ，その混乱の中から新しいパラダイムが登場し，「科学革命」が起こるものとした。

140 抽象化の考え
idea of abstraction

抽象するという言葉は，捨象による抽象，一般化による抽象，拡張による抽象というような使い方をされるように，広い意味に用いられる。**抽象化の考え**は，概念形成にあたって重要な役割をなすものであり，**数学的な考え**（☞122）の一つである。

1 抽象化の考えとは
(1) 概念形成時に用いる考え

例えば，長方形の概念を形成する場合，初めから「長方形とは，四つの角がみんな直角な四角形である」と指導することは，長方形の数学的な定義を一方的に与えたのであり，抽象化の考えに基づいた長方形の概念形成の過程を経ていない。

教科書の表紙，下敷き，机などをみると，それは明らかに三角定規や筒などとは異なり，何かそれらに共通な形が認められる。この共通性を引き出したとき，そこに初めて一つの図形概念が生じ，それに長方形という用語を用いるのである。この場合，次の三つのはたらきがある。
① 教科書の表紙，机の表面などの材料である紙や木材の色・位置などの図形の概念形成からみて本質的でないものや，共通でないものを捨て去ることを**捨象する**という。
② 図形概念の形成の観点から共通特性や属性である辺の数が四つで，四つの角がみんな直角などの性質を取り出すことを**抽象する**という。
③ 抽象化した性質を用いて，この性質を有するものと有しないものとを弁別したり，その性質をもった新しいものを求めたりすることも必要である。この後者の行為を**具体化**という。

(2) 問題解決時に用いる考え

日常の事象を数理的にとらえる際，日常の問題場面から性質を抽象して，その意味を明らかにして算数的な問題にしたり，その条件を理想化したりして算数的な処理の対象に問題を作り上げていくといったことがなされる。

日常のなかで起こる問題は，教科書の問題のようには条件が明確・単純ではないので，幾つかの条件を捨象し理想的な状態を考えないと都合が悪い。その際にはたらくのが，捨象，理想化，条件化といった考えである。

2 抽象化の考えの例
(1) 数概念の形成

例えば，各三つのコップ・皿・スプーンの集まりがあるとする。それぞれの要素（形，色，大きさなど）を捨象して，1対1に対応できるもの，つまり個数が同じとみなすことができることによって，数3が抽象される。

(2) 比例の概念

「1個 a 円のもの x 個の値段 y 円」「1 m a g のひも x m の重さ y g」「縦 a m，横 x m の長方形の面積 y m²」などの種々の関係について，これらがいずれも $y=ax$ の形に表せることを抽象する。さらに，この式の形に表せるものを調べていって，比例の概念を抽象する。

抽象化と理想化，内包・外延

数学的にものを考えていくとき，例えば，教科書の表紙や机の角が少し丸くなっていても，机の表面がでこぼこしていても，それらを無視して，理想的なものと考えないとぐあいが悪い（☞129）。これが**理想化**である。

また，抽象化とは内包（☞105）を明らかにしていくことであり，さらに共通性を抽象化したら，この共通性をもっているものがほかにもないかどうかと考えることが大切で，これは**外延**（☞105）をさらに広げることである。

141　直観と論理
intuition and logic

1　直観とは

　直観という言葉は，本来「見る」ことに発し分析的な考察，推論を加えることなく，比較的短時間に対象の全体や本質を直接把握すること，およびそのようにして把握されたものを意味する。単に「直ちに」「すばやく」感じ取るという意味だけではないことに注意を要する。

　直観は「ものごとを想像すること，概念の表象を思い浮かべられること」という意味にも用いられる。

　数や量では大きさを思い浮かべられること，数と数との関係で一つの数を二つの数の和や積と見るなど数を構成的に把握すること，計算の結果のおよその大きさを**見積り**（☞160）できることなどが，直観の中に含まれる。

　図形では図形を頭の中に思い浮かべられること，それを分解したり合成したり移動したりする**操作を念頭**ですること，操作した結果を想像することなどである。

　直観力*は数・図形や量を表象するだけでなく，事柄の間の関係を把握したり，それぞれの性質を見抜く力，いろいろな事象にひそむ法則や原理を見抜き，事柄の本質を知ってその理解を深いものにする力，そして事柄を統合して把握する力という意味も含んでいる（**直観と洞察***）。

2　直観と論理の関係

(1)　論理的思考

　直観が全体を統一的に把握することにあるのに対し，論理的思考は一つ一つのアイディア，思考の鎖を確実につなげていくプロセスである。しかしそのプロセスが求める方向に正しく進められるためには，全体的な把握，それに基づく大まかな筋道についての見通しがなければならない。つまり直観による全体的な把握と大きな流れを意識できることによって，初めて正しい論理を適切に導くことができる。逆に直観が見抜いたことを論理的な思考であとづけすることによって，直観的な把握が確かなものになる。直観と論理はこのように互いに補い合い助け合う関係にある。

(2)　問題解決　（☞163）

　直観力や論理的思考力は，問題解決でも互いに助け合いながら進められていく。

　問題解決の場では，まず問題の全体的な把握ができること，つまり何についての問題であるかに対して答えられることが大切である。例えば「えんぴつが20本あります。ひろしさんのえんぴつの数があきらさんより8本多くなるようにするには，どのように分ければよいでしょうか」という問題を解く場合，まずこの問題を「鉛筆を分ける問題」として把握す

直観と洞察

　「直観力」には，洞察する力，見抜く力，見通す力などが含まれている。「洞察」は問題の解決の方法を見抜いたり，解決の筋道の概略を見通すというときに用いられることが多い。また，性質を見抜いたり，事柄の構造や本質を見抜いたりするときにも用いられる。そういう意味では「直観」と似ているが，洞察が見抜く行為そのものに対して用いられるのに対して，直観は見抜いたもの，把握したものについても用いられるところが違っている。例えば，数に対する直観といえば，数の大きさなどに対する感覚や数の構成的な理解なども含んでいる。

　直観と洞察の区別を明らかにするためには，直観を直ちにという意味が強い「直観的」，洞察の意味に通じる「直観力」，概念などのイメージに似た「直観像」の三つを含んだものと考えるとよいかも知れない。直観は論理を先導するもので創造する力にもなる。

ること。その把握があって「何本を分けるのか」「どのように分けるのか」というように必要な情報の選択をすることができ、論理的な思考力がはたらくのである。

問題の把握ができて必要な情報がわかっても、どのような演算をすればよいか判断できないこともある。その判断ができるためには、計算の意味の理解に基づいて、その場がどのような計算の使われる場であるかを判断させることが必要である。これも直観に基づいている。

(3) 数についての直観

答えが出たとき、およその見積りによって結果の妥当性を判断できるのは、数の大きさに対する直観があるからである。数の大きさに対する直観は結果の妥当性を調べるためだけでなく、結果に対する見通しを立てたり、解決の方法を考えるときにも有効にはたらく。

そのように適切に行動できるためには数や図形などに対する直観ができていることが大切である。

(4) 直観・論理と推論

必要な情報に基づいて上の問題を「2人に10本ずつ分けてから、あきらさんがひろしさんに8本あげればよいのではないかな」と解法に対する見通しをもち、実際に計算してみると2本と18本で差が16本になることがわかり、改めて等しく10本ずつ分けた状態から考え直すこともある。そしてひろしさんに1本あげたら9本と11本で差は2本、さらに1本あげたら8本と12本で差は4本になるということから「差はひろしさんにあげる本数の2倍になる」ということを見抜く。

これらも直観に基づいている。そのことが正しいかどうかを確かめるのは論理的な思考によるし、その法則を仮定して $8 \div 2 = 4$ として答えを出すのは**論理的な推論**＊に基づいている。

文章題を考えるときには、このように直観に基づく**帰納的な推論**と論理的な推論の両方が使われる。

③ 直観を養うために

数字・記号や言葉による形式的な処理に終始せず、おはじきなどの具体物を操作したりして、数や量についての大きさの感覚、数量間の関係の理解を深めることが大切である。

また、図形を構成したりするなどの具体的な操作活動が欠かせない。図形の要素に着目して、図形の性質を見抜くことなども大切な活動である。図形を観察し、その図形の性質を予測し、これを確かめるという学習活動も大切であろう。図形それぞれが独立したものではなく、互いに関係をもったものとして理解されていることも大切である。

算数の学習全体を通して法則を見出す活動を大切にしたい。

論理的な推論

推論には主として帰納、演繹、類推の三つがあるといわれる。

帰納は、個々の具体的な事柄から一般的な命題を導き出すことであり、**演繹**は前提となる命題から論理の規則によって必然的な結論を導き出すことである。特殊・一般の関係からいえば、帰納と演繹は逆の関係にある。

類推は、二つの事柄が多くの点で同じであることが認められたときに、一方の属性についても他方と同じようなことが存在するだろうと推論することである。

そのなかで最も論理的なものは演繹である。数学的な証明は**演繹的な推論**を用いるが、算数では形式的な証明をさせることは少ない。しかし小学校でも「なぜ？」の問いに答えている説明は、上にあげた論理的な推論のいずれかによって行われることが多い。

論理的思考力の育成には、自分の行動や考えを言葉で表現させることが有効である。

142 つながり
connections

数学とは，一見何も関係のないと思われるものの間にある種の関係を見出すところに成立する学問であるといわれる。

数学者による定理の発見は，よく見ると思わぬ命題間の関連からもたらされることが多い。数と図形の結合によって生み出された座標という概念（デカルト）の発見もその一例といえるだろう。

こうした数学の本質的なものの考え方を，米国の「学校数学の原則とスタンダード」（2000年4月）では，指導の一つの柱として設定して，それを「つながり」と同定した。そこではどんなことが強調されたのかみてみよう。

1 数学的アイディアの間のつながりの認識とその使用

学習者の理解は，数学的なアイディアのつながりを見出したときいっそう深まるものである。

そのためには，「この問題は，以前学習した事柄とどこが似ているか」とか，「今日の学習は，先週行った学習とどう関係しているのか」と問いながら学習指導を展開していくことが必要である。

例えば，比が「変化の割合」と「直線の傾き」に関係していることに気づいて同じ数学的なアイディアでもいろいろな表現の仕方があることや，円の直径と円周について着目し，そのデータをとって表にまとめ，グラフをかいたりすることによって，それが原点を通る直線上にあることを見出す。

このような学習では，測定，データ解析，幾何，代数，数などのいろいろな内容が関係してくるのがわかる。

2 数学的整合性とアイディアの相互関係の認識の確立

算数・数学の学習指導をするとき，違うように見える問題場面のなかに同じ数学的構造を見ることができる能力を培うべきである。このような学習を通して，数学的な技能と概念を分けて考える傾向が小さくなり，手続きと概念が促進させられる。

3 数学外の文脈のなかでの数学の認識とその応用

分数，比例，グラフとの関連を学習し，線型性（1次性）への理解の素地を形作ることができる。

数学は，人文，社会科学，医学，商業などいろいろな世界で使われる。数学と他分野のつながりは「内容」とともに「プロセス」を通して実現される。

小学生らは，雨の日，曇りの日，晴れの日などの記録をとって，その日数を調べ，いろいろ考えることによって天気の予測をする基礎が養えるかもしれない。

上級生になれば，インターネットで酸性雨，森林伐採などのデータを集め，それを分析することによって環境問題に取り組むことができるだろう。

角錐台の体積を見つける方法と台形の面積を見つける方法とのつながり

台形の面積の求め方から，角錐台の体積の求め方がわかる。つまり，角錐台の体積は，四角錐の体積を求めてから，上の四角錐の体積をひけばよいのである。

「つながり」を強調することで，こうした類推的思考方法が活性化されることがわかる。

円錐台の体積も「つながり」を強調した学習をしていれば，容易に求めることができるだろう。（「上記スタンダード」より）

143　TIMSS（国際数学・理科教育動向調査）
TIMSS (Trends in International Mathematics and Science Study)

1　IEA による国際比較調査

国際教育到達度評価学会（International Association for the Evaluation of Educational Achievement）は，1964年に第1回国際教育調査，1970年に第1回国際理科教育調査，1981年に第2回国際数学教育調査，1983年に第2回国際理科教育調査を，それぞれ行ってきた。約10年ごとに行われてきたこれらの調査に対し，1995年に行われた第3回国際数学・理科教育調査（Third International Mathematics and Science Study）の第1段階調査より「TIMSS」の略称が用いられるようになり，1999年に実施された**国際数学・理科教育動向調査**では Trends in International Mathematics and Science Study と名称を新たにし，実施された年を併記する形で「TIMSS2003」と呼ぶようになった。

2　TIMSS の目的と調査方法

国際数学・理科教育動向調査の目的は，初等中等教育段階における児童・生徒の算数・数学および理科の教育到達度（educational achievement）を国際的な尺度によって測定し，児童・生徒の学習環境条件等の諸要因との関係を参加国間におけるそれらの違いを利用して組織的に研究することにある。

調査の対象としては，国際的定義で示された「9歳以上10歳未満の大多数が在籍している隣合った2学年のうちの上の学年の児童」という調査対象母集団1と「13歳以上14歳未満の大多数が在籍している隣合った2学年のうちの上の学年の生徒」という調査対象母集団2が設定された。わが国においては，調査対象の母集団1を小学校第4学年の児童，母集団2を中学校第2学年の生徒としている。調査対象標本となる児童・生徒の抽出は，国際的に決められたガイドラインに従って，各国／地域の児童・生徒の状況の縮図が描けるように行われた。わが国の場合には，第1段階として，全国のすべての小・中学校を都市・町村等の地域類型によって層化し，そこから各層の児童・生徒数に比例するように学校をランダムに抽出し，第2段階として，抽出された学校の中の1学級の児童・生徒を抽出するという「層化2段階抽出法」によって行われている。なお，調査対象標本の抽出については，国際サンプリング・レフェリーに計画・実施等のすべてを審査され，その承認を得ている。

調査は，児童・生徒を対象とした「問題」（算数・数学，理科の問題），「児童質問紙」「生徒質問紙」，教師を対象とした「教師質問紙」，学校を対象とした「学校質問紙」によって行われる。「問題」については，算数・数学および理科を合

TIMSS（2015年）調査結果に見る日本の子どもの特質
算数・数学に対する意識（「強くそう思う」という回答の割合）

国	算数の勉強は楽しい（小4）	算数がすきだ（小4）	算数が苦手だ（小4）	数学を勉強すると日常生活に役立つ（中2）	数学を使うことが含まれる職業につきたい（中2）
日本	32%	33%	17%	25%	6%
韓国	27	26	8	14	7
シンガポール	50	49	16	40	16
アメリカ	53	54	12	46	19
国際平均値	56%	57%	13%	52%	24%

わせて，小学校は約60題を72分で，中学校は約80題を90分で行う。

3 TIMSS2015の結果
TIMSS2015の算数・数学に関して，文部科学省は次のような結果を示している。

小学4年
日本の平均得点は593点であり，参加国で第5位となっている。前回（2011年）の平均得点は585点であり，参加国中では第5位であった。前回（2011年）と今回（2015年）の日本の算数平均得点については，統計上有意に上昇している。

中学2年
日本の平均得点は586点であり，参加国中で第5位となっている。前回の平均得点は570点であり，参加国中では第5位であった。前回と今回の日本の数学平均得点については，統計上有意に上昇している。

また，習熟度別の児童・生徒の割合についての結果も示している。2003年以降について，経年での変化をみていくと，日本では，550点未満の児童・生徒の割合が減少し，550点以上の児童・生徒の割合が増加している傾向がみられる。しかし，上位5カ国・地域（シンガポール，香港，台湾，韓国，日本）の習熟度別の児童・生徒の割合をみると，他国に比べて，日本では625点以上の児童・生徒の割合が低いこともわかる。

4 児童・生徒の意識
質問紙の結果から，日本の子どもたちは以下の項目について，国際的に低いことが指摘されている。

(1) 算数・数学の勉強が楽しいか
(2) 算数・数学は得意な教科であるか
(3) 他教科を勉強するために数学が必要か
(4) 将来，自分が望む仕事につくために，数学で良い成績をとる必要があるか
(5) 算数・数学に対する自信
(6) 算数・数学の授業中，コンピュータを使って，原理や概念を探究したり，技能や手順を練習したり，アイデアや情報について調べたりする指導を受けているか。

5 学習指導の改善
調査の結果から，以下の諸点が学習指導の改善に向けて必要であることが分かる。

小学4年生
(1) 数量や図形についての知識・理解を実感をともなって身に付けるようにすること
(2) バランスのよい資質や能力を身に付けるようにすること
(3) 数量や図形についての作業的・体験的な活動など算数的活動を積極的に取り入れること
(4) 基礎・基本の定着のため個に応じた指導を充実すること

中学2年生
(1) 基礎・基本の定着と数学的な概念の意味理解を深めること
(2) 数学的に解釈し表現する指導を重視すること
(3) 数学についての有用性を実感する機会を持たせる指導を重視すること。

TIMSSとPISA

学力の国際的な調査としてTIMSSとともに広く知られているのがPISAである。これら2つの調査について，PISAは学校で習った知識や技能の活用能力を見るテストであるのに対して，TIMSSは学校で習う内容をどの程度習得しているかを見るアチーブメント・テストとされる。藤田（2005）は，TIMSSは従来的な教科学力を，PISAは「新しい学力観」に近いものを見ようとしていると解釈している。

144 データの活用
utilizing of data

1 データの活用領域の新設
平成29年改訂の学習指導要領において，データの活用が1つの領域として設定されることになった。なお，中学校では，領域D「資料の活用」が「データの活用」に名称変更された。

2 社会的背景
(1) 言語としての数学
その背景には，算数・数学が言語としての特質を持つことがある。算数・数学では，数式や表やグラフのような通常の文字に限定されない表現が用いられ，思考や伝達の手段としてそれらが重要な役割を果たしている。

(2) 情報化の進展
世の中の情報化が進展し，多くのデータが手に入るようになった今日，データを分析し，有用な情報を得る技術の習得が不可欠である。その技術の根幹をなすのが，数学的手法である。それらは，「データの活用」領域だけではなく，小学校「数と計算」，「変化と関係」領域とも深いかかわりを持つ。

(3) ビッグデータとデータマイニング
情報技術の発達は，大量のデータの集積をもたらした。しかし，それらは，目的をもって系統的に収集したデータと異なり，構造が複雑で，扱いが難しいことが多い。この種の大量データは**ビッグデータ**と呼ばれる。その中から意味のある情報を探り出すことを**データマイニング**という。データマイニングには，様々なアプローチでの分析が試みられる。特に決まったやり方があるわけではない。

3 代表値と尺度水準
(1) 代表値
最頻値，中央値，平均値などを**代表値**という。代表値は，データの特徴を単一の数値で代表する値として用いられる。

(2) 尺度水準
データを表現するのに数値を用いることが多いが，数量としての意味を持たない数値が現れることもある。数値データの質を**尺度水準**という。

① 名義尺度
数値がカテゴリーを表す意味しかもたないとき，その数値を**名義尺度**という。名義尺度の数値データに対して，最多個数のカテゴリーを表す数値を**最頻値**という。名義尺度に対して意味を持つ代表値は最頻値のみであり，中央値や平均値は意味を持たない。

② 順序尺度
数値が順序の意味を持つとき，その数値を**順序尺度**という。

順序尺度には，**中央値**を定義することができる。中央値は，大きさの順に並べたとき，真ん中に位置するデータを表す数値のことである。また，データの値を大きさの順に並べたとき，4等分する位置の値を**四分位数**という。四分位数は，小さい方から順に**第1四分位数，第2四分位数，第3四分位数**という。第2四分位数は中央値と同じものである。

③ 間隔尺度
数値の差が意味を持つとき，そのデータは**間隔尺度**を持つという。たとえば，摂氏で示された温度は間隔尺度である。

間隔尺度に対しては，**平均値（相加平均）**を定義することができる。相加平均は，数値の個数を n とするとき，それらの和を n で割ったものである。

④ 比例尺度
倍数関係が意味を持つとき，そのデータは**比例尺度**を持つという。比例尺度を持つデータには，**相乗平均**を定義することができる。相乗平均は，数値の個数を

144 データの活用

n とするとき，それらの積の n 乗根をとったものである。

4 資料の整理と図表示

(1) **離散変量と連続変量**

データに属する個々の数値を変数とみるとき、その数値を**変量**という。身長などのように連続した変量を**連続変量**といい，物の個数のようにとびとびの値をとる変量を**離散変量**という．

(2) **ドットプロット**

いくつかのカテゴリーに分類された個数データがあるとき，絵グラフを単純化した**ドットプロット**と呼ばれる手法が用いられることがある。これは，棒グラフの棒を個々のデータを表すドット（●）に変えたものといってもよい。
横軸にカテゴリーを取り，各カテゴリーに属するデータの個数をドットを積み上げて表す。たとえば，次の資料をドットプロットに表すと右図のようになる。

きょうだいの数

きょうだいの数	1	2	3	4
人数	4	5	3	1

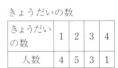

きょうだいの数　1　2　3　4

この例のように，横軸を名義尺度でなく，順序尺度を持つ属性に取ることもできる。その場合，中央値を感覚的に把握しやすい利点があるとされている。

(3) **度数分布とヒストグラム**

連続変量に関する数値データを整理するとき，数値をいくつかの区間に分けて各区間に属する数値の個数を数えることがある。このとき，各区間のことを階級という。たとえば，次の表において，表の左側にある数値範囲が階級である。

体重（kg）	人数（人）
20以上～25未満	2
25 ～ 30	4
30 ～ 35	3
35 ～ 40	2
40 ～ 45	2
45 ～ 50	1
合計	14

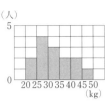

ヒストグラムは，一見，棒グラフを区間の幅，目一杯に描いたものように見えるが，長方形の面積が度数を表すように描いたものである。（上図）。

ヒストグラムにおいて最大の高さを持つ階級を最頻値とみなすことがある。この定義では，階級の分け方を変えたとき，まったく異なる値が最頻値と呼ばれることが起こる。

(4) **累積度数分布**

x 以下である変量の個数を $F(x)$ で表すとき，関数 $F(x)$ を累積度数分布という。$a < x \leq b$ に対する度数は $F(b) - F(a)$ で求められる。次の表に示すデータの累積度数をグラフに表すと右のようになる。

身長（cm）
132.1
139.5
144.2
146.1
147.9
150.5
157.6

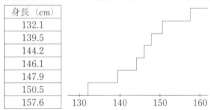

上の図のように，累積度数のグラフには，元データを忠実に反映した形で描くことができる利点がある。また，累積度数のグラフから，中央値や四分位数を読み取るのは容易である。グラフの傾きが最も急な部分が最頻値に相当する。

箱ひげ図

箱ひげ図は，最小値，最大値，各四分位数と平均値を集約して表示する。

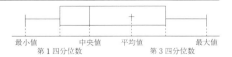

145 統計的な見方・考え方
statistical ways of thinking

1 統計的方法
統計的方法とは，個々のものをまとめて一つの集団と考えたとき，そこに個々のものにはなかった集団としての特有な性質や法則を見出し，これを解釈したり，さらに利用したりする方法である。

2 統計調査の目的と方法
(1) 分類
ある集団の標識について調査された結果は，そのままでは雑然としていて，その集団の構成や特性をつかむことができない。そこで，得られた資料を整理する必要があるが，ある程度の差異を無視してまとめる過程を**分類**という。

(2) 属性統計と変量統計
集団のある標識について分類するには質的な分類（属性による分類）と量的な分類とがある。例えば，家庭の職業別分類とか，性別による分類などは質的な分類であり，この統計を「**属性統計**」ということがある。これは，グラフに表すと棒グラフになる。例えば，ある組の試験の得点を取り上げるとき，個人別に分類して各自の得点を考える場合は，属性統計である。

しかし，得点を，例えば，「0点以上10点未満」，「10点以上20点未満」，……のようにいくつかの階級に分けたとする。この場合は，得点による分類，つまり量的な分類であるから，「**変量統計**」とか「変数統計」といわれる。このとき作られる表は度数分布表になり，表されたグラフはヒストグラムになる。

(3) 間接資料と直接資料
統計調査の対象とする資料には**直接資料**と**間接資料**とがある。例えば，校内のどこでどのようなけがが起きたかを調べようとするとき，保健日誌のなかの4月から6月までの間の3年の児童に着目し，けがをした場所とけがの種類だけを抜き出して作成したものが間接資料であり，子供たちが校内でけがをした場所，けがの種類を自己記入したものが直接資料である。

(4) 全数調査と標本調査
統計調査には，対象すべてを調べる**全数調査**と，集団の一部にあたる標本から全体を推定する**標本調査**とがある。

全数調査は理想であるが，現実には実行が困難であったり，無意味な場合もある。例えば，ある製品の寿命を知りたい場合，全数調査は無意味であるし，日本人の身長の分布を知りたいとき全数調査を行うのはコストがかかりすぎる。そのような場合，標本調査が行われる。

3 統計調査の手順
(1) データの収集
① データの収集
データを収集する際には，目的に合う観点を定めてデータを収集する。具体的には，データを集める範囲の確定，分類の観点などをあらかじめ定めておく。

なお，データを集める際にも，さまざ

代表値による統計集団の考察
代表値は，統計集団の特性を示す数値のことで，平均値や，中央値（メジアン），最頻値（モード）などが用いられる。
平均値は，すべての値を加え，個数で割ったものである。**中央値**は，資料を大きさの順に並べたときの中央にあたる値で，極端な値にあまり影響されない利点がある。**最頻値**は最も度数の多い階級の値であって，度数分布表の作り方によって変わり，一意的に定まらないという欠点があるが，代表値としてふさわしい性質をもつ場合が多い。（☞251）なお，ここでいう平均値は相加平均のことである。

145　統計的な見方・考え方

まな工夫がある。ほかのものに置き換えて数える，2個ずつ，あるいは，5個ずつのかたまりを作るなどの工夫が考えられる。
② 既存資料の利用
　統計資料は，児童自身が観察・調査・測定によって得る場合と，すでに調査されている資料を利用する場合とがある。既存の資料については，調査の目的，調査の主体・客体，調査の時期・方法が明らかにされていることが望ましい。
(2) 分類・整理
　集団の性質を見出すために観点を決めて分類整理する。その際，落ちや重複がないようにするなどといった視点をもつことも必要になる。分類の仕方においては，目的に応じた分類の観点を定めることが大切である。その際，少数例を「その他」という項目にまとめて分類することも必要になる。分類整理を実行する際には，表が有効に用いられる。
(3) データの表現
　分類整理した結果は，表やグラフにして結果の解釈が容易となるようにする。
　表は1または2次元的な事象や度数分布，相関係数などを適切に表現できる。グラフは統計情報の伝達としては最もわかりやすいが，表とともに情報を読み取ることで適切な判断，推測ができる。質的データの表現には絵グラフや棒グラフが，量的データには，円グラフ・帯グラフ，ヒストグラム（柱状グラフ）が用いられる。
　データから，平均，中央値（メジアン）などの代表値，分散，標準偏差などの散らばりの尺度を求めることもある。
(4) データの読み取り・判断
　統計調査では，その目的に従い，分類整理した結果から度数の最も多い項目を見出したり，代表値や散布度などの数値から全体的な傾向を見出す。

4　統計的な見方・考え方の素地

(1) 分類整理の素地となる経験
　小学校の教室環境には生活指導のためのさまざまな掲示がある。子供たちのいちばん見やすい場所に日課表が掲示してある。日課表は曜日・時限の2つの次元から教科を読み取る表である。
　低学年は，生活指導などと関連させて絵グラフが用いられる。例えば，誕生日を月別に絵グラフで表すものがある。絵の数量によって，その大小が表される。中・高学年になると，一部に絵入りグラフなどがある。例えば，人口密度などを人間の形などで表すことがある。これら絵グラフ，絵入りグラフで表された内容と表現は，算数で分類整理や表・グラフなどの考え方を導くときの素地となる。
(2) 表
　算数科で取り扱う表は，統計表のほかに関数表，記録表，予定表，数表，簡便表などいろいろな表がある。そして観点によって，表やグラフは関数的になったり統計的になったりすることがある。
　表は，時系列のように，時間的経過に対して変化する事象を表すこともできる。このような事例は算数では中学年から出てくるが，社会科や理科にも多い。

統計的な問題解決
　統計的な問題解決とは，右に述べるP→P→D→A→Cの5つの段階を経て問題解決することである。これをPPDACサイクルという。P→P→D→A→C→P→P→D→A→C→……の順にサイクルするとは限らず，途中で行きつ戻りつすることもある。

Problem：統計的に解決可能な問題を設定する
Plan：集めるできデータと集め方を考える
Data：データを集め，表などに整理する
Analysis：特徴や傾向を把握する
Conclusion：結論をまとめて表現し，さらなる課題や活動全体の改善点を見いだす。

146 統合的な考え
idea of integration

統合的な考えは、既習の概念、原理や手法などと関係づけ、なんらかの方法で統合的に考え、新しい算数を児童自らが作り出すという、数学的に重要な価値を追究していく考え方である。平成29年改訂学習指導要領において、統合的・発展的に考察する力は、育成を目指す資質・能力の一つである。

1 統合的な考えとは
大きく次の二つに分けて考えられる。

(1) 共通性に着目する

別個に考えられた幾つかの概念・原理や性質などがあるとき、本質的に何か共通なものを見出して、その観点から統合を図ろうとする考え方。

例えば、小数は、ある量を測定したときの端数部分の大きさを表す必要性から導入されるが、このとき、整数を表す十進位取り記数法の仕組みを拡張する考えを用いていく。そして、小数は整数と同じ**十進位取り記数法***の仕組みになっていることを理解させていくが、ここに統合的な考えがはたらいている。

(2) 新しい概念の構成

ある一つの概念・性質などがあるとき、それを含むより広い範囲で適用できるように、新しく概念・性質などを構成する考え方。

これには次の二つの場合がある。

① すでに得られた概念・性質などを、そのまま広い範囲にも適用する場合。

例えば、整数や小数、分数の乗除はすべて分数の乗法にまとめられる。

$3 \div 5 = 3 \times \frac{1}{5}$ とか、$\frac{3}{4} \div \frac{2}{5} = \frac{3}{4} \times \frac{5}{2}$

などのように、除数の逆数をかける乗法に帰着させ、除法を乗法の中に統合して考えさせる。これによって幾つもの整数、小数、分数の混じった乗除の計算は、すべて分数の乗法の計算にまとめることができるようになる。

② すでに知っている概念・性質などの意味や条件を変容・拡張して、より広い立場から見直そうとする場合。

例えば、乗法の意味の**拡張と統合***について取り上げる。整数についての乗法は、初めは累加の考えで意味づけられる。$a \times b$ は、a の大きさのものを b 個だけ加える、つまり（基準とするグループの大きさ）×（グループの個数）である。しかし、乗数が小数や分数の場合にはそのままでは適用できない。そこで、その意味を変容させ、（基準とする大きさ）×（基準の大きさを単位として測った数）と考えていく。このように乗数がどんな場合も適用できるように振り返って見直すところに統合の考えがはたらいている。

整数と小数（十進位取り記数法）
整数　$234 = 2 \times 10^2 + 3 \times 10 + 4$
小数　$0.56 = 5 \times \frac{1}{10} + 6 \times \frac{1}{10^2}$
$234.56 = 2 \times 10^2 + 3 \times 10 + 4 + 5 \times \frac{1}{10} + 6 \times \frac{1}{10^2}$
一般に、
$a_n a_{n-1} \cdots a_1 a_0 . b_1 b_2 \cdots b_n$（帯小数）
$= a_n \times 10^n + a_{n-1} \times 10^{n-1} + \cdots + a_1 \times 10 + a_0$
$\quad + b_1 \times \frac{1}{10} + b_2 \times \frac{1}{10^2} + \cdots + b_n \times \frac{1}{10^n}$
各位の大きさの単位は、左から右へ順次 $\frac{1}{10}$ の大きさを単位としていると統合化される。

整数から有理数への拡張

拡張と統合は、互いに裏腹であり、逆の関係にある。整数から有理数を公理的に構成する場合、生成の段階では整数 1、2、…は有理数 $\frac{1}{2}$、$\frac{2}{3}$、…と異なるものであり、有理数 $\frac{q}{p}$ の集合には整数 a の集合は含まれない。そこで、整数 a に有理数 $\frac{a}{1}$ を対応させることによって、有理数 $\frac{a}{1}$ の集合が整数 a の集合と同型になることがいえ、$\frac{a}{1}$ を a と同じとみることによって、有理数の中に整数を統合できる。

147 洞　察
insight

1 心理学における洞察

　課題解決の方法には，試行錯誤*による解決や過去の経験による経験的解決のほかに，突然に新しい考えがひらめき，直観的に解決を見通すという方法がある。このように，課題解決のためにある事態を見通すことを洞察といい，学習過程に大切な役割を果たしている。

　この考えは，ゲシュタルト心理学者のW.ケーラーがチンパンジーの知恵試験において，特にその道具の使用を必要とする場面での行動を分析して見出したものである。これは，試行錯誤の結果問題解決に到達するとするE.ソーンダイクの試行錯誤学習と対立する。

　ケーラーのチンパンジーによる実験では，檻内のチンパンジーが檻外のバナナを取ろうと何回も手を伸ばすが失敗する。そして，檻内にあった棒切れを見た瞬間に，これを使えば成功するという見通し*を立てる。すなわち，手段と目的の関係を理解したと考えられる。つまり，この棒切れは檻内に初めから道具として存在していたのではなく，ある瞬間の見通しによってバナナを取る道具として再構成されたと考えられるわけである。

　このように問題解決の過程における洞察は，見通しと同じ意味に使われ，問題場面の構造あるいは仕組みを読み取ることである。これは，思考する態度の側からすると態度転換であり，場面の側からすると構造転換であるといえよう。

2 算数教育における洞察

　算数や数学の問題を解決しようとするとき，十分な見通しがたたないまま，いろいろな方法で考えてみるのが試行錯誤である。これに対して，この考え方でいけば最終的に解けるという究極までの見通しを立て，自分の知識体系を論理的につないで究極の目的に到達しようとするのが洞察である。

　例えば，右図(イ)の陰影部分の面積を求めようとする場合に直接四つの台形の面積を求めようとしても求められない。そこで発想を転換させて，図(ロ)のように白い部分の平行四辺形を同じ高さの長方形に変え，かつ二つの長方形をはじに寄せて並べ替えても，斜線部分の面積には変化がないとの見通しが立てば，この問題は簡単に解決できることになる。

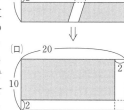

試行錯誤

　新しい問題を解決しようとするとき，今まで知っていた方法や以前習得した方法を，だいたいの見通しをつけて次々と用いる。つまり，ある方法でうまくいかないときはほかの方法を用い，それでもうまくいかないときはまた別の方法を用いる場合がある。これらの過程を経ているうちに，偶然に問題解決へ到達する過程を試行錯誤といい，このような過程で学習が成立することを試行錯誤学習という。

見通し

三角形の内角の和が180°であるということを明らかにするのは，子供にとっては簡単でない。

しかし，これは底辺BCの延長上に∠Aと∠Bを並べればよいことから見通されよう。

148 背理法
reduction to absurdity

　数学の命題「p ならば q」が正しいことを証明するには，仮定 p から結論 q を，定義・公理・定理や基本的な性質などをよりどころにして，筋道を正しく論理的に導けばよいわけである。しかし，この証明が困難な場合に，仮定と，結論を否定することよりある**矛盾**を導き，初めの命題が正しいことを間接的に証明する方法が，**背理法**である。
　このことを具体的に説明しよう。

1 背理法の考え
　背理法とは，「証明することからが成り立たないとして矛盾を導き，そのことからの成り立つことを証明する方法」をいう。
　背理法で使われている論理を詳しくみると，矛盾から否定を導く論理と，**二重否定の原理**に基づく考えの二つが用いられていることがわかる。
　背理法による証明は，矛盾から否定を導く論理を用いる場合が多い。矛盾から否定が導かれるとは，例えば，「ある人が犯人だと仮定すると矛盾が生じるとき，その人は犯人ではない」という**アリバイの原理**＊がそれにあたる。
　二重否定の原理というのは，「P でないことが否定されたとき，P であると断定する」原理のことである。ここには，「あることから P に対して，P であるか，P でないかのいずれかである」という**排中律**が根拠として使われている。

2 背理法の使い方
例

> （仮定）異なる3直線 a, b, c がある。$a \mathbin{/\mkern-2mu/} b, b \mathbin{/\mkern-2mu/} c$ ならば，
> （結論）　$a \mathbin{/\mkern-2mu/} c$ である。

　同一平面上では交わらない2直線のことを平行な2直線というから，平行であることをいうためには交わるとしたら矛盾することを示すのが自然な証明である。
〈証明〉
　$a \not\mathbin{/\mkern-2mu/} c$ とすれば（結論の否定）
　2直線 a, c は1点で交わる。
　　また，仮定から　　$a \mathbin{/\mkern-2mu/} b, b \mathbin{/\mkern-2mu/} c$
　したがって，a と c の交点を通り，b に平行な直線が a, c の二つあることになる。このことは，
　　「直線上にない点を通り，その直線に平行な直線は一つだけある」
という平行線の公理と矛盾する結果が得られたことになる。（矛盾の発生）
　　∴　$a \mathbin{/\mkern-2mu/} c$　　（結論の肯定）
　これは平行線の公理と矛盾することが導かれたことになる。

3 間接証明法
　証明法には，大きく分けて**直接証明法**

アリバイの原理
　〇月〇日，午後3時，A町で銀行強盗が発生し，後日，容疑者Pが逮捕された。しかし，Pは同日同時刻に遠く離れたB駅で無賃乗車のため取り調べを受けていたことが判明した。

> ・〇月〇日，午後3時，A町で事件発生。
> 　Pは同日同時刻B駅にいた。…（仮定）
> ・Pは犯人ではない。………………（結論）

鳩の巣原理（Pigeonhole Principle）
　$(n+1)$ 枚の書類を n 段の引き出しのある書類棚にしまうと，いずれかの引き出しには2枚以上の書類が入っている。この原理を鳩の巣原理とか，ディリクレの部屋割り論法などというが，これは背理法の応用例である。なお，英語の pigeonhole には，分類整理棚の区画の意味がある。
　例　12本の鉛筆を10人で山分けすると，鉛筆を2本以上取った人が少なくとも1人いる。

148 背理法

と**間接証明法**がある。

直接証明法とは、命題を証明するにあたって、仮定から出発して論理的な筋道をたどって結論に達する方法である。それとは違って、この正面から正攻法で証明する方法とは別に、「もしそうでなかったら」といういいかたで、背理法を根拠に間接的に証明する方法を間接証明法という。

間接証明法には前述した背理法のほかに転換法、同一法とよばれるものがある。

(1) 転換法

例えば、事柄 $P_1P_2P_3$ はそのうちいずれか一つは必ず成立し、事柄 $Q_1Q_2Q_3$ は、これらのうち二つが同時に成立することはないものとする。このとき、「P_1ならば Q_1」「P_2ならば Q_2」「P_3ならば Q_3」がすべて成立すれば、これらの命題の逆「Q_1ならば P_1」「Q_2ならば P_2」「Q_3ならば P_3」もすべて成立する。

例えば、二次方程式 $ax^2 + bx + c = 0$ (a, b, c は実数) の解について、判別式 $D = b^2 - 4ac$ を用いると次のようなことが成り立つ。

$D > 0$ ならば解は2個ある
$D = 0$ ならば解は1個ある
$D < 0$ ならば解はない

ここから、

解が2個のときは $D > 0$
解が1個のときは $D = 0$
解がなければ、$D < 0$ が導かれる。

(2) 同一法

条件命題 $P(x)$ を満たす x について、それが存在するとすればただ一つしかないとわかっているとき、a, b の二つがともに条件を満たせば、すなわち、$P(a)$, $P(b)$ がともに真であるとすれば、これから $a = b$ が結論できるとする論法を**同一法**という。中学校で学ぶ三角形の内心、外心の証明にこの論法が使われる場合がある。

4 パラドクス

まぎらわしい考え方やもっともらしいのに実は誤った考えを示すことによって、正しく推論する力を養うことができる。

例えば、次のような例を出して、推論させるとよい。

(1) $5 \div 5 = 1$ だから $0 \div 0 = 1$
(2) $8 \div 4 = 10 \div 5$ である。
 $4(2 \div 1) = 5(2 \div 1)$ だから、両辺を $(2 \div 1)$ でわると
 $5 = 4$
(3) $a = b$
 両辺に a をかけて
 $a^2 = ab$
 両辺から b^2 をひくと
 $a^2 - b^2 = ab - b^2$
 両辺を因数分解して、$a - b$ でわると、$a + b = b$
 ここで、$a = b = 1$ とすると $2 = 1$

背理法の論理

命題 $p \to q = \sim (p \land \sim q)$ (p かつ q でないの否定) が真なることをいう。

それには、$p \to q$ の否定が偽なることをいえばよい。

上の式より $p \to q$ の否定は $p \land \sim q$ となる。そこで、$p \land \sim q$ (仮定と結論の否定) から、ある矛盾を導くことができれば、$p \land \sim q$ が偽でなければならず、結局 $p \to q$ が真ということになる。

帰謬法(きびゅうほう)

背理法の別名というより古いいい表し方であるが、謬(誤り)に帰着させる方法という意味が背理法の雰囲気をよく伝えている。

帰謬法の歴史は古く、すでにユークリッドの『幾何学原本』の中で、素数が無限にあること、あるいは、錯角が等しければ2直線は互いに平行であること、また、その逆の証明などに用いられていることが記されている。

149　発見学習
discovery learning

　発見学習の定義は必ずしも明確ではない。ここでは児童が主体的に学習活動に取り組み，学習内容（原理・法則など）の発見・理解・定着をねらいとした学習を**発見学習**と呼ぶことにする。

　特に，児童が学習内容を受容するだけの学習活動ではなく，自らが積極的に学習内容の発見に努力する学習活動である点に留意したい。

1　発見の対象

　発見というとまったく新しいものを見出すことのように思うが，そうではなく，すでに知られていることであっても児童にとって新しい学習内容であり，とにかく新しい経験であれば，それを学習したり，理解したとき発見したとみなしてよい。

　算数科の学習で，発見の対象として考えられるものの例を一，二あげてみる。

(1)　公式の発見

　台形の求積の学習で，「台形の面積は，（上底＋下底）×（高さ）÷2という公式で求めることができる」とまとめたとき，既成概念ではあるが，児童にとっては発見と考えたい。

(2)　基本的な原理・性質等の発見

　かけ算九九の学習で，「被乗数が一定のとき，乗数と積の関係は乗数が2，3，……倍になれば，積も2，3，……倍になる」とまとめたとき，乗法のもつ基本的な性質の発見であると考えたい。

2　学習の基本的過程

　発見学習による基本的過程は，発見の対象，学級の実態，教師の指導の意図等により，一律に決めることはできない。

　児童に主体的に学習活動をさせるということで，次のものを参考例としてあげる。

〈基本的過程〉	〈主要な活動〉
・主体的な問題把握	→・問題場面に処して，疑問や矛盾を意識する。
⬇	
・仮説の設定*（結果や方法）	→・自分にできる既習の方法等で一応の結論を出す。
⬇	
・仮説の洗練*	→・仮説を吟味してよりよい仮説へ洗練する。
⬇	
・一般化	→・言葉や記号でまとめる。
⬇	・既習内容との統合化を図る。
・適応・発展	→・新しい問題場面等への発展を考える。

　発見学習では主として問題解決学習を基盤とし，学習内容を発見・創造する過程を大切にしたい。

仮説の設定（結果や方法）

　発見学習は仮説の設定を特に大切にしたい。

　ここは言葉を変えていえば，「計画を立てる」といってもよい。

　問題場面を分析して既習知識や既習経験と結びつける。

　「こうなるだろう」「こうすればよいのではなかろうか」という程度の仮説を立てる。

　児童の柔軟なものの見方・考え方や既習内容を活用する力を育てる。

仮説の洗練

　各自の仮説を出し合い，いろいろな観点から検証して，よりよいものを作りあげる。

　検証では，児童の発達段階を考慮して実証的方法や論証的方法を取り上げることが大切である。

　これは，算数・数学的内容を深める契機となるところであり，数学的な考え方（抽象性・論理性など）を育てるところでもある。

150 発散的思考・収束的思考
divergent thinking, convergent thinking

発散的思考・収束的思考*は心理学における言葉で，次のような意味である。

発散的思考（拡散的思考）は，与えられた情報からさまざまな新しい情報を作り出す活動で，いろいろ新しい発想を得る場合にみられるものである。

収束的思考（集中的思考）は，推理のように，与えられた情報から理論的筋道をたどって妥当な一つの結論を導き出すような活動である。

この両者は，いずれも学習において**発見的・創造的な思考**として重要なものであるといえる。

1 算数教育における収束的思考

例えば，問題の型に鶴亀算・植木算・仕事算などがある。このような問題解決では，それぞれの解法のテクニック，公式のような解決の型にあてはめていけば解けて答えを出すことができる。それぞれの解決の要領をつかんでいれば，どんな問題も解けることになる。

このような場合の考え方は，複雑な情報がたくさんあっても，その複雑な情報を組織化して一つにまとめてしまうというはたらきがある。つまり，「複雑なものを**単純化する考え方**」であるといえる。これが収束的思考である。

幾つかの事例から一般的法則を帰納する推論（☞120）においても，この収束的思考がはたらいているといえる。

2 算数教育における発散的思考

収束的思考では固定的な考えを育成するという可能性があり，子供の創造性を養っていくという面からみると，発散的思考が重視されなければならない。

これは，単純なものを与えておいて，それを自分自身の力で複雑にさせてみるという頭の使い方である。

言い換えれば，仮定を分析し，この出発点から到達点に向かって種々さまざまなできる限り多くの考え方をすることである。ふつう，**多面的な考え**といわれる。

しかし，発散的思考で導き出した種々さまざまなものから，収束的思考によって最も適当なものを導き出さなければならず，両方の思考が**創造的思考**を育てるのに必要である。

例えば，長方形の性質を考えさせる場合，ただ角についてはどうかというのでなく，角や辺などいろいろな観点から，子供が自主的にできるだけ多くの性質や関係を考え出すことができるようにする。

また，図形の面積*をどのようにして求めるかを考えさせる場合，一つの考え方によるだけでなく，なるべく多くの方法を考えさせ，しかる後そのなかからよりよいものを選ばせることがある。

創造的能力と発散的・収束的思考

J. ギルフォードは，創造的能力にはどのような因子があるかを分析し，知的活動の種別を示す操作の次元に次の五つを区別した。

　　認知　　記憶　　収束的思考
　　発散的思考　　評価

最近，子供に「考えさせる」とはどのようなことかが研究され，単に一つの型の思考は問題があり，収束的に考えさせることが重要であるといわれている。

図形の面積を求める考え方

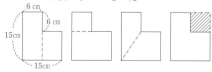

二つの長方形に分解してそれぞれの面積の和と考えたり，二つの台形に分解して台形の面積の和と考えたり，より大きい長方形からある長方形の部分を除いて考えたりする。

151　発展的な考え
thinking developmentally

平成29年改訂学習指導要領では，目標の中に，「基礎的・基本的な数量や図形の性質などを見いだし統合的・発展的に考察する力」の育成がうたわれている。

1　発展的な考えとは

いろいろな事象を取り上げ，それを算数の問題としてとらえる場合，新しい算数の概念や原理などを導入して解いていかねばならないことがある。このように算数を作り出してものごとを考えていく場合に，**発展的な考え**＊が重要になる。

発展的な考えとは，ものごとを固定的なものとは考えず，たえず新たなものを創造し，発展させようとするところにはたらく考えである。

そのための活動として，当面した問題の解決が得られたとき，その問題場面の条件の一部を変えたり，その条件をゆるめたり，あるいはその場面を別の側面から考察したりして，さらに新しい見方や新しい問題，新しい解決の仕方などを見つけていくことが大切である。

例えば，次のような場面に着目したい。
(1)　整数だけでは，基準の量より小さいものの大きさを表すことができないので，新しく小数を基準の量より小さい量として生み出すのは，この考えである。

(2)　整数で成り立った交換・結合・分配法則が，小数や分数のときにも成り立つであろうと発展的に考える。

(3)　鋭角三角形の求積で，それが平行四辺形の半分であることに気づいたら，次に鈍角三角形の場合はどうか，さらに，どんな三角形でもその方法は使えるかと発展的に考える。

2　発展的な考えに沿った学習指導

発展的な考えの育成をはかる学習場面の工夫は，作問や条件過不足の問題やオープン・エンド・アプローチの授業などで試みられてきた。

(1)　初めに比較的単純な問題を提示し，それを解かせてから，その問題のなかに含まれる条件の一部を変えて，類似の問題をいくつか作らせ，それらの新しい問題を解かせたり，さらにはそれらの相互関係を考えさせたりする**統合的な考え**＊（☞148）による活動を取り入れる。

(2)　一つの方法だけでなく多様な方法で問題を解かせ，その比較検討を行い，より高次の内容を学習できるようにする。

(3)　あることがわかったら，さらに条件や場面や変域を変えてみるなどして，発展問題を作らせるようにする。

(4)　文章題などの解決において立式ができたら，逆にその式から作問をしてみようと考えさせることも発展的な考えを促すことになる。

IEA 国際数学教育調査

IEA（国際教育到達度評価学会）が，昭和39年度，13歳，17歳を対象に実施した国際数学教育調査で，「日本の生徒は外国のそれに比べて，テストに関する成績はよいが，数学を固定的はものとして受けとめ，**発展的なものとしてみようとする態度に欠ける傾向がある**」と報告されている。この調査結果が，**発展的な考え**を重視する一つの大きな影響力となった。

発展的な考えと統合的な考え

1968年の指導要領指導書では，「絶えず発展を図ると共に，創造したものをより高い，あるいはより広い観点から統合してみられるようにする」と発展と統合とを並列的とみられるとらえ方をしている。発展させることによって得られたものが，同じ構造をもったものであると統合できる。統合することによって，本質的な条件が明らかになり，新しい問題や新しい解を見出すことが可能になる。

152 PISA
Programme for International Student Assessment

1 PISAとは

経済協力開発機構（OECD）は、2000年より3年ごとに国際的な学習達成度調査を進めている。この調査は「OECD生徒の学習到達度調査（Programme for International Student Assessment）」と呼ばれ、その頭文字をとり『PISA』とされる。

PISAは、参加国が共同して国際的に開発した学習到達度問題を、OECD加盟国の多くで義務教育の修了段階となる15歳児（日本では高校1年生）を対象として実施するものである。調査の対象となる分野は、読解リテラシー（読解力）、数学的リテラシー、科学的リテラシーである。毎回の調査においてこれらの主要分野の一つを重点的に調べ、他の二つの分野については概括的な状況を調べる。2000年調査は読解リテラシー（読解力）、2003年調査は数学的リテラシー、2006年調査は科学的リテラシーが主要分野となった。その後、数学的リテラシーは2012年調査でも主要分野となっている。

調査の方法はペーパーテストであり、生徒はそれぞれ2時間の調査問題に取り組む。調査問題は多肢選択式の問題および自らの解答を記述する問題から構成され、実生活で遭遇するような状況に関する課題文・図表等をもとに解答を求める点が特徴的である。また調査問題のほかに、生徒自身に関する情報を収集するための生徒質問紙、および学校に関する情報を収集するための学校質問紙を実施している。

2 調査結果とその波紋

近年の3回の調査における日本の主要な結果は次のようにまとめられている。参加国数の推移は以下の通りである。

　2009年調査　65カ国・地域
　2012年調査　65カ国・地域
　2015年調査　72カ国・地域

読解力

	2009年	2012年	2015年
日本	520点	538点	516点
OECD平均	493点	496点	493点
順位	8位	4位	8位

数学的リテラシー

	2009年	2012年	2015年
日本	529点	536点	532点
OECD平均	496点	494点	490点
順位	9位	7位	5位

科学的リテラシー

	2009年	2012年	2015年
日本	539点	547点	538点
OECD平均	501点	501点	493点
順位	5位	4位	2位

なお、2015年調査では、コンピュータ使用型調査への移行に伴い、尺度化・得点化の方法の変更等があった。

為替レートに関する問題
（PISA2003年調査問題）
為替レート

シンガポール在住のメイリンさんは、交換留学生として3か月間、南アフリカに留学する準備を進めています。彼女は、いくらかのシンガポールドル（SGD）を南アフリカ・ランド（ZAR）に両替する必要があります。

為替レートに関する問1

メイリンさんが調べたところ、シンガポールドルと南アフリカ・ランドの為替レートは次のとおりでした。

　　　1 SGD = 4.2 ZAR

メイリンさんは、この為替レートで、3000シンガポールドルを南アフリカ・ランドに両替しました。メイリンさんは南アフリカ・ランドをいくら受け取りましたか。

2003年調査の結果が2000年調査と比べて順位が大きく下がったことが学力低下の証拠として日本国内で大きく報道された。このことが学力低下論争などの社会的な動きにつながるとともに，文部科学省の政策に対しても少なからず影響を与えたとされる。

③ PISA における数学的リテラシー

PISA では，数学的リテラシーを次のように規定している。

「様々な文脈の中で定式化し，数学を適用し，解釈する個人の能力があり，数学的に推論し，数学的な概念・手順・事実・ツールを使って事象を記述し，説明し，予測する力を含む。これは，個人が世界において数学が果たす役割を認識し，建設的で積極的，思慮深い市民に必要な確固たる基礎に基づく判断と決定を下す助けとなるものである。」

このような能力をはかる調査問題の例として，過去の PISA 調査において使用され，現在公開されているものとして，例えば下段に示すものがある。

数学的リテラシーが主要分野となった2012年調査では，以下のような結果が得られている。

・習熟度レベル 5 以上の生徒が多く，レベル 1 以下の生徒の割合が少ない。これは，平均得点が上位である上海，シンガポール，台湾，香港，韓国，マカオなどと同様である。
・男子の方が上位の習熟度別レベルの割合が多く，女子の方が下位の習熟度レベルの割合が多い。
・数学的プロセスの 3 つのカテゴリー（「定式化」「適用」「解釈」），及び数学的な内容の 4 つのカテゴリー（「空間と形」「変化と関係」「量」「不確実性とデータ」）の中では，特に，「定式化」，「空間と形」で，レベル 5 以上の生徒の割合が多い。「量」については，他のカテゴリーに比べて上位層の割合が少ない。
・生徒質問紙において，①数学における興味・関心や楽しみ，②数学における道具的動機付け，③数学における自己効力感，④数学における自己概念，⑤数学に対する不安，の 5 つの要因に関して尋ねた。日本の生徒の肯定的な回答の割合は，65か国中でも少ない。2003年と2012年の結果を比べると，「数学に対する不安」以外は，望ましい方向に変化している。

為替レートに関する問 2

3 か月後にシンガポールに戻る時点で，メイリンさんの手持ちのお金は3900ZAR でした。彼女は，これをシンガポールドルに両替しましたが，為替レートは次のように変わっていました。

$$1\,\text{SGD} = 4.0\,\text{ZAR}$$

メイリンさんはシンガポールドルをいくら受け取りましたか。

為替レートに関する問 3

この 3 か月の間に，為替レートは，1SGDにつき4.2ZAR から4.0ZAR に変わりました。

現在，為替レートが4.2ZAR ではなく，4.0ZAR になったことは，メイリンさんが南アフリカ・ランドをシンガポールに両替するとき，彼女にとって好都合でしたか。答えの理由も記入しなさい。

153 批判的思考
critical thinking

　知識基盤社会を生きる子どもたちにとって，自らや社会にとって有益な知識や情報を選び活用していくことは必要である。その際に，問題解決に真に有効な知識や情報なのか，自らの問題解決の過程は妥当であるのかを俯瞰的に思考する能力が必要である。この思考が批判的思考であり，学校教育でも育成していく必要がある。

　批判的思考については，教育学や心理学などの研究から多くの示唆が得られる。その起源は古代ギリシャにまでさかのぼる。批判という語は否定的内容を示すことが多いが，批判的思考は否定的傾向を示すのではなく，論理的，目標志向，反省的，合理的などの特徴を示す。その定義は研究者によって多様である。

1 批判的思考とは

　批判的思考の本質は，根拠に基づいて論理的に考えたり，一度立ち止まって自分の考えの過程を振り返り，その妥当性を考えたりすることにある。

　哲学者デューイは，批判的思考を「留保された判断」とし，反省性に着目した。教育哲学者エニスは「命題を正しく理解すること」とし，合理性に着目した。哲学者ポールは「自分の思考をより良く，より明確に，より正確に，より防衛力のあるものにしようとするときの思考についての思考」とし，思考の態度に着目した。

2 批判的思考を取り入れる2つの場合

(1) 目標としての批判的思考

　問題解決を通して子どもたちに批判的思考を育成しようとする場合，問題解決の過程の振り返り活動が重要となる。問題解決の過程や結果に妥当性があるかどうかを考察する活動である。例えば，4年生の学習で，まとめとしての長方形の求積公式を，「長さと長さをかけたらどうして面積になるの」と問い直し，図や言葉や式等の複数の方法で説明する振り返り活動である。この振り返り活動は，批判的思考そのものであり，重要な活動として位置づけ，経験させることが大切である。

(2) 方法としての批判的思考

　問題解決の方法として批判的思考を活用しようとする場合，社会的な問題と算数・数学の問題の解決に活用する場合がある。両者ともに解決過程の妥当性の検証のための振り返り活動が重要である。

　前者の例としては，6年生の統計的問題解決が挙げられる。1組と2組のボール投げの記録が，平均値の比較では1組の方がよいが，中央値だと2組の方がよくなるような場合である。立場を明確にした論理の重要性が感じられやすい。

　後者の算数の問題解決についての例としては，5年生の乗法の拡張が挙げられる。これまでの乗法の定義の同数累加では対応できない小数倍という事象に対して，新たな乗法の概念をつくる活動である。計算処理の正しさ，推論のつながりの論理性等を検討しながら，統合的・発展的に算数をつくる活動につなげやすい。

批判的数学教育

　数学教育学者のスコヴスムス（1994）は，数学自体を批判的思考の対象とする批判的数学教育を提唱し，次のような民主的な社会の維持・発展への気づきを目指した。

・数学は社会的な文脈の中で批判の道具であり，時に批判の対象にもなる。
・数学は社会の重要な特徴を確認・分析するのに有用である。

154　評価の観点
viewpoints for evaluation

　算数教育では，内容の系統性からみて，指導の成果を絶えず**評価**し，次の指導に生かすことが大切である。また，児童にとっても学習の結果がフィードバックされ，豊かな自己実現に生かされていくことが必要である。

1　観点別学習状況の評価

　この目的のために，算数科では**観点別学習状況**の評価，すなわち，4観点の評価をもとに総合的な判断を行ってきた。

　平成10年に評定のあり方が「**絶対評価を加味した相対評価**」から，学習指導要領に示す目標に照らして，その実現状況を評価する「**絶対評価**」に改められた。児童の発達や学習の実態等を考慮し，第3学年以上において，観点別学習状況の評価を踏まえて総括的に評価し，評定は3，2，1とするようになった。

　観点別学習状況では，学習指導要領に示す目標に照らして，その実現の状況を各教科の観点ごとに評価する。その表示は「十分満足できると判断されるもの」をA，「おおむね満足できると判断されるもの」をB，「努力を要すると判断されるもの」をCとした。

　そして，どの教科も学習の記録は，Ⅰ　観点別学習状況，Ⅱ　評定，Ⅲ　所見の三つで構成されているが，Ⅰの評価を基本としつつⅡ・Ⅲを併用した。所見については，「生きる力」が全人的な力であることを踏まえて，児童の成長の状況を総合的にとらえて記入するようになった。

2　算数科における評価の観点

　観点別学習状況の評価における観点は，「関心・意欲・態度」「思考・判断」「表現・処理」「知識・理解」によって構成され，算数科もこれを受けて，評価の観点が設定された。その後，平成20年度改訂学習指導要領を踏まえて評価の観点の考え方が整理され，算数科の評価の観点は，次のように設定されることとなった。

(1)　**算数への関心・意欲・態度**

「数理的な事象に関心をもつとともに，算数的活動の楽しさや数理的な処理のよさに気付き，進んで生活や学習に活用しようとする。」

(2)　**数学的な考え方**

「日常の事象を数理的にとらえ，見通しをもち筋道立てて考えを表現したり，そのことから考えを深めたりするなど，数学的な考え方の基礎を身に付けている。」

(3)　**数量や図形についての技能**

「数量や図形についての数学的な表現や処理にかかわる技能を身に付けている。」

(4)　**数量や図形についての知識・理解**

「数量や図形についての豊かな感覚をもち，それらの意味や性質などについて理解している」

　これら4つの観点は，相互に密接な関連をもって全体を構成している。また，算数科に限らず各教科とも，第1項目に「関心・意欲・態度」の観点があげられていることにも注意したい。

絶対評価・相対評価・個人内評価

　これらは必ずしも確立された概念ではないが，通常，**絶対評価**は，算数科の目標に照らしてその達成状況を評価する方法であり，**相対評価**は，学級や学年の集団内において児童がどういう位置を占めるかということによって評価する方法である。

　個人内評価は，絶対評価のように学習目標に即して評価規準を設定するものでもなく，相対評価のように集団内のほかと比較するのでもない。個々の児童本人の可能性（例えば，知能，ほかの能力，過去の成績など）を規準にして，それとの比較によって本人の発達の状況や能力のバランスを評価する方法である。

154　評価の観点

3　資質・能力の観点による評価

　平成29年改訂学習指導要領では，各教科等の目標を，**資質・能力の三つの柱**（「知識・技能」，「思考力・判断力・表現力等」，「学びに向かう力・人間性等」）で再整理を行った。観点別評価については，平成28年12月の中央教育審議会答申において，目標に準拠した評価を推進するため，「**知識・技能**」，「**思考・判断・表現**」，「**主体的に学習に取り組む態度**」の3観点に整理することが提言されている。

　『小学校学習指導要領解説総則編』（平成29年，文部科学省）では，育成を目指す資質・能力としての「知識・技能」は，生きて働く「知識・技能」であるため，ここでの「知識」は，個別の事実的な知識のみではなく，それらが相互に関連付けられ，さらに社会の中で生きて働く知識となるものが含まれていることには注意が必要である，と述べられている。

　また，資質・能力の三つの柱の一つである「学びに向かう力・人間性等」には2つの部分が含まれることを指摘し，注意を促している。1つは，「主体的に学習に取り組む態度」として，観点別評価を通じて見取ることができる部分である。これは，学習の状況を分析的に捉えることで評価が可能となる。他の1つは，観点別評価や評定にはなじまず，こうした評価では示しきれない部分である。この部分は，個人のよい点や可能性，進歩の状況について評価する個人内評価などを通じて見取ることが必要となる。

　そして，「このような資質・能力のバランスのとれた学習評価を行っていくためには，指導と評価の一体化を図る中で，論述やレポートの作成，発表，グループでの話合い，作品の制作等といった多様な活動を評価の対象とし，ペーパーテストの結果にとどまらない，多面的・多角的な評価を行っていくことが必要である。」と述べている。

4　評価の方法

　評価は教師の指導や児童の学習の進行に合わせ，指導効果を確認しつつ，学習状況を目標に照らして，そのずれを修正するために役立てることが大事である。このような評価，すなわち，形成的評価（**指導と評価の一体化**）を行うには，指導の計画のなかに評価の計画を並行して作ることが必要である。特に，観点別学習状況の評価においては，指導目標の実現状況をその対象とするので，単元や題目など内容や時間のまとまりを見通しながら評価規準を設定し，評価の場面や方法を工夫することが大切である。

　その際，学習の過程をいっそう重視するとともに，教師による評価だけでなく，児童による学習活動として，相互評価や自己評価の工夫も行いたい。

形成的評価

　ある単元の学習指導の進行中において行われるものであり，誤りの原因などをなるべく早く発見し，児童の学習の進め方や教師の指導のあり方の軌道修正や問題点の反省資料を集めるために行うものである。従来の単元終了後，学期末，学年末に行われる総括的評価に対して，形成的評価は，学習指導の効率化・確実化に中心的役割を果たすものとして重視されるようになった。

　形成的評価の機能は多面性をもっており，まず，学習者が学習を通して細分化された目標を達成できているかを確かめなければならない。まさに指導のための評価である。

　必ずしも筆答形式のテストにこだわる必要はなく，発問による質疑応答形式，小テスト，観察法などが考えられる。これらが契機となって，次の学習が動機づけられて，指導の修正や新たな指導を考えたり，補充学習や深化学習も行われる。

155 振り返り
looking back

1 振り返りとは
　振り返りは，平成20年以降の学習指導要領において見通しとともに総則に位置づけられている。活動の反省の重要性は算数・数学に限らず指摘されてきたが（☞114），算数・数学ではポリア（☞163）らをもとに，振り返りは問題解決の重要な側面として位置づけられてきた。

　一般的に，問題解決は，疑問や問いの発生，問題の設定，問題の理解，解決の計画，実行，検討，新たな疑問や問いの発生と続くものとされる。振り返りを狭義に捉えると，この中でも解決の結果の検討にあたる。例えば，日常生活の疑問や問いをもとに数学の問題を設定した場合，数理的な処理の実行によって数学的な結論を得た後に，その結論を日常場面に戻して解釈・評価することである。

　振り返りを広義に捉えると，解決の結果や方法を他の問題にも応用できないかという新たな疑問や問いをもとに，新たな問題を設定して解決したり，元の問題と新たに設定した問題とを，それらの共通性等に着目して統合したりすることにあたる（☞146）。このように，解決の結果だけではなく方法を振り返ることや，複数の問題やそれらの解決を比較しながら振り返ることが求められる。

　近年では，解決の過程を振り返り，結果や方法を改善したり，よりよく問題解決できたことを実感したりする機会を設けることも重視されている。このように，解決の結果や方法，過程を振り返ることにより，よりよいものを求めて数学の学習を進められるようにする必要がある。

2 振り返りに焦点を当てた指導
　数学的活動を通した指導にあたっては，活動の過程で働かせた数学的な見方・考え方やそのよさを意識したり，よりよい解決の方法を検討したり，他の問題の解決に活用したりすることにつながるように振り返りを促すことが重要である。

　例えば，比例の利用の学習において，画用紙の枚数を工夫して求める場面で，画用紙10枚あたりの厚さと全体の厚さをもとにして求めたとする。この場面での指導では，画用紙が何枚であるという解決の結果だけではなく，過程を振り返り，次のような見方・考え方やそのよさを顕在化することが重要である。枚数に関係しそうな厚さに着目したこと，厚さと枚数の関係を調べ，比例の関係にあることを見いだしたこと，比例の知識や技能を用いることによって，枚数を直接調べるよりも効率よく求めることができたことなどである（☞108）。さらに，画用紙10枚あたりの厚さをもとにすることが適切であるかを考えたり，重さなど他の数量に着目したりして，よりよい方法を検討するよう促すことも重要である。

振り返りの視点としての数学のよさ

　平成元年改訂の学習指導要領では，教科目標において「数理的な処理のよさ」が位置づけられるとともに，そのよさとして簡潔さ，明瞭さ，的確さがあげられ，算数・数学にふさわしい態度の育成が強調されるようになった。以降もよさは目標に位置づけられ，平成29年には「数学のよさ」となっている。

　振り返りは，数学のよさを味わい，算数・数学を意欲的に学習する態度を育てるために必要である。それゆえ，算数・数学の知識，技能や考え方等には，発展や統合等の創造的な活動を可能にさせるよさがあることに注意しながら，より簡潔なもの，より明瞭なもの，より的確なものを求めて取り組む態度を大事にして指導に当たることが重要である。

156 プログラミング教育
programing education

　プログラミング教育は，学習の基盤となる資質・能力の一つである「情報活用能力」の育成と深く関わって小学校段階から取り組むことが必要となっている。また，従来から重視されてきている論理的・創造的思考力や問題解決能力などの育成にも寄与するものとして考えられている。

1 プログラミングとアルゴリズム
　計算機用語としての**プログラミング**とは，**アルゴリズム**をコンピュータで実行可能な形に記述することである。そもそもアルゴリズムとは，機械的に実行可能な計算手順のことを意味する。よってその指示に忠実に従う限り，限られた試行回数で，誰が実行しても同じ結果を必ず得ることができる。筆算で行う加減乗除法は，アルゴリズムの典型例である。また一つの問題に対し複数のアルゴリズムが考えられ，その評価について，効果的・効率的であることや簡潔さなどが観点となる。現在におけるアルゴリズムは計算手順だけではなく，「何を」「どのように」「どの順番で」「何に対して」行うのかという広く問題解決のための方法と手順を明確に定義し，示すことを意味する。

　プログラミングの際には，プログラミング言語を用いるが，コーディングはそれぞれの言語で異なる。またプログラミング言語は時代によって変化する。この点から，アルゴリズムを考える力を身に付けることは，あらゆるプログラミング言語で共通する考え方を身に付けることであり，プログラミングの基礎であるといえる。

2 プログラミング的思考の育成
　情報化が一層進展するこれからの社会において，「情報を読み解く」ことや，「情報技術を手段として使いこなしながら，論理的・創造的に思考して課題を発見・解決し，新たな価値を創造する」ことは，子どもに求められる資質・能力の一つである。有識者会議などにおけるこのような議論を受けて，平成29年3月に公示された小学校学習指導要領では，教科等横断的な視点に立った資質・能力の育成が目指されており，その一つとして情報モラルを含む**情報活用能力**があげられている。これを踏まえ，各学校においては，情報手段を活用するために必要な環境を整えること，これらを適切に活用した学習活動の充実を図ること，教材・教具の適切な活用を図ること，とあわせて，各教科等の特質に応じて，次の学習活動を計画的に実施することがあげられている。

　ア　児童がコンピュータで文字を入力するなどの学習の基盤として必要となる情報手段の基本的な操作を習得するための学習活動
　イ　児童がプログラミングを体験しながら，コンピュータに意図した処理を行わせるために必要な論理的思考力を身に付けるための学習活動

　特にこのイと関わってプログラミング教育は考えられている。このようにプログラミング教育とは，特定のコーディングを学び覚えることを目的とするもので

ビジュアルプログラミング言語

　様々な教育実践や研究において現在活用されている言語として，マサチューセッツ工科大学による『Scratch』(https://scratch.mit.edu/)，文部科学省による『プログラミン』(http://www.mext.go.jp/programin/) などがあげられる。視覚的な操作でプログラミングが可能であることに加え，インストールが不要でブラウザで動作するなどの特徴があげられる。

はない。急速な技術革新の中でプログラミングや情報技術の在り方がどのように変化していっても、普遍的に求められる力としての**プログラミング的思考**を育むことを目的としている。学習指導要領改訂等に関する動向において、プログラミング的思考とは、自分が意図する一連の活動を実現するために、どのような動きの組み合わせが必要か、どのように改善していけばより意図した活動に近づくのかということを論理的に考えていく力の一つであるとされている。これはアルゴリズムを考える力に通じるものである。

小学校におけるプログラミング教育は、子どもの生活や教科等の学習における必要性や関連づけが重要である。各教科においてプログラミングを経験する機会を検討し、子どもが生活の中でコンピュータが活用されていること、問題解決に必要な手順を組み立てること、その手順を改善しよりよくすることなどを理解し、実践できるようにすることが重視される。またプログラミング言語は、プログラムをテキストで記述する言語だけではなく、視覚的な操作でプログラミングが可能な**ビジュアルプログラミング言語***の使用も考えられる。

③ 算数科におけるプログラミング教育

算数科におけるプログラミング教育は、その取り組み自体は新奇性を持つものではないと考えられる。

算数科の学習内容には、先に挙げた筆算や平面図形の作図など、その仕方の創出と手順の明確化、手順を間違いなく実行する技能の習得など、アルゴリズムを見出し、複数あるアルゴリズムについて効率などの観点から検討・考察する活動が含まれている。これらの活動を通して、子どもが「答えが出たら問題解決は終わり」ではなく、プロセスを振り返り、用いた方法をよりよくしたり、手順としてまとめたりすることの重要性を理解し実践できるようにすることを目指している。これらはプログラミング的思考を育成する機会となる。よって算数科におけるプログラミング教育は、数学的な思考力・判断力・表現力等を育成するこれからの数学的な活動の一つとして実践されることが期待され、プログラミングはコンピュータを用いた新しい表現方法の一つとして捉えることができる。

また算数教育にプログラミングを導入することの意義は、シーモア・パパートによって既に示されている。パパートは、子どもが数学を経験できる環境(**数学的マイクロワールド**)を実現するプログラミング言語として、8歳から12歳の子どもを対象とした **LOGO***を開発し、「子どもがプログラミングする」ことによって子どもの学びは大きく変化するという、コンピュータ文化の発達によって実現される新たな学習方法の確立を目指した。この考え方は今日における**動的幾何ソフト**の開発と算数・数学教育に対する可能性を示す研究につながっている。今後実践を増やしていくことで、算数教育の目的がよりよく達成されることが、プログラミング教育を通して実現されるといえる。

LOGO
コンピュータ画面上の「亀(タートル)」が、命令に従って動き、図形を描く「タートルグラフィックス」を根幹においているプログラミング言語である。1967年にパパートを中心に開発され、教育用プログラミング言語として注目された。現在では兼宗進氏によって開発された『ドリトル』(フリーウェア http://dolittle.eplang.jp/)にタートルグラフィックスの機能がある。

157 分離量・連続量
discrete quantity, continuous quantity

算数の学習のなかで，数や計算の対象となる具体的な物は，それを特徴づけるのに必要な種々の側面の量をもっている。それを分離量と連続量に大別することができる。

1 分離量
みかんの個数，児童の人数などのように，それを細かく分けていくと，ある単位以上に細かく分割できない，おのずから最小単位が決まってくる。このように最小単位の決まっている量を**分離量（離散量）**という。

したがって，その分離量が幾つあるかを調べれば，その量の大きさが決まる。その量の大きさの決定は「数える」ことによってなされる。このことから，分離量は物の個数を表す量のことであり，自然数（1，2，3，…）で表される。

分離量の名数には，台・枚・個・冊・本・人などさまざまな単位があり，自然数の概念の形成とともにとらえられていく。したがって，数の認知から始まる1年での学習は分離量が中心となる。みかん3個の集合と5個の集合を合併すれば，量の保存性に従って8個の集合となる。このように，分離量は加法的で外延量である（☞106）。

2 連続量
コップの中の水は，一つにつながっており，いくら細かく分割しても水がある状態に変わりがないし，しかも分割したものを一つのコップに入れて合わせると元どおりのつながった水になり，全体の体積に変化を生じない。このような量は，個体をなしておらず，数えることのできないもので，**連続量**という。

連続量は，分離量と違って最小単位がおのずから決まっていない。したがって，連続量の大きさは，人為的に単位を決めて，測定という操作によって，その幾つ分であるかを調べなければならない。

小数や分数は，この連続量の測定においてはしたの部分の処理に伴って生じた数とも考えられる。したがって，小数・分数，さらに実数の概念形成はこの連続量が基礎となる。小学校では実数のうちの小数や分数で連続量を表す。

長さ・面積・体積・重さ・時間・温度などが連続量である。1年ですでに長さ比べの学習は，任意単位によって行われているが，使われる数の範囲が限られていることや測定する単位（普遍単位）については未習のため，きちんとした連続量についての学習はない。しかし，連続量の概念の素地として，「**長さ・重さ・かさ・広さの測定***」「**数直線***」「**時計***」などの学習がある。

長さ(1年)・広さ(3年)・かさ(4年)の測定
長さの場合は「鉛筆3本分」，広さは「方眼の4個分」，かさは「コップ5杯分」のように分離量の単位で計測させるが，これらの量はつぎたしの和で表される加法性に気づかせることが大切である。このような連続量は外延量であるが，密度・速さのような連続量は加法性をもたない内包量である（☞106）。

数直線（1年）
すごろくなどで，①—②—③—④—…のように数がつながることから始まり，人の1歩，2歩の歩幅を数に表しながら，下図のような数直線を示すことになる。

```
0   1   2   3   4   5   6   7   8
|---|---|---|---|---|---|---|---|---
```

時計
2年では，「何時何分」と簡単な時刻の読みだけであるが，時計の針の動きが連続していることに気づかせる。時間の単位は，2年で日・時・分・秒を指導する。

158　ペリー運動
Perry's movement

1　ペリー運動

ペリー運動は，20世紀初頭に起きた世界的な**数学教育改造運動**である。

この運動には三人の学者がリーダーとして活躍していた。一人は，この運動の名前にもあるように，ジョン・ペリー（John Perry 1850～1920）でイギリスの大学で物理工学を教えていた学者である。あとの二人はアメリカの数学者ムーア（E. H. Moore 1862～1932）とドイツの数学者フェリックス・クライン（Felix Klein 1849～1925）であった。

このペリー運動は，1901年9月に開かれたイギリス学術協会の年会で，ペリーが行った数学教育の改造についての講演「数学の教授」が契機になって，世界的に始まったといわれている。

ペリーはこのときの講演では，カリキュラム私案（小学校から大学までの内容）を配布し，その私案の支える根本精神，すなわち自分の教育観，数学教育観を提起したのであった。

2　ペリー運動の背景

ペリー運動は，イギリスにおける一種の社会運動と考えられる。イギリスは19世紀後半になって，「世界の工場」としての地位が揺らぎはじめていた。万国博覧会で出品した製品の質も問われたということである。

そこでその打開のため，初等教育の整備をはじめ，科学技術新興政策が採られ，科学技術教育の推進が国策となっていった。科学知識を得ようと科学教育を受けようという気運が国民の間に高まった。

そうした科学教育の高まりを受けて学術協会は，工場の労働者のための科学教育を企画した。

ペリーの講演のなかには，その一環として行った自身の「実用数学」の講演の体験が生きているのである。

3　ペリーの主張

ペリーが講演のなかで主張したことは，次のことであった。
(1)　ユークリッド『原論』に拘わらない。
(2)　実験・実測を取り入れた幾何学を重視する。
(3)　座標の幾何（平面と空間）を教える。
(4)　三角法やベクトルを扱う。
(5)　量の測定と数値計算を大事にする。
(6)　方眼紙を使用する。
(7)　微積分の概念を早期に教える。

4　ペリー運動と日本の数学教育改造運動

当時の日本の数学教育者達はペリー運動の影響を強く受けた。

在野の研究者として著名な小倉金之助が著した「**数学教育の根本問題**」や，日本数学教育学会の生みの親ともいわれる佐藤良一郎の「**初等数学教育の根本的考察**」は，ペリー運動の数学教育思想を共有している。

フェリックス・クラインの主張

クラインもペリーと同じように次のような数学教育の改造を主張した。
(1)　数学の分科主義を否定し，融合主義をすすめる。
(2)　算術と代数，幾何と算術の融合を図る。
(3)　幾何学的観察と関数概念を重視する。
(4)　応用に注意を払う。
(5)　歴史的に捉えるようにする。
(6)　科学的に考える教育をすすめる。

クラインは幾何学研究で代数的手法を駆使して新しい数学分野を開拓していたが，「高等な立場から見た初等数学」「ドイツにおける数学教育」を著し，教育にも深い関心を寄せていた。

159 弁別
discrimination

1 弁別の意味

弁別とは，日常的には**区別**や**識別**と同義に用いられる用語である。

心理学では，「二つまたはそれ以上の異なる刺激の間の差異を感ずること」と説明している。従って，表現力が十分でない子供が，それらの差異を感じたか否かは，その子供が示す反応の違いでとらえることになるが，その判断は難しい。

2 幼児の図形の弁別

図形の弁別で，ケッセンは，新生児の眼球が（背景と対照的な色でぬりつぶした）図形を走査する仕方を調べ，三角形のふちを追う眼球運動の軌跡から，新生児が直線の部分と角の部分を弁別していることを示している（1965）。

また，ピアジェ（スイス，1980）は，はさみ・鍵や図形板を目では見えないようにして幼児に提示し，**触索**させてから，それらと同じものを選ばせたり，それらの名前をいわせる実験をした。そこで，3〜4歳児は，日常親しんでいる物体を弁別できるが，図形は弁別できず，それが可能になるのは，**触索活動**が活発になる4〜6歳児からであると述べている。

それでは幼児に次のア，イ，ウの図形板を提示するとどうなるだろう。幼児は眺めたり触れたりして，「まっすぐ」「まがっている」「とがっている」「なめらか」などの刺激を受ける。

そして，幼児のとらえ方は，刺激の差異の感じ方によって，三つとも異なる，ウがほかと異なる，アがほかと異なる，または三つとも差がないに分かれるであろう。

このように，幼児は図形を種々の感覚系で弁別し，やがては，その図形を知覚するようになるのだろうが，そのことと，それを正確にかいたり，言語的に表現できることとは別である。例えば，ア，イ，ウの図形を異なるととらえた幼児でも，それらをかかせれば，区別のつけがたいものになることもあるだろう。

また，立体を次のように表現することは，記号的な傾向が強いのでそれを約束する必要がある。

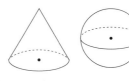

以上は，弁別ということを，視覚・触覚のような外部受容に関することでみてきたが，平衡や位置など内部受容に関することなどもあるのを忘れてはならない。

感覚教育

言葉によるコミュニケーションが，まだ十分でない段階の子供は，感覚を通しての学習が欠かせない。視覚・触覚などにうったえる具体物の操作活動を取り入れる授業は，その典型である。

他方，それをより効果的にするには，まず子供の感覚を覚醒し，それをとぎすますための系統的な訓練が望まれる。

概念形成

概念を形成するには，感覚系での弁別学習だけでは十分とはいえない。その概念を規定する特徴を正しく抽出し，最終的には，それを言語的に伝えられるようにすべきである。

そのためには，多くの事例を，その概念にあてはまるものとそうでないものとに分類する活動を通して，その概念を規定する特徴をまとめていくことが必要となる。

160　見積り
estimation

「見積り」とは，数量や図形について，そのおよその大きさや形をとらえたり，解決の結果や方法について見通しをもったりする思考様式で，**問題解決**（☞163）の際によく用いられる。その際，考える目的や条件以外の様々な要素を捨象し，同じ集合の要素とみる抽象化の考え方や考える対象を理想化してみる考え方が使われる。

1　見積り指導のねらい

見積りは，問題解決の際，見通しをもって学習を進め，結果を確かめ，誤りを防ぐのに役立つとともに，数理的な処理が容易で能率的になるというよさがある。

目的に応じて適切に判断・処理ができるよう，方法や結果の見通しを立てたり，結果の確かめをするとき，見積りが生かせるようにすることが大切である。

2　見積りの対象

(1)　**数と計算**　およその数の大きさ（概数）をとらえたり，およその数で計算する（概算）などの活動がある。

(2)　**測定**　およその大きさ（概量，量感）をとらえたり，身近な事物を基準にしておよその大きさを測ったりする（概測）活動がある。

(3)　**図形**　およその形（概形）をとらえて，作図したり面積の概測に役立てたりする活動がある。

3　見積りの指導のポイント

(1)　**目的に応じて適切に判断・処理できるようにする**

日常生活の場面では，概数でしか処理できないものや，概数で処理したほうが適切なものが多い。また，目的や場面に応じて概数処理の仕方（四捨五入，切り捨て，切り上げ）や処理する桁数も異なる。従って技能面の指導に偏ることなく，目的に応じて自ら判断し，適切な処理ができるよう指導する。

(2)　**見積りを積極的に活用し，そのよさを感得させる**

① **各領域の指導で**

「数と計算」では，新たな計算の仕方を考える際，既習の計算の仕方を用いて結果や方法を見積るようにする。計算の際には，計算の結果の見積りを生かして結果の正誤を判断したり計算の確かめをしたりするようにする。除法で仮商を立てる際や，電卓で計算した結果の妥当性を判断する際も見積りが役に立つ。「測定」「図形」での指導も同様，見積りによって考える対象が明確になり，その後の処理が適切に行われるといったよさを強調したい。

② **日常生活や社会的事象の中で**

見通しを立てて判断したりする際に，見積りの力や数量の感覚が生かされる場面を日ごろから意識的に取り上げ，活用を習慣づけることが大切である。

見通しと見積り

「見通し」は物事を判断したり推論を進めたりする過程においてはたらく思考様式と考えられる。学習を進めるに当たって結果や方法について「見通しをもつ」というように使われる。一方，「見積り」は概数，概算のように対象を明確にした内容や方法を示す用語として用いられることが多い。

概形（☞211）

日常の事物を算数の舞台に乗せるには理想化が必要である。概形をとらえるのもその一つであろう。学習として，事物の概形をとらえて面積や体積を概測する，作図の際，概形をかいてから細部の作業に入るなどといったことが考えられる。大きな誤りを防ぐ方法の見通しが立つなどのよさを味わわせたい。

161　緑表紙教科書
"Green-cover"(Midori-byoshi) textbooks

1　緑表紙教科書

緑表紙教科書とは，文部省が昭和10年から15年までの6年間に毎年1学年分ずつ出版した国定算術教科書で，各学年上下2冊（1年は1冊）から成り，児童用と詳細な解説をした部厚い教師用とがある。

正式な名称は『尋常小学算術』（「書」はつけない）と記され，当時は『小学算術』とよんだ。後に黒表紙教科書（☞111）と区別するため，表紙の緑色から『緑表紙教科書』とよぶようになった。

2　緑表紙教科書誕生とその影響

昭和10年待望された緑表紙教科書が誕生すると，国内はもちろん，**国外にも大きな反響**[*]をよんだ。

日本の緑表紙教科書のような実験，実測的な考えを取り入れるべきであることが，欧米ではすでに20世紀の初めに叫ばれ，数学教育の大改革が始まっていた。しかし，日本は明治38（1905）年に欧米の従来の理論的な考えによる黒表紙教科書が編纂されて，国定教科書として使用され，旧式の方向への歩みが始まった。

こうして約20年後，大正末期から昭和にかけてようやく欧米の改良の波が伝わるに及んで，黒表紙算術書批判の声が高くなってきた。その主張するところは，次のような点であった。

・直観を重んずる。　・体験を重視する。
・実用を重んずる。　・総合的に扱う。
・児童を中心に。　　・生活を中心に。
・社会を中心に。　　・労作を重んずる。

当時こうした**思潮の先頭に立った多くの人々**[*]が，その著書および講演などのなかで主張を繰り広げた。

こうして，欧米先進国よりは約30年遅れて改造思想が取り入れられ，教科書が出版されてみると，あれほどにぎやかだった国内の改造思潮は静まり，やがて，緑表紙教科書の編集の趣旨を体した指導法の研究へと向かったのであった。

3　緑表紙教科書の特色

緑表紙教科書では，「数理思想の開発」と「日常生活の数理的訓練」を目標に掲げている。これについて，当時の担当官塩野直道は次のように説明している。

> 前者は，数理を愛好し，追求する感情をもとにして，事実を数理的に考察し，処理しようとする傾向をもつ。そういう人を数理思想のある人と考え，こうした考え方を自然に芽生えさせ，成長させようとする。

> 後者は，算術教育を実際生活に役立たせることの必要から現実に即して観察・実測等によって，数量・空間の知識を与え，これを処理する方法，すなわち計算の技術とか，量の測定方法と

緑表紙教科書の外国への反響

昭和11（1936）年に第10回万国数学者大会がノルウェーの首都オスロで開催され，その万国数学教育委員会の会合に，当時の日本数学教育会長の国枝元治博士と下村市郎督学官が参加した。そして「数学教育最近の傾向」について報告し，その中で『小学算術』を紹介したところ大好評で，多くの国の代表から注文されたことが，東京市番町小学校の「算術研究会（番町会）」の記録に残されている。

思潮の先頭に立った人々

当時こうした思潮の先頭に立った人々には，小倉金之助（著書『数学教育の根本問題』等）をはじめ，国枝元治，鍋島信太郎，佐藤良一郎，安東寿郎，黒田稔，曾田梅太郎，柿崎兵部などがおり，その主張が強く出され，教育現場からも改訂の要望が続出した。こうした考えも取り入れて，文部省は塩野直道を中心に，数年がかりで準備をして，編纂したのが，**緑表紙算術教科書**である。

かを指導する。また、これを数理的に整理し、妥当な判断をし、進んで調査研究することを指導したり、場合に応じて処理する道を見出し、実際の行動をとる訓練をするのである。

実際に緑表紙教科書を見ると、従来の黒一色、形式的・論理的に作られていた無味乾燥な教科書に比べて、次のように一変している。

(1) **教科書の興味化、教材の心理化**
表紙の緑に加えて内容も美しい色刷りの絵図が多く、教材は児童の身辺から取り学習意欲をそそるものとなっている。

(2) **教材の実際生活化**
教材は、実際生活から選び、児童の興味・関心を強めるとともに、生活を数理的に正しくしようとする目的に合致させるものとなっている。

(3) **教材の体得化**
実験・実測を重視し、作業場面を取り入れ体験を通して学習させ、効果を確実なものとするような配慮がなされている。

(4) **空間図形や代数的な考え方等を総合的に扱う**
従来はほとんど計算だけが中心であったが、低学年から図形教材を豊富に入れ、公式や□を使った式を用いる代数的考えも取り入れ、総合的な扱いが目立つ。

(5) **発明・発見を重視する**

児童の自発的な活動を促すようにする。

4　青表紙教科書

昭和10年度から毎年1学年ずつ出版されてきた緑表紙教科書が昭和15年に6学年分を完成した。その翌16年4月には、青表紙教科書に変更された。

小学校は、国民学校と改名され、指導する教科も次の五つに統合され、これを基本として実施することになった。こうして、算術は新しく「理数科算数」、理科は「理数科理科」とよばれることになった。

理数科算数の目的は、「数・量・形について国民生活に必要な知識、技能を修得させ、数理的処理に習熟させ、**数理思想を養う**」となっている。これらの精神は、緑表紙時代とそれほど大きな違いはないが、主な特色をあげれば、次のような点が考えられる。

(1) **図形教材に動的なものを導入**
緑表紙教科書は、図形教材を豊富にしたことでも知られているが、青表紙教科書では特に動きのある図形を取り入れ、図形の見方・考え方を広げたことが特徴としてあげられる。例えば、長方形の厚紙に同じ幅の斜線を引き、丸めて円柱を作り、回転させると線が上下するように見えるなど、幾つかの例が見られる。

(2) 理数科両面にわたる教材を入れた。

(3) 戦時色が色濃くなっている。

「開発」の指導方法
「小学算術」の期待した指導方法は、「授ける」教育から「指導する」とか「開発する」とかの教育へと変わり、見出すこと、考え出すことを尊重する場面が随所に見られるようになった。注入・授与といったような行き方を避ける結果、必要もしくは興味、あるいはその両方を児童に感じさせて、自発的に事象にはたらきかけ、自ら獲得するように仕向ける行き方を暗示していた。

生活算数がうたっていた特色
(1) 算数とは事象であってその事象を数量的考察するのが算数教育である。
(2) 題目主義が取られた。「郵便局」「米俵」「田植え」のような生活題目がその1例である。
(3) 導入問題という考えを出した。
(4) **生活算数**は問題の内容ということを重視した。
(5) 生活算数の中に、**作問算数**を取り入れた。

162 メタ認知
metacognition

1 メタ認知とは

メタ認知は、自分自身の認知のありように対する認知をいう。

その人自身の認知過程と所産、あるいは、それに関連したことのすべてに関する知識を指しているとも考えられる。

「読む」、「理解する」、「覚える」、「考える」といった認知活動を一段と高いレベルからとらえた認識といってもよい。

例えば、「自分は計算まちがいを犯しやすいから、ゆっくり計算しよう」とか、「自分にはAの学習よりBの学習のほうが難しいと気づく」こと、「Cということを忘れてしまうかもしれないので、それをメモしておいたほうがよいと感じる」ことなどは、メタ認知のはたらきであるといえる。

メタ認知をうまく機能させると、学んだ事柄を整理したり、相互に関連づけたりすることができる。

メタという語に対しては、「超」という言葉を付与することがある。メタ数学を超数学といったりする。

2 メタ認知と算数指導

優れた児童は、自分自身の心の状態と理解の程度をよく感知しているといわれる。つまり、自分があることをわかっているのかいないのかをよく知っているのである。したがって授業をするときは、わかっていることとわかっていないことの違いに気づかせるように授業に工夫を凝らすべきである。

例えば、子供の反応をとらえるのに、「わかった人は手を上げなさい」「みなさんわかりましたね」と発問するのではなく、「今、Aさんが説明したことはどんなことでしたか。B君、みんなにわかるように話してください」といった交互作用がはたらくように指導するのである。ここにもメタ認知がはたらいている。

3 メタ認知と推力（学習意欲）

メタ認知は、推力すなわち学習を推し進める感性的、意志的、情動的な心のはたらきを生み出すある種のエネルギーを与えるその源泉の役割も果たす。

「どう考えればよいだろう」「難しそうだな」「では、やってみよう」「こうなるはずだな」「うまくいくかな」「これはおもしろそうだ」「そんなはずはない」「もっとうまいやり方はないかな」「初めから見直そう」「やっとわかったぞ」といった情意的な推力もあれば、「あてはまる例をあげてみよう」「いくつか点を取ってみよう」「図をかいてみよう」といった知的な推力もある。

情報を制御し、行動を誘発する推力としてのメタ認知の存在は大きい。

生産的思考とメタ認知

平行四辺形の面積の解決過程をみてみよう。

「どうしてよいのかわからない」

左端を指して「このところがうまくいかないの」「このところを真っ直ぐ

にできればいいんだけれど」「はさみを使ってもいいかしら」「ほら、ぴったり合ったわ」

上の生産的思考における問題解決では、「どうすればよいのかわからない」「ここがうまくいかない」「こうなればいいんだけど」「ほら、うまくいった」という心のはたらきが伝わってくる。ここにメタ認知が現れているとみることができよう。

163 問題解決
problem solving

算数教育の最重点目標は，数学的な考え方の育成である。数学的な考え方は，創造的な活動，つまり**問題解決**を通して育成される。新しい問題を解決する際，既知の知識・技能や考え方を有効に発動させ，よりよい解決を求めようとする力が数学的な考え方である。そこで，算数科の学習指導は，問題解決の各段階を踏んで展開される場合が多い。

1 問題解決のねらい
(1) 知識体系の組み替え
問題解決を通して新しい知識・技能や数学的な考え方を獲得させることにより，その新しい知識などをよりよく理解させ，その知識などが必要なとき，いつでも適切に使えるようにすることである。問題解決の過程で児童は，新しい知識などを適切に組み入れられるように既存の自己の知識体系を組み替えることになる。

(2) ストラテジーの体得
問題解決の過程で有効にはたらいた**ストラテジー***を身につけさせ，ほかの問題に対しても使えるようにすることである。ただし，これを強調しすぎて，問題の解法のテクニックに走ったり，あるいは，問題解決により学び方を学ばせるなどと誇張したりするのは適切ではない。

(3) 数学的な考え方の育成
問題解決の能力を育成することは，算数教育の目標である数学的な考え方の育成につながる。問題解決は数学的な考え方が生きてはたらく場であり，同時に，数学的な考え方は問題解決を通して獲得され，生きてはたらく力となるのである。

2 問題解決指導のあり方
(1) よい問題の開発
問題解決の授業では，はじめに提示される問題解決のよしあしが，その授業のかなりの部分を左右してしまう。よい問題を開発することに努力が傾けられる理由がそこにある。よい問題の条件について多くの研究があるが，一般的なものとして次の3項目があげられる。

・授業の目標を達成するのに適したもので，児童が意欲をもって取り組める。
・一般化したり，拡張したりして発展させることができるもので，数学的な考え方を育成するのに適している。
・多様なレベルでの解決ができるもので多くの児童が解決の満足感を味わうことができる。

(2) 自力解決の重視
問題を理解する段階，計画を立てる段階，それを実行する段階，そして振り返ってみる段階までの活動を児童が自力で行うことが望ましい。なぜなら，本来問題を解決するのは個人であり，児童が自

ストラテジー
問題解決の構想の立て方や解決方法のことで，**方略**ということもある。代表的なストラテジー（strategy）として，次のようなものがある。
(1)パターンの認識 (2)逆向きに考える (3)予測と点検 (4)シミュレーション（模擬実験）または実験 (5)単純化 (6)論理的な演繹 (7)表・式・グラフ等によるデータの表現 など

ふつう，問題解決では，問題を理解し，解決の計画を立て，それを実行し，そして振り返ってみるという四つの活動（G. ポリア）が組み合わさって展開される。（☞265）

それぞれの活動にとって，最も有効と思われるストラテジーが幾つか選択されることが多い。また，問題を多様に解決しようとするとき，用いられるストラテジーを変えてみる場合がしばしばみられる。

163 問題解決

力で解決することによって，上記の問題解決のねらいが達成できるからである。

しかし，実際に授業を行うとなると，時間内に効率よく目標を達成させなければならないことを理由に，教師主導型の問題解決を行うことが多い。これでは問題解決の授業を行うことの意義の大半が失われてしまう。

したがって，**自力解決**を重視すると同時に，授業の目標を達成し，効率のよい授業を行うための工夫が必要となる。

(3) **個人差への対応**

自力解決の時間を十分にとり，そこに現れる個人差に対して適切に対応するならば，授業の目標を効率よく達成でき，しかも，児童も充実した学習活動を行うことができる。そのためには，あらかじめ個人差に応じた指導の手だてを講じておいて，授業に臨むことが必要になる。

個人差への対応を計画的に能率よく実践するために，現在児童の予測されるつまずきに対するヒントカードを準備したり，オープンスペースを活用したり，さらにはチーム・ティーチングを組織したり，パソコンを利用したりするなど，多種多様な**個別指導**が工夫されている。そうした工夫の一環として，多くの場合，一斉授業の中に，個別指導を組み入れるという方式が採用されてきている。今日では，学習指導要領の改訂に伴い**少人数指導**や**習熟度別指導**が導入され，コースに分けて指導するなど個人差に応じる様々な指導形態が工夫されている。

(4) **よりよい解決への練り上げ**

自力解決ができた後は，学級全体で協力して個々の解決を手がかりにしながら，よりよい解決へと練り上げを行うことが大切である。

教師は児童が自力解決している間机間指導をし，多様な考えをチェックし，発表用紙にまとめさせておくなどし，多様な解決方法を発表させる際，各自の考え方が全員に理解されるようにする。その際教師が説明してしまうのではなく，児童相互で補完し合って各自の考え方を明確にし共有することが，次の練り上げの場面を成功させる決め手になる。そのうえで，それぞれの考え方の共通点や相違点に着目して分類整理し，どれがうまいやり方か，いつでも使えるやり方はどれか，もっとうまいやり方はないかなど，簡潔性，明瞭性，的確性，一般性，能率性などの観点から，練り上げていくのである。

どのようにしてよりよい解決へと高めていくか，教師の力量によるところが大きい。子供たちが自分たちの力でよりよい解決を求めたという感動や満足感が得られるよう，教師は指導計画を十分練り上げて授業に臨むようにしたい。

問題解決の過程（☞265）
（ポリア著「いかにして問題を解くか」より）
G.ポリアは問題解決の過程として4段階をあげ，各段階ごとに重要な問いを示した。
(1) **問題を理解すること**
・未知のもの，データ，条件は何か。
・条件を満足させ得るか。条件は十分か。
・図をかけ，適当な記号を導入せよ。など
(2) **計画を立てること**
・前にそれを見たことがないか。
・似た問題を知っているか。
・問題をいいかえることができるか。
・もっと一般的な（特殊な，類推的な）問題は？ 条件の一部を残し，ほかを捨てよ。
・データ，条件のすべてを使ったか。など
(3) **計画を実行すること**
(4) **ふり返ってみること**
・結果を違った仕方で導けるか。
・ほかの問題に応用することができるか。
などが重要な視点である。

164 問題づくり
making problem

与えられた問題の解決だけでなく，子供自ら問題を見つけ，それを作り自分の力で解決していくことは，解決の喜びが味わえるとともに，学習内容のいっそうの理解を促し，さらに，次の学習への意欲や発展的な学習へとつながっていく。

1 問題づくりの場面
(1) 問題設定の場面
通常は，教科書にある問題を与えたり，教師が作成した問題を与えることが多い。これらの問題はどちらかといえば，使われている事象や数値が理想化されていることが多い。しかし，「日常の事象を数理的にとらえる」ことは，現実的な事象や生の数値を理想化して算数の舞台にのせることである。日常事象に対する数理的な見方や処理のよさに気づかせるためには，数学的な考えをはたらかせ，日常事象のなかから問題を見つけさせ，それを自ら作らせることが望ましい。

(2) 一般化を図る場面
問題への取り組みに用いられる概念や方法は，どんな場合にでも適用できるよう一般化が図られなければならない。
例えば，加法の用いられる場面では，①増加 ②合併 ③順序数を含む加法があるが，それらを一般化して加法の意味を明らかにするために，いろいろな場面を用意し，数の大きさや量の種類などを捨象しなければならない。そのための有効な方法として作問がある。
また，解決方法については，その方法がほかの場面でも使えるかどうか，数値や場面を変えて確かめてみるようにするとよい。

(3) 学習内容の定着場面
学習内容の理解を深めるために，式や場面を与えて作問させるとよい。

(4) 学習の発展場面
学習後問題の条件や場面や数値を変えたらどうなるかと考えさせることは，発展的な考え方を伸長し，算数への興味・関心を広げ，学問としての数学の特徴を体験的に理解させることになる。

2 指導上の留意点
(1) できる限り子供の身近な場面から，算数の問題を作らせるようにするとよい。また，子供とともに，学習計画を立てたり，問題を見つける場面を設定したりすることも大切である。

(2) 解決したら，その方法がほかの場面や数値でも使えるかどうかを，自分で問題を作って確かめる習慣をつけさせる。

(3) いろいろな場面の問題を作るようにさせる。式や場面を与えてそれらから考えられる問題を作らせたり，式や場面も与えずに自由に問題を作らせたりして，**作問指導**が形式的にならないようにする。

(4) 原題が解決できたらそれでよしとするのではなく，原題の中の数値や条件そして場面を変えて，発展的に考えさせるようにし，それを通して新しい問題を作る観点を指導する。それには発展可能な原題を用意することが必要である。

清水甚吾の作問主義
1924年，奈良女高師附小訓導の清水甚吾は**作問中心の算術教育**を行った。それは「環境を整理して，児童に算術の問題を発見せしめ，作問せしめ，自己の問題を解決せしめることによって，児童の数量生活を発展せしめ」ようとしたものであった。清水甚吾のねらいは，
(1) 自発学習の重視
(2) 発見的創造的の学習を重んじること
(3) 為すことによって学ぶことの重視
にあった。しかし，この作問中心の指導法には幾多の問題点があることが指摘されている。

165　幼児期の算数
early childhood mathematics

1　幼児期の算数とは

従来の『幼稚園教育要領』でも数量，図形に関する記述はあるが，平成29年改訂の幼稚園教育要領において「育みたい資質・能力及び『幼児期の終わりまでに育ってほしい姿』」で「数量や図形，標識や文字などへの関心・感覚」が挙げられている。幼稚園教育要領では幼稚園と小学校の円滑な接続が謳われていることから，両者の接続のために幼児期の算数に関する実践・研究の進展が望まれる。幼児期の算数では早期能力開発を目指しているのではない。幼児の発達段階に合わせて，友達・保育者と人間関係を形成する過程のなかで，数や図形に親しむ豊かな経験をすることが重要である。

2　自由保育における遊びの例

日本の幼児教育においては遊びを通した算数に関する学びが求められる。その実践は自由遊びと設定保育の2つで実現する可能性がある。自由遊びでは，例えば，定規や紐，棒，クリップ等を園内に置いておくことで，ものの長さを測って遊ぶことができる。砂遊びでは砂の量に着目して比べる遊びや「高い」「低い」といった語彙を使い算数的な学びの素地を培うことができる。ブロックや色板を使って色や形の属性に着目し分類する遊び，敷き詰めやかたち作りなども考えられる。幼児の表現や動作に対して，保育者が的確に支援する必要がある。

3　設定保育における遊びの例

設定保育における意図的な教育活動について言えば，数や図形に関わる遊びとして，さいころの遊びが挙げられる。「うさぎとかめ」では1-20までの数に触れる（5-6歳児対象）。

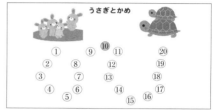

（参考 Wittmann & Müller, 2012）

動物の駒を「10」におき，うさぎとかめのグループに分かれる。各グループから一人ずつさいころを振り，出た目の数だけ家の方向に向かい駒を進める。交互に行い，先に各々の家に到着するグループが勝ちとなる。数えること，数や数字に触れることが目的である。数え上げ，数え下げで駒を進めてもよいし，たし算やひき算ができる場合は計算してもよい。

設定保育では教師の関わりや言葉がけも重要になる。また，5領域を統合した形で体を使ったり，製作したりして，その中で算数的な学びが実現するような実践が求められる。

数唱

幼児が「1，2，3，4…」と数を1ずつ数えることを「数唱」と言う。幼児が大きな数を数唱する行為は珍しくないが，必ずしも数の大きさや概念を理解しているわけではない。数の大きさや概念を理解するには日常生活の様々な場面で具体的なものを間違いながらでも繰り返し数えることが必要である。

サビタイジング

サビタイジングは知覚的・概念的サビタイジングの2種類があると言われている。前者は人間が生得的に身につけているもので，2-3の個数であれば瞬間的に数を捉えられる能力である。後者は数の合成，分解にもつながる能力である。例えば5つのものを，2と3や1と4に分けて捉え，数を把握する能力を指す。

第 2 部

201 暗算

mental calculation

|1|3|5|
|2|4|6|

A

　計算あるいは計算過程を計算器具で行ったり、紙の上に書いたりしないで、頭の中だけで行うことを**暗算**という。

　平成29年改訂学習指導要領では、3年の内容の取扱いで、加法、減法、乗法について、4年の内容の取扱いで除法について、それぞれ「……簡単な計算は暗算でできるよう配慮するものとする」と示されている。このように、加法とその逆の減法、乗法とその逆の除法を暗算で行うことが期待されている。

　暗算の扱い方には、大別して次の三つの立場がある。

1 暗算をできるだけ排除する立場

　1位数と1位数とのたし算およびその逆のひき算の段階から筆算形式を導入し、筆算中心の指導を展開する立場である。

　この立場では、**基礎暗算***（$2+3$, $9+7$, $6-2$, $15-7$, $6×7$など）は筆算より先に指導するが、その他の暗算能力は筆算の習熟にともなって自然に備わるという主張に基づいている。

2 暗算を中心に進める立場

　低・中学年では、暗算を主体にして指導を進め、暗算での処理に困難を感じ出した段階で筆算を導入する立場である。

　暗算は、十進法になっている日本の命数法に合っているので念頭操作がしやすく、小数や分数の計算にも役立ち、数概念の形成にも有効であるという主張に基づいている。

3 筆算に必要な暗算を扱う立場

　筆算を中心としながらも、筆算の過程で必要とする暗算について扱う立場であり、(1)と(2)の中間的な考え方といえる。

1年　　たし算とひき算についての基礎暗算を指導する。

1 たし算

　$2+6$, $8+7$などについては、具体物を使わずに、念頭ですらすらと計算できるようにしたい。このような（1位数）＋（1位数）の諸計算を**加法九九**ということがある。

2 ひき算

　$8-2$, $15-7$などについて具体物を使わずに、念頭ですらすらと計算できるようにする。

　1、2とも、結果が反射的にいえるようにしておくことが、以後の計算学習を発展的に導くために必要なことではあるが、だからといって具体物の操作や原理の理解を軽く扱うようなことのないように注意したい。

2年　　たし算とひき算についての簡単な場合の暗算と、かけ算の基礎暗算を指導する。

基礎暗算

　（1位数）＋（1位数）＝A, $A-$（1位数）＝（1位数），（1位数）×（1位数）＝B, $B÷$（1位数）＝（1位数）の四つの計算は、算数・数学のあらゆる計算の基礎となるものである。

　したがって、これらについては、反射的に結果が求められるまでの習熟が要求される。一般的には、暗唱させるといわれるが、念頭で処理、判断して結果を求めること、計算の基礎であることから基礎暗算ともいわれる。

聴暗算・視暗算

　珠算の「読み上げ算」、「見取り算」の区別に対応するものである。

　口頭で計算問題を出し、暗算で結果を求めさせる方法が聴暗算で、活字によって計算問題を提示し、暗算で結果を求めさせる方法が視暗算である。

　念頭での思いめぐらしを十分にさせることや印刷教材を使用する現在の学校数学では、視暗算に重きがおかれている。

201 暗算

1 たし算

26＋7のような（2位数）＋（1位数）の暗算を指導する。これは，筆算を導入する際にどうしても必要なことである。

なお，26＋7の暗算の仕方*には，次のような二つの方法がある。
・20＋（6＋7）と考える（筆算形式の方法）。6＋7は13，20と13で33
・（26＋4）＋3と考える。
26＋4で30，30と3で33

暗算のよさを認め，筆算形式を導入する前に，35＋12，35＋17，90＋40などの暗算を扱うこともある。

2 ひき算

43－7のような（2位数）－（1位数）の暗算を筆算の導入に先行して指導することを試みるとよい。

なお，43－7の暗算の仕方には，次のような二つの方法がある。
・30＋（13－7）と考える（筆算形式の方法）。
13－7は6，30と6で36
・（40－7）＋3と考える。
40－7は33，33と3で36

1の後半の立場に立てば，ここでも，47－23，47－28，130－40などの暗算を扱うことになる。

3 かけ算

かけ算九九は，確実にできるようにしておく必要がある。これも1年の1位数どうしのたし算やその逆のひき算と同様に，基礎暗算であり，反射的に結果が求められるようにならなければならない。

3年

2位数と2位数のたし算とその逆のひき算，2位数と1位数のかけ算とその逆のわり算についての暗算を指導する。

1 たし算とひき算

45＋23，45＋28，68－23，73－28のような（2位数）＋（2位数），（2位数）－（2位数）の暗算を指導する。

さらにこれを発展させて，450＋280＝730，680－230＝450とみせたり，83＋45＝128，125－49＝76のような場合も扱ったりすることもある。

2 かけ算

12×3，20×3，25×3のように簡単な場合について扱われる。かけ算の筆算で，例えば72×54の部分積72×4，72×5を求めるのに必要な程度の暗算が扱われるとも考えられる。

また，5×30を（5×3）×10とみたり，30×40を（30×4）×10とみたりする。

```
     7 2
   ×5 4
   ─────
   2 8 8
   3 6 0
   ─────
   3 8 8 8
```

4年

2位数と1位数のかけ算の逆のわり算について，その暗算を簡単な場合について指導する。

1 わり算

48÷3，92÷4のような簡単なわり算の暗算を指導する。

12÷4，15÷5のように，九九1回適用のわり算は，暗算で行う。

60÷3，64÷2（余りのあるときも）などについても，商の見積りをしたり，仮商を立てるときは暗算で行う。

暗算の仕方

暗算は，珠算の計算方法と一致することが多く，上の位から計算することが普通である。

現在では，特定の方法に限定しないで，子供の発想を認めながら，効率的な方法へ高める考え方もとられている。

 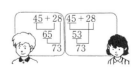

202 以上・未満
greater than or equal to, less than

10以上の整数とは，10と等しいか10より大きい整数のことで，10，11，12，……である。一般に，x が a 以上の数であることを $x \geqq a$ と書く。

10未満の整数とは，9，8，7，……のように10より小さい整数のことで10を含まない。一般に，x が a 未満の数であることを $x < a$ と書く。

また，10と等しいか10より小さい整数 9，8，……のことを10以下の整数という。x が a 以下の数であることを $x \leqq a$ と書く。

この以上・以下・未満などは，数量の**範囲を表す言葉***である。

6年

以上，以下，未満の意味と用語については，概数や四捨五入などの指導において，4年で扱われる。

ここでは，度数分布表に関連して，以上・未満の用語の意味を説明しよう。

6年1組の身長調べ

身長 (cm)	人数 (人)
125〜130	1
130〜135	4
135〜140	7
140〜145	10
145〜150	14
150〜155	5
155〜160	1
合計	42

1 以上・未満

左下の表は，6年1組の身長を，階級の幅を5cmにして表したものである。例えば，125〜130は，125cm以上130cm未満を表している。すると，この組では，145cm以上150cm未満の区分に入る人が14人で，いちばん多いことがわかる。

2 柱状グラフと範囲

右のような柱状グラフでも，例えば，135cm以上140cm未満の人数は7人である，というように範囲を表している。

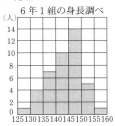

3 階段グラフと範囲

下のグラフは国内の通常郵便料金を表したものである。

○──のOは，この点が縦の線に含まれないことを表す。

例えば，重さ25gまでの料金は定形ならば82円，定形外ならば120円であることを示している。

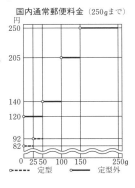

小学校では，一の位を四捨五入して20となるとき，整数15，16，17， ，23，24の範囲の代表値が20であるという見方をしてきた。

以上・以下・未満という言葉を学習することにより，概数20は，15以上25未満の整数・小数・分数の代表値として明確に表すことができるというところまで発展させることができる。

範囲を表す言葉

範囲を表す言葉には，以上・以下・未満のほかに，10を含まず，10より大きい数のことを「10をこえる数」という場合がある。

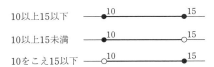

10以上15以下
10以上15未満
10をこえ15以下

203　位置の考え方
representation of position

図形指導のねらいは，図形の概念や空間の概念を育成することにあり，内容としては「大きさ」，「形」のほか「位置」に関することが含まれる。

位置に関することでは，平面や空間にあるものの位置を表現すること，直線や平面についての位置関係（**平行・垂直**）および合同な二つの図形の相対的な位置に着目し，それらを，ずらす，まわす，折り返すなどといった操作でとらえ，その位置の特徴を表現することなどが，重要な内容である。

直線上での位置は，順序数を数直線上に表す中で扱っている。また，直線や面の位置関係については平面図形，立体図形の指導の中で取り上げている。

1年　この学年では，「前・後」，「左・右」，「上・下」などの方向や位置に関する言葉を用いて，1次元の位置を正しく表現できるようにする。

1 方向や位置のいい表し方

方向や位置については，子供が日常どのように表現しているかを整理しながら，ならんでいるものの位置をわかりやすく「前・後」，「左・右」，「上・下」などの言葉を正しく用いて表現させる。この場合，子供は自分を中心とした位置は比較的理解しやすいが，ほかの物を基準とした位置の表し方には困難を感じる。

特に，「左・右」については，二つのものの相対的な位置をとらえるため，表現上も誤りを生じやすい。だから，「向かって右（左）」の表現を用いるまで深入りしない。

2 指導内容

ここでの重要な指導事項は，「数が**順序数**を表しているのか**集合数**を表しているのか」を明らかにさせることである。

例えば，3にいろをぬりましょう。
　○　○　○　○　○　○
という問に対して，

下の図のように，「右から3こにいろを塗る」という場合と，「右から3こめにいろを塗る」という場合の違いを明らかにし，使い分けられるようにする。

「右から3こに色を塗る」
　○　○　○　●　●　●

「右から3こめに色を塗る」
　○　○　○　●　○　○

3 発展的学習への素地指導

この学習は，実際に教室内を素材に友達の位置をとらえる活動が中心となり，前後，上下の表現を含めて，空間の広がりや，やがては座標の考えに発展する素地を与えることにもなる。

平面と立体

平面とは何かを数学的に定義することは困難である。ユークリッドの『原論』では，「平面とはその上にある直線について一様に横たわる面である」と定義されているが，「一様に横たわる」とは何を表すかも難しく，現在では無定義術語とされている。

平面は基本図形の一つであり，学習指導要領では小学校4年の用語に示されている。4年では立方体や直方体と関連させ，次のように示されている。

「直方体や立方体の面のように，平らになっている面を**平面**という」

立体の定義は一般的にはめんどうである。小学校では3年で，「**基本的な立体図形**」として球が，4年で立方体，直方体が，5年で角柱，円柱が指導されている。

なお，中学校では立体図形のほかに「空間図形」という用語も扱われている。

203 位置の考え方

4年 この学年では，次のことが指導のねらいとなる。

① 平面上にあるものの位置の表し方を理解できるようにする。
② 立方体や直方体と関連づけて，空間にあるものの位置の表し方を理解できるようにする。

1 内容の系統

1年では，前後，左右，上下，など1列に並んだものを通して1次元空間の位置のとらえ方を学習した。

この学年では，これらの位置の表し方を前提に，2次元の空間，すなわち平面上にあるものの位置を二つの数の組で表したり，3次元の空間，すなわち空間にあるものの位置を三つの数の組で表したりすることを理解させる。

2 平面上にあるものの位置

(1) 具体的な場で

平面上の位置の表し方は，日常の生活の場でたびたび登場する。

例えば，教室の座席の位置，くつ箱の位置などのように，生活の場に照らして導入を図るとよい。

(2) 基準を定めて

生活に即した平面上の位置の表し方は，具体的でわかりやすいが，基準の定め方がまちまちである。そこで，図のような基準を定めた場を取り上げ，A駅を中心にするとテレビ塔の位置が，(東200m，北400m)といった形で表現されることをおさえるようにする。

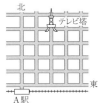

この際，2数の組み合わせを座標的な見方に関連させて，横軸から先に唱えることもきちんとおさえることが大切である。

(3) 平面上の位置の表し方の活用

平面上の位置は，基準を定めていつも同じ順序で同じ方向に唱えていくと，その位置が明確に決定づけられる。

このことを利用して，例えば，教室のア，イ，ウの座席の位置を，左端の最前列の席を

基準にして(1の1)，(4の2)，(3の5)などといい表し，生活の場に活用させるようにする。

直交座標

平面上にある点の位置を，直角に交わる二つの数直線をもとにして表す。x軸，y軸を合わせて座標軸といい，点Oを原点という。座標軸

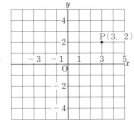

が決められた平面を**座標平面**という。

図の点Pの位置は(3，2)と数の組で表し，これを点Pの座標という。もちろん，小学校で扱うときは正の数の範囲に限定し，座標の考えを用いて平面上のものの位置を表す程度である。なお，平面上の点の位置の表し方には，「現在の台風の位置は鳥島の北北東400km」などのように，原点に相当する地点からの方向と距離の二つの要素を用いて表す**極座標**による表現法もある。

3 空間上にあるものの位置

その単元構成として、次のような内容で構成されている。
① 直方体や立方体についての特徴をとらえ、見取図や展開図をかくことができる。
② 直方体に関連して、直線や平面の平行・垂直を知る。
③ 直方体に関連して、空間にあるものの位置の表し方を知る。

これらのうち、とくに②に関しては、3次元空間における直線や平面の位置関係が考察され、辺や面の平行・垂直の関係がとらえられるようにする（☞257）。

また、③に関しては、いきなり空間にあるものの位置を取り扱うのではなく、これに先だって、平面上の位置の表し方を取り扱う。つづいて直方体に関連して空間における位置について考察させるようにする。

① 直方体と立方体との関連

具体的な場で空間の位置を表す必要感をもたせるようにする。例えば、前述のテレビ塔の展望台が地上100mのところにあるとすれば、展望台の位置は、
　（東100m，北400m，高さ100m）
というように三つの数の組で示されることをおさえる。

② 直方体と立方体との関連

直方体との関連でものの位置を表す場合も、まず基準になる点を決め、横、縦、高さの順に方向を決めてその位置を表す。例えば、下図を1cm立方の積木が重なったものとすれば、点Pの位置は、
　（横5cm，たて2cm，高さ4cm）
のように表される。

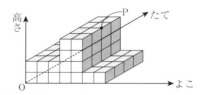

③ 空間の広がり

空間の位置やその表し方の考察では、立方体のブロック積みなどの操作活動で空間の広がりを意識させる。また、ジャングルジムなどを例にたくさんの交点を示し、ある点をもとにし縦の二つめだけを決めた場合のそれに当たる交点はどんなところに、どのように存在するかなど3次元空間の無限の広がりを意識させることも大切である。

空間にあるものの位置を平面上の位置の表し方から類推したり、位置を表すときに簡潔に表そうとする考えがはたらくようにすることも大切である。

順序対（☞217）

ものの位置を表現することは基準を設けてその位置を一つの数や、数の**順序対**（順序を伴う2数の組）で表す考え方である。

平面上のものの位置を表す場合、例えば、靴箱の位置を基準と方向を決めて（4の3）と表す。そこでは（4の3）と（3の4）は別の位置を表すことなどにふれて、数の用い方に気づかせる。また、空間の点の位置に関しては、例えば右図のように点アをもとにして点ウを表す場合も考えさせるようにしたい。この場合

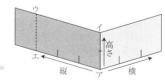

は、縦3、高さ2と二つの要素で表せるが、横0と考えることによって（3，0，2）というように空間の点として一般的に表せることにも気づかせる。

204 円
circle

|1|3|5|
|2|4|6|
B

平面上で，ある定点から等距離にある点の集まりとみられる曲線，または，この曲線の内部を含めた全体の形を円という。この定点を円の**中心**といい，円をふちどっている曲線を**円周**という。

3年　3年では，円についての弁別性質・作図などを取り扱う。

1 弁別
(1) 円の定義

円に類似の形は，幼児のころから玩具その他身辺にある器物などで親しんでいて，それを「まる」「まるい」などの語を使って表してきている。ここで，「まんまる」という語を使って，円に似た他の形と円との区別がよくできるようになるのは1年のころであるが，それは直観による弁別ができるだけで，正しい弁別の方法を知って使っているわけではない。

円の弁別を言葉で表すには，子供の発達に応じた**円の定義***が必要である。

弁別は円の性質を基にしてなされるが，性質は初等的なものから高度なものまであるから，程度に応じた定義がなされればよい。例えば，3年では，次のような示し方が一般的である。

「右図のような，まるい形を**円**といいます。アを円の**中心**，中心から円のまわりまで引いたアイのような直線を**半径**といい，ウエのように中心を通りまわりからまわりまで引いた直線を**直径**といいます」

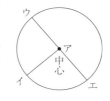

(2) 円の定義のあいまいさ*

円はユークリッドの『原論』以来，通常は円板の意味である。しかし，円を円板の意味にとるか円周の意味にとるかは，用語の使用の場や文脈のうえから判断しなくてはならない。

針金で作った輪や鉛筆でかいた円は円周の意味に解し，ボール紙で作った円は円板の意味に解しやすいが，それを明確に意識しているわけではない。しかし，学習内容によっては「円のまわり」や「円の中」という語を使って区別してもよい。

2 円の性質

3年では，**円の性質**として，およそ次のようなことが指導される。

(1) 半径の長さ
一つの円の半径の長さはすべて等しい。
(2) 直径の長さ
直径は中心を通り，半径の2倍で円内に引いた直線のうちで，いちばん長い。
(3) 直径のさがし方
円は，二つにきちんと折ると，どこで折ってもぴったり重なる。その折りめの線が直径である。

小学校での基本的な用語の定義の仕方
(1) 例示的な定義
　「図のような形を円といいます」
(2) いい換えによる定義
　「このようなまるい形を円といいます」
(3) 用法的な定義
　「運動場に大きな円がかいてあります」
以上の定義法は，論証には役立たないが，子供の学習活動には役立っている。

定義のあいまいさ
学習を容易にするために，厳密な定義をすることを避ける場合が起こる。
例1　線分・半直線・直線をすべて直線とよんでいる。
例2　三角形は内部を含むときと，辺だけを指すときがある。
これらを厳密に使い分けることは煩わしく，子供の学習活動を阻害することがある。

(4) 円周の長さ*
3 作図
(1) コンパスの導入

円をかくのに便利な道具に**コンパス**がある。しかし，コンパスを使わせる時期については，円の性質の指導とも絡んで教育的配慮が必要である。

次にコンパスを持ち出すまでの一つの指導過程を例示する。

① ジュースの空き缶などの底をなぞって円をかく（中心不明）。
② 短冊型のボール紙に与えられた半径の長さの距離をおいて小さな穴をあけ，一方の端をピンでとめ，他方の穴に鉛筆をさしこんで円をかく（半径が固定される）。
③ ②の場合で1cmごとに穴をあけて，cm単位の円をかく。
④ ひもを張って，任意の半径の円をかく。
⑤ コンパスで円をかく。

上の①～⑤は，それぞれ教育的にみると長短がある。②～④のような方法は，半径が目の前に見えるのに対して⑤の場合，コンパスという道具において，何もないところが半径に相当するため，円の定義にしたがって円を作図しているということを実感させるのが難しい。しかし，コンパスは任意の場所に中心を安定させて，任意の長さの半径の円をかくことができ，操作しやすいほかに，いろいろな作図ができて便利な道具である。

ただ，円の導入の段階では，半径・直径がまだ視覚化できないことと，初めからコンパスを与えると，円の諸要素への関心が高まらないという教育的な配慮から，使用の始期を遅くすることがある。

しかし，上の①～⑤を実際にどう扱うか，その指導の順序をどうするかなどは，指導上の工夫を必要とするところである。大切なことは，円の諸要素の理解とコンパスの機能の理解が高まるような指導法であればよい。

(2) コンパスの利用

コンパスは，単に円をかくだけでなく，次のようにいろいろな作図をするときの道具になる。

① 与えられた線分をほかに移す。
② 与えられた幾つかの点から等距離にある点を見つける。
③ ②を利用して，正三角形・二等辺三角形・正方形・長方形をかくのに使う。

　5年では，円周の長さと直径の長さとの関係として，円周率（☞206）を取り上げ，6年で円の面積（☞271）を求めるのにも用いる。

平成元年改訂学習指導要領では，**おうぎ形***について学習している。

円周の長さと直径との関係

43年改訂の学習指導要領では，この扱いについて，3年では何もふれていない。しかし，44年の文部省の指導書では，第3学年に「……直径のおよそ3倍とみられる程度のことは具体的な測定を通して理解させる必要がある。……」と示されていた。

ところが，52年以降の学習指導要領では，これについてふれておらず，これにあわせて3年では，円周の長さと直径との関係は一般的に取り扱われていない。

弧とおうぎ形

円周上の2点は円周を二つの部分に分ける。各部分を**弧**といい，小さいほうを**劣弧**，大きいほうを**優弧**という。劣弧は円周の半分より

小さく，優弧は円周の半分より大きい。

また，一つの弧とその両端を通る半径とで囲まれた図形を**おうぎ形**という。半径と中心角の等しいおうぎ形は，互いに合同である。

205 円グラフ・帯グラフ

circle graph, pie chart / percentage bar chart, rectangular graph

資料における数量の大小を比較するためにはぼうグラフ（☞269）が適し，数量の変化の様子をとらえるためには折れ線グラフ（☞208）が適している。これらのグラフはすでに3・4年で指導されている。したがって，グラフに表して，統計的な特徴や傾向を読み取ることは既習である。

5年 　5年では，このことを基に，資料の全体と部分，部分と部分の間の関係を調べるのに都合のよいグラフとして，**円グラフ**と**帯グラフ**を扱う。以下のことに留意して指導していきたい。

(1) **百分率の理解と活用**

円グラフと帯グラフは関係を表現するグラフであるから，これらのグラフを読んだり，かいたりすることを通して，百分率についての理解を深め，百分率を有効に用いることができるようにしていく。

(2) **グラフに表現する目的の気づき**

グラフは，例えば，全体と部分の割合の大きさを強調的に見せるとか，何らかの目的のもとに表現されている。その目的に気づかせていくようにしたい。

(3) **他教科との関連**

上記のようなグラフに表す目的を意識させると，社会科などの学習活動と関連させ指導することもできる。その際，社会科での用語の扱い方を確認したい。

(4) **目的に応じたグラフのかき方の選択**

グラフをかく際には，目的に応じて，どの資料をどのようにまとめ，グラフの種類や目盛りをどのようにするのか，といったかき方の選択をする。グラフには，統計的資料を**視覚化***し，**直観的にとらえ***られるようにする効果があるからである。グラフを見る者に統計の目的が視覚的に直観的に伝わるように，効果的なかき方の選択を考えさせたい。

1 円グラフ

円グラフは，資料がどのような事柄（部分）によって構成され，その割合がどのようになっているかという内訳を，一つの円を全体として表すグラフである。

例1 日本の国土

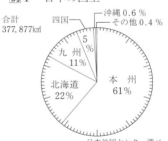

日本地図センター調べ（2002年）

(1) **円グラフのかき方**

全体100％の中心角は360度で，1％

視覚化

グラフに表すことの利点は，数量の大小や，変化の様子が，数値そのものを検討しなくても，目で見て判断できることである。

円グラフ・帯グラフでは，それぞれグラフを構成するおうぎ形の中心角や長方形の長さによって，全体に対する部分の割合がどの程度かが，目で見て判断できるからである。例えば，部分Aが部分Bより大きく，部分Cより小さいなど，すぐにわかるよさがある。

直観的にとらえる

統計的な数値により，その大小や変化の傾向を分析することは，大切なことである。しかし，一方において，数値をいちいち検討しなくても，傾向を概観的にとらえることも，資料の分析には必要となる。

直観的にとらえるとは，図・グラフを見てその傾向を判断することである。グラフをかく意味は，直観的にとらえやすいようにすることを第一のねらいとする。

は3.6度となる。各部分の大きさ（割合）は中心角の大きさや弧の長さに比例し、円の大きさ（半径の長さ）には関係しない。

最近は，コンピュータのソフトを使って，簡単にグラフをかくことができるようになってきた。しかしその際にも，下記の基本的なかき方を知っておくことは，グラフの構造を知るうえで重要である。

① かくための方針

まず全体に対する各部分の割合（構成比率）を算出し，それらの値を360度にかけて中心角を求める。しかし，5年生では，中心角を計算で求めるのは大変なので，全円周を100ないし10等分した用紙を利用してかくようにする。

② かく前の準備

各部分の割合の合計が100％，あるいは中心角の累計が360度になっているかどうかを確かめる。もし，100％（360度）に満たなかったり，超過した場合は，最も大きい部分で調整＊する。

③ かく順序

まず，半径を適当にとって円をかく。次に円の中心より真上に向け基準になる線（半径）を引き，時計の針のまわる方向に各部分の割合（中心角）を円周上にしるし，それらを円の中心と結ぶ。「その他」の事柄（項目）は，最後にかく。一般的には，各部分の割合の大きい順にかくが，各部分の間に順序性や関係がある場合はその都度決める。

(2) 円グラフの特徴

円グラフは，かくのに手間どるが，全体が一つの円で示されることに良さがある。だいたい$\frac{1}{4}$くらいだというように，全体と部分の割合が関係として視覚的に見やすいことが大きな特徴である。

また，二つの円で大きさを同じにして内訳を比較することもできる。例えば，例2のように，年次に応じた割合の変化などを見る上で有効である。

例2　円グラフによる比較

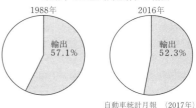

乗用車の生産（円全体）と輸出

自動車統計月報　(2017年)

(3) いろいろな円グラフ

オーソドックスに一つの円を使った円グラフのほかに，さらに見やすくするために工夫された円グラフもある。

各部分を強調するために，色づけしたり，ハッチング＊したりする。

また，例えば，円の中心に小さい同心

社会科での扱いとの関連

社会科では，多くの統計資料が社会的事象を考察するうえで使われている。そこで，掲載されている割合とグラフについて，算数で扱われる用語や数量の単位の解説がされているところがある。その指導の内容や時期について，あらかじめ知っておくことが大切である。特に，5年生の社会科との関連について確認しておきたいものであるある。

百分率の合計の調整

各部分の割合を百分率で表す場合，小数点以下を丸めておくと，図表をかくときに都合がよいだけでなく，概要もとらえやすい。

しかし，そのため精密さが失われることにもなり，全体を構成する割合の合計が100％にならない場合が生じてくる。そのとき，内訳（部分）の中で最も大きいところで過不足を調整するのが，誤差の割合を最も小さくする方法である。

円をかき，合計を記す**ドーナツ図表***にしたものなど，コンピュータグラフィックの発展とともに，多様な円グラフが作られるようになってきた。

目的に沿い見る者を説得させるグラフの工夫は，今後ますます重要である。

2 帯グラフ

帯グラフも円グラフと同様，一つの資料がどのような事柄（部分）によって構成され，その割合がどのようになっているかを表す図表である。

円グラフと違って，下図のように，全体を帯状の長方形で示すので，**帯グラフ**という。

例3 帯グラフの例

牛肉の国産と輸入の割合

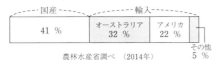

農林水産省調べ（2014年）

(1) 帯グラフのかき方

全体の長さが100％に相当し，各部分は長方形で表され，その面積は幅（縦）が一定なので，横の長さに比例する。

① かく前の準備

まず，全体に対する各部分の割合を算出し，それらの総和が100％になっているかどうかを確かめ，もし過不足が生じた場合には，最も大きい部分で調整しておくとよい。

② かく順序

全体の長さを適当にとり，それを100ないし10等分する。次に各部分の割合に応じて，左から順に区切っていく。このとき，「その他」は最後にする。一般には割合の大きい順に並べるが，各部分の順序性を考えたり，基準の資料と比べる場合などは別である。

なお，帯グラフをかく場合，もし，かく部分の名称や割合を図表の中に記入するとかえって見づらいときは，それを図の外に書くなど，見やすくする工夫が必要である。

(2) 帯グラフの特徴

帯グラフは，円グラフとは異なり，帯状の長方形である。したがって，全体と含まれる部分が比較的かきやすく，スペースをとらずに掲載しやすいところが特徴である。また，下図のように時間の経過による比較が把握しやすいこともある。

例4 資料の比較のグラフ

工業地帯の出荷額の移りかわり
（1980年と2009年の比較）

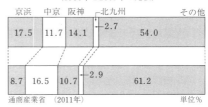

通商産業省 （2011年） 単位%

ハッチング

円グラフや帯グラフをかく場合，図表の各部分を明確に区別するために，下図のように平行線を用いて線影をつけたり，模様をかくことを**ハッチング**という。ハッチングしたものの並べ方によっては，錯覚により判断を誤らせることもあるので，注意が必要である。

ドーナツ図表

右図のように，中心にもう一つの円をかくと，その中に表題や合計などを書くことができ，見やすくなるこのような図表をドーナツ図表とよんでいる。

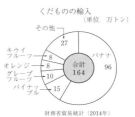

206 円周率

the ratio of the circumference of a circle to its diameter, circle ratio（π）

平成29年改訂学習指導要領では，3年で円（☞204）の直径，半径，中心などの用語については学習してきているが，直径や半径の長さと円周の長さとの関係については取り扱っていない。

5年 5年で，円周の長さと直径の長さの関係を調べ，円周の長さが直径の長さの何倍になっているかを調べさせている。その何倍かを表す数を円周率*という。その際に以下の点に留意していきたい。

1 「関数の考え」を育てる一場面

いろいろな大きさの円，すなわち，直径（半径）の異なるいくつかの円を並列的に見て，何が変化しているか，逆に，何が変化していないのかに着目させ，直径の長さと円周の長さを変数として見られるようにしていく。

2 測定で円周率の意味を知らせる

実際に幾つかの具体物で円の直径と円周を測定し，どんな大きさの円についても，円周の直径に対する割合が一定であることを見出すようにする。その体験的な気づきをもとに，指導していく。

そのためには，例えば，茶筒などでは，テープやひもを用いて測定したり，CDのような円盤では，ものさしにそってころがしながら測定するとよい。

ものさし

3 近似値3.14の指導

学習指導要領の「内容の取扱い」では「円周率は3.14を用いるものとする」としている。

円に内接する正六角形と外接する正方形から，円周の長さは直径の約何倍と見るかということから始める円周率の指導もある。

（直径）×3＜円周＜（直径）×4

具体物の茶筒とかCDなどについて円周，直径を何回か測定したあとは，表にまとめ，（円周）÷（直径）の値を小数第2位まで計算し，それらの平均値で円周率をおさえる。結果は3.14というきちんとした数ではなく，3.14159……と限りなく続く数値になるが，ふつう円周率として3.14が用いられることを指導していく。

円周率

円周の長さが直径の長さの何倍かを表す数を**円周率**という。円周率（π）は，どんな大きさの円でも一定の値をとる。円周率は，詳しくは，3.1415926535897932384626…のようにどこまでも続く。その数の並び方は，循環小数のようなきまりは見られない超越数といわれるもので，わり算で求められる数ではない。ふつう3.14が近似値として用いられる。

現在，円周率の計算の世界記録は，わが国のコンピュータによるもので，約22兆4591億けたより先まで計算されている（2016年時点）。

古代ギリシャの数学者アルキメデスが，半径1の円に内接する正六角形と外接する正六角形を考え，3＜円周率＜3.464を求めた。彼はさらに，辺の数を次々に2倍していき，最後に正九十六角形の場合を考え，$3\frac{10}{71}$＜円周率＜$3\frac{1}{7}$を求めた。これを小数に直すと，3.1408…＜円周率＜3.1428…となり，これから，3.14という数値が使われたといわれている。πの語源は，「まわり」という意味のギリシア語περιφέρειαの頭文字である。

207 重さ
weight

重さは，長さやかさと異なり，目に見えない量であるため，見かけだけではその大小を判断することはできない。また，手に持った感覚で比較するにしても，長さを目で見て比較するより不確かである。

一方，量の測定という立場からいえば，既習の**長さやかさの測定**（☞258，214）と同様の手順をとるべきであることは当然のことであり，指導の過程では，長さやかさの測定の場合と比較して考えさせることが大切である。このことによって**測定の概念**（☞247）の理解をいっそう深めることになろう。

3年 先に述べたように，重さは，一般に視覚だけではその大小を判断できない量なので，重さを可視的な量に置き換えて経験させることが大切である。

1 重さの測定

重さの測定は，基本的には，長さやかさなどの測定と同じように，単位量の幾つ分に当たるかを調べ，数値化することである。指導の手順としては長さやかさの場合と同じように，重さ比べからはじめて，漸次重さの概念の理解を深めていくことが必要である。（量の**加法性**＊）

(1) **重さ比べ**（直接比較，間接比較）

重さ比べでは，重さがかなり異なる場合は手に持つだけで判断できる。しかし，重さがあまり変わらないものの比較は，右図のような天秤（てんびん）で比べることができる（**直接比較**）。また，別に物体 C を用意し，天秤を使って，例えば重さが $C≦B$，$C>A$ のときは $B>A$ の判断もできる（**間接比較**）。

B は A より重い

なお，重さがかなり異なる場合は，測定の考えに準じ，重いほうが軽いほうの幾つ分に当たるか比べることも考えられる。

(2) **任意単位による測定**

天秤を用い，A は積み木 5 個分の重さと同じ，B は積み木 6 個分の重さと同じ。だから，B は A より重いとするのである。

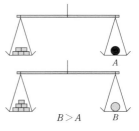

$B>A$

この場合の単位は一般には通用しないことに注意することが必要である。

(3) **客観単位による測定**＊

任意単位は一般に用いるのに不備であることは，長さやかさの場合と対比させれば容易に理解されよう。そこで，g や kg を用いることによって，客観的に数

重さの保存性と加法性（☞274）

ねん土の塊があるとき，この形をどのように変形しても，その重さは変らない。また，この塊を A，B 二つに分けても，それぞれの重さの和はもとの塊の重さと同じである。

100g の湯を 200g のコップに入れ，そこに 10g の角砂糖を入れると 310g の重さになるが，砂糖が溶けると 300g に戻ると誤解する者もあるので，上の比較をさせたい。

重さの客観単位

重さにも，世界で共通に用いる単位（国際単位）が決められている。重さの**基本単位**は，キログラム（kg）である。これは，メートル条約で認められたキログラム原器の質量に等しい質量である。また，キログラムより小さい**補助単位**として，グラム（g）がある。1 g は水 1 ㎖ ［1 ㎤，（1 気圧，最大密度）］の重さ（質量）に等しい。

207 重さ

値化できることを知らせる。

2 重さをはかる計器

児童が体験する計器は，重さそのものを直接比較する構造のさおばかりや天秤よりも，ばねの弾力を利用して重さを長さや回転角度に置き換えて量るばねばかりや台ばかりのほうが身近で多い。

(1) 自動上皿ばかり

操作の点からいえば最も簡単であるが，目盛りが円目盛りであり，1目盛りの大きさがはかりによって違うので，読み取る指導が必要である。円目盛りは，直線上の目盛りに直してみると，ふつうの目盛りと同様であることを理解する必要がある。

(2) ばねばかり

ばねの伸びが重さに比例することを利用したもので，目盛りが直線上に刻まれているので読みやすい。

(3) 台ばかり

目盛りは円目盛りで体重や荷物などの重いものの重さを量るのに用いられ，**秤量も感量***も大きい。

3 はかりを用いる指導

はかりを用いて物の重さを量ろうとする場合には，

・最初に目もりが0のところを指しているかどうかを確認させる。
・量ろうとする物の重さを考えて，秤量より小さいかどうかを確かめる。**量感***はそのためにも必要である。
・はかりには物を静かに載せたり，つるしたりすること，測定対象に応じてはかりを選択することも必要である。
・はかりの1目盛りの重さ(感量)を知って，針の先端に近い目盛りを読むようにする。

4 風袋・正味

(1) 風袋…はかりで物の重さを量るとき，その容器・上包・箱・袋などの目方。
(2) 正味…中身だけの重さ。

実際に物を容器に入れて重さを量る経験を通して，(正味)＋(風袋)＝(全体の重さ)の関係を知り，それを用いる力をのばす。

5 メートル法との関連

平成29年改訂学習指導要領では，3年でメートル法の単位の仕組みとして，mgからtまでの関係を整理する。

(1) 1gの1000分の1の重さを1ミリグラム（1mg）という。

ミリグラムは，医師の用いる薬の量など，微小の重さの単位として用いる。

(2) 1000kgの重さを1トン(1t)という。トン(t)は，トラックの積載量など，大きな重さの単位に用いる。1立方メートル（1m³）の水の重さは1tである。

秤量と感量

そのはかりで量れる重さの限度を，**秤量**（しょうりょう）といい，学校や家庭で用いるはかりには「使用範囲」として示されている。この限度を超さないように注意する。

感量とは，計器の針が感応でき得る最低の重量のことである。感量に満たない微小な量の測定には工夫が必要である。

重さの量感

重さの量感とは，感覚でとらえた物のおよその重さをいい，概測のよりどころになる。重さは不可視的な量のため，観測はなかなか困難であるが，日常生活のなかで，中身の入った牛乳びん，500gの肉などを持った感覚を体験させておくことは，適当なはかりの選択にも必要である。

208 折れ線グラフ
broken-line graph

数量の増減の様子を表現する方法の一つに**折れ線グラフ**がある。この折れ線グラフを用いて関数的な見方をしたり、それを読んだりして変化の特徴をとらえる。

4年 折れ線グラフの指導では、このグラフのかき方と、グラフから変化の特徴や傾向を調べることを扱う。

1 折れ線グラフ

折れ線グラフには、ぼうグラフの先端を線分で結んだものと、関数指導の前段階を意識しての折れ線グラフとがある。いずれにしても折れ線グラフには、次のような特徴がある。

(1) 変化の様子を表す

折れ線グラフでは、横軸は時間などの連続した量を表している。

気温の時間的変化など、主に**変化の様子***を表すのに用いられる。

したがって、属性で分類したぼうグラフでは、大小などが見やすいように、棒を並べる順序を変えてもよいが、折れ線グラフでは、順序を変えると、その意味がなくなることが多い。

また、折れ線全体の表す意味を考えるとき、線分の中間にある値にも意味があることが少なくない。このことがわかるように指導することも大切である。

(2) 変化を調べる

変化を調べるとき、全体的な変化と部分的な変化の二つが考えられる。

① 全体的な変化

だいたいの傾向や法則などを見出すことが大切であり、さらに、発見した傾向や法則を基にして、将来の値を推測することができるような指導をしていきたい。

② 部分的な変化

折れ線グラフの傾きの多少で変化の緩急が比べられることに気づく。

2 指導の要点

(1) 量としての概念をのばす指導

「横軸を量としておさえる」というとき、下のグラフA、グラフBを比べると、A

例

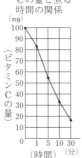
A ほうれんそうのビタミンCの量と煮る時間の関係

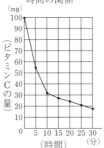
B ほうれんそうのビタミンCの量と煮る時間の関係

変化の様子

変化の様子を表すのに、次のような工夫がある。

一つのグラフのなかに、二つ以上の線を使うときは、線の色や太さを変えて区別する。実線――、点線……、破線----、鎖線-・-などを用いる。(右図)

また、基線との間に波線を入れて、途中の部分を省略することもある。(右図→)

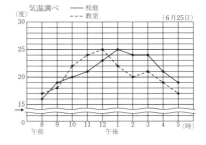

208 折れ線グラフ

のグラフでは，一見同じ調子で減少していくように受け取られやすいが，実際はAのグラフの横軸の時間の取り方からわかるように，間隔が一定していないからグラフの形からの比較は難しいことに気づく。このことから，次のことをおさえておきたい。

① 横軸に記入される項目は，時間などの系列に従うこと。
② 系列の順序に従うだけでなく，量の大きさに比例したところに，軸の目盛りをとること。
③ 横軸のほかの点についても，折れ線と対応して意味が考えられること。

(2) **折れ線グラフをかくときの留意点**
次の三つの例から同じ事象を見やすくする観点を明らかにする。

例
A

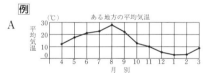

B Aの縦軸の1目盛りの長さの2倍

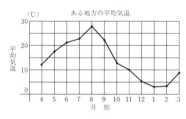

C Bの横軸の1目盛りの長さの$\frac{1}{2}$

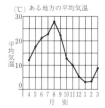

A，B，Cの三つのグラフを見たとき，
・Aはやや単調。
・Bは気温の変化の様子が比較的よくわかる。
・Cは温度の高低や起伏が強すぎる。

このことから，グラフをかかせる指導では，次のことに留意したい。

① **変化の特徴**＊がとらえやすいようにする。
② 1目盛りの大きさは利用しやすい数を選ぶ。
③ 全体の紙面の形や大きさに対して，均衡がとれるようにする。

(3) **折れ線グラフを読むときの留意点**
① 全体的傾向をとらえる。
折れ線グラフを読むとき，部分的なことは比較的よくなされるが，全体を通して読み取ることに欠ける場合が多いので，気をつけていきたい。
② 5年・6年では増減を単に差で見るだけでなく，全体に対する割合などでも比べていけるようにする。

変化の特徴

折れ線グラフの折れ線が，上向きになっているか，下向きになっているか，あるいは横ばいになっているかを見て特徴をとらえる。

折れ線の上がり下がりは，主として前の点との差でとらえることが多いが，差だけでなく，折れ線の傾きから，どの部分がゆるやかで，どの部分が急であるかなど，増減の割合や変化の大小を知って全体の特徴をとらえることが大切である。

折れ線グラフでは，線のかたむきが急なほど，かわり方が大きいことを表している。

ア 上がり方が大きい　イ 上がり方が小さい
ウ 下がり方が大きい　エ 下がり方が小さい
オ 変わらない

209 概算
estimation in calculation

けた数の多い数の計算や複雑な計算をするとき概数を使って結果の近似値を求めることがある。これを**概算**という。概算は，結果の**見積り***をしたり，計算の仕方を考えたり，計算の確かめをしたりするのに使われる。

概算は，次の3点において大きな意義をもっている。
・結果や計算の見通しが立つ
・極端な結果の誤りを防ぐ
・詳しい結果を必要としないときに計算が速く行える

4年 本学年での概数の指導を受けて，四則計算の結果を概数で見積ることに関連して概算を指導する。

1 概算の仕方

$A=54640$，$B=23320$ で $A+B$ を一万の位までの概数で求める概算の仕方には，次の三つの方法が考えられる。

(1) $A+B=77960$ と計算したうえで一万の位までの概数にする。
$$77960 \to 約8万$$

(2) A，B を先に千の位までの概数にしてから計算し，それを四捨五入する。
$$A+B=55千+23千=78千$$
$$78000 \to 約8万$$

(3) A，B を一万の位までの概数にしてから計算する。
$$A+B=5万+2万=7万 \quad 約7万$$

一般には，(3)の方法を指導するが，(2)によるものもまちがいとはいえない。(1)は，計算の結果を概数で表す場合である。

2 加法・減法の概算

一般に，加法・減法の概算では，求められている位より1つ下の位を先に**四捨五入**して，**有効数字**の終わりの位をそろえて和や差を求める計算をし，その同じ位までを有効数字とする。

次は，和や差を千の位までの概数で求める例である。

```
            62000
  61986   +36000
  36465 ⇨ 98000
           
            62000
          -36000
            26000
```

3 乗法の概算

積を上から2けたの概数で求めたいときは，被乗数・乗数を上から2けたの概数にして計算し，その積を上から2けたの概数にする。

例えば，436×186 の場合

見積り

ある課題の解決にあたって，いきなり計算・処理しようとすると失敗することが多い。そこで，解決の見通しを立てたり，結果の見当をつけたりするなど見積りをさせ，その方法や結果を大まかにとらえさせる。これは，児童を筋道立てて考えるようにするためにも大切にしたい事柄である。

例えば，23.6×4.8 の計算の仕方を考えるのに，結果を $24 \times 5 = 120$ と見積る。
この見積りから 236×48 の積 11328 の 3 と 2 の間に小数点を打って積は113.28と予想できる。そのときの小数点の位置は，かけられる数とかける数の小数点以下のけた数の和（1＋1）に対応して，左へ2けた移動して打たれる。
この理由は，
$$23.6 \times 4.8 = (236 \div 10) \times (48 \div 10)$$
$$= 236 \times 48 \div 100$$
の式で説明される。

```
     23.6
   ×  4.8
    1888
    944
   113.28
```

209 概算

$440 \times 190 = 8\overset{4}{3}600 \rightarrow 約84000$
とする。

4 除法の概算

商を上から2けたの概数で求めたいときは，被除数と除数を上から2けたの概数にして計算し，その商を上から2けたの概数にする。

$4458 \div 113$
$4500 \div 110 = 40.9 \rightarrow 約41$

5 積や商の見積り*

けた数の多い場合や小数の乗法・除法では，概算によって，積や商の見積りをしてから計算させると，大きな誤りが防げるし，計算の結果の小数点の打ちそこないなどのまちがいが少なくなる。

例

```
    4 3 6         見積り      4 0 0
  ×   1 8 6              ×    2 0 0
  ─────────                ─────────
    2 6 1 6                 8 0 0 0 0
    3 4 8 8
    4 3 6         確かめ
  ─────────       ←──── 確かめ
    8 1 0 9 6
```

```
           3 9.4   見積り        4 0
     113) 4 4 5 8   ─→    100) 4 0 0 0
          3 3 9                  4
          ─────                 ───
          1 0 6 8                 0
          1 0 1 7
          ─────
            5 1 0
            4 5 2
          ─────
              5.8
```

積や商の見積り

積や商の見積りをするときは，上から1けたの概数にして概算する程度で十分である。

例1　$198.46 \times 81 \rightarrow 200 \times 80$

　　　　　　　　　　　　　　　約16000
　　　($198.46 \times 81 = 16075.26$)

例2　$298.3 \div 198 \rightarrow 300 \div 200$

　　　　　　　　　　　　　　　約1.5
　　　($298.3 \div 198 = 1.506\cdots\cdots$)

概算と近似値計算
――意味のない量――

概数は，近似値の一種であり，近似値の学習の基礎として，次のように位置づけられる。

近似値 { 概　数 / 測定値 / 近似値（狭い意味）

日常生活におけるすべての量は意味をもっているが，概算となると意味のない量が登場してくる。

例えば，野球場に46,000人が入場したが，途中で83人の旅行団体が退場したので，現在は，

46,000人 － 83人 ＝ 45,917人

である，とはしない。
"83人" という確かな量があるのに，これは "0人" としかみないのである。

概算のもつ，この性質を理解させておかないと，体重42.8kgの子がふろのあとジュースを70g飲んだとき，「いまの体重は42.87kgだ」というような測定値に対する判断をもつようになる。

戦前の学生がデカンショ節で
　"万里の長城で小便すれば
　　ゴビの沙漠に虹がでる"
と歌ったが，太平洋にコップ1杯の水を入れて，太平洋の水が増えたと喜ばないように指導したい。

210 概　数
round numbers

人口のような大きな数は，わかりやすいようにおよその数で表すことがある。このようなおよその数を**概数**という。

概数は，次のような場合に用いられる。

(1) 正確な値を必要としない場合

日本の人口，国の予算といったように正確な数値はわかっていても，一般には詳しい数値を必要としないときには，有効数字の少ない概数が用いられる。

　日本の総人口　　　　　　127000000人
　国の一般会計予算　96700000000000円

(2) 近似値*として概数を用いる場合

$\sqrt{2}=1.4142\cdots\cdots$，$\sqrt{3}=1.7320\cdots\cdots$

のように，その値は決まってはいるが，整数や小数ではそのすべてを表示することはできないし，実用の面からいってもある位までの概数で十分であるという場合に用いられる。

(3) 測定値を概数で表す場合

長さや重さなどの連続量を測定するとき，器具の精度や測定技術の程度の影響によって，ある位までしか測定できない。このようなときは，測定値を概数で表し，近似値で示すことになる（☞247）。

4年　概数の意味，概数の求め方，概数の用い方を指導する。概数については，この学年で完成する。

1 概数の意味

長さを測定するとき，ものが目盛りときちんと合わないとき，近いほうの目盛りで読み取る。また，人口などをおよそ何万人と表すことがある。

このように用いられるおよその数から概数の導入を図る。児童のなかには，概数はでたらめ，あるいは信頼できない数であると思っている者がいるので，概数の必要性と，概数で表すことのよさを十分に理解させ，誤った思い込みを取り除くようにしたい。

2 概数の求め方

(1) 四捨五入*

概数にするとき，求める位の一つ下の位の数字が5，6，7，8，9の場合には，求める位の数字を1大きくし，0，1，2，3，4の場合には，求める位の数字はそのままにしておく仕方を**四捨五入**という。また，概数にすることを**まるめる**ともいう。

四捨五入で，児童は，どの位で処理したらよいかが判断できないでつまずくことが多い。そこで，例えば，2865を四捨五入して2900とするときの，次の三つのいい方を対比させて，十分に理解させておくことが必要である。

① 四捨五入して上から2けたの概数にする。

近似値

数学で取り扱う数には，2種類の数が考えられる。その一つは，全然誤差を伴わない数である。一般の計算はこの場合にあてはまる。これに対してほかの場合とは，ものの長さや重さといった量を測定した結果は，どんなに精密に目盛りを読んだとしても，真の値を知ることはできない。つまり誤差を含んだ数となってしまう。

この真の値の代わりに使う数が**近似値**である。

四捨五入による誤差の範囲

真の値と近似値との差が**誤差**である。真の値をa，測定値（近似値）をa'とすると，誤差$\varDelta a$は$|a-a'|$で表される。

一般に測定値は四捨五入した結果の数だから，例えば48.3という値は，

$$48.25 \leqq a < 48.35$$

であるから，測定値が真の値に対しても小さい位の半分だけの誤差があることになる。この場合の**誤差の範囲**は$\varDelta a \leqq 0.05$である。

210　概　数

$\overset{9}{2}865 \rightarrow 2900$

② 十の位で四捨五入する。
③ 四捨五入して百の位まで求める。

ふつう，概数にするという場合，特に条件が示されていないときは四捨五入で求めればよい。

3 切り上げ・切り捨て

(1) 切り捨て

求める位未満をすべて0とみなすことを**切り捨てる**といい，概数を求める方法の一つである。

$1\,5\,\overset{0\ 0}{8\,9}$

$1\,5\,\overset{0\ 0}{1\,4}$

(2) 切り上げ

求める位未満が0以外であれば，求める位の1とみなして，求める位を1大きくすることを**切り上げる**といい，これも概数を求める方法の一つである。

$1\,5\,\overset{6\ 0\ 0}{8\,9}$

$1\,5\,\overset{6\ 0\ 0}{1\,4}$

切り上げ・切り捨て*を指導する場合には，実際場面に即して，意味のある場面で具体的に理解させることが大切である。

4 2けたの概数

上から2けたの概数のことを単に2けたの概数ということがある。

上から2けたの概数にするときは，上から3けためを四捨五入すればよい。その場合，次のようなことに注意させたい。

① 上から2けたの概数

$1.\overset{6}{5}63 \quad 0.732 \quad 0.5\overset{1}{0}5$

0.732，0.495のようなときは，一の位の0は位取りの0で，**有効数字***ではないので，けた数として数えない。

② 0.495を2けたの概数にしたとき，0.5としないで，0.50とするのは，$\frac{1}{1000}$の位を四捨五入したことを示すためである。

5 概数の表す範囲

概数がどんな範囲の数の代表であるかも扱うが，簡単な場合や図などによって具体的に理解させ，深入りは避ける。

一万の位までの概数の範囲

85000以上95000未満（4年）

6 概数の利用

概数は，数量の大きさを表すときをはじめ，グラフをかくときや，かけ算・わり算の積・商の見積りをするときなど，いろいろな場合に使われている。

積極的に概数を利用したり，概数の用いられている例を調べたりして，目的に応じて活用できるような日常化を図りたい。そのためには，社会科の教科書や新聞などを利用することも考えられよう。

切り上げ・切り捨て

切り上げ・切り捨ての意味がはっきりすれば，四捨五入を次のように定義することができる。

「ある数を，ある位までの概数にするには，その一つ下の位の数字が0，1，2，3，4のときは切り捨て，5，6，7，8，9のときは切り上げる」

児童によっては，この表現のほうがわかりやすいという場合がある。

有効数字

測定値や近似値の大きさを表すのに，意味のある数字のことを**有効数字**という。

例えば，巻き尺で距離を測定して35m60cmとした場合，3，5，6，0が有効数字であるから，1cm未満を四捨五入したものと考え，35.60mと表したのである。

これを35.6mと表した場合は，3，5，6が有効数字で，10cm未満を四捨五入したものと考えるのである（☞247）。

211 概 測

estimation in measurement

「駅から北へ200mぐらい行った所に2haぐらいの空地があって……」などのように日常生活では，長さや面積を概測で求めて用をたしている場合もある。

また，量をどのような計器を使って測定したらよいかを考えることもある。これらの場合に，概測の能力が要求される。

また，実測にあたって大きな誤りをしないために，実測する前に計測値の大体の見当をつけておくことが必要である。このように，およその大きさをとらえることを**概測**という（☞247）。

3年 平成29年改訂学習指導要領では，3年で次のような学習内容が設けられている。

「長さや重さについて，適切な単位で表したり，およその見当を付け計器を適切に選んで測定したりすること。」

このような活動は子供たちの量に対する感覚を豊かにしていくうえで大切な活動であり，これまでも教科書でも適時取り上げ，量感を培うことに配慮してきている。

1 長さの概測（目測）

(1) 実測で得た量感

実測は2年からmm，cm，mの範囲で学習してきている。したがって，長さの実測の経験，特に実測の際ものさしを見て目盛りを読んだ経験から，例えば5mmとか，1cm，5cm，10cm，30cmなどの量感は，ある程度備わってきていると考えられる。毎日の学習も含めた生活のなかで「テープを5cmぐらいに切って……」とか「30cmぐらいのひもを家から持っていらっしゃい」などと積極的に使っていくことが大切である。

(2) **知的理解に基づく概測**

例えば，畳の寸法を右図のようにみなすと，6畳間の縦，横の長さはそれぞれ約3m，4mとみることができよう。

(3) **身体の一部を使った概測***

昔の人は，身体の一部を使って，長さを測ってきた。平常の自分の歩幅を知っていれば，それによって，縦・横の長さを求め，広さを概測することなどは，今でも急の用に役立っている。

(4) **歩く時間による概測**

道のりについて学習する際に，実感させる目的で，ふつうに歩いて1kmを何分かかるかをとらえておくと便利である。

一般に使われている「○○駅下車，徒

身体の一部を使った長さの単位

測定する器具が手もとにない場合には，身体の一部を単位として，例えば，漁民がつり糸を繰りながら"何ひろ"と数えたように，生活に結びついた概測がなされる。

① ひろ 両手を広げた長さ（約5尺）

② あた 親指と小指の間の長さ（約6寸）
③ つか 手を握ったときの4本の指幅（約2.5寸）
④ ふせ 指1本の幅（2本で約1寸）

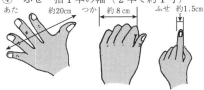

211 概測

歩10分」などの場合は，1分間に80m歩くことを基準にしていることが多い。

2 重さの概測

重さが物のかさや材質などによって左右されることなどから，一般に重さの概測は困難である。それにしても，秤の選択ができる程度のことは必要である。つまり秤量が100g，1kg，4kg，100kgなどの秤に対し，量ろうとする物の重さが，これらの秤量のどれを超えないかを感じ取れる程度の概測ができることである。秤で重さを量ることを通して漸次観測の能力を高め，生活の合理化を図りたいものである。

6年 この学年では，「身の回りにある形について，その概形を捉え，およその面積などを求めること。」と，平成29年改訂学習指導要領に明記されている。

1 長さの概測

5年で平均の学習に伴って，**歩測による概測**ができるようになっている。その場合，基準にする長さを「歩はば」の単位として次のように求めてきた。(⇨平均)

(1) 1歩の歩はばの決め方

例えば，10歩ずつ何回か歩き，その距離を測る。その平均の長さから1歩の歩はばを決める。

(2) 100mや10mの歩数

100mの距離を何回か歩き，その平均の歩数を決める。また，これから10mを歩くときの歩数を決める。

(3) 複歩の歩数

左，右と足を出して**1複歩**とすることで，上の(1)，(2)を決める。

(1)の1歩の歩はばが仮に0.62mで，730歩のときの道のりは，$0.62 \times 730 = 452.6$(m)と計算されるが，歩はばは2けたの概数であるから，道のりも上から2けたの概数をとって，約450mとする。

(2)の場合，仮に100mを170歩で歩くとすると，3000歩の道のりは，$100 \times (3000 \div 170) \fallingdotseq 1765$(m)と計算されるが，(1)と同様に概数で約1800mとする。

2 面積の概測

(1) 求積公式が用いられる図形について必要な長さの概数を用いる。

例えば，長方形の形とみられる砂場の縦，横の長さがそれぞれ6.94m，8.25mであるとき，この砂場の面積は$7 \times 8 = 56$(m^2)と概測する。

(2) 必要な長さを概測し，求積公式を用いて概測する。

例えば，長方形とみられる公園の縦，横の長さを歩測したら，それぞれ65歩，90歩であったとする。この人の歩はばは0.62mであるとすれば，

・縦　$0.62 \times 65 = 40.3 \to$ 約40m
・横　$0.62 \times 90 = 55.8 \to$ 約56m
・面積　$40 \times 56 = 2240 \to$ 約2200m^2*

基準になる物の重さ

重さは長さのように概測することが難しいので，次のようにしてその感覚を養うことが必要である。

① 秤を常備し，量る前に重さを予想し，実測値と比べる機会を多くして，重さの感覚を豊かにする。

② 身近な物のなかで代表的な重さを覚えることに努める。**例** 1円貨（1g），10円貨（5g），鶏卵（約60g），算数の教科書（約150g），200mL入り牛乳（約200g），水1L（1kg），自作の砂袋（1kg，4kg）など。

② かんジュースなど正味の重さが記入された商品で，重さを体感的にとらえる。

なお，かさの概測のできるものから，重さを概測する。上の例で，水1Lは1kgであることを利用して，比重が水に近い牛乳，しょう油など，そのかさの示されているものからその重さをとらえたり，これを媒介として重さを概測するようにしたい。

(3) **ものの形の概形による面積の概測**

この場合，概形として三角形や四角形のように測定しやすい形と見たり，それらに分けたりする。

例えば，右図のように，曲線で囲まれた池の形を三角形と見て，底辺と高さに当たる長さを概測し，求積公式を用いて面積を概測する。

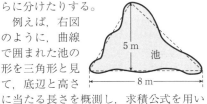

(4) **方眼（1cm²）の数による概測**

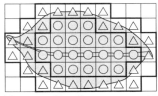

（○，△の数；○…21，△…28）

例えば上の図の木の葉のような曲線で囲まれた形の面積は，その形を方眼紙に写し，その内部に含まれる完全な方眼（○）は1cm²とし，葉のふちにかかっている不完全な方眼（△）は0.5cm²として数える。したがって，21＋28÷2の計算から下の木の葉の面積は35cm²とみることができる。

3 **体積の概測**

体積も面積と同様に概測できる。

(1) **求積公式が用いられる図形**

必要な長さの概数を用いる。

例えば，直方体の形と見られる水槽の内のりの縦，横，高さがそれぞれ21.6cm，39.5cm，18.8cmであったとき，この水槽に入る水のかさを次のように概測する。

この水槽の内のりの縦，横，高さをそれぞれ，20cm，40cm，20cmとみて，体積は，$20 \times 40 \times 20 = 16000 (cm^3) = 16 (L)$

(2) **ものの形の概形による体積の概測**

例えば，下の図はプールの大きさを示したものである。このプールに入る水の量を概測するのに，深さを平均して0.9mとみなせば，次のように計算できる。

$12 \times 25 \times 0.9 = 270 (m^3)$

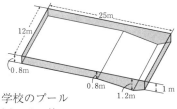

学校のプール

(3) **その他**

石の体積を水の体積と置き換えたり，比重を利用して重さから体積を求めたりする方法で概測することもできる。

概測で得た測定値の計算

測定に当たってなるべく詳しく測定値を出そうとする態度はよいのであるが，概測をしたときの測定値は誤差が大きいので，この場合は，その目的から考えても，詳しく表そうとするのは無意味である。

例えば，上の(2)の場合の縦，横の長さを概測して，それぞれ40m，56mを得た。これから土地の面積は，右のように計算できるが，この積は測定の誤差を含んだ数（○印）を用

```
    4 ○
  × 5 ⑥
    2 ④ ○
  2 0 ○
  2 2 ④ ○
```

いて得られた数値であるので，このままを面積の測定値とするのは不適切である。

そこで求める数値は，次の範囲にあるものとみるのである。

$39.5 \times 55.5 = 2192.25$ （以上）
$40.5 \times 56.5 = 2288.25$ （未満）

から，誤差を含む数字を用いることを避け，この場合は十の位で四捨五入して2200(m²)とするのが適切である。

わり算で測定値を用いる場合も同様である。

212 かけ算とわり算の関係

relation between multiplication and division

かけ算とわり算の関係とは，かけ算とわり算が互いに逆の演算であることである。例えば $a \times b = c$ ならば，$c \div b = a$ または $c \div a = b$ が成り立つことである。

3年 この学年では，かけ算の意味（☞240）やわり算の意味（☞244），およびわり算の検算としてかけ算を用いる場合で，かけ算とわり算の関係についてふれることになる。

1 かけ算が用いられる場合

乗法が用いられる場合の一つとして，**わり算逆**＊がある。「はり金を3等分した一つ分を測ったら20cmあった。はじめのはり金の長さは何cmか」のように，わり算が用いられる場合において，わる数と商からわられる数を求める場合にも，かけ算が用いられることを理解する。

具体的には，次のような図を用いて関係をとらえていく。

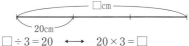

$\square \div 3 = 20 \longleftrightarrow 20 \times 3 = \square$

指導に当たっては，具体物の操作や図を用いて，演算の意味を明確にとらえることが大切である。

2 わり算の意味

わり算逆
上のような問題では，3等分した一つ分が20cmならば，20cmの3倍が全体の大きさというように逆思考をして，20×3 と立式することもできるが，全体の大きさを□として，順思考で，$\square \div 3 = 20$ と立式し，その後，結果を $\square = 20 \times 3$ として求めてもよい。

包含除の場合も，等分除の場合（☞244）も，その導入において，かけ算の関係におけるかけられる数・かける数のいずれかを求める演算としてとらえる。

「24枚の画用紙を1人に6枚ずつ分けると何人に分けられるか」という場合は，$6 \times \square = 24$ で，□にあてはまる数を求めることであり，また「24枚の画用紙を6人に等分すると1人分は何枚か」という場合は，$\square \times 6 = 24$ で□にあてはまる数を求めることになるととらえる。そして，これらはいずれも $24 \div 6$ と立式することを知る。ここで，わり算はかけ算の逆の演算であることをおさえる。

この指導における留意点としては，具体的場面を提示し，それに即して考えたり，半具体物を操作し，包含除や等分除の意味をかけ算の式と関連づけて理解させることが大切である。

3 検算＊

わり算 $a \div b$ の商は，b にかける数の中から求めることを理解する。したがって，$a \div b = c$ の商の検算においては，$b \times c$ の積が a と等しくなるかどうかを確かめればよいことに気づく。

4年 この学年では，わられる数とわる数・商・余りの関係を理解する場面と四則の相互関係を理解する場面において，かけ算とわり算の関係にふれることになる。

1 わられる数とわる数・商・余りの関係

検算
四則計算において，その答えを確かめるために検算をするときには，ひき算ならばたし算をするというように，逆の演算をすることが多い。

4年の余りのあるわり算の指導において，わられる数，わる数，商，余りの関係をとらえさせ，検算の意味や大切さを理解させる。

「42mのロープがあります。なわとびの長なわをつくるために，5mずつ切り取っていくと，長なわは何本できますか」という問題を提示したとする。

ここで42÷5と立式できても，商を5の段で求めようとすると，5の段には積が42となるものはない。そこで，同数累減の考え方に置き換えて考えると，8本できて，2m余ることになる。

これを，42÷5 = 8あまり2と表すことを指導し，検算するのには，2 < 5，5 × 8 + 2 = 42をたしかめればよい。

② 四則の相互関係

これまでに，整数の場合について，かけ算とわり算の間に逆の演算の関係があることを指導してきている。ここでは，このことを□や△などの記号を用いた式や図*に表して一般的にとらえる。

$$□ × 7 = △ \longleftrightarrow △ ÷ 7 = □$$
$$\longleftrightarrow △ ÷ □ = 7$$

この際，形式的にならないように，具体場面と関係づけて指導する。

また，文章題の問題解決では，□を用いた式に表して□を求めるなど，相互関係を積極的に用いることも大切である。

「面積が30㎡の長方形の部屋をつくるのに，横の長さを6mにしたいと思います。たての長さは何mになりますか」

たての長さを□mとして，
□ × 6 = 30   □ = 30 ÷ 6 = 5 (m)

のように指導する。

③ わり算について成り立つ性質*

わり算について成り立つ性質は，計算の仕方を考えたり，仮商を立てたり，計算の仕方を見直したりするのに用いる。

5年　この学年では，かけ算とわり算の相互関係を用いて問題解決の経験を重視する。

① 小数のわり算の意味

A を P 等分した一つ分の大きさを求める場合，$A ÷ P$ という式になるが，P が小数であるときには，整数と同様に1にあたる大きさを求めているという見方で一般化するには難しさがある。このとき，

$$□ × P = A$$

という式に表してからわり算で□を求めるように指導するとよい。

6年　この学年では，分数と分数の乗法，除法の関係について理解することが重要となる。

このとき，数直線を用いて

$$\frac{2}{5} ÷ \frac{3}{4} = (\frac{2}{5} ÷ 3) × 4$$
$$= \frac{2}{5 × 3} × 4 = \frac{2 × 4}{5 × 3} = \frac{8}{15}$$

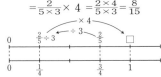

から，計算の仕方を考えさせてまとめる。

$$\frac{a}{b} × \frac{c}{d} = (\frac{a}{b} ÷ d) × c = \frac{a × c}{b × d}$$
$$\frac{a}{b} ÷ \frac{c}{d} = (\frac{a}{b} ÷ c) × d = \frac{a × d}{b × c}$$

記号を用いた式や図

小数や分数の計算では数直線を用いる。

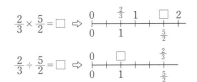

わり算について成り立つ性質

わり算については，わられる数とわる数に同じ数をかけても，同じ数でわっても商は変わらないという性質が成り立つ。

$a ÷ b = c$ のとき
$(a × m) ÷ (b × m) = c$
$(a ÷ m) ÷ (b ÷ m) = c$

213 角
angle

一つの点から出ている2直線が作る図形を**角**という。一方，一つの直線が，端の点を中心として回転したとき，そのあとに残る形も角と考える。後者の角は**回転角**とよばれるものである。ここでは，角を図形的に説明したが，量として，一つの点から出ている2直線が作る開きぐあいの大きさとみることも大切である。

1・2年
1・2年では，図形としての角を学習する。

1 2年では，色板並べや，形集めなどの活動を通して，基本図形の三角形や四角形を操作することになる。

このとき，操作する図形には図形の構成要素としての角も，量としての角も，潜在的には介在しているが，そこではまだ指導の対象とはなっていない。

2 2年では，「三角定規のあ，⓪のようなかどの形を**直角**＊といいます」というように直角が導入される。そして，長方形も「四つのかどがどれも直角になっている四角形」として定義される。

3年
3年で，図形としての形の角から，量としての大きさをもつ角が導入される。

1 角の大きさの指導
(1) **直観的判断**
視覚的に見て大小関係がはっきりわかるような二つの角を示し，「大きい角」と「小さい角」を直観的に判断させる。

(2) **直接的比較**
視覚的に見て大小関係がはっきりわからないような二つの角を示し，「大きい角」と「小さい角」の比べ方を考えさせることが大切である。

厚紙で幾つかの角を作ったり，三角定規を使って，角を重ねて，大小を判断できることを，次のように指導するとよい。

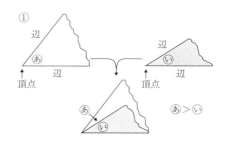

直角の特徴（三角定規の角）
2年では2つの直角がきちんと重ね合わせられること（図1）や，2つの直角を隣り合わせて直線ができること（図2）に気づかせる。

またこの特徴を利用して折紙を四つに折って（図3）直角が作れるようにする。またこの直角は定規の直角の代りに用いられる。

3年では定規の直角とほかの角の大きさを比べて，直角が①の二つ分，②の三つ分とか，①は直角の$\frac{1}{2}$，②は直角の$\frac{1}{3}$などとみる。

（図1）（図2）　　（図3）（図4）（図5）

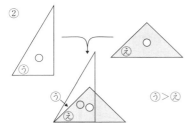

う＞え

角の学習では，その大きさが，その角を作っている2辺の長さと関係があるのではないかという誤った感覚におちいる児童が多いものである。

これらの児童の感覚からすれば角が「2直線によって作られる形」として指導されているので，当然上述のように思ってしまうのである。ただし，このように思わず誤りをおかすような場面こそ，重要な指導ポイントになることを忘れてはならない。角の大きさが辺の長さに無関係であることを，具体的に調べる指導を工夫することが重要である。

(3) 写しとった角の大小比較

三角定規などの角をノートに正しく写しとることができれば，写しとった二つの角の大きさが比べられる。この角の写しとりは，鉛筆の芯の太さや，線の引き方の技術と関係するので，正確を期することは難しいが，経験を豊富にもたせる意味で重要な学習となる。

右図で，おの角を写しとったのが

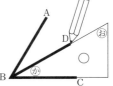

∠ABCで，かの角を写しとったのが∠DBCである。

このとき，おの角がかの角のおよそ2倍になることなども学習できる。

(4) 三角定規の角*

三角定規の角には，基本的で大切な角が使われている。

コンパスの使い方，直線の引き方に加えて，三角定規の角の上手な写しとりができるように身につけておきたい。

4年 4年で初めて角の大きさを分度器で測定する。角を回転量を表すものと見ていくわけである。

① 角の単位

小学校では直角と度（°）を扱い，次の関係を取り上げる。

1直角＝90°
半回転の角（180°）＝2直角
1回転の角（360°）＝4直角

なお，角の単位として小学校では扱わないが，分（′），秒（″）などがある。

1°＝60′（分）　　1′＝60″（秒）

② 分度器の使い方

角の大きさを測る器具である**分度器**には，360°までの目盛りのついた全円形のものと，180°までの目盛りのついた半円形のものがある。日本では，半円形のも

角の大きさの見積り

分度器がないようなとき，折紙を（図1）のように四つに折り，さらに①，②を折り重ねて（図2）とし，正三角形を折る要領（☞226）で30°を作る。さらに，（図2）の③を折り重ねて15°を

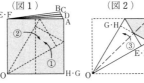

作ってから開くと（図3）のように15°目盛りの分度器ができる。これを利用して角の大きさを見積ったり，概測したりすることができる。

この場合できるだけ誤差の生じない折り方についても工夫するとよい。

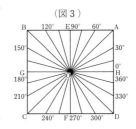

（図3）

213 角

のがよく使われている。

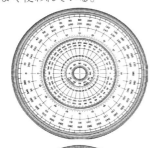

(1) 分度器による測り方
① 180°より小さい角の測り方

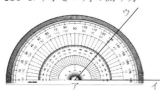

分度器の中心を角の頂点アに合わせ、0°の線を辺アイに重ねる。そのとき、測りたい角の辺アウと重なっている目盛りを読み取ればよい。辺アウと重なっている分度器の目盛りからは130°と50°を読み取ることができるが、ここに示された角ウアイは直角より小さいとみて50°とする。

② 180°より大きい角の測り方

半円形の分度器で、180°より大きい角を測るときは、目で見て小さいほうの角に着目して、その大きさを測り、その角を360°から引けば、求めることができる。

右図で、あの角と◯の角の大きさの和は360°である。したがって、あの角の大きさは 360°−20°で求められる。

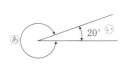

しかし、このように、ひき算を使う測定法は、下に示すような、2回の測定角度のたし算の経験の積み重ねから生み出されるものであるから、たし算の測定法に、まずふれることが大切である。

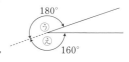

(2) 角度の大きさと図形

これまで児童が正確にかける図形は、正方形、長方形、二等辺三角形、正三角形程度であったが、角の大きさと関係して分度器が使われたことで、児童のかける図形は急増することになる。

また、4年で学習する平行・垂直の概念が深まることと重なると、**作図能力**はさらに拡大されることになる。

次のような作図に挑戦して、作図経験を豊かにしておくことは、図形概念の高

三角定規の角

ひと組の三角定規を組み合わせると、次の表のようにいろいろな大きさの角が作れる。

(1組の三角定規)

和	30°	60°	90°
45°	75°	105°	135°
90°	120°	150°	180°

差	30°	60°	90°
45°	15°	15°	45°
90°	60°	30°	0°

角のいろいろな呼称

角を大きさにより分類して、次のようにいうことがある。(用語は主に中学校で扱う)
鋭角(0°<□<90°), 　**直角**(90°)
鈍角(90°<□<180°), **平角**(180°)

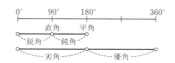

まりに好影響を与えるものである。

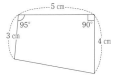

(3) 回転の角

どんな多角形をかいても，一つの**内角***が360°を越すことはない。しかし例えば，135°＋270°＝405°という計算ができないのでは都合がわるい。つまり角がほかの量と同じように，量としての加法性（☞ 104）を備える必要がある。そのため角の最大値が360°では困る。そこで360°をこえる量が必要となる。

児童は，180°をこす角あを見ようとしても，ふつうは，その反対側にあるいの角に目が奪われる傾向がある。あの角は辺が開い

て開放的であるのに反していの角は屋根型で囲いの感じが強く，経験的にもなじみの角だからである。

このような児童の傾向に逆らって，角を量の仲間として引き入れる学習が，**回転角**なのである。

経験的には，時計の長針・短針や秒針を利用するが，半回転の角は2辺が同じ直線上にくること，1回転の角は平面全部の角をおおうことを，繰作を通して明確に理解させることが大切である。

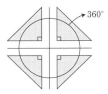

発展 「角の3等分」は，紀元前4世紀ころ考えられたという「"作図の3大難問"」の中の一つである。

定規と，コンパスによって任意の角を2等分することは容易である。これの類推から「3等分も容易であろう」と考えるのはごく自然のことであるが，これは定規・コンパスの有限回使用で作図することはできない。

ただし，ある器具を用いれば簡単に3等分でき，そうした器具はいろいろ考案され，代表的なものが下の器具である。

T定規に半円がついた器具を，半直線PX上に頂点A，PY上に接点Tを，そしてBDが頂点を通るように置くと，BP，OPが∠XPYを3等分する。

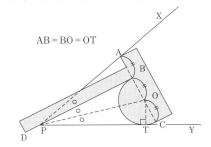

内角と外角

多角形の隣り合う2辺が作る角で，多角形の内部にあるもの（図のあの角）を**内角**という。また，多角形の1辺とその隣りの辺の延長が作る角（図のいの角）を**外角**という。
内角の和は，

　{2×(辺の数)－4}×90°

で求められるが，外角の和は何角形であろうといつも360°である。

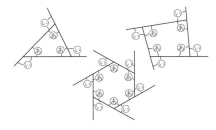

214 かさ

volume

かさとは，ものの大きさ（体積）のことである。

1年 平成29年度改訂学習指導要領には，1年の「測定」に次のような記述がある。

ア 次のような知識及び技能を身に付けること。
　(ア) 長さ，広さ，かさなどの量を，具体的な操作によって直接比べたり，他のものを用いて比べたりすること。
　(イ) 身の回りにあるものの大きさを単位として，その幾つ分かで大きさを比べること。
イ 次のような思考力，判断力，表現力等を身に付けること。
　(ア) 身の回りのものの特徴に着目し，量の大きさの比べ方を見いだすこと。

1年では，算数にかぎらず生活科や総合的な学習の時間などを通して，遊びの中で水やジュースなどを分けたり，量を比べたりする体験をさせておきたい。

また，例えば花に水をやるときにコップ何杯分というように，自然に数を置き換えることも学習させておきたい。

2年 2年ではより正確な測定活動に入っていく。容器に入れた水のかさを，**比較***したり，量ったりすることを通して**普遍単位**の必要性を知らせ，LやdL，mLを導入して，正しく**測定***できるようにしていくことがねらいとなる。

1 かさの比較

かさの大小の比較を通して，かさの概念理解や，測定の素地的経験をする。

(1) **直接比較**

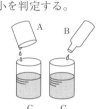

Bの容器にいっぱいに入れた水をAの容器に入れ，A，Bに入る水のかさの大小を判定する。

(2) **間接比較**

同形同大の第3の容器Cを2個用意し，一方，A，Bの容器にそれぞれいっぱいの水を入れてから，それぞれの水を，第3の2個の容器に全部移して，その水の深さを比較する（**かさの保存性***の理解を深める）。

2 かさの測定の素地

第3の容器で間接比較をする場合，容器が小さくて何ばいもくみ出すようなとき，測定の操作になる。

(1) **第3の容器で何ばい分**

次ページの図のように①のかさと②のかさを③の容器で量る。

かさの比較と測定

比較については直接比較と間接比較がある。
単位で量ってその幾つ分かを数値化して表す操作が測定である。
数値化すると，比較するのにも便利であり，計算によって処理できるので便利である。
測定には**任意単位**による測定と**普遍単位**による測定が考えられる。
ふつう，指導の系統は，①直接比較→②間接比較→③任意単位→④普遍単位　となる。

かさの保存性

かさには，どのような形になっても，またどのように分割しても，その全体の量の大きさは変わらないという性質がある。これを**かさの保存性**という。

かさの加法性

かさは，2Lと3Lで5Lのように加法ができる量である。この性質を**かさの加法性**という。長さ・広さなどの外延量には，すべて加法性がある。（☞106）

①のかさは5はい分，②のかさは4はい分あったとすると，①のかさは②のかさより③の容器で一杯分大きいことがわかる。

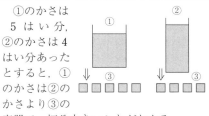

(2) **同じ容器で量る必要性**

①のかさを③の容器で量り，②のかさを③より小さい④の容器で量って，それぞれが5はい分と8はい分だったとしても，②のほうが3ばい分大きいとはいえない。

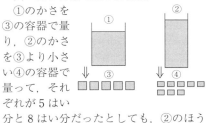

このように，第3の容器の大きさが同じ（共通な単位）でないと比べられないことに気づかせることが大切である。

(3) **数値で表せるよさ**

同じ第3の容器で量って①は5はい分，②は4はい分のように数値で表すことが測定として大切である。

数値化することにより，三つでも四つでもそのかさの大小を比べ，その差を数値で表すことが可能になる。

3 **任意単位から普遍単位へ**

定めた単位で量る操作が測定である。1年では，特定のコップ（任意単位）で量って，その何ばい分で表したりしたが，2年ではL，dL，mL（普遍単位）による測定を扱うことになる。

(1) **普遍単位の必要性**

任意単位としてのコップによる測定も，同じ大きさのコップで量った数値でないと比べられなかったことから考えて，いつ，どこでも正しくかさをいい表すために，共通の単位が必要であることに気づく。

(2) **かさの単位 L，dL*，mL**

1 L は10cm立方の大きさであることを知る。 1 L = 10dL

1 dL は 1 L の $\frac{1}{10}$

1 mL は 1 L の $\frac{1}{1000}$

1 dL は 1 L の $\frac{1}{10}$ の大きさのかさで

1辺10cmの立方体

あることを，容器を観察しながら，実際に水を出したり入れたりして，

1 L ⟷ 10dL ⟷ 1000mL

をとらえる。 1 mL は 1 cm³ に等しく，そのかさは 1 cm立方の大きさであることを積み木などで知ると， 1 mL を100積んで100mL = 1 dL，1000積んで1000mL = 1 L などもわかりやすい。

4 **リットルます・デシリットルます***

1 L 分のかさのはいるますをリットルますという。

(1) **ますは計器**

リットルますで量って1ぱい分，2はい分のかさは，それぞれ1 L，2 L になる。

かさの単位（L，dL，mL）

LやdL，mLはかさの普遍単位である。dL，mLはLの補助単位であって， 1 Lより小さいかさを整数値で表すために工夫されたものである。

0.1L → 1 dL　　0.001L → 1 mL

日本には古くから中国由来の体積の単位として，合や升があり，米1合（約1.8dL），酒1升（約1.8L）などのいい方が残っている。

リットルます・デシリットルます

ますはかさを量る計器である。1 L 入る大きさのますをリットルますといい，1 dL 入る大きさのますをデシリットルますという。

ますの1ぱい分，2はい分，……と量る方法は，連続量の分離量化の操作の工夫であるが，目盛りを読んで量る方法は，連続量をそのまま長さに置き換えて数値化する工夫とみることができる。

214 かさ

量ったこのますは計器である。

(2) 測定値の整数化の工夫

ますで1ぱい分, 2はい分, ……と量るのは連続量であるかさを, 分離量と同じように整数で表す工夫をしているとみることができる。リットルますで量ってはんぱが出たら, 小さい単位になっているデシリットルます*で量る。

5 ますの目盛り

リットルますに10等分した目盛りをつけたものがある。この1目盛り分は1dLである。

(1) 目盛りによる測定

かさを量るとき, 右の図のように目盛りを用いて量ると, いちいち1dLずつくみ出さなくても正しく量ることができる。

ここでは, 何ばい分かを目盛りに置き換えるという工夫がみられる。

(2) かさの加法性

3dLに2dLを加えると5dLになることは, 実際に操作してみるとわかる。

ここでは, かさの加法性に気づかせることが大切になる。

5年 平成元年改訂学習指導要領では, 体積の学習と関連して**容積***も扱っていた。

1 体積

右の図のような直方体を測ったら, 縦・横・高さがそれぞれ10cm, 20cm, 5cmであった。このとき, 10×20×5 = 1000となり, その体積は1000cm³である。また, この体積はちょうど1Lである。

1mLと1cm³のかさは等しい。そのわけは, 1mLは$\frac{1}{1000}$Lだから1000cm³の$\frac{1}{1000}$で1cm³になることからわかる。

また, 大きな体積の単位の学習として5年では次のような内容を指導する。

2 単位m³

(1) 大きな体積の単位

大きなものの体積を表すには, 1辺が1mの立方体を体積の単位にする。

1辺が1mの立方体の体積を**1立方メートル**といい, **1m³**と書く。

 1m³ = 100cm × 100cm × 100cm
     = 1000000cm³

また, 1L = 10cm×10cm×10cm = 1000cm³
だから 1m³ = 1000L

このように, 単位の関係をメートル法の仕組みのなかで捉えさせるのである。

さらに大きいものの体積の単位として, 1kL = 1000Lの関係も扱う。

6年 メートル法の学習では, 単位を生活の中から探して表に整理してみるなどの活動を行う。また, 柱体の体積を扱う。

容積

液体は形が不定であるから, 容器に入れないと量ることも持ち運ぶこともできない。

容器はそれぞれ容量がある。容器の中にいっぱい入れられる容量が容積である。

2Lのしょう油びんというとき, このしょう油びんの容積は2Lということである。

内のり

容器は厚みがあるので内側の必要な長さを測って容積を求める。これが内のりである。

メートル法の仕組み (☞270)

メートル法の仕組みは次のようになっている。

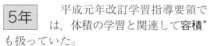

1000倍	100倍	10倍	1	$\frac{1}{10}$	$\frac{1}{100}$	$\frac{1}{1000}$
キロ	ヘクト	デカ		デシ	センチ	ミリ

1kL = 1000L
1dL = 0.1L
1mL = 0.001L = 0.01dL = 0.1cL
1L = 10dL = 100cL = 1000mL

215 形の構成と分解
composition and decomposition of shapes

低学年では図形を体験的に理解するために形の構成・分解が強調される。

1年 いろいろな形を構成したり，構成した形を変形して動的に考察したりする。

1 素材と形と構成
形の構成は，素材の違いによって，次の三つに分類される。
(1) 線構成
ひご・数え棒・ひも・モールなどの直線的なものを利用した形の構成。
(2) 面構成
色板や色紙などの平面的なものを利用した形の構成。
(3) 立体構成
積み木・ねん土などの立体的なものを利用した形の構成。

これらの三つのうち，一般的な指導の順序は，(3)→(2)→(1)である。それは，素材の取り扱いやすさ，構成のしやすさによるものである。

2 構成する形
図形の概念を得させる第一歩は，身のまわりにある具体的な事物の特徴を観察させたり，構成させたりすることである。したがって，この学年では，具体的な事物（立体）の概形を構成することに指導の重点がおかれる。

3 積み木遊び
積み木遊びなどの形の構成に関する指導は，次のような手順で進めるとよい。
(1) 積み木の特徴を調べる
この段階では，形の形態的な面だけに着目させるのではなく，例えば「ころがりやすい形」「ころがりにくい形」といった形の機能的な面にも着目させる。
(2) 構成の実際
初めは教科書のさし絵などを参考にして構成させ，次に教科書の挿絵以外の形を創意・工夫して構成させる。
(3) 構成した形の表現
具体的な事物の概形を構成することに終始するのではなく，構成した形の全体や部分に着目して，その特徴を表現させるようにする。

例えば，右図の形であれば，灯台の先端は「さんかく」で胴体は「まる」と「しかく」でできているといったようなことである。

4 色板遊び
色板は積み木の場合と異なり，次の図のように1種類の色板を組み合わせて，

合同な2枚の直角三角形の並べ方
直角二等辺三角形の色板の場合は，表裏の区別をする必要がないので，次の3通りの基本的な図形ができる。

しかし，直角三角形の色板の場合は，表向きどうしの場合と，一方が裏向きの場合が考えられるので，次の6通りの形が構成されてくる。上段が表向きどうしの場合で，下段が表向きと裏向きの場合である。

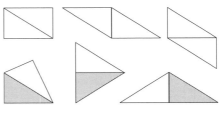

215　形の構成と分解

影絵のような形も構成することができる。

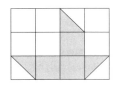

また，二つの直角三角形の色板を使って構成した基本図形と，もとの直角三角形を比べ，どこの部分が長くなったり，大きくなったりしたかを図や映像を見せながら比較させるようにする。

5 ぼうならべ

色板遊びが**面構成**であるのに対し，「ぼうならべ」は**線構成**である。ここでは，具体的な事物の概形を棒などの線を用いて構成させることを通して，図形への親しみと関心をもたせるようにする。

6 格子点を使っての作図

右の図のような格子状に並んだ点を結んで，正方形，長方形，直角三角形などをかく。

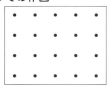

2年　正方形・長方形・直角三角形などの学習の発展として，平面を合同な形で敷き詰め，初歩的な空間の広がりを意識づけるようにする。

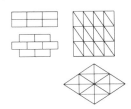

3年　この学年では，合同な二等辺三角形や正三角形を敷き詰める活動を通して，これらの図形でも平面が敷きつめられることや，その中にほかの図形を認めることなどをねらっている。

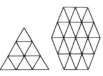

4年　この学年では，合同な平行四辺形，ひし形，台形によって平面が敷き詰められることを確かめる。さらに，敷き詰めた図形の中にほかの図形を認めたり，平行線の性質に気付いたりするなど，図形についての見方や感覚を豊かにすることをねらいとしている。

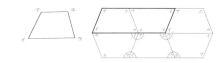

平行移動

平行移動とは，図形を一定の方向に一定の距離だけずらすことである。

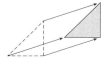

回転移動

回転移動とは，図形を1点を中心にしてある角度だけまわすことである。平面上における図形の一般的な移動は，図形を平行にずらしてから回したり，逆に回してからずらしたりする場合が多い。つまり回転移動と平行移動の組み合わせである。

対称移動

図形の移動の途中で，図形を平面からはなしてもよいことにすると，裏返すことができる。

対称移動とは，右図のように図形を一つの直線を軸にして裏返すことである。

130

216　かっこを用いた式
expression with parenthesis

算数(数学)で数量の関係を表現する場合には，ふつうの文章表現よりも簡潔な記号を使ったりして式による表記をする。このことは重要なことであり，それゆえ，数量の関係を式によって表すには，表現上の一定のきまりを用いて，それに従って記号*で結合していく。

さて，式が一定のきまりによって数量の関係や操作の手順・条件などを表したものとすれば，それは数学で用いる文章ともいうべきものであり，式で表すという能力も重要である。また式で表されたものを「読む」能力も重要である。表題の「かっこを用いた式」も，上のような立場でとらえていくことが必要である。

2年　加法および減法の理解を深め，それらを用いる能力をのばしたり，事柄や関係を式を用いて簡潔に表したり，式を読んだりすることができるようにするため，( )を用いることについて，次のように指導する。

(1) 例えば，加減2段階といわれる次の問題について考えてみよう。

> 子どもがいます。男の子は女の子より8人おおくて23人です。子どもは，みんなで何人いるでしょう。

全体を（男＋女）ととらえたうえで，

$\begin{cases} 男の子は女の子より8人おおくて \\ 23人です。 \\ 男の子は女の子より8人おおくて \\ 23人です。(□内を抜いて読ませる) \end{cases}$

から，$\begin{cases} 男は\quad 23人 \\ 女は (23-8)人 \end{cases}$

であるから，

男　＋　女
↓　　　↓
23 ＋(23－8)

のように考えさせることが大切である。

そのためには，1年のときから，全体の数量の関係をとらえさせることを，常に念頭においた指導が必要である。

(2) 観点を変えてものの集まり(集合)を見る例について考えてみよう。

> A店でノートを60円で買い，B店でえんぴつを300円と，150円のパンを買いました。

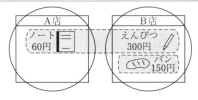

① ○ ＋ ○　で考えると，
　(A店での代金) ＋ (B店での代金)
　　　60　　　　＋　(300＋150)
② ▨＋▨で考えると，

式に用いられる記号

式に用いられる記号には，次の三つがある。
① 対象を表す記号
② 操作を表す記号
③ 関係を表す記号

例えば，「男の子が15人いました。初め，男の子は女の子より2人少なかったのですが，a 人ふえたので，女の子よりおおくなりました」の式は次のとおりであり，用いられている記号を分類すると，右のようになる。

$15 + a > 15 + 2$
① ② ① ③ ① ② ①

このことから，

「式とは，一定のきまりに従って，対象を表す記号，操作を表す記号，関係を表す記号を結合し，操作の手順や，数量関係，条件などを表示したものである。」

ということができる。

216 かっこを用いた式

（ぶんぼうぐ代）＋（パン代）
　(60＋300)　　＋　　150
のように立式ができれば，結合法則の理解にもつながる。

なお，この学年では，あえて（ ）を使わなくても，一つのものを表す意味で ▭ で囲んで指導するほうが，理解しやすいであろう。

4年　**1 かっこを含む計算**

（ ）を用いることの経験を通して，（ ）内の式は一つの数を表すことの理解を明確にするようにする。以下に述べる式の計算では，（ ）内を先に計算することの必要なわけを，具体的な裏づけをもって理解することが必要である。形式的に（ ）のついた式を計算する指導は，これらの理解を得た後に行うほうがよい。

2 式の中の乗除計算の先行

式の中に乗除で結ばれた式があるときには，その計算を先に行う約束である。計算の約束だけでなく，乗除で結ばれた式が一つの数を式表示したものだという式の見方に馴れさせることが大切である。そのためには，言葉の式などを援用して，その理解をしっかり得させた後で，（ ）を省いてもよいことを指導したい。

このことを次の例で考えてみよう。

> 15人の子どもがいます。めいめいに赤い色紙を3まいと，青い色紙を2まいずつ配ります。配る色紙は，全部で何まいになりますか。

$\left(\begin{array}{c}\text{赤い色紙の}\\\text{全体の数}\end{array}\right)+\left(\begin{array}{c}\text{青い色紙の}\\\text{全体の数}\end{array}\right)$

の考えから，(3×15)＋(2×15)とし，
3×15＋2×15
を導けば，乗法計算を先にすることを理解させることができるであろう。

3 四則混合の式の計算順序＊

このことを次の例で考えてみよう。

> ふみ子さんは，色紙を90まい持っていましたが，そのうち，赤，青，黄の色紙を5まいずつのこして，のこりの$\frac{1}{3}$を妹にあげました。ふみ子さんの手もとにのこった色紙は何まいでしたか。

この答を求めるための考えは，

$\left(\begin{array}{c}\text{もってい}\\\text{た色紙}\end{array}\right)-\left(\begin{array}{c}\text{もってい}\\\text{た色紙}\end{array}-\begin{array}{c}\text{3色の色}\\\text{紙の合計}\end{array}\right)\div 3$

　　↓　　　　　　　↓
　　90　－　（90－5×3）÷3

この式を計算する場合に，
① 妹は何まいの$\frac{1}{3}$をもらったのか。
② それには，上の式をどんな順序で計算したらよいか。
をたずね，計算の順序を脚注のように①，②，……で示させることが大切である。

この記号のつけ方によって，一人ひとりの理解を確かめることが大切である。

四則混合式の計算順序

上のような理解から，
(1) 四則混合式では，（ ）の中の計算や乗除の計算を先にすること。
(2) （ ）の中に，乗除の計算のある場合には，乗除の計算を先にすることの理解を確かめたうえで，例えば，次の式を取り上げ，
　　90－(90－5×3)÷3
から，

「まずどの計算をするか（―①―で示せ）」
「次にどの計算をするか（―②―で示せ）」
のように，順に確かめながら指導していくとよい。

そして右の，ような図式をつくりあげ，計算させるのである。

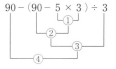

217　関数関係
functional relation

ともなって変わる二つの数量があって、その一方の値が定まると、それに伴って他方の値も定まるという関係があるとき、後者は前者の**関数**（☞108）であるという。また、これらの二つの数量の間に、**関数関係**があるともいう。

例えば、1本50円の鉛筆を買うという場面で、買う本数が変わるとその代金も変わり、本数を5本と定めると代金は250円となるというように定まる。したがって、この場合、代金は買う本数の関数である、ということになる。

関数、関数関係という用語が初めて教科書に現れるのは中学校以降である。したがって、小学校では「二つの数量の関係」という表現で取り扱う。

その「数量の関係」については、直接的には「**関数の考え***」として4年以上で指導されるが、低学年から「**関数的な見方**」という表現でその素地指導が行われる。

「関数的な見方」というのは、場面のなかにともなって変わる二つの数量を見出し、その二つの数量について、一方が変われば他方が変わり、一方が定まれば他方が定まるという見方をすることである。

この3年までの「関数的な見方」の指導が、その後の4年から6年までの「関数の考え」の指導の素地となる。

「数量の関係」に着目した取り扱い
（1～3年での指導事例）

1年　10の構成において、たす数とたされる数の関係をとらえる。例えば、右の図のようなたし算カードを用意し、裏が10となるものすべてを集める。このカードの表を見て、左側の数に着目して整理すると、1＋9、2＋8、3＋7、……、9＋1となる。左側の数（たされる数）にともなって、右側の数（たす数）が変わることがわかる。そして、前者が1増せば、後者が1減るという**変化の特徴**もとらえることができる。

2年　2の段の九九について、かける数と積との関係をとらえる。2の段の九九を見ると、2×1＝2、2×2＝4、2×3＝6、2×4＝8、……、2×9＝18のように、かける数が変われば積が変わり、かける数が定まると積が定まる。このときの変化の特徴として観察できることは、かける数が1増せば、

関数の考え

関数という言葉は、17世紀にライプニッツが初めて使ったものであり、微分・積分学とともに生まれたといわれる。関数が、中等学校以下の教育の場に取り入れられ、重要視されるようになったのは、20世紀の初めのことである。そして、わが国にも伝えられ、今日では、この関数観念の育成は算数・数学教育の大きな柱の一つになっている。

現在、関数の考えを指導するねらいとして、次の二つの点があげられる。

(1) 関数の考えの指導は、事象を科学的に処理する能力や態度の育成をめざすこと。
(2) 算数で指導される各内容を、関数の考えに立って考察させることによって、その意味をよりよく理解させうるという立場に立つこと。

関数の考えとして、次の3点が重要である。
① 依存関係に着目すること。
② 関数関係のきまりを見つけたり、用いたりすること。
③ 関数関係を表現すること。

217 関数関係

積は2ずつ増すことである。

これはまた，子供1人に2個ずつおはじきを配る場面から考えてもよい。このとき，人数とおはじきの総数を考えると，次の表のようになる。

人　　数	1	2	3	4	5	6
おはじきの総数	2	4	6	8	10	12

ここでは，人数とおはじきの総数の間に関数関係を見ていることになる。

3年　この学年では，数量を□などを用いて表し，その関係を式に表すことなどを扱う。ただし，この学年では□は未知の数量を表す場合を中心に指導し，変量を表す場合は4年以降で扱う。しかし，計算の仕方を考えるとき，関数的見方を扱うことができる。

例えば，24×3を考えるとき，24を8×3とみて8×3×3＝8×9とかけ算九九にして答を求めた。そのとき，24×3と8×9の2式を並列させて，かけられる数どうしと，かける数どうしを縦に見て考えさせてみる。

$$24 \times 3 = 8 \times 9$$

かけられる数を3でわって，かける数を3倍すると，結果は変わらないという，一種のかけ算のきまりが見えてくる。

「関数の考え」に着目した取り扱い
（4〜6年での指導事例）

4年　この学年になって本格的に関数関係を扱う。すなわち「伴って変わる2量」として，二つの数量を関係づけることから「関数の考え」を育てていく。

その主な内容は次の三つである。

1　数量の関係を調べること

まず，身の回りにある，伴って変わる二つの数量を見出すことから始める。そして，見出した二つの変化する数量を**表やグラフ**などにして，関係を調べる。するとそこには**関係のきまり**が見えてくる。そのきまりを使って問題を解決していくのである。

すなわち，対応する値を見つけ出し，それを表に表す。そして規則性（関係のきまり）を見出す。

また，取り上げる数量やその関係としては，その数量が整数値をとるものがよい。関係としては，四則計算で一方から他方が得られるものがよい。次の例でこのことを明らかにしよう。

例えば，ストローで右図のような正三角形

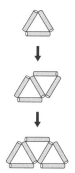

変数と変域

伴って変わる二つの数量があるとき，それぞれの数量を**変数**（用語としては中学校で扱われる）という。

例えば，長さ1cmのひご20本を並べて長方形を作るのに，縦に並ぶ本数を変えるとそれに伴って横に並ぶ本数も変わる。このとき縦と横に並ぶ本数はどちらも変数である。

これに対し，縦に並ぶ本数と横に並ぶ本数の和の2倍は，つねに20本で一定である。こ

のように決まった数を**定数**という。

また，変数にはある一定の制限があることがある。この場合，縦に並ぶ本数を x 本とすれば，x は $1 \leq x \leq 9$ の範囲にある整数である。このように変数のとり得る値の範囲のことを，その変数の**変域**（用語は中学校で）という。なお，変数や変域は広い意味では数と限らない。例えば，カレンダーで，ある月の曜日は日が決まればわかるから，曜日は日の関数で，それぞれ変数，変域が考えられる。

をつくっていく。すると，子供たちは，正三角形の数とストローの本数の二つの変化する数量に気づいていく。そして，正三角形の数が1こ，2こ，……と増えていくと，ストローの数は……と問いかけると，正三角形が1個のときは，ストローの数は3本，2個のときは……と次々とでてくる。

この関係を表に表すと次のようになる。

正三角形の数(こ)	1	2	3	4	5	6
ストローの数(本)	3	5	7			

この表から，正三角形が1増せば，ストローの数が2増えるという2変量間のひとつの規則性が見出される。

2 折れ線グラフを読んだり，かいたりする

関数的な関係の第2の表し方に，グラフがある。この学年では，折れ線グラフを用いて関数的な関係を表し，その特徴をとらえる。グラフは，対応する値そのものがはっきり表されているが，数値自身は近似値であるために注意がいる。しかし，値の対応する様子や変化の特徴が一目でわかるよさがある。

ここでの内容として，次のものがある。

(1) 対応する数値を読む
① そのままの読み……プロットした点（座標）を読む。
② 補間する……プロットした点の間の点（座標）を読む。

(2) 変化の様子をとらえる
① 全体的な変化をつかむ。
② 変化の大きさをつかむ（変化の割合を含む）。……傾きにより，変化の緩急や一様さを考える。

(3) 折れ線グラフをかく
対応する値の組をつくり，それを方眼紙上にプロットし，点を順に結ぶ。

3 数量の関係を式に表す

関数的な関係の第3の表し方には**式**がある。ここでは，数量の関係を一般的にとらえて，言葉の式という**公式**にまとめたり，用いたりすることを通して，関数の考えを育てていく。

例えば，この学年で学習する長方形の面積は，単位面積の（縦の長さ）×（横の長さ）分あることから，「長方形の面積＝縦×横」という公式がつくられる。このとき，公式はどんな数でも成り立つ関係であることを理解させる。そしてさらに，縦と横の長さで面積が求めれることや，面積と縦の長さから横の長さが求められることなどについても気づいていくようにする。

「関数の考え」は，数と計算や量と測定，あるいは図形の内容の考察などに生かされる。

 この学年では，簡単な場合について比例の関係を扱う。「比

独立変数と従属変数

ともなって変わる二つの数量があって，その間に関数関係があるとする。この二つの数量は，ともに変数ということになる。いま，この二つの中で，一方の値を定めると他方の値が定まるとき，前者を**独立変数**，後者を**従属変数**という。

例えば，12kmの道のりを行くのに，速さを毎時$x$km，かかる時間をy時間で表すと，x，yは変数で，このxとyの間には関数関係がある。そこで，式$x \times y = 12$で表される。このとき，速さ（xの値）を定めると，かかる時間（yの値）が定まると考えれば，xからyへの対応であるから，xは独立変数，yは従属変数である。

実際の場面で，二つの数量のどちらを独立変数，どちらを従属変数にするかは，その状況から決まってくるものである。

数学では，独立変数をx，従属変数をyで表すのがふつうである。

217 関数関係

例」の用語も扱う。

ほかの「関数の考え」については、例えば、平行四辺形や三角形の面積を求める公式を取り上げ、数量の対応や変化の仕方にどのような特徴があるかを考えたり、言葉の式や△、□などを用いた式に表す活動を計画していく。

また、円周の長さを求めるのに、いくつかの大きさの異なる円を並列的に並べ、円周の長さと依存関係にある直径の長さとの関係づけを、表に表し、その考察によって（円周の長さ）＝（直径の長さ）×3.14という公式が見出されていく。すなわち、この公式が、直径と円周の関数関係を表していることに気づかせていく。

なお、関数関係を表す第3の方法としての式において、文字を用いるのは6年の内容である。

6年　この学年では、3年までの「関数的な見方」をベースにして4年から扱ってきた「関数の考え」をまとめる意味で、特に**比例関係**に着目していく（☞106, 263）。

すなわち、比例・反比例の意味を知り、簡単な場合について、そのグラフの特徴を知る。また、比例関係を用いて、問題を解決する（☞263）。

比例の意味としては、次の四つにまとめられる。

① 二つの数量 A, B があって、一方の数量が2倍、3倍（$\frac{1}{2}$, $\frac{1}{3}$…）…と変化するのに伴って、もう一方の数量が2倍、3倍（$\frac{1}{2}$, $\frac{1}{3}$…）…と変化するということ。すなわち、二つの数量 A, B の対応する値について、

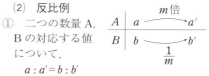

$a : a' = b : b'$

② 対応する値の商は一定。
$\frac{b}{a} = \frac{b'}{a'} = k$

③ $y = k \times x$　あるいは　$y \div x = k$
と表される（k は比例定数）。

④ グラフは原点を通る直線。

(2) 反比例

① 二つの数量 A, B の対応する値について、

$a : a' = b : b'$

② 対応する値の積は一定。
$ab = a'b' = k$

③ $y = k \div x$　あるいは　$y \times x = k$
と表される（k は比例定数）。

④ グラフは両軸と交わらない丸みのある曲線。

ただし、小学校の段階では、児童がいくつかの点をとったり教師がグラフを示したりして、比例との違いに気づけるようにしたりする程度でよい。

順序対（☞203, 269）

前と後の順序を決めた二つの数の組のことである。単なる二つの数の組では、（1，2）と（2，1）の区別はない。順序対では、（1，2）と（2，1）とは区別される。

関数関係にある二つの数量のとる値を表すのに、順序対が用いられることが多い。順序対の前のほうの数は独立変数の値、後の数は従属変数の値をそれぞれ表している。

順序対は、平面上の座標ともみられる。右図で、点Aの座標（1，2）は、順序対にほかならない。

したがって、関数関係の場合、順序対の集合は、関数のグラフということになる。

218 記数法と命数法
notation and numeration

1 記数法

数の書き表し方を**記数法**という。現在わが国では，**漢数字***や**インド数字***（アラビア数字）を用いる記数法が採用されているが，他の国でも，インド（アラビア）数字を用いる場合が多い。なお，漢字では，次のように表す。

  じゅうご　　　十五………10＋5
  ごひゃく　　　五百………100×5
  にじゅうさん　二十三……10×2＋3

インド（アラビア）数字では，0，1，2，3，4，5，6，7，8，9の10個の数字と，数字の位置によって数の大きさを表すようにしており，これを**十進位取り記数法***といい，この記数法で書き表す。

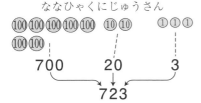

古代にあっては，一つひとつの数に対して数詞や数字（記号）をあてており，数を書き表すことは大変不便であったと推測できる。上記の**位取り記数法の原理***を用いることによって，0から9までの10個の数字であらゆる大きさの数も表すことができるようになった。

2 命数法

数のいい表し方を**命数法**という。命数法は国によって異なるが，わが国では，中国の命数法を基にし，いち，に，さん，し，ご，ろく，しち，はち，く，じゅう，ひゃく，せん，まん，おく，ちょう，…という唱え方をしている。

なお，わが国の命数法と記数法は十進法となっている。これは，数えること，書き表すこと，計算することを合理的，能率的なものにしている。

3 0の効用

バビロニアでは紀元前2，3世紀ごろに，0にあたる記号を用いていたが，これは数字が欠けている所にあてはめたもので，計算には用いていなかったようである。

インドでは紀元5，6世紀ごろに0の意味と位取り記数法の原理が結びつけられ，空位を表すのに0を用い，さらに計算にも用いるようになった。

いままでに人類は，いろいろな記数法を発明し，使ってきたが，その中で十進位取り記数法が最も優れたものである。今日の数の計算はすべてこの記数法によっているが，それは0の効用によるところが大きい。

漢数字・インド数字（アラビア数字）

一，二，三，…，十，百，千，万，億，兆など，漢字で表した数を**漢数字**といい，中国で発明され，中国や日本で使っている。

これに対して，0，1，2，3，……，9は，インドで発明され，9～10世紀ごろにアラビアからヨーロッパに伝わったもので，**インド数字**または**アラビア数字**といわれている。現在，世界の大部分の国が，このインド数字を使っている。

十進位取り記数法

単位が10まとまるごとに，十，百，千，…と新しい単位を作り，それらの単位の個数を0～9の数字を使って表す命数法や記数法を**十進記数法の原理**という。また，単位の大きさをその単位の個数を表す数字の書く位置によって表す記数法を**位取り記数法の原理**という。私たちが普通使っている3096のような，十進法と位取りの原理を併用した記数法を**十進位取り記数法**という。

218 記数法と命数法

1年 簡単な3位数までの数の唱え方，数え方，書き表し方を理解する。

1 唱え方・数え方

0から20までの範囲で，数詞を唱えること，個数を数えることを関連的に扱い，基本的な技能を十分に定着させるようにする。その際，次のような段階をふむとよい。

(1) 1，2，3，……と一つずつ数えさせる。

(2) 2，4，6，8，……と2ずつ，5，10，15，20，……と5ずつまとめて数えさせる。

(3) 「10とあと8なので18」というように，10のまとまりを意識させて数えさせる。

ここまでの段階で，物一つに対して数詞を一つ正しく対応させて数えられるようにすることが大切である。

次に数範囲を120程度まで拡大して，数詞を唱えること，および個数を数えることができるようにさせる。ここでは，11，12，13，……，19，20，21，22，23，…29，30と数詞の繰り返しに着目させる。

また，10，20，30……，90，100と10ずつまとめて数えたり，20と8で28ととらえさせたりする。

1年の唱え方・数え方が，2年以後の基礎になるので，その概念を理解させた上で十分に練習をさせ，定着させておく

ことが大切である。

2 書き表し方

(1) 0から20までの記数法

0から20までは，位取りには直接ふれずに，物の個数を表す数詞を数字ではこのように書くということで教えることになる。

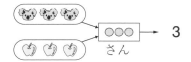

(2) 100までの記数法

10がいくつ，1がいくつというとらえ方を基にして，次のような書き表し方を理解させ，**十進位取り記数法**の素地経験をさせる。

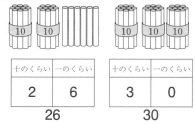

ここでは，一の位が**空位***の場合に0を書くことを，上のような具体的な場面に即して理解させることが大切となる。数える経験，それを書き表す経験を数多くもたせるようにしたい。

なお，上記の指導をする際に，120程度の3位数を扱い，2位数の理解を確実

掲示用位取り板

位取りの仕組みが視覚的にとらえやすくするには，学年に応じた**掲示用位取り板**の利用が有効である。例えば，右図のようにお金の両替え操作により，十進位取り記数法の素地指導を工夫する。

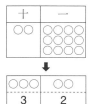

空位の0

数字を並べた位置によって数の大きさを表す位取り記数法のきまりで数を書き表そうとするとき，ある位にくる数がないことがある。このとき，その位を「空位」といって，それを表すために0と書く。

千	百	十	一	
	・・		・・・・	→204
・・			・・・・	→2004

にするように配慮する。

2年 1万までの数の唱え方，数え方，書き表し方を理解する。

2年では，1年の学習を基にして数える，数字を用いて書き表す，読むという一連の流れの中で扱われることが多い。

一般的には，次の2段階で扱われることが多いが，位の意味や位取り記数法の原理によって書き表すことのよさを十分に理解させることがポイントである。

なお，数を十や百を単位としてみるなど，**数の相対的な大きさ***についても理解できるようにする（☞237）。

100 100	10 10 10 10	1 1 1 1 1 1 1
百のくらい	十のくらい	一のくらい
2	4	7

1000 1000 1000	100 100	10 10 10 10	1 1 1 1 1 1 1
千のくらい	百のくらい	十のくらい	一のくらい
3	2	4	7

3年 万の単位までの整数の表し方について理解を深める。

2学年の数の書き表し方のよりどころとなっている十進位取り記数法を使って，数え方，書き表し方を万の位まで拡張することになる。その場合，位の数字の表す大きさ，位と位の相対的な大きさなどを丁寧に指導したい。

千万の位	百万の位	十万の位	一万の位	千の位	百の位	十の位	一の位
4	1	6	1	5	0	7	8

4年 億・兆の単位を知らせ，十進位取り記数法についてまとめる。

1 億・兆の位

下の図のように，億,兆の位ごとに分節した位取り板を利用して整数の書き表し方が理解できるようにする。

千	百	十	一	千	百	十	一	千	百	十	一	千	百	十	一
兆				億				万							
		2	8	3	9	6	2	0	0	0	0	0	0	0	0

2 十進位取り記数法（十進法）

ことさら用語を導入することはしないが，次のことが理解できるようにする。

① 整数は10倍するごとに一つ上の位になり，$\frac{1}{10}$にするごとに一つ下の位になること。

② 整数は，0から9までの10個の数字を組み合わせて，どんな数でも表せること（十進位取り記数法）。

ここでは，①，②のことを記憶させ活用することよりも，いくつかの数を考察する中で，子供自身が主体的に発見し，そのきまりをまとめられるようにする。

小数の記数法（☞234，235，236）
分数の記数法（☞236，266，267）

数の相対的な大きさ

数の相対的な大きさをとらえることは，数を十,百，0.1，0.01などを単位として数の大きさをとらえることである。このような数の見方は，次のような数の仕組みの理解を深めることに役立つことになる。

・365÷6のとき，10が36とみて仮商が立てられる。

・0.1を単位にして，1.2×4を0.1×(12×4)と考えることができる。

十進数

整数は，1，10，100，…と10倍するごとに位を左隣りに移す。十進法で表された整数は10倍するごとに一つ上の位になる数であるので，**十進数**という。小数も表現上，同様のことがいえるので十進数である。

小学校では，「十進数」という用語はことさら指導しないが，整数・小数が十進法によって共通に表されている数であることを十分に理解させる必要がある。

219 基本的な図形
fundamental figures

|1|3|5|
|2|4|6|
B

「基本的な図形」という言葉は，旧学習指導要領でよく使われていたが，平成20年改訂学習指導要領以降，その記述を止め，具体的に示すこととなった。

1年 1年では，幼児期の教育でも使用する積み木等を用いて具体的な事物の概形を構成したりすることがさかんに行われるが，図形としての名称は一つも教えない。ただ，持ち寄った形や構成した形を観察する中で，「さんかく」「しかく」「ましかく」「まる」といった日常語が取り上げられてくる。しかし，これらの日常語は数学的に定義された用語ではない。

2年 2年で初めて図形としての名称が登場する。2年で取り上げられる図形は，次のようなものである。
(1) 三角形
(2) 直角三角形 } (☞226)
(3) 四角形
(4) 正方形
(5) 長方形 } (☞228)

なお，三角形・四角形の概念を明らかにする過程の中で，辺や頂点などが導入される。

3年 3年で取り上げられる基本的な図形は，次のものである。
(1) 二等辺三角形
(2) 正三角形
(3) 円 (☞204)
(4) 球 (☞273)

正三角形や二等辺三角形の指導では，それぞれの形や性質だけを明らかにするのではなく，正三角形や二等辺三角形の作図なども学習する。

一般に三角形の作図は，コンパスを用いる。このことから，3年で取り上げられる基本的な図形の指導の順序は，円が先になる。円の指導においては，今後の作図指導も考えてコンパスの使い方に十分習熟させておく必要がある。

4年 4年で取り上げられる基本的な図形は，次のものである。
(1) 平行四辺形
(2) ひし形 } (☞228)
(3) 台形
(4) 直方体
(5) 立方体 } (☞273)

平面図形については，これまで図形を**構成する要素**（辺・角・頂点）の数や，要素の相等関係に着目して考察されてきた。この学年では，さらに直線と直線の位置関係（垂直・平行）という観点を加えて，平行四辺形やひし形・台形を考察していくことになる。そればかりではない。平行四辺形・ひし形・台形の特徴をより明らかにするために，対角線の長さや交わり方にも着目していく。

直方体・立方体の指導では，それぞれ

基本的な図形
平成29年改訂学習指導要領では，次のような図形が内容として取り上げられている。
[平面図形] 三角形（直角三角形，二等辺三角形，正三角形を含む），四角形（正方形，長方形，平行四辺形，ひし形，台形を含む），多角形（正多角形を含む），
[立体図形] 立方体，直方体，球，角柱，円柱，**長方形**は，垂線と平行線の性質を要約している図形であること。二等辺三角形は，線対称の性質を要約した図形であること。**平行四辺形**は，平行移動や点対称の性質を要約した図形であること。また，**直方体**は，合同な二つの直角三角形で長方形や二等辺三角形を構成することができる図形であること。以上の理由から，これらの図形を基本的な図形ととなえる見方もある。

の立体図形の特徴を明らかにしながら，同時に直方体の指導に関連して，空間における数を用いた位置の表し方も取り上げられる（☞203）。また，日常の事象を改めて図形の性質という視点から捉え直すことも求められている。

この立体図形の学習では，それぞれの立体図形の構成上の特徴を明らかにするだけではなく，立体図形を平面上に表す仕方も取り上げられる。

立体図形の平面上への表し方には，次の3通りの仕方がある。

(1) 見取図
(2) 展開図　　　　（☞273）
(3) 投影図

このうち，小学校では(1)と(2)を扱う。(1)，(2)については，4年生で学習する。2年の箱の形の学習で，直方体の箱を切って平面にしたり，長方形や正方形をはり合わせて直方体や立方体を作ったりしたことが素地経験となっている。

5年　5年で取り上げられる基本的な図形は，次のものであろう。

(1) 円　　　　　　（☞204）
(2) 多角形　　　　（☞268）
(3) 正多角形　　　（☞245）
(4) 角柱
(5) 円柱　　　　　（☞273）

円の指導では，直径と円周の関係が実測などを通して明らかにされ，円周率が導入される。また，円の指導との関連で，正多角形が取り上げられる。

一方，この学年では，合同な形についての考察がなされ，図形に対する見方がいっそう深められる。

小学校で扱う角柱は側面が底面と垂直の関係にある**直角柱**である。

発展　平成10年改訂学習指導要領よりおうぎ形は中学校で扱うことになった。

しかし，例えば，円の面積を求めるのに，いくつものおうぎ形に分割して長方形に近似的に等積変形することによって図形を扱う（☞271）ように円の二分の一，三分の一，……と扱っていくと，組み合わせでいろいろな形を創ることができる。

また，立体の投影図は小学校で扱われていないが，投影図を子供に示してどんな立体かを当てるクイズとして扱えば，発展的学習として扱うこともできる。

図形の変換

図形の位置や形を変えることを，**図形の変換**という。図形の変換には，どのような性質を不変にするかによって，次のようになる。

・合同変換

形・大きさを変えずに，位置だけを変える変換で，一般に回転移動・平行移動・対称移動の組み合わせで得られる。合同は，図形の変換という観点からすると合同変換である。

・相似変換

形を変えないで，大きさだけを変える変換である。この変換では，対応する線分の長さは変わるが，対応する線分の比は変わらず，対応する角や平行性もそのまま保存される。拡大・縮小は，図形の変換という観点からすると，相似変換である。

・アフィン変換

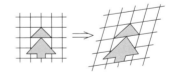

上図のように平行性は保存されるが，対応する辺や角が変わる変換である。

・射影変換

直線は直線に変換されるが，平行性も対応する辺や角も一般に変わる変換である。

・位相変換

点・線などのつながりぐあいだけが保存され，その他はすべて変わる変換である。

220 グラフ

graph

グラフは、表と同じように、資料を分類整理し、まとめるのに使われる。また、図表現をすることで、直観的に資料の特徴をとらえることができる。

小学校においては、次のような種類のグラフを、それぞれの学年で扱う。

1,2年	絵グラフ
3年	ぼうグラフ
4年	折れ線グラフ
5年	帯グラフ・円グラフ
6年	比例のグラフ、グラフのまとめ

1年 絵の大小や同じ大きさの絵の個数で数量の大きさを比べる**絵グラフ**が用いられる。

1 絵グラフの特徴

絵グラフは、情景図*によって数量の大きさが表されているので、一目で何のグラフかがわかる。

右のグラフは、4月に誕生日の子が2人いて、男子・女子がそれぞれ1人ずつであるということを示し、5月・6月についても同様なことがいえる。具体的に表されているため、低学年には有効なグラフである。

2 絵グラフのかき方

グラフをかくためには、まずそれぞれの月の誕生日の人数を数えてまとめ、整理して情景図にかき表す。

まとめるとき、対応もれがないか、また二重に対応しているものがないかを調べ、**落ちや重なり***に注意する。

各月ごとに情景図をきちんと並べて、それぞれの数量の大きさが比較できるようにする。

2年 顔の絵をタイルや○などに置き換えることで、抽象的になり、ぼうグラフに発展する。

3年 数量の大きさを棒の長さで表したグラフが**ぼうグラフ**である。

1 ぼうグラフの特徴

ぼうグラフは数量の比較が簡単である。棒の長さを見れば、すぐに物語が伝記より多いことがわかる。また、多い順番がどのようであるかもわかりやすい。

また、互いに、何倍になっているかも

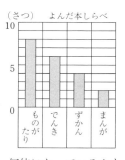

情景図

絵グラフなどで、○や×のかわりに、具体的な絵で数量の大きさを示すのに用いる図である。低学年では、問題場面をより具体的に知らせることが大切である。例えば、チューリップの花の本数を図で表すとき、○○○○よりも🌷🌷🌷🌷のほうがその場面をとらえやすい。しかし、徐々に抽象的に表していき、情景図→○○○で表す→ぼうグラフというステップが必要である。

落ちや重なり

資料を分類整理するときに注意しなければならないのは、素資料を数えたり、対応させたりする作業を行うとき、同じものを2度数えてしまったり、あるいは、落として数えてしまったりすることである。

それでは、正確に分類できないので、対応をはっきりさせたり、チェックをしたりして、正確に資料をまとめるための工夫についても考えさせることが大切である。

調べることができる。物語は図鑑の2倍であるとか，まんがは伝記の$\frac{1}{3}$であることもわかる。

つまり，ぼうグラフでは，それぞれの項目間の全体的な傾向や特徴を調べることができるのである。

2 ぼうグラフのかき方
(1) 観点を決めて資料を集めて整理する。
　　1か月に読んだ本の種類の傾向を調べるために種類ごとに冊数をまとめる。
(2) **横軸***に項目，**縦軸***に数量の大きさをかく。
　　横軸には本の種類，縦軸には本の冊数の目盛りを決める。
(3) 目盛りは，数直線と同じように等間隔にとり，目盛りの範囲を決める。
(4) 棒の長さを目盛りの上に記入する。
　　物語は8，伝記は6，図鑑は4，まんがは2の目盛りまで棒を伸ばす。

4年　時間の経過に伴なって数量がどのように変化したかを表す**折れ線グラフ**（☞208）が指導される。

折れ線グラフでは，横軸には時間的経過を記入する。数量の大きさは点で表し，それを直線で結んで変化の様子を表す。

直線の**傾き***が急なときは変化は大きく，傾きがゆるやかなときは変化が少ないことを示している。左図では10時から11時にかけて，室内の気温が急に上がったことが読み取れる。

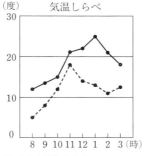

また，室内と屋外における二つの事象を一つのグラフ用紙にかくと，両者の違いや特徴がわかるのも折れ線グラフの長所である。

このグラフは，変化の様子を見るのに有効なため，正比例の関係を表すグラフにも発展する。

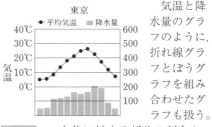

気温と降水量のグラフのように，折れ線グラフとぼうグラフを組み合わせたグラフも扱う。

5年　全体に対する部分の割合や，部分どうしの割合を見るのに，**帯**グラフ・円グラフがある。

1 帯グラフ（☞205）

横軸
ぼうグラフにおいては分類する項目，折れ線グラフにおいては時間的変化を目盛る。
中学校では，関数を表すグラフ，例えば，比例関係を表すグラフの横軸をx軸と呼称している。

縦軸
ぼうグラフ・折れ線グラフなどで量を表すことが多い。縦軸では，数量が大きくとぶときは破線などを用いて，縦軸を一度切断する。

中学校では，比例関係を表すグラフの縦軸をy軸と呼称している。

傾き
折れ線グラフや関数関係を表すグラフでは，プロットした点と点を結ぶことで，直線の傾きが表される。傾きが急か，ゆるやかであるかによって，変化の様子がわかる。また，その向きが右上がりか，右下がりかによって，増減についても理解することができる。水平の場合，増減がないので一定である。

全体の量を帯状の長方形で表し、それぞれの部分の量を、その割合に従って、幾つかの長方形に区切っている。

上のグラフでは、読み物は全体の45%ということがわかる。ところが、理科の割合を見るときは、目盛りの数70が理科の割合を表しているのではなく、70-45=25と目盛りの幅を求め、理科の本の割合が25%とわかる。このような読み方についても、児童がつまずきやすい。

② 円グラフ （☞205）

円を幾つかのおうぎ形に区切り、その面積（中心角の大きさ）によってそれぞれの部分の割合を表している。

特徴は帯グラフと似ているが、円グラフでは$\frac{1}{2}$、$\frac{1}{3}$などの大きさを直観的にとらえることができる。

グラフのかき方は、次のようにする。
(1) 各項目の割合の合計が、ちょうど100になるようにする。
(2) 円の中心から真上に**基線**をとる。
(3) 割合の大きい項目から順に、時計回りにとる。
(4) 「その他」は、いちばん最後にとる。

この学年では、比例・反比例のグラフのほか、資料の考察の内容として度数分布を表すためのドットプロットや柱状グラフ（ヒストグラム）を扱う。

① 比例・反比例のグラフ （☞263）

6年 正比例の関係を表すグラフは、原点を通る直線で表されること、関数を表すグラフはプロットした点と点の間の点にも意味があり、連続的であることなどを理解させることが大切である。詳しくは、比例・反比例（☞263）の項を参照されたい。

② ドットプロットと柱状グラフ

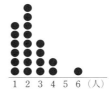

ドットプロットは、横軸を数直線にとり、それぞれの数値を属するデータの個数を●を積み上げることで表した図である。ドットプロットには最頻値や中央値を見つけやすいという特徴がある。絵グラフと似ているが、絵グラフの横軸は必ずしも数直線であるとは限らない。

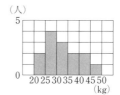

柱状グラフは、各階級の幅を横として度数を長方形で表し、全体の散らばりの様子を見やすくしたグラフである。

グラフの種類のまとめ
① 絵グラフ…項目の内容を簡単な絵で表し、絵で数量の大小を読み取る。
② ぼうグラフ…棒の長さによって、数量の大小を読み取る。数値の比較に役立つ。
③ 折れ線グラフ…折れ線の上昇・下降によって、時間的な変化を読み取る。
④ 帯グラフ…面積の大小で比較し、全体に対する部分の割合、部分どうしの割合を比較するのに役立つ。
⑤ 円グラフ…帯グラフと同様な特徴があり、中心角の大小で割合を比較する。
⑥ 柱状グラフ…柱の面積で比較し、全体の散らばりの様子がわかる。
⑦ ドットプロット…絵グラフの変種。黒丸（●）で数量を表す。
⑧ 比例関係のグラフ…正比例のグラフ（反比例のグラフは中学校で扱われる）。

221　計算のきまり

rule of computation

　計算の基礎となる次の法則を小学校では，「計算のきまり」という。
・加法の交換法則　$a+b=b+a$
・加法の結合法則　$(a+b)+c=a+(b+c)$
・乗法の交換法則　$a×b=b×a$
・乗法の結合法則　$(a×b)×c=a×(b×c)$
・分配法則　　　　$a×(b+c)=a×b+a×c$

　なお，小学校では，加法や減法，乗法，除法に関して成り立つ性質も「計算のきまり」と称している。

　計算のきまりの指導では，それが成立することの理解とともに，計算の手順とのかかわり，計算の仕方の発見に結び付けるなど，計算のきまりを活用することが大切である。

2年　加法の交換法則・結合法則および乗法の交換法則を取り扱う。

1　加法や減法に関して成り立つ性質

　第2学年においては，加法に関して成り立つ結合法則や交換法則を指導する。児童が具体的な場面に基づいて，数量の関係に着目し，「加法では計算の順序を変えても答えは変わらない」という法則が成り立つことを見出すことが大切である。なお，「内容の取扱い」(2)「必要な場合には，( )や□などを用いることができる」と示されている。これは，児童が加法に関して成り立つ結合法則についての理解を深める際に，工夫して取り組むことができるようにするためである。

　(1)　$36+79=79+36$
　(2)　$25+26+34=25+(26+34)$

　また，数の見方や計算を能率的に行うという関心や意欲から次のような性質も扱うことができる。

　(3)　$36+79=(36-1)+(79+1)$

加法に関して成り立つこのような性質や，加法と減法の相互関係をもとに，具体的な場面を通して，児童が計算の工夫に活用できる次のような性質を見出すことも大切である。

　(1)　$26+17=43 \longleftrightarrow 43-17=26$
　(2)　$57+45-7=57-7+45$
　(3)　$57-45-7=57-7-45$
　(4)　$57-45-5=57-(45+5)$
　(5)　$57-45+5=57-(45-5)$
　(6)　$43-17=(43-3)-(17-3)$
　(7)　$43-17=(43+3)-(17+3)$

2　乗法に関して成り立つ性質

　下図のように一つの数を他の数の積としてみることやかけ算九九の構成から，乗数が1ずつ増えるときの積の増え方や交換法則について，児童が自ら調べるように指導する。例えば3の段に注目すると次のことが成り立つことを児童が見出す場合である。

　1)　$3×5$の結果は，$3×4$の結果より3大きい。
　2)　$3×4=4×3$

　さらに簡単な2位数×1位数を以上の性質をもとに取り扱う。例えば，$7×12$の結果について，「7の段は，かける数が一つ大きくなると結果が7大きくなる。だから$7×9=63$に7を3回たせば求めることができる。」と考えることができる。九九を暗唱できるようになるだけではなく，このような児童の考えを大切にすることが必要である。これは第3学年における2位数や3位数などの乗法の計算の仕方を考える上での素地的な学習となる。

3年　第2学年で見出した計算に関して成り立つ性質を，3位数や4位数に数の範囲を広げ，計算を能率的

221 計算のきまり

にできるよう活用すること，乗法の交換法則の理解を深めるとともに，結合法則，分配法則を取り扱う。また，除法について，乗法九九の活用とともに，簡単な2位数÷1位数の計算について，例えば69÷3を60÷3と9÷3で計算してもよいことを児童が見出すことができるようにする。

1 結合法則

児童が加法において成り立った性質が，乗法においても成り立つのではないかと考えることは，自然な流れである。初めの2つを先にかけても，後の2つを先にかけても，答えが等しくなることを具体物や図などを用いて具体的に理解させ，活用させる。

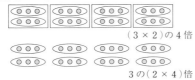

（3×2）の4倍

3の(2×4)倍

2 分配法則

第2学年の計算の工夫において，積の増え方などをもとに，簡単な2位数×1位数を指導している。例えば7×12を，7×9と7×3の和として計算する活動である。このことを発展させて，第3学年では，2位数や3位数に1位数や2位数をかける乗法の計算や筆算の仕方を児童が見いだせるように指導する。この活動から，例えば $7×12 = 7×(9+3)$ であること，その他の数でもこの関係が成り立つことを調べたり下図のように表して理解したり，筆算に用いられていることを理解できることが大切である。

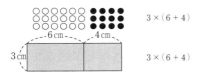

$3×(6+4)$

$3×(6+4)$

4年 除法について成り立つ性質とともに，既習の四則に関して成り立つ性質を一般的に取り扱う。また計算の順序についてのきまりについて，具体的な場面を通して取り扱う。

1 除法について成り立つ性質

除法では，被除数，除数に同じ数をかけても，同じ数で割っても商はわからないという性質がある。

$a÷b=(a×c)÷(b×c)=(a÷c)÷(b÷c)$

これは，次のように計算の仕方を考えるときに有効活用される。

$4200÷600=(4200÷100)÷(600÷100)$

これは，第5学年における小数の計算，例えば，$42÷0.6=(42×10)÷(0.6×10)$ へと発展する。

2 四則について成り立つ性質

これまで学習してきた性質について，下図のように□や△を用いて一般的に表し，整理して理解を深め，必要に応じて活用できるようにする。また，小数の加法についても成り立つことを見出せるようにする。

(交換法則)
□＋△＝△＋□
□×△＝△×□

(分配法則)
□×(△＋○)＝□×△＋□×○
□×(△－○)＝□×△－□×○
(□＋△)×○＝□×○＋△×○
(□－△)×○＝□×○－△×○

(結合法則)
□＋(△＋○)＝(□＋△)＋○
□×(△×○)＝(□×△)×○

5年 計算に関して成り立つ性質の小数への適用を取り扱う。

$40×3.8$ が，$40×3＋40×0.8$ と等しくなることを見出し，小数の場合でも分配法則が成り立つことを理解できる。これより計算のきまりが活用されていることに着目させたり，筆算に活用したりして，そのよさに気付かせるようにしたい。

6年 計算に関して成り立つ性質の分数への適用を取り扱う。

222 計算の工夫
device for computation

|1|3|5|
|2|4|6|
A

　計算において手順の一部を省略したり，計算のきまりを用いたりして，能率よく計算することを，**計算の工夫***という。

3年　かけ算では，かける数に0が含まれる場合の筆算の簡便な方法を指導する。また，かけられる数のけた数がかける数のけた数より小さい場合，それらを交換して計算する（交換法則の適用）ことや，3項の数の乗法の場合，例えば，86×5×2を86×(5×2)として計算する（結合法則の適用）こと，8×14＝8×(10＋4)として計算する（分配法則の適用）ことなども，計算の工夫の一つと見てよい。

1　かけ算における計算の工夫
(1)　一般的な計算方法

　これまでに指導してきた一般的なかけ算の計算の仕方に従えば，かける数に0を含むかけ算の筆算は右の例に示すようになる。

```
    7 3
  ×  4 0
    0 0
  2 9 2
  2 9 2 0
```
⇩

(2)　簡便な計算方法

　上の例の**簡便算***は右のようになる。この簡便算では，上の例の第1部

```
    7 3
  ×  4 0
  2 9 2 0
```

分積の00を0と表すこと，第2部分積をその左側に書き並べることの2点がポイントである。

(3)　指導の方法

　手順通りの計算形式と，簡便法による計算形式を対比させ，両者の違いに目を向けさせる。前者の第1部分積の00は0としてもその働きは同じであることと，0の左側に第2部分積を書き並べればよいことに気づかせたうえで，このような計算方法が位取りの原理に従ったより簡便な方法であることを理解させる。

4年　この学年では，わり算で商に空位のある数の筆算の簡便な方法を指導することも考えられる。

1　わり算における計算の工夫
(1)　一般的な計算方法

　けたごとに「たてる」「かける」「ひく」「おろす」の操作を繰り返すと，その計算形式は右の例のようになる。

```
       3 0 7
   3)9 2 1
       9
         2
         0
         2 1
         2 1
           0
```

(2)　簡便な計算方法

　上の例で，4段めの2と5段めの0を省略した計算方法が右の下に示したものである。これは，3×0＝0と2－0＝2を省略したものである。

⇩

```
       3 0 7
   3)9 2 1
       9
         2 1
         2 1
           0
```

(3)　指導の方法

計算の工夫

　計算の工夫としては，ふつう，次の①，②が考えられる。
① 計算の手順の一部を省略する。
② 計算のきまりを用いてより能率化する。
　また，次のように途中で約分するなども，まちがいを少なくするための工夫とみてよい。

$$\frac{3}{4} \times 1\frac{7}{9} = \frac{3}{4} \times \frac{16}{9} = \frac{\overset{1}{\underset{1}{3}} \times \overset{4}{\underset{3}{16}}}{\underset{1}{4} \times \underset{3}{9}} = \frac{4}{3} = 1\frac{1}{3}$$

簡便算

　筆算は，一定の手順に従って機械的に処理して結果を求めることができる。

```
      7 8
  ×  1 2 4
    3 1 2  ←78×4
    9 3 6  ←312×3
    9 6 7 2   ↑
```

　しかし，特殊な場合には，その手順の幾つかを省略して，計算を簡単にすることができる。このような計算を**簡便算**という。

$$78 \times 12 = 78 \times (4 \times 3)$$
$$= (78 \times 4) \times 3$$

222　計算の工夫

　両者を対比させ，どこがどのように省略されているかを考えさせる。省略されている部分が，いずれも0にかかわるものであることに特に留意させる。計算の意味を考えながら練習させることが大切である。

5年　この学年では，分配法則を適用して計算を簡便にする方法について，発展的な学習の指導として考えられる。そのほかに，かける数に0のあるかけ算や，商に0のたつわり算の簡便算も発展的に扱うことが考えられよう。交換法則を適用した計算の工夫や，**短除法**（☞244）も計算の工夫の一種とみてよい。

1　分配法則を適用した計算の工夫
(1)　**分配法則**（☞221）
　a, b, c を任意の3数とするとき，
$$(a+b) \times c = a \times c + b \times c$$
$$a \times (b+c) = a \times b + a \times c$$
が成り立つ。これを**分配法則**という。この法則は，+を-に変えても成り立つ。

(2)　**簡便算への適用**
　分配法則を適用すると，複雑な計算の結果を比較的容易に求めることができる場合がある。上の式の右辺の形で示された数式を左辺の形に変形して，**計算の簡便化**を図るもので，次の例のように共通な数のあることが条件になる。なお，( )の中の2数の和ができるだけ簡単な数になる場合は，いっそう効果的である。
$$57 \times 69 + 43 \times 69 = (57+43) \times 69$$
$$= 100 \times 69 = 6900$$
$$78 \times 22 - 78 \times 17 = 78 \times (22-17)$$
$$= 78 \times 5 = 390$$

発展　これまでに学習した計算の基礎の上に，発展的な学習として，個に応じた内容が中心となる。その1例として末尾に0のある数の乗除についての簡便な計算の方法と数計算の工夫を取り上げることにする。

1　交換法則を適用した計算の工夫
(1)　**かけ算の交換法則**（☞221）
　a, b を任意の2数とするとき，
$$a \times b = b \times a$$
が成り立つ。これをかけ算の交換法則という。

(2)　**計算の工夫への適用**
　20×94 のように，かけられる数が2の10倍の場合は，$94 \times 20 = 94 \times 2 \times 10$ と計算すると比較的に計算が簡単になることを経験させる。

2　除法のきまりの活用
　除法のきまり（☞221）を用いると計算が簡単になることがある。
$$700 \div 200 = (700 \div 2) \div (200 \div 2)$$
$$= 350 \div 100 = 3.5$$
$$700 \div 200 = (700 \div 100) \div (200 \div 100)$$
$$= 7 \div 2 = 3.5$$
そして，この性質は次の計算の仕方へ

分配法則の活用

　a 円のものを c 個と b 円のものを c 個買ったときの代金，右図のような二つの長方形の面積の和は，$a \times c + b \times c$，または，$(a+b) \times c$ で求められる。

　このとき，式を見て法則を活用し計算の工夫を発想するとともに，その式から具体的な関係を想像できることが大切である。

計算の工夫の特殊な例

(1)　÷0.25，×0.25
　$a \div 0.25$ の計算は $a \times 4$，$a \times 0.25$ の計算は $a \div 4$ で求められる。これは，$0.25 \times 4 = 1$ から導くことができる。
$$15 \div 0.25 = 15 \times 4 = 60, 32 \times 0.25 = 32 \div 4 = 8$$
(2)　÷0.125，×0.125
　$0.125 \times 8 = 1$ から，$a \div 0.125 = a \times 8$，$a \times 0.125 = a \div 8$ で求められる。
$$7 \div 0.125 = 7 \times 8 = 56, 24 \times 0.125 = 24 \div 8 = 3$$

も発展していく。
$$47 \div 0.25 = (47 \times 20) \div (0.25 \times 20)$$
$$= 940 \div 5 = 188$$

なお，小数のかけ算やわり算に関連して，計算法則を適用した簡便算も扱うこともできよう。

③ 末尾に0のある数のかけ算*

末尾に0のある数のかけ算では，末尾の0がないものとして計算をし，その積の末尾に省いた数だけ0を付け加える。

$$6\underline{00} \times 4\underline{0} \rightarrow 6 \times 4 = 24 \rightarrow 24\underline{000}$$

ここの指導で大切なことは，このような簡便算を形式的に指導するのではなく，十進法の原理を基にして，計算の法則を活用しながら計算方法を導くようにする。

簡便算の筆算形式

この計算では，
0は計算に直接関
与しないので，末
尾の0を省いた位
でそろえばよいこ
とに気づかせるのは，大切なことである。

```
    48│00
  × 36│000
    288│
   144 │
  1728│00000
```

④ 末尾に0のある数のわり算

末尾に0のある数のわり算では，わる数の0とわられる数の0を同じ数ずつ消して，見かけの数を小さくしてから計算する。$24000 \div 300 \rightarrow 240 \div 3 = 80$

0を同じ数ずつ消すことは，単位を変更することを意味している（左の例では百を単位にした）が，このことを十分に理解することが大切である。

簡便算の筆算形式

形式的には，必要な数の0を斜線で消し，見か

```
       6              6
  240)1460  ⇒   240)1460
       1440             144↓
         20              20
```

けの数を小さくしてから計算に進む点が，暗算の場合と異なる。このとき商の末尾に消去した0を付け加える誤りが見られる。

末尾の0を処理したわり算では，余りはもとの位取りに戻しておかなくてはならない。形式上は消した0の数だけ0を余りの末尾に付け加えることになる。

0を消した計算では，余りの単位も変わるので，元に戻す意味で消した0の分をつけ加えるわけである。

⑤ 数計算の工夫

次のような計算の工夫をしてみよう。
(1) **計算法則の利用**
・$73 + 48 + 17 + 12 = \underline{73 + 17} + \underline{48 + 12}$
$= 90 + 60 = 150$
・$12 \times 3.14 + 8 \times 3.14 = (12 + 8) \times 3.14$
$= 62.8$
(2) **特別な分数と計算の工夫**
・$\dfrac{1}{2} + \dfrac{1}{6} + \dfrac{1}{12}$
$= \left(\dfrac{1}{1} - \dfrac{1}{2}\right) + \left(\dfrac{1}{2} - \dfrac{1}{3}\right) + \left(\dfrac{1}{3} - \dfrac{1}{4}\right)$
$= 1 - \dfrac{1}{4} = \dfrac{3}{4}$

わる数の0を全部消す方法

末尾の0の数が，わる数のほうが多いときはふつうわられる数の0の数に合わせて㋐のようにするが，㋑のようにしてわる数の0を全部消す方法もある。

```
㋐           0.75          ㋑              0.75
   38000)285 00              38000)28.500
         266 0                       266
          1 90 0                      1 90
          1 90 0                      1 90
                0                         0
```

余りの処理

小数のわり算でも，末尾の0を処理したわり算でも，余りは，わられる数のもとの小数点にあわせる。

```
        5                5                5
  3,6)18,7     36)187      360)1870
       18↓0              180              180↓
         0.7               7               70
```

$3.6 \times 5 + 0.7 = 18.7$ $360 \times 5 + 70 = 1870$

223 合同
congruence

ぴったり重ね合わせることのできる二つの図形は**合同**であるという。

5年 一般的な図形の合同の意味とそれらの要素間の対応, ならびに基本的な図形の観察や作図を通して, **図形の決定条件**に着目できるようにする。

1 合同に関する既習事項
(1) 図形の構成活動

同じ大きさの色板を使って形づくりをしたり, 色紙を折ったり重ねたりして形づくりをする(1年)。

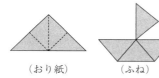

(おり紙)　　　(ふね)

(2) 平面の敷き詰め

合同な正方形や長方形などを利用して平面を敷き詰める(2年)。

 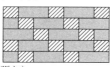

(タイル張り)

(3) 正三角形・二等辺三角形の作図

コンパスや三角定規などを使って条件に適する三角形を作図する(3年)。

(正三角形)　　　(二等辺三角形)

(4) ひし形・平行四辺形の分割

ひし形・平行四辺形などを対角線に沿って分割して, 合同な三角形を構成する(4年)。

(ひし形の分割)　(平行四辺形の分割)

2 図形の合同

「ぴったり重ね合わせることのできる二つの図形は**合同**です」

このように, 合同を**重ね合わせる***という**操作**で**定義**し, 一方の図形を紙に写しとったり, または, かいた図形を切り取って他方に重ね合わせるという方法で, 合同な図形であるかを判定させる。

このとき, 一方を裏返せば重なる場合も合同ということに注意する。

(1) 合同な図形の要素の対応

合同な図形をぴったり重ねたとき, 重なり合う要素を次のように対応という語を使って表す。

(ア) 対応する頂点

ぴったり重ね合わせること

ここでは, 二つの図形が合同であるとは, 一方の図形を動かして, 他方の図形にぴったり重ね合わせることができることをいう。

しかし, このように一つの図形を移動するということは, 具体的にいつでも可能というわけではない。

初めは具体的に可能な場合について行い, だんだんその操作を思考的なものにしていく。

移動

図形を形も大きさも変えることなく, 任意の位置に移すことを移動というが, 移動は**平行移動・回転移動・対称移動**の三つから構成される。小学校低学年では, それぞれ, **ずらす, まわす, うらがえす(おりかえす)**という言葉で親しませている。

裏返しの合同な図形は, 適当に位置を動かして, 線対称の位置に置くことができる。

(イ) 対応する辺
(ウ) 対応する角

このとき,上に述べた裏返しの合同な図形の要素の対応の順序については,注意を与える必要がある。

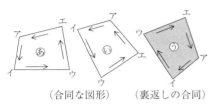

（合同な図形）　（裏返しの合同）

◯いは◯あに,そのまま,ずらしたり,まわしたりして重ねることができるが,◯うは一度裏返さないと,◯あに重ねることができない。しかし,◯あ,◯い,◯うはどれも合同な図形である。

(2) 合同の判定の別法

上のように合同な二つの図形について,要素の対応を学んだ後では,二つの図形が合同かどうかを判断するのに,一方を他方に重ねてみなくても,次の性質を利用すればよいことを知らせる。

「対応する辺の長さや角の大きさがそれぞれ等しいとき,二つの図形は合同」

(3) 合同な図形のかき方

写し紙などを使わなくても,(2)の性質を利用すれば,一つの図形に合同な図形をかくことができる。

すなわち,対応する辺の長さや角の大きさを測って（数値で与えられた場合も含めて）,それらを順にかいていけばよい。

このとき対称を利用することは,ここではしいて指導しなくてよい。

またここでは,合同の条件の分析などはしない。対応する辺の長さや角の大きさがそれぞれ等しいということだけでよい。

3 合同な三角形のかき方

(1) 合同な三角形をかく条件

右の図の三角形と合同な三角形をかくのに,6要素（三つの辺,三つの角）のうちなるべく要素の数を少なくしてかく方法を工夫させる。

・使ってよい道具*

　定規・コンパス・分度器・ものさし

どんなかき方があるかを他人と比べたりして,いちばん要素の数を少なくしてかく方法に,次の三つの場合があることを気づかせる。

(ア) 3辺の長さ
(イ) 2辺の長さとその間の角の大きさ
(ウ) 1辺の長さとその両端角の大きさ

以上の方法でかいた図形が合同かどうかを調べさせる。それには,上の(ア),(イ),(ウ)について,残りの辺や角の大きさを比べるか,または写し紙に写しとって図を重ねてみればよい。

このようにしてかいた三角形は,それぞれ形も大きさも決まってしまうことに

作図の道具と方法

ユークリッド幾何の作図では,**定規**（直線を引くこと）,**コンパス**（円をかくこと）以外の道具を使うことは許されない。

しかし小学校では,紙を折ったり,ものさしや分度器,さらに測定値の計算を自由に使って図形の学習を進める。つまり,小学校の図形指導が技術的かつ自然科学的なのに対し,

本来のユークリッド幾何は論理的である。

例えば,ユークリッド幾何では,定規とコンパスだけでは任意の角を3等分できないが,小学校では,紙で切り取った角を適当にずらして3つ折りにして3等分させたりする。

また,5°の角を7等分することは定規・コンパス・分度器ではできないが,計算で$\frac{5}{7}$度として,7等分できたものとみなしている。

223 合同

注意する。なお，三つの角だけでは，形は決まるが，大きさが決まらないこと（☞233），三角形は3辺だけで形も大きさも決まるが，四角形の場合は4辺だけでは，形も大きさも決まらないことなど，学習の自然な流れの中で子供に発見させたい。しかし，深入りはしない。

上の(ア)，(イ)，(ウ)は，それぞれ三角形の形と大きさを一つに決めてしまうと考えて，これを**三角形の決定条件**ということがある。

また，二つの三角形が合同かどうかを判定するときは，上の(ア)，(イ)，(ウ)のどれかが成り立つことでわかるから，**三角形の合同条件**＊という。

合同条件は，中学校において学習し，論証で重要な役割を果たす。そこでは2辺の長さとその間にない1角の大きさが等しいだけでは合同にならない場合のあることも指導される。

(2) 三角形の合同条件の適用

① 合同な四角形のかき方

四角形は一つの対角線で，二つの三角形に分割できるから，四角形の場合も，辺や角の8要素

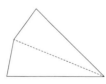

をすべて使わなくても，合同な四角形がかけることは理解されるであろう（☞213，228）。

② 四角形の対角線

正方形・長方形・ひし形・平行四辺形などは，それらの対角線によって幾つかの合同な三角形に分割できる。このことは直観的にわかるが，三角形の合同条件を使えば，きちんと説明ができる。

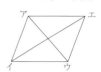

このことから，それぞれの対角線の性質ならびに，四角形の性質を導くことができる。しかし，これらの指導では，その前提となる図形の性質を，どう理解させているかということにかかわるので，十分指導過程を調べておく必要がある。

4 三角形の合同条件の指導＊の意義
（☞268）

小学校では，三角形の合同を次の観点から指導している。

① 合同な三角形の効率的なかき方。
② 実際に重ね合わせる操作をしないで，合同の判断ができる。
③ 論証的な図形指導への素地。

しかし，中学校へ進むと，実験・実測を主とする図形指導より，論証の場面を多くしていく指導が増えていく。

ユークリッド幾何では，二つの線分の長さや角の大きさが等しいことをいうのに三角形の合同条件を使う。つまり，三角形の合同条件は，論証における推論の道具の役割を果たしているとみられる。

三角形の合同条件の指導

小学校では論証のために扱うのではない。戦前の高等小学校や中学校では，三角形の合同条件を「定理」として，論証させていたことがある。戦後は，中学校では，経験的に得られる法則として扱っている。また最近では，証明ではないが，やや論理的な説明も見られる。

『高等小学　算術書　第1学年　文部省昭和3年　教師用書』に「二角夾辺ノ合同」が，次のように証明されている。

「三角形ABCヲ三角形DEFノ上ニ重ネ合ハスニBヲEノ上ニBCヲEFノ方向ニ置ケバ，CハFノ上ニ重ナリ，BAハEDノ方向ヲ取リCAハFDノ方向ヲ取ル，即チ両三角形ハ全ク重ナリ合ヒ合同ナリ」

224　言葉の式・公式
verbal formula, formula

「1本50円のえんぴつを，3本買ったらいくらか」と問いかけると，「50×3＝150，答え150円」と答える。これらの数量関係を，
　　（鉛筆1本の値段）×（鉛筆の本数）
　　　＝（代金）
のように日常使っている言葉でまとめた式を**言葉の式**という。

3年　具体的な問題場面で，児童の日常的な言葉を使って，より一般的な数量の関係を明確に表現することが中心である。

1　2年までの指導
この学年までは，たし算とひき算の相互関係を説明するときに言葉の式を使っている。しかし，たし算・かけ算の交換法則などを，具体的な数値や文章で表したりする経験はもっているが，一般的な関係を意識して，式の形に表す経験は乏しい。

2　数量関係の公式化
買い物，おはじきのやりとりなど具体的な場面で，（持っていたお金），（品物の値段），（おつり）などのような子供の言葉を使って，一般的な数量関係を公式の形に表し，問題解決に利用させるのがここのねらいである。

言葉の式に表現させるには，
(1)　**具体的な操作**
必要に応じて動作化，図式化など具体的な操作活動を取り入れて，問題場面を十分に理解させておく。
(2)　**言葉の表し方**
既知の数量，未知の数量を児童のなまの言葉で取り上げ，話し合いを通して全員の共通語に整理していく。
(3)　**式の表現**
言葉を使いながら，動作や図式など具体的操作に戻って事柄や関係を明確にし，式に表現させるのである。

3　□を使った式との関連　（☞227）
未知の数量を□として式に表し，問題解決を図ることになる。
　　（持っているお金）－（使ったお金）
　　　＝（残りのお金）
の式では，どの数量が未知であっても，また，持っているお金や値段が違っていても同じ関係が成り立ち，□を使った式化ができるという，一般的な式のよさを理解させることが大切である。

4　四則の意味の理解
言葉の式に表すことによって，数量の関係の一般的な見方や考え方ができるようになるとともに，
　　（一つの値段）×（買った数）＝（代金）
の式から，さらに何ダースかの鉛筆の本

数量の関係を表す式
1年では，たし算・ひき算の場面を「＋」，「－」，「＝」などの記号を用いて，その関係を表現させている。
2年では，式の見方をより広めて，式は単に答えを求めるというものではなく，言葉や文字を用いて表された事柄と数量の関係を簡潔明瞭に表している「**算数の言葉**」であるという見方を経験を通して，漸次身につけさせるようにする。

事柄，関係の意味
事柄とは，問題解決場面における具体的な内容のことである。例えば，5人の男の子と3人の女の子がいるとき，子供の人数が事柄であり，それを式に表すと「5＋3」ということになる。
関係とは，数量の大小，記号を用いたもので，例えば，「5と3で8になる」は「5＋3＝8」，「7は8より1小さい」は「7＝8－1」などのように等式に表したものである。

224 言葉の式・公式

数を求める場合とか,何本かの針金の全体の長さを求める場合,何杯かのコップの水の全体の量を求める場面など,乗法を適用する場面では,どれも同じ関係が成立することによって,乗法そのものについての理解をいっそう確かなものにすることができる。同様にして,たし算・ひき算・わり算についての理解を確かなものにしていくことが重要である。

5 一般的な見方

言葉を用いて,数量の関係を式の形に表すことによって一般的な見方ができるようにすること(公式にまとめていく能力)は,4年以降多くの場面で登場し,深められていく。

〔4年〕

わり算の確かめの式,四則の相互関係,交換・結合・分配の法則,正方形・長方形の求積公式,数量を□,△などの記号を用いて表すこと。

〔5年〕

三角形・平行四辺形・台形などの求積公式,円周の長さ,百分率・歩合の求め方を□,△などの記号を用いて表すことなどである。

4年

正方形・長方形の面積を求める公式を取り上げ,公式を作るときの着目の仕方やその公式にまとめていく能力をのばし,さらに公式を適切に用いられるようにする。

1 面積の公式 (☞271)

この学年では,正方形や長方形の面積を求める場合,単位となる面積をもつ図形を敷き詰め,その全体数で表すことが基本概念となる。

そして,単位となる図形の全体数を見つけるのにどのようにしたらよいかを考えさせ,乗法に着目して,

(縦列の単位面積の数)×(横列の数)

という求め方を発見させる。

それらの求め方を十分理解した状態になってはじめて,

(長方形の面積)=(縦)×(横)

(正方形の面積)=(1辺)×(1辺)

という公式の形にまとめていくようにする。このようなステップを十分理解させていくことが,公式の確かな理解につながるものである。

2 公式についての考え方

公式についての考え方とは,数量関係を一般的な式で表現したり,表現された式から,一般的な関係を読み取ったりすることである。

4年では,長方形での単位面積の全体数を求めるのに,(縦列の単位面積の数)×(横列の数)で求められること,さらに**一般化・形式化**[*]がなされて,(縦)×(横)の公式が導かれる。

さらに,この公式は,長方形であるなら,形や単位が違っても使うことができるという見方も重要である。この際は,基本概念に戻り,適切な具体例により抽象化を深める必要がある。

3 公式を用いる能力

一般化・形式化 (☞103)

公式などの形で表すことのよさは,求めにくいものや表現しにくいものを苦労して求めたとき,そこによろこびを実感するところにある。すなわち,依存関係に着目して,帰納的な考え方や演繹的な考え方を駆使し,まとめあげたという成就感が過程をふり返ることによってさらに増すところにそののよさがある。

また,できた公式について,文章では説明しにくいことを,簡単な言葉や記号を用いて表現でき,まったく別の事物とみていたものが実は同じ関係にあったことがわかったといった,とらえ方ができたとき,**一般化・形式化**への意欲へとつながる素地が培われたと考えてよい。それはまた評価への観点にもなる。

公式を作り上げたなら，その公式の用いられる場面や公式を用いるときの留意点などにも注意を広げなければならない。すなわち，
　（長方形の面積）＝（縦）×（横）
の公式では，それぞれの辺の長さを測れば単位面積の個数，つまり全体の面積が求められるといった，求めるものとそれと依存関係にあるものを測定することによって求める考え方，あるいは（縦）または（横）が未知の場合にほかの量がわかれば求められるといった考え方，また公式にあてはめるときには辺の長さの単位をそろえなければいけないといった点などの注意が必要となる。

えば，三角形・平行四辺形・台形などの求積公式，円周の長さ（☞271），割合に関する公式，計算の法則に関する公式（☞221），などである。
　さらに，数量の関係を一般的な形にまとめた式まで広げるなど，枚挙にいとまがないほどである。
　それらの指導にあたっては，
① 求める過程や求めるための操作を一般化する考え方
② 求めにくいものを依存関係に着目して求めやすいものに代行するといった考え方
③ とらえにくいものをそれに直接関係する数量の関係で表現するといった考え方，
などを十分意識させておくことが大切である。

5年
　公式などの示している関係は，整数・小数などにかかわりなく適用されることについて理解する。

1 数について
　この学年では，整数および小数を十進位取り記数法の立場から，十進数として統合的にとらえさせている。
　（長方形の面積）＝（縦）×（横）
の求積公式には，長方形の（縦），（横）の長さに整数だけでなく，小数が適用される場合もあることを理解させ，適用する数範囲の拡張を図るものである。
　なお，この内容を指導する場合，小数の乗法・除法の学習と直接関係するので，関連をよく考える必要がある。

2 公式の意味について
　5年で指導される公式は大変多い。例

6年
　この学年では，分数の乗法・除法の仕方を△，□を用いた公式でまとめ，算法と概念の定着を図っている。また，立体の体積を求める公式では，言葉の式で（例えば，立方体の体積＝縦×横×高さのように）まとめている。円の面積の公式（☞271）も，この学年で指導される。
　この学年で，□の代わりに a，x などの文字を用いて式を表すことを扱う。
　また，比例・反比例などの簡単な場合に，関数関係を式で表すこと（例えば，比例で，$y＝$ 決まった数 $×x$）によって，関数的な見方も広まり，公式についての理解がいっそう深められる。

公式化への注意

　公式は児童にとって大変抽象度の高いものである。個々の具体的な場合から，共通する一般的な関係を抽出するのであるから，そこに無理があってはならない。いたずらに公式化を急ぎ，適用練習のみに力を注いでも定着させるのは困難である。
　公式を活用する力を支えるものは，一つには公式のなかで使われている言葉や記号のもつ意味を十分に理解していることであり，もう一つは，適用範囲・条件などを含めて公式を正しく適用できることである。
　児童自身に十分な活用力を獲得させるには，適切な具体例と児童による操作の時間を与え，公式化への過程を個々の児童のそれぞれについて大切にすることである。

225 作図
drawing geometrical figures

幾何学上の作図といえば，**作図の公法**[＊]に従って**定規とコンパス**だけを用いて作図することをいうが，一般的にはある条件に合う図形をかくことを**作図**という。小学校では方眼紙，分度器などを用いて図をかかせることを作図として扱う。

作図のねらいは，目的とする図形が正確にかけるというだけでなく，その過程を通して，図形の概念の理解を深めたり，理解した図形の性質を活用したりするところにもある。

図形の概念の理解としては，個々の**図形を決定する条件**（☞223）をとらえたり，**図形の包摂関係**（☞131）について理解したりすることが大事である。

図形の性質を活用することでは，作図の見通しや計画，手際のよいかき方の工夫，作図結果の検討などの過程を踏み，図形に対する感覚や思考力を高める。

2年　方眼紙を用いるなどして，正方形，長方形，直角三角形などをかけるようにする。

3年　(1) 円をその中心の位置と半径の長さを決めてかく
・コンパスで円をかいたり，長さを移したりする。円で模様をつくる。
(2) 二等辺三角形や正三角形をかく
これを通して二等辺三角形と正三角形の作図の仕方の共通性に着目したりする。

4年　(1) 1組の三角定規を用いて垂直や平行な線をかく
・ある点を通り他の直線に垂直・平行な直線をひけるようになる。
(2) 角，平行四辺形，台形などをかく
・平行四辺形の作図を生かして，ひし形や長方形をかけるようになる。
(3) 直方体や立方体の展開図をかく

5年　(1) 合同な三角形（☞223）をかく
・これを通して，すべての要素（辺，角）を用いなくても目的とする三角形をかくことができるなど，図形の形や大きさが決まる条件に着目させていく。
　また，このように図形が決まるという総点から既習の図形を見直したり，合同な四角形をかいたりする。
(2) 円をもとにして正多角形（☞245）をかく
・正多角形は円に内接するという性質に着目してかくなどを扱う。

6年　(1) 線対称や点対称の図形を方眼紙を利用したり，対称性に着目（☞249）したりしてかく
(2) 縮図，拡大図（☞233）を方眼紙を利用したり，それらを相似の位置にあるようにしたりしてかく
(3) 簡単な柱体や角柱や円柱の展開図をかく

作図の公法
初等幾何における作図題では，次のような作図が可能であることを認め，定規とコンパスを使用し，この操作を有限回組み合わせて条件に合う図形をかくことにしている。
① 任意の2点を通る直線を引くこと。
② 任意の点を中心として任意の長さの半径の円をかくこと。
これらの二つは作図の公法とよばれている。

作図における問題解決（☞163）
問題解決力を高める指導として，次のような過程が考えられる。
①問題の理解；図にどんな基本図形が見出せるか。
②解決の計画；作図の見通しを立て手順を工夫する。
③作図　④作図の吟味；結果を確かめ，評価する。

（点線は補助線）

226　三角形
triangle

同一直線上にない3点を順に結んだ三つの線分で囲まれた平面図形を**三角形**という。三つの線分を三角形の**辺**といい、3点を**頂点**という。

2年　辺に着目して、三角形を「3本の直線でかこまれた形」ととらえる。

1　三角形
(1)　三角形の導入

ここでは、日常的にとらえている「さんかく」と図形としての「三角形」の違いを明らかにする。

したがって、導入にあたっては、いろいろな形を提示し、その中から「さんかく」の仲間作りをさせ、その活動のなかで構成要素に着目させるようにする。

(2)　構成要素の着目のさせ方

三角形の構成要素に着目させるためには、下図の②のような曲線図形との対比でとらえさせるようにしたい。

児童によっては、①、②を同じ仲間に入れて考えることも十分予想される。その場合は、その考えも一応認め、何か違いがあるかどうかを考えさせながら「3本の直線でかこまれた形」が三角形であることを理解させる。

(3)　三角形の作図

三角形の概念を明らかにしたら、三角形を作図させ、概念の理解をいっそう深めるようにする。

2　直角三角形
(1)　**直角三角形**[*]の導入

正方形や長方形を対角線で切ってできた三角形を基にして、直角三角形の導入を図る。

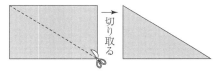

(2)　直角三角形の弁別

三角形やほかの図形の中から「直角三角形」を弁別させる。この場合、できるだけいろいろな位置に置かれた「直角三角形」を示し、向きや大きさに関係なく直角に着目して判断できるようにする。

(3)　**直角三角形の作図**[*]

三角定規や方眼紙を利用して直角三角形を作図したり、直角三角形を組み合わせた模様作りをしたりして、その理解を

直角三角形

一つの角が直角になっている三角形を**直角三角形**という。直角三角形では、直角に対する辺を**斜辺**という。ほかの三角形においては、斜辺という言葉は用いないので、斜辺という言葉があれば直角三角形と考えてよい。

また、一つの角が直角であるので、ほかの2角の和も直角になる。

直角三角形の作図

直角三角形は一つの角が直角とわかっているので、
・斜辺とほかの1辺
・斜辺と1鋭角
だけを使ってかくことができる。しかし、2年では方眼紙を利用するので、直角をはさむ2辺を決めて作図するのが主である。

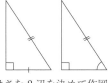

いっそう深める。

(4) **直角三角形の操作**

合同な2枚の直角三角形を使って、いろいろな基本図形を構成する。

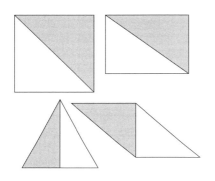

これは、3年で学ぶ「二等辺三角形」や4年の「ひし形」「平行四辺形」などの素地となるものである。

3年 　三角形の辺の長さの相等関係に着目し、2辺が等しい三角形として二等辺三角形を、また3辺とも等しい三角形として正三角形を学習する。

1 **二等辺三角形**

(1) **二等辺三角形*の導入**

二等辺三角形は、三角形の仲間の中で「長さの等しい辺が二つある」という条件を満たすものである。そこで、その導入にあたっては、辺の数、辺の相等関係などに着目させ、その観点からの「仲間分け」によって理解させるようにする。

(2) **二等辺三角形の定義**

二等辺三角形は「二つの辺の長さが等しい三角形」として定義される。この定義の指導では、次の2点をおさえるようにする。

・三角形である
・2辺の長さが等しい

(3) **直角二等辺三角形***

2 **正三角形**

(1) **正三角形の導入**

正三角形は、三角形の中で「三つの辺の長さがすべて等しい」という条件を満たすものである。導入は、二等辺三角形と同じように、いろいろな三角形を「仲間分け」によってとらえさせるようにする。この「仲間分け」操作は大切である。

(2) **正三角形・二等辺三角形の作図**

正三角形・二等辺三角形の作図は、下記のような手順で進めるとよい。

① **自由にかかせる**

まず、下の図のような1辺が5cmの正三角形をかいたプリントを配布し、これとまったく同じ三角形を自由にかかせてみる。

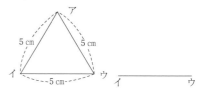

二等辺三角形の頂角・底辺・底角

等辺にはさまれた角を**頂角**、頂角に対する辺を**底辺**、底辺の両端の角を**底角**ということがある。

二等辺三角形の両底角は相等しい。

直角二等辺三角形

学習指導要領には、**直角二等辺三角形**という用語は示されていない。しかし、右図のような形が取り上げられたら、「直角三角形で、しかも二等辺三角形」という観点から、この用語を導入してもよいであろう。

この場合，辺イウも示しておき，児童が点アをどのように決めるかを観察し，指導に生かすようにする。
② 点アの決め方を考えさせる。

児童のなかには，下図のように直観的にかきあげようとするものがいる。しかし，このかき方は，たいていイのところで少しずれが出てくる。これらの反応を手がかりにして，点アをより正確に決める方法として，コンパスを用いるかき方に着目させるようにする。

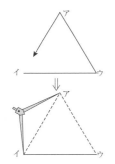

3 二等辺三角形・正三角形の性質

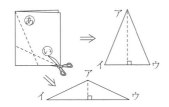

(1) **紙を切ってできる三角形**
紙を左下の図のように二つに折って，あ，いなどで切り取ったときにできる三角形を考えさせ，確かめさせる。
(2) **二等辺三角形の性質**
(1)でできた三角形が「二等辺三角形」であることを，定義に基づいて確かめた後，次のような二等辺三角形の性質を明らかにする。
・二つの角の大きさが等しい。
・同じ形の直角三角形に分けられる。
(3) **正三角形の性質**

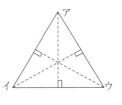

正三角形は，一つの角を2等分する直線を折り目にして折り返すと，どの場合もぴったり重なり合うことから，三つの角の大きさが等しいことを理解させる。
(4) **平面図形の敷き詰め**＊
同じ大きさの正三角形をいくつか作って，いろいろな形づくりをさせてみる。

5年 図形の合同をもとにして，三角形の決定条件などを学習する（☞223）。

6年 線対称な形という観点から，二等辺三角形と正三角形の相互関係を見直す（☞249）。

折り紙による正三角形
下の図のように，折り紙を折って点オを求め，正三角形イウオを作る。この操作を通して正三角形の対称性の素地的な理解を図ることができる。

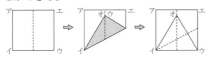

正三角形の敷き詰めやもよう作り
敷き詰めたり，もようを工夫して作る。

227　□を使った式
expression using □

1 3 5
2 4 6
A

　数量の代わりに□，△などを用いて数量関係を式に表し，それらにあてはまる数を調べたりする。例えば，加法の場合に，□を**未知数***として，□+a=b から□を求めたり，また□と△を変数と考えて□+△=c から（□，△）の値の組を幾つも求めることなどを考える。

2年　この学年では，計算の意味，数の構成，加法と減法の相互関係，乗法九九などの理解のために，
　　□+5=12　　□×8=32
のような式で，□にあてはまる数を見出すことは発展的に取り上げてよい。
　また，設問のなかで「ぜんぶで□こ」などのような使い方に慣れさせる。

3年　未知の数量を□の記号を使って，数量関係を文章通りに立式し，□にあてはまる数量を求める。

1　言葉の式との関連（☞224）
　言葉の式にわかっている数（**既知数**）をあてはめていき，わからない数（未知数）を□として式に表す。
　具体的な例として，「画用紙を7まい買った代金が140円でした。1まいのねだんはいくらでしょう」という場合に，1枚の値段を□円として，言葉の式にあてはめて表すと，次のようになる。

1まいのねだん	×	買った数	=	代金
↓		↓		↓
□	×	7	=	140

　このような例で，言葉の式の指導を十分にすることが大切である。

2　文章題での□の求め方
(1)　問題文をよく読む
(2)　言葉の式を思い出す
(3)　言葉の式に既知の数量をあてはめる
　　未知の数量を□として式に表す。
(4)　□の求め方
①　□の中にいろいろな数を入れてみるなどして，□の値を求める。
②　□の値を逆算の考えを用いて求める。
　(ア)　線分図を利用して，考えさせるとよい。
　(イ)　事柄を□を用いて順思考的に表し，答えを逆算の考えで求めることのよさに気づかせたい。

3　たし算の式
「たえ子さんは，おはじきをいくつかもっていました。いま，れい子さんから14こもらったので60こになりました。
　はじめにもっていた数は何こでしょう」
　まず，言葉の式を思い出す。

はじめにもっていた数	+	もらった数	=	あわせた数

　わからない数を□として，
　　□+14=60
と表す。
　線分図を利用して，□にあてはまる数

□を用いることのよさ
　□を用いることのよさはいろいろあるが，その主なものは，次の二つである。
①　□を用いると，複雑な数量関係も，既知の公式などにあてはめて立式しやすい。
②　その式を用いると，逆算などによって，□の値を自信をもって筋道を通して求められる。

未知数（☞272）
　数量の関係を考えるとき，大きさがわかっていない数量を，□や x などを使って式に表すと都合がよい。このような□や x を未知数（わかっていない数）という。

例　$\begin{cases} □+5=8 \quad □=8-5=3 \\ □が3のときだけこの式は成り立つ。\\ 7×△=42 \quad △=42÷7=6 \\ △が6のときだけこの式は成り立つ。\end{cases}$

を求める。

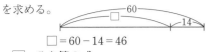

□ = 60 − 14 = 46

4 ひき算の式

「280円の本を買ったら，220円のおつりがきました。

出したお金は何円でしたか」

まず，言葉の式を思い出す。

| 出したお金 | − | 本のねだん | = | おつり |

わからない数を□として，

□ − 280 = 220

線分図を利用して，

□ = 280 + 220

□ = 500　　　答え　500円

5 かけ算の式

(1) □の求め方①（逆算*の考え）

「1まいの長さが7cmで，ぜんたいの長さが35cmになったとき，何まいならべましたか」という問題を式に表すと，

| 1まいの長さ | × | まい数 | = | ぜんたいの長さ |

7 × □ = 35

逆算の考えで，□ = 35 ÷ 7 = 5

(2) □の求め方②（数の代入）

7 × □ = 35

この式の□にあてはまる数を求める場合に，□を未知数とみて逆算の考えで求めるのではなく，□にいろいろの値を代入して求める方法がある。□を未知数で

なく変数とみる素地として考えられる。このような意味の□を，**プレイスホルダー**＊ということがある。

4年　この学年では，未知の数量を□で表し，逆算の考えを誘発する能力を高めることである。

また，帯分数と仮分数の相互の表示に□を用いて，児童の理解のしやすさを図っている。

1 ( )を使った式

「500円で，180円のクッキーと，110円のジュースを一つずつ買うといくら残るでしょうか」で，一つの式に表す。

| 持っていたお金 | − | 代金 | = | 残り |

500 − (□) = 210

ここで（ ）の中を一まとまりと見る。

500 − (180 + 110) = 500 − 290 = 210

□の中の式を表現させるのである。

この例からもわかるように，立式には，3年と同様，言葉の式（公式）の指導を十分しておくことが大切である。一般には，□を用いて立式し，□にあてはまる数を逆算で求められるようにさせる。

5年　この学年では，前学年までの未知の数量としての□，△の使い方をさらに発展させて，小数の範囲まで拡張していく。

□の基本的な解き方としては，4年と同様に，□を逆算の考えで求められるようにさせることである。

逆算

たし算とひき算は逆の演算と考えられ，かけ算とわり算は逆の演算と考えられる。このように，一つの演算の逆と考えられる演算をその**逆算**という。文章題で，見かけはたし算の形で与えられた問題を，実際に解くときはその逆算であるひき算を用いて答える場合をたし算逆の問題という。

ひき算逆，かけ算逆などの問題も同様の意味である。

順思考と逆思考（☞265）

例えば，「かず子さんたち4人でくりひろいに行きました。ひろったくりを4人でおなじに分けたら，1人ぶんが3こになりました。4人で何こひろいましたか」のような問題で，□÷4 = 3と考えるのが**順思考**で，3 × 4 = □と考えるのが**逆思考**である。

問題の表現に従った式の演算と，実際に答えを求める式の演算の型が逆になっている場合をいう。

227 □を使った式

1 たし算の式
(1) □の求め方

□＋13＝52　　　線分図で考えさせる。
　□＝52－13
　□＝39

線分図をかいて，全体と部分の関係をつかませることにより，逆算が可能であることを理解する。

2 ひき算の式
(1) □の求め方

□－18＝36　　　線分図で考えさせる。
　□＝36＋18
　□＝54

75－□＝25　　　線分図で考えさせる。
　□＝75－25
　□＝50

3 かけ算の式
□×5＝625　　　線分図で考えさせる。
　□＝625÷5
　□＝125

4 わり算の式
□÷5＝35　　　線分図で考えさせる。
　□＝35×5
　□＝175

5 四則の相互関係
四則の相互関係といえば，
　　たし算↔ひき算　　かけ算↔わり算
があげられる。この関係については，次のように○，△，□などを用いた式や線分図を用いて理解させることが大切である。

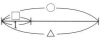

□＋△＝○　　　□×△＝○
□＝○－△　　　□＝○÷△

6年　この学年では，□はいたるところに広く使われている。分数の計算のまとめの公式，割合を求める式で逆算の考えを引き出すこと，直方体や立方体の体積を求める公式を用いることなどである。

なお，この学年では□，△などの代わりに a, x などの文字を用いて式に表すことも扱う。

1 分数の計算の仕方のまとめの公式
(1) 約分　△/○＝(△÷□)/(○÷□)，通分　△/○＝(△×□)/(○×□)

(2) 分数でわる　△/○÷◇/□＝△/○×□/◇＝(△×□)/(○×◇)

2 比例を表す式と表
未知の数量が二つあって，一方の値が変われば他方の値も変わる関係を関数的にとらえ，□，△を変数としてそこにあてはまる数を帰納的に求めさせる。
例えば，□×4＝△
から表を作れば，次のようになる。

□	1	2	3	4	5	6	7	……
△	4	8	12	16	20	24	28	……

プレイスホルダー（place holder）
　4×□＝20，□×○＝○×□などの式に用いる□や○を**プレイスホルダー**（場所を保持するもの）といわれる。
　□や○は，文字 x, y などよりもわかりやすく図式的に表しているので，このように表しておくと，式を満足する数を代入して調べるときに，x や y よりも心理的に抵抗が少なくわかりやすいといわれている。

変数
　数量の関係を考えるとき，大きさがいろいろ変わるとみられる数量を，x や y などを使って表す。このような x や y を**変数**という。
　例えば，$x+y=10$ では，
　　$\begin{cases} xが1のときyは9である。\\ xが2のときyは8である。\\ \vdots \end{cases}$

・文字を本格的に使うのは，6年からである。

228 四角形
quadrilateral

多角形は，n個の**線分***によって囲まれた平面の部分をいう。ここでは，四角形を「四つの直線で囲まれた平面」と約束し（**定義***），長方形・正方形・ひし形・平行四辺形・台形の五つの四角形を扱う。

2年　この学年では，「4本の直線でかこまれた形」を四角形と約束（定義）する。そして，具体的な操作活動（☞135, 239）を通して，直角と辺の長さに着目し，**長方形・正方形**を定義する。この操作活動の中において，四角形を構成する要素の大きさに目を向けたり，集合の考えを育てたりする。

1　長方形・正方形の定義

長方形は，「四つの角がみな直角である四角形」である。正方形は，「四つの角がみな直角で，四つの辺の長さがみな等しい四角形」である。

前学年までに，積み木などの面に目を向け，「ながしかく」「ましかく」といった日常語を用いて，長方形・正方形を取り扱ってきている。ここでは，それらを基に幾つかの種類の四角形について，直角に着目して，直角のあるものとないものに分ける。

〈直角が四つ〉

〈直角が四つない〉

次に，直角の数や辺の長さに着目して長方形と正方形に分類していくようにする。

2　長方形・正方形の性質*

この学年で，長方形の性質として扱うのは，「2組の向かい合った辺の長さはそれぞれ等しい」と，「1本の対角線で，同じ大きさの二つの直角三角形に分けることができる」の二つである。

また，正方形の性質は長方形と同じように，「1本の対角線で，同じ大きさの二つの直角二等辺三角形に分けることができる」ことである。

これらの性質のうち，向かい合った辺の長さについては，長方形・正方形の定義を考えていくなかで気づくことなので，定義を整理しながら，性質もあわせて指導したい。対角線によって二つの直角三角形に分けることは，同じ大きさの二つの直角三角形を組み合わせると長方形になるという直角三角形の学習との関連を図るように指導するとよい。

線分
直線上にあって，その上の2点で限られた部分をいう。すなわち，両端が限られている直線の一部分のことである。小学校では直線と区別せず，線分も直線といっている。

定義
数学上の用語の意味を規定する文章，または式をいっている。小学校においては児童の発達を考えると，用語としても難しいし，定義と性質を区別することも困難である。定義や性質は，与えるよりも性質を調べさせながら，しだいにその考え方に慣れさせていくようにする。

228　四角形

3　長方形・正方形の作図や構成

作図や構成の活動は、長方形・正方形の定義・性質を確認するために行う。

作図・構成には次のような方法がある。

(1)　方眼紙にかかれた長方形や正方形と同じものを方眼紙にかく。

(2)　方眼紙に、言葉で与えられた条件に合うようにかく。

(3)　ひごとねん土を使って構成する。

4　指導上の留意点

長方形・正方形を見つけ出したり、作図・構成をしたりするときには、定義に基づいて行うのであるから、必ず直角であるとか、辺の長さが等しいかどうかを確かめる習慣を身につけることである。そのためには、三角定規や紙を折って作った直角を用いるようにする。

4年　この学年では、平行四辺形・ひし形・台形などについて、辺の平行や垂直の位置関係（☞257）から考察し、既習の長方形や正方形と対比して、それぞれの形の特徴をいい表したり、書いたりする。

基本的な平面図形（四角形）をとらえようとするものである。

1　ひし形の定義と性質

(1)　ひし形の定義

ひし形は、四角形のうちで四つの辺の等しいものである。この学年では、次のように定義している。

「四つの辺の長さが全部等しい四角形をひし形という」

ひし形を定義し、理解していくには、次のような方法が考えられよう。

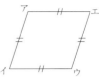

① 　紙を四つに折り、それを切って開く。

② 　向かい合った辺を平行にしておいて、四つの辺の長さを等しくする。

③ 　同じ長さのひごを何本か使って四角形を作りできた四角形を分類していく。

例えば、8本のひごを使ってできた次のような四角形の中から、ひし形を抽出する。

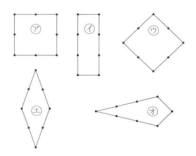

上の四角形を分類すると、

・辺の長さがすべて等しいもの
　　　　　　　　………㋐, ㋒, ㋓

・それ以外のもの……………㋑, ㋔

(2)　ひし形の性質

①　2組の向かい合った辺は、それぞれ平行である。

②　2組の向かい合った角の大きさは、それぞれ等しい。

長方形の性質

長方形には、次のような性質もある。

①　2組の向かい合った辺は平行である(4年)。

②　2本の対角線の長さは等しく、しかも中点（まん中の点）で交わる（4年）。

③　2本の対称の軸をもつ線対称な図形であって、対称の軸はそれぞれ向かい合った辺を垂直に2等分する（6年）。

④　点対称な図形で、対称の中心は2本の対角線の交点である（6年）。☞249

正方形の性質

①　2組の向かい合った辺は平行である(4年)。

②　2組の対角線の長さは等しく、しかもそれぞれの中点で垂直に交わる（4年）。

③　対称の軸を四つもつ線対称な図形であり、また、点対称な図形でもある（6年）。

③ 二つの対角線は，それぞれの**中点***で垂直に交わる。
④ 二つの対角線を対称の軸にもつ線対称な図形である。
（6年）

⑤ 二つの対角線の交点を対称の中心とする点対称な図形である。（6年）

向かい合った角の大きさについては，角を切って重ねたり，分度器を用いて測ったりしてとらえるようにする。

対角線*による性質については，対角線の意味を導入したあと，二つの対角線について，その交わり方を分度器や三角定規で調べる。

また，対角線の長さについては，頂点から交点までの長さをコンパスで測ったりしてとらえるようにする。

(3) ひし形の作図

ひし形の作図には，次のような方法がある。
① 「四つの辺の長さが等しい」（定義）を用いる場合。
② 二つの対角線の交わり方（性質）を用いる場合。

2 平行四辺形の定義と性質

(1) 平行四辺形の定義

平行四辺形の定義は，次のように決められている。

「向かい合っている2組の辺がそれぞれ平行な四角形を**平行四辺形**という」

定義を導くには，次のような方法があろう。
① 具体的ないろいろな形（平面図形）の中から辺の位置関係に着目して，平行四辺形を抽出する。
② ねん土とひごなどを用いていろいろな四角形を作り，できた四角形の中から平行四辺形を導く。
③ 長方形（**例** 異なるはばのテープ）を2枚重ねて平行四辺形を作る。
④ 2組の平行な直線を組み合わせて平行四辺形を作る。

これらの活動においては，ほかの平面図形（**例** 長方形・正方形など）と対比して，異同をいろいろな観点（**例** 辺の位置関係，相等関係，対角線など）から考察し，特に辺の平行に着目してまとめていくようにする。

(2) 平行四辺形の性質
① 2組の向かい合った辺の長さは，それぞれ等しい。
② 2組の向かい合った角の大きさは等しい。
③ 2本の対角線は，それぞれの**中点***

対角線

多角形の同一辺上にない二つの頂点を結んだ線分を**対角線**という。

三角形には対角線がないことに注意させる。

中点

線分上にあって，その両端から等しい距離にある点を**中点**という。小学校では用語として扱わない。「直線のまん中の点」とよんでいる。

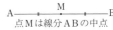

点Mは線分ABの中点

で交わる。
④ 対角線の交点を対称の中心とする点対称な図形である（6年）。

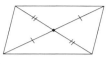

これらの性質のうち，辺の長さ，角の大きさについては，定義を導くときに気づくことなので，それを整理することではっきりする。対角線については，「平行四辺形の対角線についてどんなことがわかりますか」から調べていくようにする。

(3) 平行四辺形の作図

形や大きさのきめられた平行四辺形の作図として，次のような場合がある。
① 隣り合う二つの辺の長さとその間の角の大きさを用いる。
② 二つの対角線の長さの$\frac{1}{2}$と，対角線の交わる角の大きさを用いる。

3 台形の定義と性質

(1) 台形の定義

台形の定義は，「向かい合っている1組の辺が平行な四辺形を**台形**という」である。

台形では，平行な2辺をそれぞれ**底辺**といい，その一方を**上底***，他方を**下底***という。また，残りの辺を**脚**ということがある。上底と下底の距離を**高さ**という。

台形の定義を導くには，次のような方法があろう。
① 具体的ないろいろな形を分類し，台形を抽出する。
② ひごなどを用いて四角形をつくり，できた四角形の中から台形を導く。

ほかの平面図形と対比して，辺の位置関係（平行）に着目していくようにする。

なお，台形の特殊な形として，**等脚台形**があり，**等脚台形***には次のような性質がある。
・2本の対角線の長さはそれぞれ等しい。
・脚の両端の角の和は180°である。

(2) 台形の作図

例えば，上底と下底，およびもう一つの辺と，その辺と底辺の間の角の大きさを用いてかく。

4 指導上の留意点（☞268）

(1) ひし形・平行四辺形・台形の概念の指導に当たっては，その背景にいろいろな形をしたひし形・平行四辺形・台形があることをとらえさせるようにする。

(2) 幾つかの図形をいろいろな観点から考察し分類していく場合，児童が焦点化して考察できるように，観点をある程度与えることも必要である。

例えば，平行四辺形を考察する場合には，辺は平行であるか，辺の長さは等しいか，角の大きさは，対角線の長さと交わり方は，などに着目させるのである。

(3) 定義や性質については，言葉だけでなく具体物や図を用いて，操作活動を通しながら，それらを関連させ，まとめることが大切である。

上底と下底

台形において使われる用語である。これらの用語は，台形の面積を求めるときに，二つの底辺を区別する必要があるためのものである。したがって，必ずしも長いほうを下底とすることはないのだが，混乱しないように，短いほうを上底，長いほうを下底といっている場合が多い。

等脚台形の定義

台形のうちで，平行でない残りの2辺が等しいものを**等脚台形**という。これを「台形のうちで，二つの底角が等しいもの」と定義し，**等角台形**とよぶことがある。いずれにしても台形には，平行四辺形が含まれていない。

229　式で使われる記号
symbols used in expressions

式とは数学的な内容を表現する句，文であり，数字や文字（記号）をいろいろな記号で結びつけた数学的な言葉である。
　小学校で扱う式の表示で使われる記号を大別すると，次のようになる。
　(1)　$1, 3, 9, \frac{3}{4}, \square, \triangle, \bigcirc, a, b, c, x, y$ など対象を表すもの。
　(2)　$+, -, \times, \div, (\ )$ など操作や手順を表すもの。
　(3)　$=, >, <, :$ など関係を表すもの。

1年　　$+, -, =$ の記号を使ってたし算とひき算の式を導入する。

① **たし算の式**

6に　3を　たすと　9に　なる。
　$6 + 3 = 9$
　ここでは，$+$ は，合わせる，増える，いっしょにするなどの意味に使われる。

② **ひき算の式**

7から　2を　とると　5に　なる。
　$7 - 2 = 5$

ここでは，$-$ は，取る，減る，ちがいなどの意味に使われる。

③ **式の意味**
　$6 + 3$ や $7 - 2$ も，$6 + 3 = 9$ や $7 - 2 = 5$ も式である。両者の違いを意識させる必要はないが，どちらも式としてみられるようにする。

2年　　かけ算の式や，大小の比較に関連して，$\times, <, >$ が導入される。

① **かけ算の式**

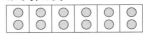

　2こが　6ばいは　12こ
　$2 \times 6 = 12$
　「二　かける　六は　十二」

② **数の大小**
　(1)　28が18より大きいことを，$>$ を使って　$28 > 18$　と書く。
　また，40が16+12より大きいことを
$40 > 16 + 12$　と書く。
　(2)　30が50より小さいこと，60が30+50より小さいことを，それぞれ $30 < 50$　$60 < 30 + 50$ のように書く。
　この学年では，$<, >, =$ を関連的に扱い，$=$ の意味がよりいっそうはっきりするようにする。等号・不等号の用語は，3年で扱われる。

③ **( )や□の導入**
　たし算のきまりやそれを簡潔に表すこ

名数と無名数
　量はある単位を定めると，その単位で測定した数値によってその大きさを表すことができる。長さ・重さ・角度・面積・時間などの量を単位を定めて数値で表した4m，800g，90°，18km²，45分などは**名数**である。
　これに対して，単位のつかないただの数のことを**無名数**という。

単名数と複名数
　3L4dLとか，1時間50分のようにいくつかの単位を組み合わせて表した名数を**複名数**といい，1.5L，15dL，$1\frac{2}{3}$時間，100分のようにただ一つの単位で表した名数を**単名数**という。

式と数量
　数量を表す場合は，2km+1km800mのように複名数表示であってもよいが，計算処理が要求される場合には，次のように単名数表示のほうが便利である。

　　2km+1.8km　→　2000m+1800m

229 式で使われる記号

とや，逆思考になるような具体的な場で，児童が工夫して用いる場合などでは，関連して（ ）や□を導入してもよい。

3年 ÷の記号を使ってわり算の式を導入する。なお，この学年では，数として整数・小数・分数が用いられるようにする。

1 わり算の式

12個のあめを1人に3個ずつ配ると4人に分けられることや，12個のいちごを3人で同じ数ずつ分けると1人分が4個になることを，式で次のように書く。

12 ÷ 3 = 4

「十二　わる　三は　四」

2 余りのあるわり算の式

「20本の鉛筆を3本ずつたばねると，6たばできて，2本あまります」これを，

20 ÷ 3 = 6　あまり2　と書く。

20 ÷ 3 = 6 あまり2の表現は数学的には厳密ではないが，余りのある場合は習慣としてこのような表現をする。

3 □や（ ）を使った式 (←)

(1) □を使った式（ ）

□ + 9 = 16　18 + □ = 27　□ - 9 = 12
□ × 9 = 18　4 × □ = 20　□ ÷ 3 = 4

(2) 20 ÷ 3 = 6 あまり2 は，次の式で確かめられる。6 × 3 + 2 = 20

4年 □や△，( )などを用いた式が導入される。

1 □や△を使った式

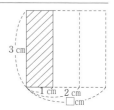

縦の長さ3 cm，横の長さ□cmの長方形の面積を△cm²とすると，その関係は次のような式になる。

3 × □ = △

2 ( )を使った式

(1) 総合式　30 + 4 × (2 + 3) = 50
(2) 計算のきまり

5 × (9 + 7) = 5 × 9 + 5 × 7

なお，計算のきまりは，□や△を使って，一般的に次のようにも表される。

□ × (△ + ○) = □ × △ + □ × ○

5年 ％を用いて百分率を表す方法を導入する。

百分率　もとにする量を100とみた割合を百分率という。0.01を1パーセントといい，1％と書く。(☞275)

6年 □や△の代わりに a, x など を用いて式に表す

1 a を b でわった商を $\frac{a}{b}$ と表す。

$a \div b = \frac{a}{b}$

2 □や言葉の代わりに，x などの文字を用いて表す。たとえば，面積12cm²で，横の長さ4 cmの長方形の縦の長さを求めるとき，それを x cmとして $x \times 4 = 12$ と表し，x を求める。

3 比を式で表す

3 : 5 = 12 : 20 など (☞262)

□，○，＝などの記号

具体的な問題を解決する場合，未知の数量を□，○などの記号を用いて考えさせていく。これは，□の記号を使って文脈通りに立式し，逆思考でなく順思考でとらえようとするものであり，しだいに代数的な素地を養っていく。児童にとって代数的な思考は抵抗があり，□，○などは数そのものとしてはとらえにくいとしても，それにあてはまる数を考えるということでわかりやすく指導する工夫を試みるようにする。

4年で，□ × (△ + ○) = □ × △ + □ × ○ の式のように，2種類以上の記号を用いる場合には，同じ記号には必ず同じ数を入れるという約束をわからせることが大切である。

6年の比 3 : 5 を表す記号は，いままでとは違う関係を表すものであり，しかも二つの比が等しいことを，等号を用いて，3 : 5 = 6 : 10 と表す場合があるが，この等号はいままでの数式とは意味が違うことに注意したい。

230 式の表現と読み
writing and reading of expression

数量やその関係を表現する方法には，図・表・グラフ・式などがある。とりわけ，簡潔・明確・統合的に，かつ一般的に表すという観点からは，式で表現することがすぐれている（☞229，264）。

1 式のはたらき
式には，次のようなはたらきがある。
(1) 事柄や関係を簡潔・明確に，統合的・一般的に表すことができる。
(2) 式は，式の表している具体的な場面や意味を離れ，形式的に処理して問題の解決を図ることができる。
(3) 式から具体的な事柄や関係を読み取ったり，推測したりすることができる。また，これらを基にして，より正確に考察したり，判断したりすることができる。
(4) 自分の思考過程を客観的に表現し，見直すことができる。
(5) 自分の考えや思考過程を他人に的確に伝達したり，他人の思考過程を理解したりすることができる。

2 式の読み
式の表す意味や式のはたらきなどについての理解を十分に図るためには，式を読む活動を充実する必要がある。その具体的な方法は次の通りである。

(1) 式からそれに対応する事柄や関係などの具体的な場面を読み取る。
(2) 式の表す数量，事柄，関係などを抽象化し，一般化して読み取る。
(3) 式に当てはまる数の範囲を拡張するなど，より発展的に読み取る。
(4) 式から自分の思考過程を見通したり，他人の思考過程を読み取る。
(5) 数直線など，モデルと対応＊させて，式が表していることや立式の根拠などを読み取る。

3 式の指導の重点
式の指導では，次のように式で考え方を表したり，その考え方の違いをはっきりさせたりすることが大切である。
(1) 具体的な場面に応じて，数量，事柄，関係を式で表せるようにする。
(2) 式を読んだり，式で処理したり，考えたりすることができるようにする。
(3) 自分の考えやその進め方について，式変形などに即して他人に説明したり，伝えたりできるようにする。
(4) 式のはたらきに着目させ，式のよさが感じ取れるようにする。
(5) 式を進んで活用できるようにする。

事柄や数量，その関係を式で表したり読んだりする能力や態度を，低学年から発達段階に即してのばしていく。□，△などの記号を用いながら，具体的な場面で，より簡潔・明確に，統合的にかつ一

式に対する児童の実態

児童のなかには，式は答えを出すためのもの，計算の仕方を示したものだと受け止めている者が少なくない。また，式の意味や式として表される根拠のわからない者も多い。

以上の実態は，式を単なる約束ごととして与えたり，式の表す意味や式のはたらき，さらに，式を読んだりすることの指導を軽視してきたことによるものと思われる。上記 1 〜 3 を重要視した指導の充実が望まれる。

モデルと対応させて式を読む

15×5 は上図から 1 人に15個ずつ配るとき，5 人分の数を表していると読み取ることができる。また，1 人分が15個のとき，5 人分の個数□は，人数も個数も伴って 5 倍になるとみて，15×5 個と表すことができる。

230　式の表現と読み

一般的に，数量の関係などを表したり読み取ったりできるようにしていく。

1年　加法（たし算），減法（ひき算）の式を取り上げる。

1 **式の表現**　加法や減法が用いられる場合を式で表す。

2 **式の読み**　加法や減法の式に当てはまる具体的な事柄や関係を考えたり，式を活用して数量の関係を**一般化**したり，加法，減法の式が一つの数量を表したものとみる（**式を読む例***）。

2年　乗法（かけ算）の式を取り上げる。

1 **式の表現**　乗法の用いられる場合を式で表す。

2 **式の読み**　式の表す具体的な場面や一般的な関係を図や数直線に表したり，説明したりする。また，乗法の式が一つの数量を表すものとみる。

3年　除法（わり算）の式を取り上げる。

1 **式の表現**　除法の用いられる場合を式で表す。

2 **式の読み**　除法の式に当てはまる具体的な事柄や関係を，図や数直線に表したり説明したりする。また，除法の式が一つの数量を表すものとみる。

4年　公式や四則の混合した式などを取り上げる。

1 **式の表現**　数量の間の関係を一般的にとらえて**言葉の公式**にまとめたり，総合的にとらえて四則の混合した式で表したりする。また，数量を（　）や△・□などを用いて表す。特に，除法について，被除数，除数，商および余りの関係を調べ，（被除数）＝（除数）×（商）＋（余り）の公式にまとめる。

2 **式の読み**　公式が数量の**依存関係**や関数関係を表しているとみたり，四則混合の式から問題の場や一般的な関係を読み取ったりする。これらを通して（　）を用いた式や，乗法・除法の式などが一つの数量を表したものとみる。

5年　範囲を小数まで拡張して公式を取り上げる。

1 **式の表現**　数量関係や法則などを言葉や記号の式で一般的に表す。

2 **式の読み**　式で二つの数量の対応や変わり方に着目し，その特徴を読み取る。また，式の表す関係を一般化したり，発展させたりする。式を数直線などのモデルと対応させて読んだり，式から思考過程を読んだりする。

6年　範囲を分数まで拡張し，比例関係の公式を取り上げる。

1 **式の表現**　比や比の相等関係，比例の関係などを式で表す。

2 **式の読み**　式から変量の対応や変わり方の特徴を読み取る。5年と同様に式の読みを深め，式を活用する。

式を読む活動例（低学年）

式に当てはまる場面を考える活動として，さし絵や具体物の中から，例えば，3＋2，3＋2＝5とみられるものを選ばせたり，ほかに具体例を考えさせたりする。

また，式で一般化を図る活動としては，上の式で3や2，あるいは5はほかの数になってもよいかなどを調べさせ，二つの部分から全体を求める場合にたし算が用いられることなどが，しだいに理解できるようにしたい。

式を発展的に読む例

例えば，1mが120円のリボン3mの代金は，120×3（円）。これに対し120×3.2mとした場合の意味を考える。さらに，この計算を120÷10×32としたものに対し，120×32÷10と変形するとどんな意味になるか考える。

あるいは，120×3に対し120÷3は，また120×3.2に対し120÷3.2は，それぞれ何を求める計算とみられるか考える。このように，一つの式を発展的に変えてみるとよい。

231 時刻と時間
time and duration

時刻と時間の指導は，第1学年の時刻の読み方の指導に始まり，時間の単位や時刻や時間を求めることなど，第3学年までで取り扱われる。

1年
時刻を表す単位（時，分）に着目し，日常生活で時刻を読み，日常生活との関連付けを取り扱う。

1 時刻の読み方
時計の観察や模型時計の操作を通して，短針と長針が示す数と時刻を表す数との対応を理解し，時刻を読むことができるようにする。

(1) 「何時」の読み方

時計をどう見るか教える場合，短針を見てから長針を見ることを指導する。

よって，「何時」の読み取りは，まず短針がどの数字の目盛りを指しているかを見て，次に，長針が確かに12の数字を指していることを指導する。

(2) 「何時半」の読み方

時計の針はいつも動いていること，針は右回りに進むことを知った上で，「何時半」の読み取りを取り扱う。まず，短針で「何時」（模型時計）を読み取り，次いで長針が6の数字を指しているときであることを指導する。次に時刻は，2本の針の位置で表され，「時」は短針で読み取り，「分」は長針で読み取ることを指導する。

(3) 5分区切り，1分区切りの読み方

長針が一回りするときなん目盛り進むかを数えることを通して，1目盛り進めば1分と読むこと，数字に対応する目盛りを利用して，5，10，15（分）と読むことから，1分区切りで何時何分と読むことができるようにする。この時，短針があいまいな位置にある，例えば10時と11時の間にある場合，つまり11時になるまでは10時と読むことを日常生活と関連付けて捉えることができるようにする。

2 時刻の概念
時計の読みと合わせて，学校生活や家庭生活の中で，たえず「何時」，「何時半」の意識を育て，時刻は生活と切り離すことができないことを感覚的に身に付けさせる（時刻の概念の素地）。

2年
時刻や時間の単位やそれらの関係を理解することを取り扱う。これは，日常生活における時間の使い方の工夫，時間の過ごし方の改善という態度を養うことにつながる。

1 日・時・分などの単位の関係
(1) 1時間＝60分

長針が1回転する間の短針の動きとの関係。

(2) 1日＝24時間

短針が1回転するのに要する時間との

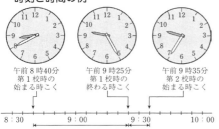

時刻と時間の例

基本的な時間の計算

・9時45分から35分後の時刻。
1) 5分刻みに目盛りをたどり，5分，10分，15分，…と数えて，10時20分
2) 10分ずつ目盛りを抑えて，10分，20分，30分と5分で，10時20分
3) 10時まで15分．35分は15分と20分だから，10時20分
4) 30分で10時15分．35分は30分と5分だから10時20分

231 時刻と時間

関係．

(3) 午前・午後，正午

午前（午前0時→正午）の12時間。午後（正午→午後12時）の12時間。

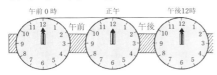

時計の両針が12の数字の位置で重なっている場面を示し，これをもとに，長針を1回転，2回転，…して，短針が1，2，…を指したとき，それぞれ午前または午後の1時，2時，…である。

また，正午は午前12時，または午後0時であることに付言しておくとよい。

2 時刻と時間の概念

(1) 時刻と時間の概念

時刻は，時の流れの中の1点を示し，時間は，時刻のある点からある点までの間隔の大きさを表す量である。

時刻は時間の流れの中における点の位置を捉えることによって深められる。天の位置のとらえ方は，初期の段階では，例えば「朝食の前」「朝食の後」などのような経験的な事実を基準として習慣的に捉えることが大切である。

(2) 時刻と時間の問題の種類

1) ある時刻から一定時間後の時刻
2) ある時刻から一定時間前の時刻
3) 二つの時刻の間の時間

模型時計等の長針の動きや文字盤の目盛り，数直線表示など図から，時刻や時間を求める活動を通して，時刻と時間の関係について理解を深めることが大切である。

(3) 日常生活に必要な時刻・時間の求め方の指導

3年 時刻や時間の概念の明確化を重点にして，時計の模型や図を基にした求め方を指導する。また時間の概念についての理解を深め，簡単な場合について，時刻や時間が求められるようにする。

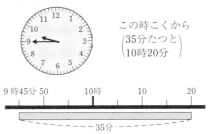

「秒」を知り，体験を通して必要になる時刻や時間を測定して表したり，求め方を考察したりしようとする態度を養う。

1 日・時・分などの単位の関係（秒）

(1) 1分＝60秒
(2) 秒の量感

時間（秒）という量は，長さなどと異なり視覚的に捉えることができないため，基準の大きさを決めて，それを単位にして測るという操作を直接行うことが難しい。ストップウォッチなどを用いて，1分は60秒である関係と1秒間がどのくらいの時間間隔であるかの量感を養うことが大切である。

時間の計算の例

・8時40分から10時25分までの時間。

```
  10時25分         9時85分
-  8 40    ➡    10  25
                -  8  40
                ─────────
                   1  45
```

・8時40分から，1時間45分後の時こく。

```
   8時40分
+  1  45        （時間の単位，時・分・秒
─────────        の単位関係が十進法でな
   9  85         いことに注意する）
+  1 -60
─────────
  10  25
```

172

232 四則
the four rules of arithmetic

[1][3][5]
[2][4][6]
A

計算の基礎になるたし算・ひき算・かけ算・わり算の四つをまとめて**四則**、または**四則計算**（四則演算）という。

小学校で、整数・小数・分数について四則計算の学習を概観すると、次のようになる。

四則 \ 学年		1	2	3	4	5	6
たし算	整数	○	○	○	○		
	小数				○	○	
	分数				○	○	○
ひき算	整数	○	○	○	○		
	小数				○	○	
	分数				○	○	○
かけ算	整数			○	○		
	小数					○	○
	分数						○
わり算	整数			○	○		
	小数				○	○	
	分数						○

四則のうち、たし算とかけ算については、次の法則が成り立つ。

交換法則　$a+b=b+a$
　　　　　$a\times b=b\times a$
結合法則　$(a+b)+c=a+(b+c)$
　　　　　$(a\times b)\times c=a\times(b\times c)$
分配法則　$(a+b)\times c=a\times c+b\times c$

四則のように、数の集合において、二つの数 a, b の順序のついた組から一つの数 c を対応させる操作を**演算**という。

四則計算は、たし算とかけ算が基本であり、ひき算はたし算の逆算、わり算はかけ算の逆算と考えることができる。

1年　整数のたし算とひき算が導入される。

1 計算
$5+4$, $7+8$ のような1位数どうしのたし算と、$9-4$, $15-8$ のようなひき算、および繰り上がり・繰り下がりのない簡単な場合の2位数のたし算・ひき算を扱う。

2 計算のきまり（☞221）
$5+4$ と $4+5$ の結果が同じになることなどを、気付けば取り上げる。

2年　整数のたし算とひき算はこの学年で2位数どうしまで扱われる。そして、新たにかけ算が導入される。

1 計算
2位数のたし算（繰り上がりあり）とひき算（繰り下がりあり）および簡単な場合の3位数のたし算・ひき算を扱う。かけ算九九と簡単な場合の2位数と1位数のかけ算を扱う。

2 計算のきまり（☞221）
（1）たし算やひき算のきまり
　　$4+3=3+4$　（加法の交換法則）
　　$(4+2)+3=4+(2+3)$

減法は加法の逆算
二つの数 a, b に対して加法 $+$ の演算が定義され、和 $a+b$ として一つの数が一意的に決定される。このとき、$a+x=b$ $(x+a=b)$ を満たす x を $b-a$ と書き、この $b-a$ を求める演算を**減法**という。

減法の定義から考えて明らかに、
　$(b-a)+a=b$　$(b+a)-a=b$
となるから、加法と減法の演算は、互いにほかの逆算になっていることがわかる。

除法は乗法の逆算
まず乗法 $\times$ を定義し、これを基にして、$a\times x=b (x\times a=b)$（ただし $a\neq 0$）を満たす x を $b\div a$ で表し、a, b から $b\div a$ を求める演算を**除法**という。この場合 $a=0$, $b\neq 0$ のとき $a\times x=b$ なる x は存在せず、$b\div 0$ は不能である。また $a=0$, $b=0$ ならば x は一意に定まらず、$0\div 0$ で不定である。

　$(b\div a)\times a=b$, $(b\times a)\div a=b$
より、乗法と除法は互いに他の逆算である。

232　四則

　　　　　　　　　（加法の結合法則）
　　8 − 3 − 2 = 8 −（3 + 2）
　なお，83 − 26 = 57, 57 + 26 = 83 の関係などを用いて，たし算とひき算の相互関係を扱う。
　(2)　かけ算のきまり
　・4 × 3 = 3 × 4
　　　（乗法の交換法則）
　・かける数が1ずつ増すとき，積はかけられる数ずつ大きくなること。

3年
　整数のわり算および，小数，分数のたし算，ひき算が導入される。

1　計算
(1)　3位数や4位数のたし算とひき算を扱う。また，それらの計算の結果の見積りにもふれる。
(2)　2位数や3位数に1位数や2位数をかけるかけ算を扱う。
(3)　1位数や2位数を1位数でわるわり算を扱う。
(4)　小数の計算
　$\frac{1}{10}$の位までのたし算とひき算を扱う。

2　計算のきまり（☞221）
(1)　たし算やひき算のきまり
　2年で学習した計算のきまりを，計算の工夫や計算の確かめに活用する。
(2)　かけ算のきまり

　　4 × 3 = 3 × 4　　　（乗法の交換法則）
　（4 × 2）× 3 = 4 ×（2 × 3）
　　　　　　　　　（乗法の結合法則）
　（4 + 2）× 3 = 4 × 3 + 2 × 3
　　　　　　　　　　　（分配法則）
　また，かける数が1ずつ増えると，積はかけられる数ずつ増えること，また，かける数が1ずつ減ると，積はかけられる数ずつ減ることを理解させ活用できるようにする。

4年
　各四則計算やそれらの関係について学習を進める。
　また，概数等を用いて，目的に応じて四則計算の結果の見積りをすることも扱う。

1　計算
(1)　2位数や3位数を1位数や2位数でわるわり算を扱う。
(2)　四則の混合した式の計算*
(3)　小数の計算
　・（小数）×（整数）
　・（小数）÷（整数）
(4)　分数の計算
　同分母分数のたし算とひき算が確実にできるようにする。

2　計算のきまり（☞221）
　四則に関して成り立つ性質として，交換法則，結果法則，分配法則を一般的に

四則の混合した式の計算
　加減乗除が混じっている式では，乗法・除法を先に計算する。また，（ ）があるときは，（ ）の中を先に計算する。

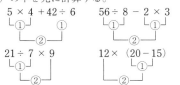

除去について成り立つ性質
　除法について成り立つ性質は，次のように小数の計算にも活用されている。

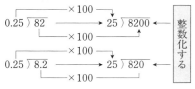

232 四則

成り立つ式にまとめ，活用できるようにする。

ここでは，（ ）を用いた式の計算順序や四則混合の式（総合式☞264）表示とその計算順序などの指導を通して，計算のきまりを活用していくようにする。

$60 \div 10 \times 2$，$60 \div (10 \times 2)$，$60 \div 2 \times 10$
$60 + 10 \times 2$，$(60 + 10) \times 2$，などの対比も考えさせると，理解が深められよう。

・＋，−，×，÷ の混じった式
$20 \times 5 + 7 \times 9$，$18 \times 3 + 12 \times 3$ で，「計算のじゅんじょ」としてまとめる。

5年

小数，分数の計算が重点となる。また，異分母分数のたし算，ひき算が導入される。

1 計算
(1) 小数の計算
・（整数）×（小数），（小数）×（小数）
・（整数）÷（小数），（小数）÷（小数）
(2) 分数の計算
・異分母分数のたし算とひき算

たし算 $\frac{1}{4} + \frac{1}{3}$，$\frac{5}{6} + \frac{11}{18}$

ひき算 $\frac{7}{8} - \frac{7}{10}$，$1\frac{2}{15} - \frac{7}{10}$

混合 $\frac{2}{3} + \frac{1}{2} - \frac{3}{4}$

2 計算のきまり（☞221）

交換法則・結合法則・分配法則について扱われる。整数の場合だけでなく，小数の場合にも成り立つことや，計算のきまりがどんなところに使われているかに着目させることが大切である。

6年

分数のわり算は，（分数）÷（分数）の意味と計算の仕方が，最も力をいれるところとなる（☞212）。

1 計算
(1) 分数と整数のかけ算，わり算ができるようにする。

・（分数）×（整数）　$\frac{2}{3} \times 5$，$1\frac{4}{5} \times 6$

・（分数）÷（整数）　$\frac{4}{5} \div 6$，$1\frac{1}{8} \div 3$

(2) 乗数及び除数が分数である場合のかけ算，わり算ができるようにする。

・（分数）×（単位分数）　$\frac{4}{5} \times \frac{1}{3}$

・（分数）×（分数）　$\frac{4}{9} \times \frac{3}{8}$

・（整数）×（分数）　$6 \times \frac{7}{9}$

・（分数）÷（単位分数）　$\frac{2}{5} \div \frac{1}{4}$

・（分数）÷（分数）　$\frac{3}{4} \div \frac{9}{10}$

・（整数）÷（分数）　$2 \div \frac{3}{7}$

2 計算のきまり（☞221）

分数についても，計算法則が成り立つことにふれ，活用できるようにする。

・○が1より大きい数であるとき，
　□×○＞□，□÷○＜□
・○が1より小さい数であるとき，
　□×○＜□，□÷○＞□

基礎・基本に徹する

小数および分数の計算の指導については，複雑な計算を避け，計算の意味，原理，仕方についての基礎的・基本的事項の理解を徹底させることが大切である。

そして，基本的な計算を基にして新しい計算の仕方を創り出させたり，基本的な計算が問題解決などに活用できるようにしていくことが必要であり，非生産的で機械的な複雑な計算から児童を解き放していきたい。

四則の可能性

中学校では，四則の可能性を，和，差，積，商がいつでも求められるかどうかとともに，数を整数，小数，分数と拡張することによってそこにどんなよさがあったか気づかせていく。

また，そうした思考過程が負の数の存在を予測することにもつながっていく。

いつでも求められる……○

	＋	−	×	÷
整数	○		○	
小数	○		○	○
分数	○		○	○

233 縮図と拡大図
scale drawing

一つの図形をその形を変えないで，一定の割合に縮めたり，拡大したりした図形をそれぞれもとの図形の**縮図**・**拡大図**という。このとき，二つの図形の対応する角の大きさはそれぞれ等しく，対応する辺の長さの割合はすべて等しい。また，図形を縮めた割合を**縮尺**という。なお，拡大した割合を**拡大率**ということがある。

小学校では，5年で合同の概念を導入し，これを発展させて6年で縮図や拡大図を取り上げる。中学校では，これらを相似な図形としてまとめ，相似の意味や相似の条件などの理解を深め，相似な図形が利用できるようにする。

相似な図形を一般的に定義するには，ふつう次の二つの方法がとられている。

(1) 方眼紙を用いる方法

これは方眼紙を用いて一つの図形を一定の割合に縮小・拡大する方法である。右上の図で原図Aを$\frac{1}{2}$の割合に縮小したものがA′であり，2倍に拡大したものがA″である。この場合，対応する角の大きさはそれぞれ等しいが，対応する辺の比は$\frac{1}{2}$と2倍にそれぞれ一定の割合（比）になっている。これらの条件から得られた図形はもとの図形と**相似**であるといい，もとの図形と得られた図形を**相似な図形**という。なお，一つの図形の縮図と拡大図も相似である。また，相似な図形の対応する部分の長さ（対応する2点間の距離）の比を**相似比**という。

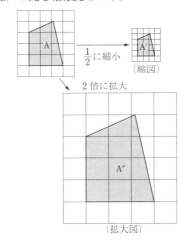

(2) 相似の位置に置く方法

この方法は，下の図のように，三角形ABCを2倍に拡大するのに，平面上に適

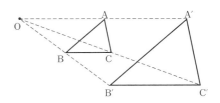

相似な図形と縮図・拡大図

縮図や拡大図は，もとの図形を形を変えないで一定の割合に縮小または拡大したもので，もとの図形と相似である。一般に，相似の図形としては裏返しの場合も考えるが，縮図や拡大図では裏返しの場合を扱わないのがふつうである。

また，合同な図形は相似比が1：1の相似形といえる。しかし，大きさが同じときは一方を他方の縮図などといわないであろう。

四角形A″B″C″D″は四角形A′B′C′D′と裏返しの合同である。また，四角形A″B″C″D″は四角形ABCDやA′B′C′D′と裏返しの相似である。

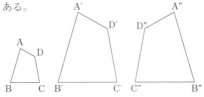

当な点Oをとり，OA′＝2OA，OB′＝2OB，OC′＝2OC となるように A′，B′，C′を決めたものである。このようにかいた図でも，対応する辺の比はすべて等しく，対応する角はそれぞれ等しい。したがって，三角形ABCと三角形A′B′C′は相似な図形といえるわけである。

このとき点Oを **相似の中心** といい，三角形ABCと三角形A′B′C′は **相似の位置*** にあるという。なお，相似の位置にある二つの図形は相似である。

このように中学校では相似の定義や相似の条件をまとめた後，特に三角形の相似の条件についての理解を深め，それに基づいて図形の性質を調べたり，相似な図形を活用したりすることにしている。

6年　中学校において学ぶ相似な図形についてその理解を図るための基礎として，小学校では，縮図や拡大図を取り上げ，二つの図形の形が同じであることの意味や簡単な縮図や拡大図をかいたり，用いたりできるようにする。

1 縮図や拡大図の意味

この指導に当たっては，例えば右上の図のように，原図Aを横の方向に2倍した図B，縦の方向に2倍した図C，横と縦の両方向に2倍ずつした図Dを示し，B，C，Dについて，Aと形が同じものはどれかと問うのがふつうであろう。この場合子供は直観的に図Dが原図A

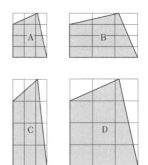

と大きさが違っていても形は同じであることを認めるであろう。しかし，なぜ形が同じなのか必ずしも明らかではないであろう。そこで下図のように，Aを切り取らせ，Dと一つの頂点を合わせて次々に重ねてみる。その結果，原図Aに対応するどの辺の長さも2倍であり，対応するどの角の大きさもそれぞれ等しくなっていることが明らかにされよう*。

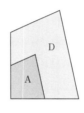

このようにして，縮図や拡大図をもとの図形と比べると，① 対応する部分の長さの比はすべて等しく，② 対応する角の大きさはそれぞれ等しいことがわかり，形が同じという意味を明らかにすることができる。

相似の位置

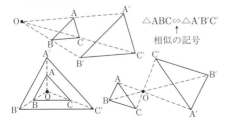

△ABC∽△A′B′C′
↑
相似の記号

方眼を利用した縮図ともとの図形の関係

方眼を利用してかかれた縮図を図のようにもとの図形に重ねてみると，縮図はもとの図形の角の大きさを変えずに各辺が一定の割合で縮小したものとみられる。

これは中学校で扱う相似の位置にある図形である。

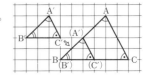

233 縮図と拡大図

2 縮図や拡大図の作図

縮図や拡大図の意味は，これらを作図することでいっそう理解が深められる。

小学校の段階では，これまで方眼の目を利用したりして図を利用する。その場合次の2通りがある。

(1) 方眼の1目の大きさが1：1のものを使う場合……（図1）2倍の拡大図

(2) 方眼の1目の大きさが1：2（2：1）のように大きい（小さい）ものを使う場合……（図2）2倍の拡大図

しかし，図形が簡単な場合には，縮小または拡大した図形を想定し，それと合同な図形をかくこともできよう。

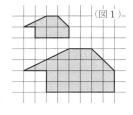
（図1）
（図2）

例えば，（図3）では三角形 ABC の $\frac{1}{2}$ の縮図をかくのに，角 B はそのままにし，辺 AB，BC はそれぞれ $\frac{1}{2}$ に縮小してかく。

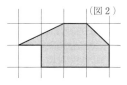
（図3）

また（図4）のように一つの頂点に集まる辺や対角線の比を一定にしてかくこともできる。

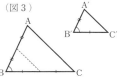
（図4）

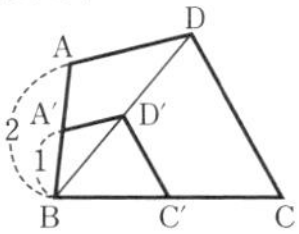

3 縮図や拡大図の利用

日常生活でよく使われる地図や身近な校舎の平面図などは，縮図の典型であり，縮図を活用するのに適当な素材である。

例えば，校舎の平面図から実際の校舎の長さや体育館の床面積を求めることは，子供たちにとって興味深いことである。

また，長さを直接測ることのできない川幅など，**縮図をかいて求める方法*** を考えてみることも楽しいことである。

このようなとき，縮図にかき入れられている**縮尺**の意味や，その**表し方*** について理解を深めることも大切である。

縮尺には，実際の長さが読み取りやすいように，いろいろと工夫されていることに気づかせ，自ら縮図をかく場合にも縮尺を適切に決めるようにさせたいものである。

なお，縮尺を利用して実際の面積を求めるとき，縮尺が例えば $\frac{1}{2000}$ ならば，縮図の面積は実際の $\frac{1}{2000 \times 2000}$ になっていることに注意する必要がある。そこで実際の面積は（縮図の面積）×2000×2000で求められるが，実際の長さから計算するなどの工夫も大切である。

川幅などを測るのに使う縮図

かきやすい縮図として図のような直角三角形を想定し，BC の長さと角 B，角 C の大きさを測定して縮図をかく。この場合，頭の中に想定した縮図と合同な図形をかくつもりで三角形の合同条件を用いることになる。

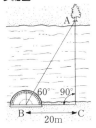

縮尺の表し方

次はどれも5万分の1の縮尺を表したもので，縮図上で2cmの長さが実際には1kmに当たることを表している。

(1) $\frac{1}{50000}$ (2) 1：50000

(3)

どの表し方も，縮図上の長さから実際の長さが想像しやすいように工夫されている。

234 小 数

decimal fraction

1が10個集まって10，10が10個集まって100，……のように，十進法で整数を表すという考え方を拡張して，10個集まって1となる数を0.1，10個集まって0.1となる数を0.01，……というように数を表したのが小数である。0.1は$\frac{1}{10}$と等しく，0.01は$\frac{1}{100}$と等しい。このように小数の表記も十進法に従っている。

3年 小数は，長さや液量などの連続量を細かく測定し，数値化するときに用いられることが多い。

1 小数の意味

小数が必要とされるのは，測定と関連していることが多いため，端数部分の量の表現に関連した導入が考えられる。例えば，液量をdLますで2回測り，なお，残りの量の部分があった場合，それを下位単位を使わないで表すにはどうすればよいかといった導入である。

1 dL　　　1 dL　　　0.3dL

この残りの部分，つまり端数部分の量を表現する場合には1 dLを10等分し，その一つを0.1dL，この0.1dLが三つ分で0.3dLと表すことにすれば，全体の量は2 dLと0.3dLで2.3dLと表現できる。小数点は1 dLますで測った量と，端数部分の量を0.1dLで測った量の間につけた点としておさえる。

小数には**帯小数**＊と**純小数**＊があるが，導入にあたっては帯小数から入り，純小数へと進むのが順当であろう。

2 小数の仕組み

3年では小数第1位の位までに限定して，十進位取り記数法にのっとっている小数の仕組みを，具体的な量を扱いながら理解させる。整数25が10を二つと，1を五つで成り立つように，小数3.4は1が三つと0.1が四つで成り立つと考える。

3 小数の数直線上での位置づけ

端数部分の量の表現としての小数を表す量を数直線上へ位置づけることは，小数の大小を考えさせたり，0.1を単位として0.1の次が0.2，その次が0.3という順序数としての性質を理解させるのに役立つ。これは小数の大小の比較や，小数と整数など他の数との計算を通して，整数と同じ仕組みであることを理解させることになる。また数直線を利用すれば，0.1が16個で1.6であるという相対的な大きさのとらえ方も理解しやすくなる。

```
0          1    1.6   2            3
|─┼─┼─┼─┼─┼─┼─┼─┼─┼─┼─┼─┼─┼─┼─┼─┼─|
        0.1が16こ
```

4年 小数第2位（$\frac{1}{100}$の位），小数第3位（$\frac{1}{1000}$の位）へと小数点以下のけた数を増やしていくことができ

帯小数・純小数

小数は，2.3，3.14のように整数部分と小数部分の和の形になっている**帯小数**と，0.2，0.07のように，整数部分が空位になっている**純小数**がある。また3のように小数部分が0となっている整数も3.0のように表し，帯小数としてみることができる。なお，電卓のなかには，純小数を.2や.007のように表示するものもある。

小数の導入と表記

小数の導入では，純小数から帯小数へと進む方法と，帯小数から純小数へと進む方法がある。児童のなかには整数部分が空となっている純小数の理解が遅い者がいる。特に純小数から導入するときは，0.1や0.5などで，「0.」の意味について，0が空位（一の位）を示すことに対する理解が重要である。

234 小 数

ることを知るとともに，計算を通して整数および小数についての理解を深めていく。

1 小数第2位（$\frac{1}{100}$の位）への拡張

テープの長さを測る場合，⑦のように1mの$\frac{1}{10}$の単位で測っても端数部分の量があるとき，「1mの$\frac{1}{10}$を単位」にした考え方で，0.1mを10等分し，その一つを単位にして測るとより正確な値を測ることができる。

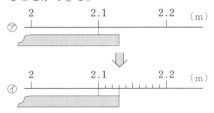

ここでは1mを10等分した一つ分0.1mを単位として測ると（⑦の目盛り），テープの長さは，まず2.1mまで測れる。さらに端数部分の量があるのでその長さを，0.01mを単位にして測ると，この場合④のように0.01が三つ分あることがわかる。測ることができた長さは，それぞれ2.1mと0.03mなので，あわせて2.13mとすることができる。同じようにして，小数第3位以下の数も作ることができる。

2 小数点以下の位取り

小数の位取りは，1の$\frac{1}{10}$すなわち$\frac{1}{10}$の位を小数第1位，0.1の$\frac{1}{10}$すなわち$\frac{1}{100}$の位を小数第2位，0.01の$\frac{1}{10}$すなわち$\frac{1}{1000}$の位を小数第3位とすることを指導する。

これらの位取りにおいて，「$\frac{1}{10}$の位」「$\frac{1}{100}$の位」などのよび方もあるが，これらは整数の位取りの仕組みにあわせたものといえる。

3 小数の相対的大きさ*

測定値の数値化として導入された小数の概念は，整数と同様，抽象的な数として理解されなければならない。そのために数直線上の点として位置づけられるような学習を通して，次のような見方ができるようにしていくことが大切である。

0.01の5倍は0.05，0.01の10倍は0.1，0.06は0.01の6倍，0.6は0.1の6倍で0.01の60倍，5.3は0.1の53倍。

このような活動を通して，小数も整数と同じように10倍ごとに位が一つ左へ進み，$\frac{1}{10}$ごとに位が一つ右進むという，各位の相対的な大きさについてまとめておくことが大切である。

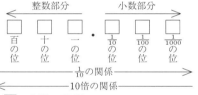

4 小数の仕組み

小数も整数同様，十進記数法によって表される。

整数635は100が6個，10が3個，1が5個集まった大きさを表す数で，式に表すと次のようになる。

635 = 100 × 6 + 10 × 3 + 1 × 5

小数25.3は，同様に10が2個と，1が

小数の大小

児童のなかには，直観的に1.05より1.005のほうが大きいと判断する児童がいる。心理的に0の数が多いほど大きいと思ってしまうことに起因する。小数の大小は，数直線上に位置づけることによって容易に理解できる。

数直線上にかいて考えないときは，まず整数部分を比較し，次に小数部分の比較へと順に行うようにすればよいことを強調したい。特に，0との大小関係については十分に理解させなければならない。

次のような小数の大小比較には誤りが多い。
1.01，　1.101，　10.101，　0.101

このような場合，小数の表面的な数字の並びで判断させるのではなく大きな位から順に比較していくようにする。

5個と，$\frac{1}{10}$が3個と集まった大きさを表す数で，式に表すと次のようになる。

$25.3 = 10 \times 2 + 1 \times 5 + 0.1 \times 3$

このように小数の記数法は整数と同じ構造をもっていることがわかる。

5 数直線上の小数

小数を数直線上に位置づけるには，長さを測るという操作を通して数直線上の点と対応させることが重要である。

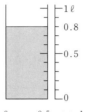

また液量についても，図のような目盛りをつけ，それを横に倒せば，長さと同じように数直線上に位置づけることができる。

このように小数を数直線上に位置づけることによって，小数の大小が一目で把握できる（右へ進むほど大きくなる）。すなわち小数も整数と同じ数直線上の点と対応づけられることから，同じ系列の順序数であることがわかる（☞236）。

下の数直線の①，②にあてはまる数をいいましょう。

また，1の$\frac{1}{10}$を0.1，0.1の$\frac{1}{10}$を0.01

小さい数の単位（「塵劫記」の命数法より）

分（ぶ）	10^{-1}	塵（じん）	10^{-9}
厘（りん）	10^{-2}	埃（あい）	10^{-10}
毛（もう）	10^{-3}	渺（びょう）	10^{-11}
糸（し）	10^{-4}	漠（ばく）	10^{-12}
忽（こつ）	10^{-5}	模糊（もこ）	10^{-13}
微（び）	10^{-6}	逡巡（しゅんじゅん）	10^{-14}
繊（せん）	10^{-7}	須臾（しゅゆ）	10^{-15}
沙（しゃ）	10^{-8}	瞬息（しゅんそく）	10^{-16}

……のようにして作った小数を数直線上に位置づけることにより，小さい数は限りなく続いていることが理解される。

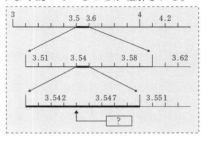

6 小数を用いた倍

平成29年改訂の学習指導要領で，「ある量の何倍かを表すのに小数を用いることを知ること」が4年生に導入された。3年生までに，整数を用いた倍を「幾つ分」の意味で捉えている。4年生では倍の意味を小数を用いた場合に拡張するとともに，小数が量ではなく倍を表す場合があることを理解できるようにする。

5年 小数が整数と同じ仕組みで表されていることの理解を深めるとともに，それを計算などに能率よく用いることができるようにする。

1 記数法の考え

小数点の位置を移動させて，10倍，100倍，$\frac{1}{10}$，$\frac{1}{100}$，などの大きさの数を作ることを扱う。この活動が，数の大きさや数の構成についての感覚を豊かにし，概算などにも役立つ。

「割」と「分」について

野球の打率などのように割合を表すときの0.315は「3割1分5厘」と読み，この割は左の表の分に相当し0.1を表す単位である。つまり，歩合計算などに使う割は10分の1，分は100分の1のことである。

しかし，「盗人にも3分の理」「この勝負は5分5分だ」などというときの分は，左の表の分に当たっている。

235 小数の計算
computation of decimals

小数は整数と同じに十進構造になっているので、小数の計算は基本的には整数の計算と同じように考えて行えばよい。

3年 この学年では、小数第1位までの小数どうしのたし算とひき算の学習をする。その指導の重点は、
① 計算を数直線上で対応させて考える。
② 相対的な大きさ（☞237）から小数化を図り、整数の計算で処理する。
③ 小数の計算では、小数点をそろえ、各位の単位をそろえて計算する。

このような考え方のうち、特に②について取り上げれば次のようになる。

1 小数のたし算
25＋14のような整数の計算では、下の図のように10の大きさと1の大きさに分け、それぞれの大きさごとに加えた。

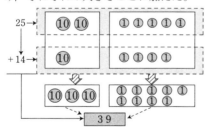

これと対比させて、1.4＋2.3のような小数の計算の仕方を考えさせる。一つには、1.4は0.1が14個、2.3は0.1が23個集まった数と考えて、14＋23を計算し、その結果は0.1が37個であるから、答えは3.7とする計算の仕方が考えられる。いま一つは、1が一つと二つで3、0.1が四つと三つで0.7、合わせて3.7と考える。この考え方も整数のたし算と同じである。

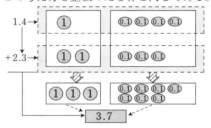

2 小数のひき算
小数のひき算についてもたし算と同じように考えればよい。しかし、3－1.4のようなひき算は、ひかれる数に小数部分の数がないため、ひく数の1.4の4をひくことに抵抗感をもつ児童がいる。その場合は、相対的な見方を思い出させて3は0.1が30個、1.4は0.1が14個と考えさせて指導にあたりたい。

3 計算練習の順序
平易なものから難しいものへと進めることが自然である。
・たし算
2.3＋1.2（繰り上がりなし）→2.3＋3.9（繰り上がりあり）→3＋1.6（整数

誤りやすい計算の扱い
・3.6＋15を筆算で計算するときの誤りの例

整数の計算では末尾をそろえて計算する習慣からの誤りである。したがって、たし算では位をそろえて、同じ位ごとにたせばよいことをおさえることが大切である。そのためには、小数点の位置をそろえて計算することに留意する。

・ひく数の末位に対するひかれる数が対応していないことによる誤りの例

たし算に準じて形式的に処理したものと思われる誤りである。したがって、初めは、50を50.0とみさせて計算させるのもよい。あるいは、1.3＝1＋0.3から50－1＝49、さらに49－0.3から誤りに気づかせることもできよう。

＋小数），1.6＋3（小数＋整数）
・ひき算
1.3－1.2（繰り下がりなし）→8.7－2.9（繰り下がりあり）→4.3－4.1（整数部分が0になる）→ 4－2.3（整数－小数），2.3－2（小数－整数）

4年 この学年では，加減算の対象となる小数を小数第2位までの数にまで拡張し，また，乗数，除数が整数である場合の乗除算を扱う。

1 小数第2位までの小数の加減算

小数第2位までの数の加減算は，各小数を0.01のいくつ分であるかを考えることで，整数と同様に考えることができる。前学年に引き続き，小数点以下の桁数の異なる小数どうしの加減算で末位をそろえる誤りに注意して指導する。

2 かける数が整数のかけ算

かける数が整数であるから，かけることの意味は整数のときと同じように考えることができる。ここで問題になるのは，計算の仕方である。

(1) （純小数）×（整数）の場合

例「1人に0.2Lのとき7人分の総量」

これは，0.2Lの7倍だから，0.2×7と立式することは容易であろう。この計算の仕方は，小数の数構成の理解があれば容易である。つまり，0.2を0.1の二つ分とみれば，今までの整数の計算がそのまま使える。

0.2×7の計算は，割合の考え方を利用して，2×7＝14とし，0.1が14だから1.4と考えることができる。

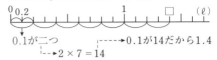

(2) （帯小数）×（整数）の場合

例 5.4×7

㋐ 5.4は0.1が54，54×7＝378
　　0.1が378だから，37.8

㋑ 5.4は5と0.4の和
　　5×7＝35　　0.4×7＝2.8
　　35＋2.8＝37.8

㋐は整数化の考えで，㋑は分配法則による考えであり，特に㋑は筆算形式を説明する場合の計算の原理となっている。

筆算形式の指導では，積の小数点の位置が問題になる。見かけはたし算・ひき算と同じように付ければよいようにみられるが，かけ算の場合には「かけられる数は小数点の右に1けたあるから，積の小数点も同じように打つ」と考えることが大切である。

3 わる数が整数のわり算

（小数）÷（整数）も小数の数構成の理解を基にして指導するとよい。

3.6Lの3等分を考えるとき，

㋐ 3.6Lは0.1Lを単位にすると36。これを3等分すると36÷3＝12，0.1Lが12だから1.2L

㋑ 3.6Lを3Lと0.6Lに分け，3÷3

小数のかけ算の構造

筆算の形式のかけ算において，計算結果に対する小数点の位置をどこに取るか注意が必要であった。十進記数法の原理に従ってかけ算の過程を示すと，

$2.7 \times 12.3 = 27 \times \frac{1}{10} \times 123 \times \frac{1}{10}$
$= 27 \times 123 \times \frac{1}{100}$
$= 3321 \times \frac{1}{100}$
$= 33.21$

となる。すなわちこの計算は，小数第1位の小数どうしのかけ算の結果は，小数第2位まで求められることを示している。

小数のかけ算の筆算の仕方

① 小数点がないものとして，整数と同じように計算する。

② 積の小数点は，積の小数部分のけた数が，かけられる数とかける数の小数部分のけた数の和になるように打つ。

235 小数の計算

$=1$，$0.6÷3=0.2$，$1+0.2=1.2$（L）の2通りの考え方がある。

筆算形式を考える場合には，①の考え方を利用するとよい。

```
      1.6
  5)8.0
    5
    3 0
    3 0
       0
```

（整数）÷（整数）＝（小数）になる場合にはけた数をそろえることに注意したい。

また，$11÷3=3.66……$ のように割り切れない場合には，
・概数で表す場合
・余りを出す場合

がある。概数で表す場合には求めるけた数を指定しなければならない。また余りを求める場合，余りの小数点は被除数の元の小数点の位置にそろえて打つ。

なお，平成29年改訂学習指導要領では，ある量の何倍かを表すのに小数を用いてもよいことを指導する。

5年

この学年では，乗数や除数が小数である場合に乗数の意味を拡張し，計算方法を考える。そこでは，倍の3用法の小数への拡張が行われる。そして，乗数や除数が小数である場合にも，乗数，除数が整数である場合と同様の計算法則が成立することを指導する。

1 乗数が小数のかけ算

小数をかけるには，今までの乗法の意味を拡張し，計算の仕方を工夫しなければならない。

(1) 小数をかけることの意味

1mが65円のリボン2.4mの代金を求める指導には，次のような方法がある。

① 言葉の式から

1mの値段，長さ，代金の間には長さが整数なら次の関係がある。

（1mの値段）×（長さ）＝（代金）

このことから，長さが小数になっても同じ関係を用いようとする**形式不易の原理**（☞113）を基に，$65×2.4$として立式できるだろうと考えていくとよい。

② 倍の考えから

整数倍と比較しつつ図を基にして考える。2.4mは，1mの2倍の大きさと，あと1mの$\frac{1}{10}$の大きさの4倍で，これは1mの2.4倍となる。だから代金も65円の2.4倍となる。

かけることの意味を拡張することから考えるよりも，②の倍の考えで扱うことのほうが具体的でわかりやすい。

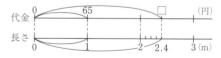

(2) 小数をかける計算の仕方

① 2.4mは1mの$\frac{1}{10}$である0.1mの24倍

小数のかけ算の筆算の仕方

$65×2.4=(65×10)×(2.4×10)$
$\qquad\qquad =6.5×24……①$
$\qquad\qquad =\underline{0.1}×65×24$
$\qquad\qquad\qquad\vdots\qquad……②$

↓

```
    6 5        6.5          6 5
  × 2.4   →  × 2 4    →  × 2 4
              2 6 0         2 6 0
              1 3 0         1 3 0
  1 5 6.0 ← 1 5 6.0       1 5 6 0
         ——②——
```

小数のわり算の筆算の仕方

$6÷1.5$（包含除）　$204÷2.4$（等分除）
・単位換算で　　　・比例の考えとわり算の
・0.1Lを単位に　　　性質
　して　　　　　　（2.4mの10倍の代金は
　　　　　　　　　　204円の10倍）

↓　　　　　　　　↓

$6÷1.5$
$=(6×10)$　　　　$204÷2.4$
$÷(1.5×10)$　　$=(204×10)÷(2.4×10)$

↓　　　　　　　　↓

$1.5)\overline{6.0}$　　　$2.4)\overline{204.0}$

184

だから，それに対応する量も，1mあたりの代金65円の$\frac{1}{10}$である6.5円の24倍と考えられる。
$$65 \times 2.4 = 65 \div 10 \times 24$$
$$= 6.5 \times 24$$

② 長さと代金は比例するので2.4mを10倍すると，代金も65×2.4の10倍となる。だから，
$$65 \times 2.4 = 65 \times 2.4 \times 10 \times \frac{1}{10}$$
$$= 65 \times 2.4 \times 10 \div 10$$
$$= 65 \times 24 \div 10$$

①，②の方法とも，既習の計算の方法に結びつける考え方であるといえる。

(3) **筆算の仕方**＊

筆算の仕方もそれぞれ意味を考えさせることが大切である。また，加法，減法のように小数点をそろえて計算すればよいとはいえないことに注意を向けさせることが大切である。

2 **除数が小数のわり算**

(1) **小数でわることの意味**

整数の除法の拡張として包含除と等分除（☞244）による導入を考える。

① 包含除の考え

「6Lの油を1.5L入りのびんに分ける」
・$6 - 1.5 = 4.5$，$4.5 - 1.5 = 3$
・$3 - 1.5 = 1.5$，$1.5 - 1.5 = 0$

6Lの中に1.5Lが幾つあるかをみるから，$6 \div 1.5$でよいと推論する。

・言葉の式を基にして，$6 \div 1.5$と推論する。

② 等分除の考え

「2.4mが204円のリボン1mの代金を求めなさい」

・線分図を用いて考える。

・まず1あたりの大きさを求めるから，$204 \div 2.4$
・言葉の式を用いて立式する。
・乗法の逆演算として考える。

□$\times 2.4 = 204$ → □$= 204 \div 2.4$

包含除の場合は，具体的な操作が可能で，答えの求め方の意味も容易にわかるから，普通は包含除から導入する。しかし等分除の場合は，直接に等分するというわり算の意味をとらえることができないので，相対的な数の見方（3.2は0.1の32倍）を基にして整数の場合から類推させる。

(2) **小数でわる計算の仕方**

2.4mが204円のリボンは，0.1m（10cm）あたりの代金を，$204 \div 24$の計算で求めることができる。だから，1m当たりの代金は，その10倍となる。

すなわち，
$$20.4 \div 2.4 = (20.4 \times 10) \div (2.4 \times 10)$$

このように，小数で割る計算では，除数と被除数に同じ数をかけても商が変わらないという性質が利用される。

無限小数

分数$\frac{11}{3}$を小数に直そうとして$11 \div 3$を計算すると，いつまでもわり切れないで3.66…となる。このように小数点以下のけた数が，限りなく続く小数を**無限小数**という。

それに対して，$3 \div 2 = 1.5$のように切れる場合の商は**有限小数**という。

無限小数の中でも，0.33…，0.233…，0.2727…のように，一定の数字が繰り返しているものがある。このような小数を**循環小数**といい，分数で表すことができる。循環小数は次のように表すこともある。

$0.3333\cdots \rightarrow 0.\dot{3}$，$0.2333\cdots \rightarrow 0.2\dot{3}$
$0.273273\cdots \rightarrow 0.\dot{2}7\dot{3}$

無限小数の中には，円周率πのように循環しないものもある。$\sqrt{2}$，$\sqrt{3}$などの平方根も小数に表すと循環しない。

236　数の概念
number concept

1から始まり，1に次々に1を加えてできる数を**自然数**という。これを物の個数を数えるのに用いるときは**集合数***といい，物の順番を表すのに用いるときは**順序数**という。集合数と順序数は同一のものではなく，計量する，順序を示すという用途の違いがある。しかしともに自然数であることには変わりがない。

数は順に1，2，3，……と無限に続いていくが，逆向きに1，0，-1，-2，……と負の方向に無限に続いていく。

自然数1，2，3，……と0，および負の数-1，-2，-3，……を総称して**整数**という。

整数および正負の分数をまとめて**有理数**といい，有理数と正負の無理数とをあわせて**実数**という。

さらに，**虚数**，**複素数**へと拡張する。これらすべての総称が**数**である。

なお，小学校においては，0と自然数をあわせたもの0，1，2，3，……を整数と定義している。また，小学校では，整数・小数・分数とも負の数までは扱わない。

したがって，小学校での数とは，0と正の有理数のことで，0，正の整数，正の小数，正の分数を指す。

$$\text{有理数}\begin{cases}\text{整数}\begin{cases}\text{正の\textbf{整数}}\ (\text{自然数}) & 1\ 2\ 3\ \cdots\cdots \\ \text{零} & 0 \\ \text{負の整数} & -1\ -2\ -3\ \cdots\cdots\end{cases}\\ \text{分数}\ (\text{小数})\begin{cases}\text{正の\textbf{分数}}\ (\text{正の\textbf{小数}}) & \dfrac{1}{2}(0.5)\\ & \dfrac{1}{3}(0.333\cdots)\\ \text{負の分数}\ (\text{負の小数}) & -\dfrac{1}{2}(-0.5)\\ & -\dfrac{1}{3}(-0.333\cdots)\end{cases}\end{cases}$$

小学校における正の数と0の指導内容を概観すると，次のようになる。

学年	整　数	小数	分　数
1	120 程度		
2	千の位		簡単な分数 ($\frac{1}{2}, \frac{1}{3}$など)
3	万の位	$\frac{1}{10}$の位	分数の意味と表し方
4	億・兆の位	$\frac{1}{100}, \frac{1}{1000}$の位	真分数・仮分数・帯分数
5	偶数・奇数，約数・倍数		

具体的な指導の重点としては，数の分解・合成や数の相対的な大きさ・量への適用などの数の感覚を豊かにすることが強調され，十進位取り記数法の原理や数の性質などの基礎的・基本的な事柄が重視されている。

1年　個数を比べたり，個数を数え，それを数字で表したりするなど，

集合数（計量数，基数）
二つの集合A, Bが1対1に対応する関係にあるとき，集合A, Bは対等であるという。

下図は対等な集合の集合を示したものである。この場合，対等な集合の共通概念として，数「二」という概念を抽象し，この数「二」を記号2で表すということである。

数詞・数図・数字
いち，に，さん，し，ご，ろく，しち，はち，く，じゅうなどのように，数量や順序を数える言葉を**数詞**という。

また，右図のように，幾つあるかが一見してわかるように図式化したものを**数図**という。

0, 1, 2, 3, 4, 5, 6, 7, 8, 9を**算用数字**または**インド数字**といい，現在，位取り記数法により最も広く用いられている。（☞218）

120程度までの数について学習する。

1 数えること

(1) 物の個数を比べる場合，数えなくても1対1の対応をつけて比べることができる。数えることを導入する前に扱うと，対応づけることのよさを理解させることができる。数えやすい物に置きかえて数えることに発展させる。

(2) 数詞を正しく順序よく唱えて，物の個数を数えたり（集合数），順番を数えたり（順序数）する。

(3) 数える場合，物と**数詞**を1対1に対応させるだけでなく，2ずつ，5ずつ，10ずつなどにまとめて**数える***ことも行う。

2 数の見方

(1) **数の感覚***

数の感覚の一つとして，ある数をほかの数に関連して表すことを通して，その数をいろいろな仕方で表せることを理解させる。内容としては，2と7で9（数の合成），9は2と7（数の分解），9は2より7大きい，2は9より7小さいというようなことがあげられる。

なお，これらは，たし算，ひき算の基礎となる。

また，数えるとき10のまとまりをつくり，10が2つとあと6つであれば，「にじゅうろく」とすることも扱う。

(2) 上のことを十進位取り記数法の初歩的理解につなげる。

10が2つとあと6つ		10が3つ	
十のくらい	一のくらい	十のくらい	一のくらい
2	6	3	0

一，十，百などの単位の大きさを表すのに位置の違いを利用するよさを理解させる。

3 0の意味

この学年では，0を次の程度に扱う。

(1) 何もないことを表す。

(2) 空位を表す。

(3) 基準の位置を表す。

4 数直線と大小 (☞128)

数を**数直線**上に表し，数の順序，等間隔に並んでいることを理解させる。基準の位置を0とすることも扱う。

なお，具体物を1対1に対応させ，次いで数を見て大小を比べられるようにするが，数直線上の位置と関連させるといっそう理解しやすい。

5 具体的な操作活動の重視 (☞135)

この学年では，観点を定めて分類し，数えたり，数えやすく並べかえたり，まとめて数えたりするなど，具体的な操作活動を通して学習させることが大切である。

なお，数えたら記録させるなど，表やグラフの素地経験もさせるとよい。

まとめて数える

物の個数を数えるとき，同じ大きさの集まりに目をつけて，能率よく数えることを**まとめて数える**という。

日常生活では，2ずつ，5ずつ，10ずつまとめて数えることが多い。この中で，10ずつまとめて数えることが，100ずつ，1000ずつ，……まとめて数えることに発展し，十進位取り記数法（十進数）につながっていく。

数の感覚

数に対する感覚については，①位取り記数法，数の分解・合成，数の大小・相等などの感覚，②数の相対的な大きさの感覚，③計算の性質，結果を概数で見積もる感覚，④日常用いられる数の感覚などがあげられる。

このような感覚を育てるためには，見積りの重視や，日常生活のなかで数の感覚を育成することの重要性が指摘されている。

236　数の概念

2年　数の範囲を千の位まで広げ，数の読み方，表し方，大小・順序，数の相対的な大きさ，数の用い方，新たに，簡単な分数が導入される。

1 数えること

(1) 2ずつ，5ずつなど，適当にまとめて数えることは，乗法につながる。

(2) 10ずつ，100ずつまとめて数えることは，十進位取り記数法につながる。

(3) 種類別に分類して数えたり，それを表やグラフの形に整理したりすることを経験させる。

2 表すことと用いること

(1) 具体的に数える操作を通して，10個集まるごとに次の位に進むことをわからせ，4位数までの表し方を理解させる。例えば，2508は，1000を二つと，100を五つと1を八つあわせた数である。

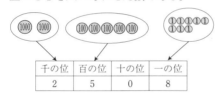

千の位	百の位	十の位	一の位
2	5	0	8

2位数の表し方から3位数，3位数の表し方から4位数と類推させて，仕組みをより一般的にとらえられるようにする。

(2) 数の順序や大小を扱う。数の表し方，数直線に表すことなどに関連させて，大小の比べ方や順序を理解させる。

(3) 分類整理した結果や位置を表すのに数が用いられることを，具体的な経験を手がかりとして理解させる。

3 数の相対的な大きさ*

1200は百が12とか，十が120のようにとらえることである。

4 一つの数をほかの数の積とみる

12を3×4や6×2のようにみることである。

5 簡単な分数（分数の素地）

ものを半分した大きさを分数を用いて$\frac{1}{2}$と表すこと，それをさらに半分にすると，元の大きさの$\frac{1}{4}$，さらに半分にすると，元の大きさの$\frac{1}{8}$の大きさができることなどを，具体物を用いて理解させる。

3年　数の範囲を万の位まで広げ，新たに，小数は$\frac{1}{10}$の位までと分数が導入される。

1 整数

(1) 数の範囲を千万の位まで広げ，読み方，書き表し方，順序，大小比較などについて理解を深める。

　一万の大きさについては，具体物を数えるとか，多面的に見させるなどが必要であるが，一万を超える数については，十進位取り記数法の原理に照らしたり，数直線を活用したりして理解させる。

　　千の10倍は　　一万　　　　　　10000
　　一万の10倍は　十万　　　　　　100000
　　十万の10倍は　百万　　　　　1000000

大小関係

二つの数a, bの大小で，$a>b$と$a-b>0$は同じことだから，次の性質が得られる。

① $a>b$, $a=b$, $a<b$のいずれかである。
② $a>b$, $b>c$ならば$a>c$
③ $a>b$ならば$a+c>b+c$, $a-c>b-c$
④ $a>b$, $c>0$ならば$ac>bc$, $\frac{a}{c}>\frac{b}{c}$
⑤ $a>b$, $c<0$ならば$ac<bc$, $\frac{a}{c}<\frac{b}{c}$
ただし，⑤は中学校の発展的教材。

順序関係

二つの数a, bについて，aがbとある関係にあることを$a\sim b$で表す。この関係が次の条件を満たすとき，順序関係があるという。

① $a\sim a$（反射律）
② $a\sim b$, $b\sim a$ならば$a=b$（反対称律）
③ $a\sim b$, $b\sim c$ならば$a\sim c$（推移律）

　例えば，$a\leq b$, $a\geq b$などは順序関係であるが，$a<b$, $a>b$などは順序関係にはならない。

百万の10倍は　千万　　　　10000000

```
0        500万    1000万    1500万
|----------|--------|--------|
```

(2) 整数の10倍，100倍の大きさの数ともとの数の数字の並び方を比べたり，

対応する数字の単位の大きさが10倍，100倍になっていることに気づかせたりすることが大切である。

(3) 数の相対的な大きさを活用して，800×5 を 8×5 と関連づけさせる。

2 小数*

(1) 小数は，単位量に満たないはしたの量を表すのに用いる数として

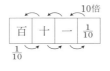

導入されることが多い。書き表し方や，大きさは，整数の仕組みと関連させて理解させる。

(2) 順序，大小などについては，整数と関連させたり，数直線上に表し，整数の系列の中に位置づけたりして理解させる。

(3) 3年では$\frac{1}{10}$の位（小数第1位）までの範囲の小数を扱う。

3 分数*

(1) 単位量に満たないはしたの量を表す数として分数を導入する。

(2) 1を3等分した一つ分を$\frac{1}{3}$, $\frac{1}{3}$の

二つ分を$\frac{2}{3}$, ……と，数としての分数の初歩を導入する。

$$\frac{2}{3} \begin{matrix}\cdots 分子\\ \cdots 分母\end{matrix}$$

この学年では，1以下の大きさの分数について扱うが，数直線を活用して具体的に理解させることが大切である。

```
0        1/3      2/3      3/3(=1)
|---------|--------|--------|
```

(3) 1を5等分した一つ分の大きさが$\frac{1}{5}$, $\frac{4}{5}$は$\frac{1}{5}$が四つ集まった数，$\frac{1}{5}$が八つ集まると$\frac{8}{5}$になるとみさせ，整数や小数と同じように単位の幾つ分と表していることを理解させる。

(4) 小数の0.1と分数の$\frac{1}{10}$などを同一の数直線を用いて関連付けて取り扱い，大きさが同じ数であることを視覚的に実感させる。

```
0  1/10 2/10 3/10 4/10 5/10 6/10 7/10 8/10 9/10  1
|---|---|---|---|---|---|---|---|---|---|
0  0.1 0.2 0.3 0.4 0.5 0.6 0.7 0.8 0.9  1
```

4年

整数は億の位，兆の位まで，小数は$\frac{1}{100}$や$\frac{1}{1000}$の位までと，分数は真分数，仮分数，帯分数を学習する。

1 整数

(1) 1000万の10倍は1億, 1000億の10倍は1兆を導入し，一，十，百，千の繰り返しになっていることと，4けたごとの位に着目すると読みやすくなる。

数の相対的な大きさ（☞237）

3000は千が3, 百が30のように，ある数を十，百，千などを単位としてみることが数の相対的な大きさのとらえ方である。

これは数についての豊かな感覚を育てることでもあり，2000×6を千が2×6とみたり，0.6÷0.2を0.1が6÷2とみたりして計算の仕方を考えることなどに広く用いられる。これは後で，わり算の商の立つ位やその大きさを見積るときにも役立つことになる。

小数

$\frac{1}{10}$, $\frac{1}{100}$, $\frac{1}{1000}$など10の累乗を分母とした分数を，整数の記数法と同じ十進位取り記数法によって，0から9までの10個の数字と小数点「.」を使って表した数を**小数**という。

$$3.145 = 1×3+0.1×1+0.01×4+0.001×5$$
$$= \frac{3}{1} + \frac{1}{10} + \frac{4}{100} + \frac{5}{1000}$$
$$= \frac{3145}{1000}$$

236 数の概念

千	百	十	一	千	百	十	一	千	百	十	一	千	百	十	一
	兆				億				万						
9	8	6	0	2	5	3	7	4	6	1	0	0	0		

大きな数を表す際に，3桁ごとに区切りを用いる場合があることにも触れる。

(2) 整数が十進位取り記数法によっていることを，次のように理解させる。
・整数は，10倍するごとに一つ左の位に進む（十進法の考え）。
・数字を書く位置の違いで，位（異なる単位）を表す（位取りの考え）。
・整数は，0，1，2，……，9の10個の数字を組み合わせて表す。

2 小数

(1) $\frac{1}{100}$や$\frac{1}{1000}$などを単位とした小数を用いることにより，$\frac{1}{10}$の単位に満たない大きさを表すことを理解させる。

(2) 小数は整数と同じように十進位取り記数法によっていることを理解させる。

(3) 1.56は0.01が156集まった数というように相対的な大きさについての理解を深める。

3 分数

(1) **真分数・仮分数・帯分数**の意味と，仮分数と帯分数の関係をテープ図や数直線を活用して具体的に理解させる。このとき仮分数は1に等しいことにもふれる。

(2) $\frac{1}{2}$，$\frac{2}{4}$，$\frac{3}{6}$，……のように，分数では，分母が違っていても，大きさの等しい分数があることに気づかせる。

なお，分母がいちばん小さい分数に着目させることはよいが，形式的に約分などの考えはこの学年では扱わない。

(3) 分母の同じ分数どうし，あるいは分子が同じ分数どうしの大きさの比べ方を数直線を手がかりに考察させる。

5年 整数の性質，分数と整数・小数の関係，整数・小数・分数の相等，大小について学習する。

1 整数

(1) 偶数・奇数

整数は**偶数**と**奇数**の二つに分類される。整数を2でわると，余りが0になる整数を偶数，余りが1になる整数を奇数という。すべての整数の集合は偶数の集合と奇数の集合に類別される。

また，2つの整数の和は偶数になるか奇数になるかを調べる活動を通して，必ず，偶数＋偶数＝偶数，偶数＋奇数＝奇数，奇数＋奇数＝偶数になることに気づかせ，理由を説明できることも大切である。

さらに，整数は観点を決めるとさまざまに類別される。たとえば，整数を整数3でわったときの余りに着目すると，三

小数点の生い立ち

小数の誕生は，分数より遅れ，16世紀に入ってからである。記号としての小数点は，3.14を初め3|14のように表したが，のちに，3◎1①4②，314（◎は整数部分第1位，①は小数部分第1位，②は小数部分第2位）のように表していた。その後，3,14，3,1′4″，3(14)，3|14，3.14②などの変遷を経て，今日の記号となった。

分数

整数aを0でない整数bでわった商を$\frac{a}{b}$と表し，これを**分数**という。また，分数$\frac{a}{b}$は，$a:b$の比の値ともみられる。

分数$\frac{a}{b}$は，1をb等分したものをa個集めたものとみることができる。小学校では，この見方から分数を導入し，「1を5等分した1つ分は$\frac{1}{5}$です。$\frac{1}{5}$を二つあつめた大きさは$\frac{2}{5}$です。$\frac{2}{5}$，$\frac{1}{4}$，$\frac{3}{5}$のように表した数を分数といいます」と定義している。

つに類別され，4でわったときの余りに着目すると，四つに類別されることなど，整数の性質の理解を深め，整数が集合を構成していることに気づかせる。

(2) **倍数・約数**

ある整数の整数倍をもとの数の**倍数**という。ある整数をわり切ることのできる整数をもとの数の**約数**という。また，1とその数自身以外に約数をもたない数を**素数**（☞241）という。

たとえば，3を整数倍してできた数｛3，6，9，……｝を3の倍数といい，6をわり切ることのできる｛6，3，2，1｝を6の約数という。

二つ以上の整数に共通な倍数を**公倍数**といい，いちばん小さい公倍数を**最小公倍数**という。公倍数は，二つ以上の整数のいちばん大きな数の倍数の中から，いちばん小さな数の倍数を見つける。

また，二つ以上の整数に共通な約数を**公約数**といい，いちばん大きな公約数を**最大公約数**という。公約数は，二つ以上の整数のいちばん小さな数の約数の中から，いちばん大きな数の約数を見つける。

二つの整数の公倍数や公約数の集合は，それぞれの整数の倍数や約数からなる集合の共通な要素からなるものである。たとえば，6の倍数は｛6，12，18，24，……｝であり，8の倍数は｛8，16，24，32，……｝である。これから，6と8の公倍数は｛24，48，72，……｝となり，最小公倍数は24となることがわかる。また，6の約数は｛1，2，3，6｝であり，8の約数は｛1，2，4，8｝である。これから，6と8の公約数は｛1，2｝となり，最大公約数は2となることがわかる。

2 **小数**

次のことを理解させ，整数と小数を十進数としてまとめさせる。

(1) 小数は0から9までの10個の数字と小数点を使って書き表せる。

(2) ある数を10倍（$\frac{1}{10}$），100倍（$\frac{1}{100}$），……すると，小数点が右（左）へそれぞれ1けた，2けた，……移動する。

(3) $\frac{1}{1000}$の位までの小数について扱い，十進位取り記数法によっていることを理解させ，表せるようにする。

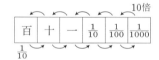

また，2.5は0.1が25とか，0.01が250のように，小数の相対的な大きさについても考えさせる。

(4) 数直線上に表して整数の系列の中に位置づけ，次のことを理解させる。

・小数も整数と同じように，10倍するごとに一つ左の位に進む。

分数と整数・小数の関係

整数と分数の関係，小数と分数の関係を小学校では数の相互関係ともいう。

小数は十進分数ともいわれる。分数を小数に直すと有限小数，または無限小数となる。

例 $\frac{3}{4}=0.75$，$\frac{1}{6}=0.1666\cdots$

整数や有限小数および循環する無限小数はすべて分数の形で表せる。分数の形で表された数は，大小関係，計算の法則なども整数と同じように成り立つことなども理解させたい。

稠密性

相等しくない二つの有理数 a, b ($a<b$) に対して，aとbとの間に，無数に多くのほかの有理数が存在する。

なぜならば，$\frac{a+b}{2}$を考えると $a<\frac{a+b}{2}<b$ となるからである。

このような性質を**稠密性**という。実数についても稠密性がいえる。しかし，整数はaとbとの間に無数に整数は存在しないから稠密性はいえない。整数は**離散的**であるという。

・整数 a には，a の次に大きい整数，a の次に小さい整数が存在するが，小数では位を限定しないとそのことがいえない。

③ 分数＊

整数や小数を分数の形に直すなど，有理数としての分数とその特徴を理解する。

(1) **分数と整数・小数の関係**＊

整数は1を分母とした分数で表すことができ，小数は10，100，1000を分母とする分数で表すことができる。

整数 a は $\frac{a}{1}$，$\frac{2a}{2}$，$\frac{3a}{3}$，……と必ずそれに対応する分数があり，小数も0.27＝のようにそれに対応する $\frac{1}{10}$，$\frac{1}{100}$，$\frac{1}{1000}$ を単位とする分数があることを，整数や小数を分数の形に直したり，分数を整数や小数に直すことを通して理解させる。また，分数の形で表されている数は，常に整数や小数の形で表すことができるとは限らない。つまり，小学校で扱う数の範囲では，分数の形で表された数（有理数）の集合は，整数や小数の形で表される数の集合を含むことになる。

(2) **整数の除法の商を分数で表すこと**

整数どうしのわり算の商は，分数で表すことができる。

『2 ℓ を 3 等分した量は $\frac{2}{3}$ ℓ です』から

$a \div b \to \frac{a}{b}$，$\frac{a}{b} \to a \div b$

(3) **分数の相等と大小**

分数は次の手続きによって，大きさの等しい分数を作ることができる。

$\frac{a}{b} = \frac{a \times k}{b \times k} (k \neq 0)$ ……㋐

$\frac{a}{b} = \frac{a \div k}{b \div k} (k \neq 0)$ ……㋑

㋐の性質を用いて，幾つかの分数のそれぞれに等しい分数の集合の中から，分母の共通な分数を選び出すことを**通分する**という。

また，㋑の性質を用いて，等しい分数の集合の中から，分母の小さいものを選び出すことを**約分する**という。

(4) **異分母分数の大小比較**

(5)の通分または約分をし，同分母の分数に直すと，比べやすくなる。

④ 整数・小数・分数の相等，大小

整数・小数・分数は，大小の順に数直線上の点として表すことができる。そして，それらの点の原点からの距離の大小によって，相等・大小を判断することができることを理解させる。また，数直線（☞127）に表示して理解を図る。

```
0      0.5      1      1.5      2      2.5
├───┼───┼───┼───┼───┤
0      1/2     2/2    3/2    4/2    5/2
```

なお，隣り合う二つの整数の間にさらに整数に対応する点をとることはできないが，任意の二つの小数や分数の間には，必ずほかの小数や分数に対応する点をとることができ，次の順番の小数や分数が決まらない。これは有理数の**稠密性**＊とよばれる性質である。（「稠」も「密」も多く集まってこみ合っているという意味）

十進位取り記数法以外の記数法

① **非十進位取り記数法**

2進位取り記数法（2進法）や5進法などである。たとえば，2進法では単位が2まとまるごとに新しい単位を決め，その単位を位置によって表す。数字は0，1の2種類である。

② **十進の非位取り記数法**

漢数字（和数字）による記数法である。これは10倍ごとに新しい単位，一，十，百，千，万，を決めているので，十進記数法である。ただし，次の単位は万，億，兆というように1万倍ごとに新しい単位を決めていくので，十進に万進を併用しているといえる。

③ **非十進，非位取り記数法**

Ⅰ，Ⅱ，Ⅲ，Ⅳ，Ⅴ，Ⅵ，Ⅶ，Ⅷ，Ⅸ，Ⅹ，などのローマ数字による記数法である。

237 数の相対的な大きさ

relative size of numbers

1 3 5
2 4 6
A

200を百を単位として2とみたり、十を単位として20とみたりすることがある。このように、ある数を、単位とする十、百、千などの幾つ分に当たるかとみることを、**数の相対的な大きさをとらえる**という。この見方は数の仕組みを理解し数に対する感覚（☞238）を豊かにする。

1年　十を単位として数の大きさをみることができるようにする。例えば、「30は10の3個分」「10が5で50」というような見方について指導することで、数の構成について理解を深めたり、十を単位としてみられる数の加法、減法の計算の仕方へとつなげたりする。

2年　十・百などを単位として数の大きさをとらえることができるようにする。例えば、4000を「10が400個集まった数」「100が40個集まった数」とみたり、213を「10が21個とばらが3個」「100が2個と10が1個とばらが3個」とみたりすることである。

3年　数の範囲を万の単位まで拡大するようなとき、ひき続いて数の相対的な大きさの理解を深める。

この理解が十分できていれば、500＋800、700×6、800÷2などでも、5＋8、7×6、8÷2などの既習の処理しやすい計算に帰着させることができるようになる。

また、4年生で扱う485÷5などの計算で、十が48個とみて商を立てるなど、数の相対的な大きさに対する見方が生きてくる。

4年　小数についても数の相対的な大きさの理解を深めておくことが大切である。例えば、1.2は0.1が12個集まった大きさであるとみることができるようにする。これができれば、5年の小数の乗除の計算に活用されよう。

・$1.2 \times 4 = (0.1 \times 12) \times 4$
　　　　　　$= 0.1 \times (12 \times 4)$
・$1.2 \div 4 = (0.1 \times 12) \div 4$
　　　　　　$= 0.1 \times (12 \div 4)$
　　　　　　$= 0.1 \times 3 = 0.3$

5年　小数の乗除の計算では、**乗除の計算のきまり***を用いたり、数の相対的な大きさを活用したりして解決できる。

・$12000 \div 600 = 120 \div 6$（百を単位にする）
・$1.6 \div 0.8 = 16 \div 8$（$\frac{1}{10}$を単位にする）
・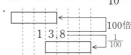

十進法（☞218）

十進位取り記数法では、数字の配列を変えずに、1、10、100、…または、$\frac{1}{10}$, $\frac{1}{100}$, …のうちのどれかを一つの単位にとって、数の相対的な大きさを読み取ることができる。そのときに単位としたものの幾つ分かは、単位とした位の数字とその左の方に並んでいる数字をそのまま読めばよい。その単位に満たない部分は、単位とした位より右の方に並ぶ数字で表されている。

乗除の計算のきまり（☞221、232）

次のような計算のきまりを活用して計算の処理をさせるようにしたい。

このきまりが第4学年で次の(ア)を中心として扱われる。

(ア)	$a \div b = (a \overset{\times}{\div} m) \div (b \overset{\times}{\div} m)$
(イ)	$(a \overset{\times}{\div} m) \div b = (a \div b) \overset{\times}{\div} m$
(ウ)	$a \div (b \overset{\times}{\div} m) = (a \div b) \overset{\div}{\times} m$
(エ)	$(a \pm m) \div b = a \div b \pm m \div b$

238 数量や図形についての感覚 <small>1 3 5 / 2 4 6 A・B・C</small>

sense for numbers, quantities and figures

　数量や図形についての**感覚**は，数や図形についての**多様な見方***，とらえ方，さらには適切にことがらを見積もったりするときにはたらく感覚である。

　この感覚は，数・量や図形について親しみをもたせたり，理解をよくしたりするのにも助けとなるが，数量や図形のおよその大きさや形に基づいて適切な判断をしたり，能率的な処理をしたりするのに有効である。また，新しい見方・考え方や処理の仕方などを考え出したり，確かめたりするのに役立つ。

1・2年

1 数について
(1) 数の合成・分解をしたり，一つの数を他の数の和・差や積としてみるなど，他の数と関係づけてみる。
(2) 数をある単位を基にして，**相対的な大きさ**（☞237）としてとらえる。

2 量について
(1) 身の回りにあるものの長さや体積について，およその見当をつけたり単位を用いて測定したりする。

3 図形について
　観察，構成，分解などを通して身の回りにある形について理解する。また，ころがりやすい形や重ねやすい形などのように，ものの形を機能的な面から観察する。

3・4年

1 数について
(1) 千，億，兆の単位までの数や小数・分数について，ある単位を基にした相対的な大きさとしてとらえ，数の相対的な大きさの理解を深め，数の理解や計算などに活用する。
(2) 概数や四捨五入の意味を理解し，目的に応じて計算結果を概数で表す。
(3) 目的に応じて，和や差，積や商を概数で見積る。
(4) 計算の大きな誤りを防ぐなどに，概数を用いることのよさを知る。

2 量について
(1) 牛乳びんやバケツのかさなど，ある量の大きさを適当な単位で表す。
(2) 重さの量感を育て，重さを適切に見積ったり，測定したりする。
(3) 長さや面積などを目的に応じて，単位や計器を適切に選んで測定する。

3 図形について
　観察・構成，分解などを通して，平面図形や立体図形の理解を深める。

5・6年

1 量について
(1) 図形を**概形**でとらえて，およその長さ，面積や体積を求める。
(2) 身の回りで使われている量の単位を見付けたり，これまでに学習した単位との関係等を調べたりする。

2 図形について
　観察・構成・分解などを通して，平面図形や立体図形の理解を深める。

数についての多様な見方
　同じ数に対しても，次のように，いろいろな視点から数をみる見方である。
・ある数を他の2数の和・差・積や商としてみる。
・数を大小・順序などの系列の視点からみる。
・整数や小数を適当な単位を基にして，**数の相対的な大きさ**という視点からみる。
・整数を**約数**とか**倍数**という視点からみる。
・分数 $\frac{1}{2}$ は，$\frac{2}{4}$, $\frac{3}{6}$, ……に等しいというような**同値関係**からみる。
・数を目的に応じた**概数**としてとらえる。
　このように多様な見方は，同じ数を他の数との関係でとらえたり，数の仕組みや大きさを明らかにするので，数についての理解をいっそう深め，計算などにも効果的に生かされる。

239 図形の操作
manipulation of figures

|1|3|5|
|2|4|6|
B

図形の諸概念の理解を図ったり，図形の性質を発見したりするために，図形を構成したり，分解したり，移動したりする具体的な活動を**図形の操作**という。

1〜2年 図形を考察するときの基本となる素地を育てるために，いろいろな活動を経験させる。

1 図形の考察に用いる操作
(1) 折ったり，切ったりする。
(2) 積んだり，ころがしたりする(1年)。
(3) 基本図形を決めておいて，それを幾つ，どう並べればその形ができるかを考えて構成する(☞215)。
(4) 正方形や長方形の紙を折って，辺の長さの相等関係を調べる(2年)
(5) 正方形，長方形，直角三角形で平面を敷き詰める(2年)

3年 この学年では，二等辺三角形や正三角形の角を重ねることによって大きさの等しい角を見つけたり，三角形の敷き詰めによりその中にほかの図形を認めたり美しさを感得したりさせる。

4年 この学年では，位置関係としての平行や垂直を操作により確かめたり，直方体や立方体の展開図をかき立体をつくって調べたりする。また，四角形での敷き詰めを経験させる。

5年 この学年では，図形の基本操作を基に，図形の等積変形などが扱われる。

また，角柱や円柱の展開図をかいて立体を構成する活動をする。

1 図形の基本操作
図形の基本操作としては，**ずらす**，**まわす**，**折り返す**の三つの操作がある。

これらの操作は，それぞれ**平行移動**，**回転移動**，**対称移動**とよばれる基本操作である。

こうした操作は，低学年の段階から取り上げられているが，合同な図形の考察のほかに，下記のような求積指導においても，よく用いられる操作である。

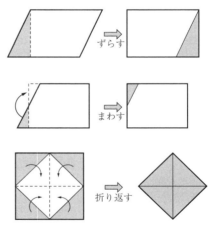

6年 この学年では，既習の図形について理解を深めるために，新しい観点としての図形の対称性や，拡大・縮小のなかで，図形の操作活動を多くしていく。

四つの基本操作
低学年の図形の構成・分解にみられる基本操作は，**平行移動・回転移動・対称移動**がほとんどである。

この平行移動(ずらす)，回転移動(まわす)，対称移動(折り返す)に，**拡大・縮小**(広げる，縮める)という操作を加えて，図形の四つの基本操作ということもある。相似については，中学校の図形の移動・相似の学習で用いられる操作である。しかし，平行移動・回転移動・対称移動という用語そのものは，小学校では用いない。

239 図形の操作

1 図形の対称性の発見と操作

(1) 一つの図形の移動操作

一つの直線を折り目として折り返したとき、直線の両側の部分が重なり合う形を操作によって発見させていく。

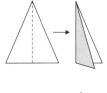

一つの点を中心にして180°回転したとき、もとの形に重なり合う形を操作によって発見させていく。

(2) 二つの図形の位置と移動操作

二つの図形の位置の関係については、中学校での指導内容となっている。

図形の基本操作の中で最も基本となるのは対称移動である。

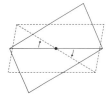

平行移動と回転移動は、対称移動を組み合わせて移動することもできる。

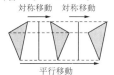

2 図形を拡大・縮小する操作

一つの頂点を中心として図形を拡大したり、縮小したりすることがある。小学校では、[図1]のような形で取り扱われていて、相似の中心Oが拡大・縮小する図形の頂点の上で重なった場合や図形の中にある場合を扱う。

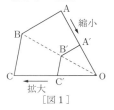
[図1]

相似の中心が、[図2]のように図形外にある場合が取り上げられているのは、中学校になってからである。

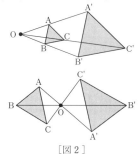
[図2]

二つの相似な図形が、このような位置にあるとき、この二つの図形は**相似の位置にある**という。

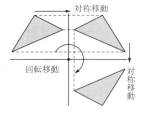

知恵の板

知恵の板とは、平面図のパズルのことで、このうち、代表的な2例をあげてみる。

① **タングラム**——正方形の板を7個の多角形に切り分けたもので、中国で生まれたものだという。「七巧板」とも言われた。

② **清少納言智恵の板**——これも正方形の板を7個の多角形に分けたもので、日本で江戸時代の庶民に親しまれたものである。

このほかにも、様々な知恵の板がある。

・タングラム

・清少納言智恵の板

240 整数のかけ算
multiplication of whole numbers

二つの数 a, b の積 $a \times b$ を作ることをかけ算という。すなわち，$a \times b = \square$ で，$\square$ にあてはまる数を求めることである。このとき，a を**かけられる数**，b を**かける数**という。

2年 かけ算の用いられる場合やかけ算の意味が初めて指導される。

1 かけ算の意味

(1) 一つ分の大きさが決まっているとき，その幾つ分かに当たる大きさを求める場合に用いられるのがかけ算である。特に，（整数）×（整数）では，同じ数を何度も加えるたし算の簡潔な表現としてかけ算の表現が用いられており，かけ算九九を記憶することによって，その結果が容易に求められることになる。

(2) 累加の考えにより幾つ分といったことを，何倍とみる**倍の考え***で，一つの大きさの何倍かにあたる大きさを求めることをかけ算であると拡張していく。

すなわち，6 の八つ分などを求めるとき，$6+6+6+\cdots\cdots+6$ として求めるのは大変なので，いちいち同じ数を何回も加えるのでなく，八つ分ということがわかっていれば，6 の 8 倍として，6×8 と表して，全体の数量を求めるという意味を理解させる。

このかけ算の式*では，かけられる数とかける数にそれぞれ異なった意味づけがなされることに注意しなければならない。

2 かけ算について成り立つ性質

(1) 乗数が 1 増えたときの積の増加

例えば，6 の段の九九の構成を考えるとき，
$$6 \times 7 = 6+6+6+6+6+6+6$$
と計算しなくても，
$$6 \times 2 = 12, \quad 6 \times 3 = 18, \quad 6 \times 4 = 24,$$
$$6 \times 5 = 30, \quad 6 \times 6 = 36$$
から，積が 6 ずつ多くなっていくことに気づかせ，$6 \times 7 = 6 \times 6 + 6$
すなわち，36 より 6 多い数として見つけていくようにする。

(2) 交換法則の発見

$6 \times 4 = 4 \times 6$ のような**交換法則**は，下図のような具体的な場面で，かけられる数とかける数を交換しても，かけた結果は同じになることを見出させ，九九の構成にも役立たせる。

6×4 　　4×6

(3) 性質の活用

かけ算について成り立つ性質は，九九

倍の考え

日常語では「倍」といえば，ふつう 2 倍のことを意味する。しかし，かけ算の意味の指導で，三つ分でも四つ分でも，3 倍，4 倍といった表し方をする。さらに発展して，1 倍のとき，つまり結果がかけられる数自身のときにも使われ，高学年では1.5倍のような表し方や，さらに0.8倍のようなかけられる数よりも結果が小さくなる場合にまで拡張されるよる。分数でも $\frac{4}{5}$ 倍のようにいうこともある。

かけ算の式

数量に対応して，かけ算の式を考えるときは，例えば，6×8 のかけられる数 6 と，かける数 8 には異なる意味が対応している。

(かけられる数)	(かける数)	(積)
6	× 8	= 48
(作用を受けるもの)	(作用を及ぼすもの)	(結果)

しかし，結果を求める計算や，その式がどんな数を表すかをみるときは，6×8 も 8×6 も同じ結果を表していると考える。

240　整数のかけ算

を構成する際に用いるとともに児童の実態によっては，12×5や6×13などの結果を求めるときにも活用できる。

3　かけ算九九

かけ算の暗算の基礎となるのは，1から9までの数（**基数**）とその数をかけるかけ算の81通りである。

これを表にまとめたものが，**九九表**，**かけ算九九表**，**かけ算表**などとよばれるものである。

	1	2	3	4	5	6	7	8	9
1	1	2	3	4	5	6	7	8	9
2	2	4	6	8	10	12	14	16	18
3	3	6	9	12	15	18	21	24	27
4	4	8	12	16	20	24	28	32	36
5	5	10	15	20	25	30	35	40	45
6	6	12	18	24	30	36	42	48	54
7	7	14	21	28	35	42	49	56	63
8	8	16	24	32	40	48	56	64	72
9	9	18	27	36	45	54	63	72	81

指導にあたっては，できあがっている九九を単に記憶させるのでなく，児童自身が構成していくようにさせることが大切である。

具体的な場面と結びつけながら，どの段の九九についても十分な習熟が大切である。順にすらすらいえるだけでなく，どれを取り出しても結果がすぐにいえる

ようにすることが必要である。

3年
かけ算の意味をもう一度見直し，2位数や3位数に1位数や2位数をかける場合までを取り扱う。

1　かけ算の用いられる場合
(1)　被乗数の数範囲の拡張

かけられる数の範囲が2位数，3位数になっても，全体の大きさを求めるのにかけ算が用いられることを理解させる。

例えば「1m48円のテープを7m買うと代金はいくらか」などのような連続量を使った場合もその一つであろう。下図のような**テープ図**や**線分図**を使って，かけ算の意味を見直していくことも大切である。

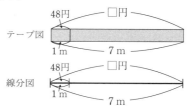

さらに，これらの図と関連させて，下の**数直線表示***へと進めていくこともできよう。

(2)　わり算の逆のかけ算

例えば，「ひもを7等分したら1本が48cmありました。はじめのひもは何cmありましたか」という場面である。わり算のわる数と商から，わられる数を求める

九九表のきまり

右図のように，対角線をひいて，それを軸にして対称の位置にある数が等しいことを気づかせるなど，いろいろなきまりや規則性を発見させる。

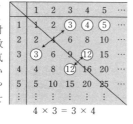

4×3＝3×4

数直線表示

具体的なものを使って，テープ図や線分図に慣れたら，次のような2本の数直線表示へと段階を踏んで指導するのが効果的である。

ときに，かけ算が用いられる。すなわち，**わり算の逆算**を適用する問題である。

(わられる数)÷(わる数)=(商)
⇩
(商)×(わる数)=(わられる数)

(3) 0のかけ算*

かけられる数やかける数の一方が0のときにも，かけ算が用いられることを理解させる。

この場合は，具体的な場面から導入していくのがよい。例えば，玉入れゲームの結果などを使って指導するとよい。

右の表のような結果を見せて，⑦や⑦のところは，どのようにして得点を表すか，またその結果はどう表せばよいかを考えさせる。

玉入れの結果

点	入った玉の数	得 点
0	4	⑦
1	2	1×2=2
2	3	2×3=6
3	0	⑦
4	1	4×1=4

⑦の場合は，0点が4個分，つまり0の4倍で0×4の立式をし，その結果は0点であることを知らせる。さらに，⑦の場合も，3点が0個分ということで，3×0の立式から，その結果は具体的場面において3点が一つも入らないから0点とすることを知らせる。また，次のように，かけ算の規則性から結果を考えさせることも可能である。

$$\begin{array}{l}3\times 4\\ 3\times 3\\ 3\times 2\\ 3\times 1\\ 3\times 0\end{array}\Bigg)\begin{array}{l}1=12\\ 1=9\\ 1=6\\ 1=3\\ 1=\boxed{0}\end{array}\Bigg)\begin{array}{l}3\\ 3\\ 3\\ 3\end{array}$$

2 かけ算について成り立つ性質

(1) 交換法則と結合法則

かけ算では，下のように，計算の順序を換えても結果が変わらないことに気づかせる。

$$a\times b = b\times a$$
$$(a\times b)\times c = a\times (b\times c)$$

指導の際には，具体物を使って，例えば，次の積み木の数を数える方法を考えるなかで取り扱うようにするとよい。

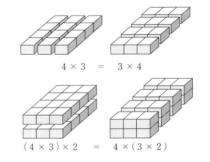

$4\times 3 = 3\times 4$

$(4\times 3)\times 2 = 4\times (3\times 2)$

(2) 分配法則 (☞221)

$$a\times (b+c) = a\times b + a\times c$$

については，2位数をかける計算の方法を考えたり，説明したりする中で，意識

検算

計算の結果が正しいかどうかを確かめることを**検算**という。同じ誤りを繰り返さないために，前の計算と違った方法で計算するのがふつうである。

一般には，その計算の逆算が利用される。ひき算の検算はたし算で，かけ算の検算は積をかける数でわった商とかけられる数とを比較することが多い。このほか，前の計算の順序を換えてかける方法もある。

$a\times 0 = 0$

数学的には，分配法則を用いて，

$$a\times (0+1) = a\times 0 + a\times 1$$

$0+1=1$，$a\times 1 = a$であるから，

$$a = a\times 0 + a$$

よって，$a\times 0 = 0$

児童にとって，3×0は，累加・倍の考えによって0となることは理解しにくい。児童の中には3×0=3と誤るものがいるので，折にふれてていねいに扱うとよい。

240 整数のかけ算

づけられるようにするとよい。

例えば，24×6を　20×6＋4×6
としたり，43×15を　43×10＋43×5
として計算するときに用いられる。

筆算の形式では，

「かける数の一の位，十の位の数を順に，かけられる数にかけて**部分積**＊を求め，それを加える」

といった手順で積が求められることを学習してきている。

これを基本にすれば，かける数が3位数以上になっても，

「かける数のそれぞれの位の数を順に，かけられる数にかけて，その部分積を加えていく」

というように一般化していけばよい。

基本的なものを基にして，発展的に考えて計算を工夫していけば，数学的な考え方の伸長にもつながることになる。

③　**かけ算の計算**

2位数や3位数に1位数や2位数をかける計算の基礎となるものに，次の三つが考えられる。
・十進位取り記数法
・かけ算九九
・かけ算の計算法則

(1)　**1位数をかける場合**

例えば，12×7では，

$(6+6)×7 = 6×7+6×7$
$= 42+42 = 84$
$(10+2)×7 = 10×7+2×7$
$= 70+14 = 84$
$(9+3)×7 = 9×7+3×7$
$= 63+21 = 84$

など，児童の考えがいろいろ出てくる。

部分積

かけ算の筆算の中で，右上の例のように，途中の段階の積を表現したものを**部分積**という。一般に1位数をかけるときは部分積は書かないが，2位数以上をかけるときは，かけ

式を変形して形式のうえで見ることは4年で扱われる。つまり，かけ算九九を使って計算の仕方を工夫するのである。この中で最も能率がよいのは，12を10と2に分解する方法で，記数法に従っているわけで，これは28×7などのようなときには，いっそうそのよさがわかってくる。

このことを基礎にして筆算を導入すると，28×7は，次の図のようになる。

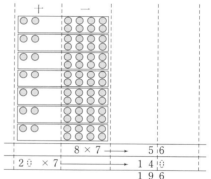

そこで，右の計算のように，実際の筆算ではいちいち部分積を書かないが，それぞれの意味を十分に考えさせるようにする。

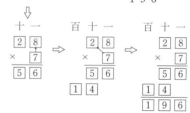

(2)　**2位数をかける場合**

る数の一の位の数をかけた積，十の位の数をかけた積などをそれぞれ書いて，最後にそれらを加えて全体の積を求める。

なお部分積はかける数の書いてある位から左へ書き始めるようにすることを指導しておく。

この場合は、何十をかける計算と、1位数をかける計算に基づいて考えださせるようにする。例えば、34×26では、次のように、34×(20+6) と考えて、34×20+34×6のように計算する。

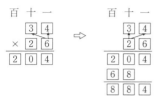

なお、34×26は、30×30=900と結果を見積もったり、34×20=680、34×6=204、680+204=884と計算の仕方を考えたりすることが大切である。

4 3位数をかける場合

例「1人ぶん235円で、178人いる学校ではいくらになるでしょう」

・立式は線分図で考えさせる。

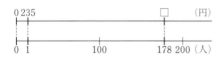

積・部分積

かけ算の計算をして得られた結果を積という。

(被乗数)×(乗数)=(積)

例えば、「3と5の積」といういい方は、"かける"という用語を用いない表現といえよう。

積のなかでも、筆算形式で途中の計算の結果は**部分積**である。

```
    3 4 ←――― 被乗数（かけられる数）
  × 2 6 ←――― 乗 数（かける数）
  2 0 4 ←――― 部分積
    6 8 ←
  8 8 4 ←――― 積（部分積の和）
```

・235×178 の筆算の仕方
```
        2 3 5
      × 1 7 8
      1 8 8 0  ←―― 235×   8
      1 6 4 5  ←―― 235×  70
      2 3 5    ←―― 235× 100
      4 1 8 3 0    答え  41830円
```

これらの指導のなかで、数の範囲を拡大していくと、235×107や524×230のように、途中に空位の0があったり、末尾に0がある場合が出てくる。このような0の処理*の工夫も、指導上必要となる。

例えば、次のように途中の部分積をはぶくようなものがある。

```
      2 3 5              2 3 5
    × 1 0 7            × 1 0 7
    1 6 4 5 ←235× 7→  1 6 4 5
    0 0 0   ←235× 0→
    2 3 5   ←235×100→  2 3 5
    2 5 1 4 5          2 5 1 4 5
```

5 つまずきの早期発見と早期治療

けた数が多くなると、右　　　 2 0 1
のように、ある位の部分積　　× 3 4
の計算をはずしてしまった　　　 8 4
り、位置を間違えてしまっ　　　 6 3
たりすることがある。　　　　　7 1 4
早期に治療することが大切である。

0の処理

かける数の末位に0のある場合には、その処理の仕方として、次のような工夫がある。

```
      5 2 4                      5 2 4
    × 2 3 0                    × 2 3 0
    0 0 0  ←524×  0      1 5 7 2 0
    1 5 7 2←524× 30      1 0 4 8
    1 0 4 8←524×200      1 2 0 5 2 0
    1 2 0 5 2 0
```

一の位の部分積は000で0が三つ並ぶ。そこで三つ書かなくていちばん右の0を一つ書き、その左に十の位の部分積を一緒に書き添えて15720とすれば、3段の部分積が2段になり、計算が能率的になる。

241 整数の性質
properties of whole numbers

|1|3|5|
|2|4|6|
A

小学校で扱う**整数**は，正の整数（自然数）に0を加えたものである。整数の学習については，1年の入学当初から始められ，4年までに数範囲を億や兆の位まで広げて，**十進位取り記数法**の仕組みと**四則の計算**について，一応の学習が完成する。

5年　平成29年改訂学習指導要領では，整数の性質について知るだけでなく，公約数，公倍数の性質およびそのみつけ方についても学ぶ。

すなわち，数の集合に着目させるなかで，整数についての理解をいっそう深めていくことを主なねらいとしている。

1 整数の類別

これまでは，数える，書く，順序，大小，計算などについて理解を深めてきているが，ここでは，整数はある観点から幾つかの集合に類別できることを知らせることを通して，整数の性質を理解させるとともに，整数が全体として，集合を構成することに着目させる。

例えば，それぞれの整数を，ある整数でわったときの余りに着目した類別が考えられるが，その特別なものとして，奇数・偶数という類別がある。

(1) 奇数・偶数

整数は，2でわったときに，わり切れるか，わり切れないで余りが1になるかのいずれかである。すなわち，整数の全体は，2でわってわり切れる数（**偶数**）の集合と2でわってわり切れないで1余る数（**奇数**）の集合の二つに分けられる。

また，このことは数直線に表してみると，下図のように，それぞれに属する数が一つおきに現れるといったパターンとしてもとらえさせることができる。

⓪ △ ② △ ④ △ ⑥ △ ⑧
偶数は○，奇数は△

整数を奇数と偶数に分けるだけならば，児童にとって容易なことであろうが，その段階にとどまることなく一歩進んで，どんな整数でも，2でわった余りに着目するとどちらかに属するというように，整数全体の集合としてとらえさせていきたい。

(2) 0の扱い方

0を偶数に含める扱いをするが，「0は偶数である」と児童に与えるより，児童に考えさせて「偶数とする」と決めさせるほうがよい。余りに着目させれば，$0 \div 2 = 0$でわり切れるので，偶数であると考えられるであろう。

また，数直線上で，数の並び方を考察

類別

例えば，赤と白の花の集合 S があるとする。その花を「同じ色」という一つの関係（条件）によって分けると，赤い花の集合と白い花の集合とに組分けをすることができる。するとどの花も，どちらかの組に含まれるし，また二つの組には共通な花はない。このように集合を組分けすることを**類別する**という。

この場合，分ける観点としては，「赤い色」と「白い色」というように二つの条件で分け

ることもある。日常はむしろこのほうが多いであろう。

一般に，集合 M の要素をある一つの関係（厳密には同値関係）で幾つかの組にまとめることにより，S を組分けすることを**類別**という。この場合，M のどの要素も必ずいずれかの組に含まれ，またどの二つの組をとっても共通の要素はないものとする。

類別して得られた各組を**類**（class）という。

241 整数の性質

していくなかで，偶数と考えてよいこともわかる。

2 倍数・約数

整数の集合を考察する立場としては，ある整数でわった余りに着目して類別して考察する場合と，整除性に着目して考察する場合との二つがある。整数を倍数，約数といった観点から考察するのは，後者の立場である。

倍数・約数は，分数の約分や通分の際に用いられる大切な内容である。

(1) 倍数

ある整数の倍数は，次々に幾つでも作られるという性質がある。例えば，3の倍数は3，6，9，12，15，18，21，……というように無限に続くことになる。

なお，小学校では0を偶数としては扱うが，発達段階からみて指導上に困難点があるので，0をある整数の倍数として扱うことはしていない。0を整数nの倍数としてみるのは中学校である。

(2) 約数

倍数は無限にたくさん存在するのに対して，約数は有限個である。例えば，24の約数の集合は{1，2，3，4，6，……，24}の部分集合であり，その個数は24を超えることはない。24の約数は1，2，3，4，6，8，12，24であり，約数が8個もあるが，23の約数は1と23の二つだけである。このように，1とその数自身のほかに約数をもたない整数*があることにも気づかせたい。

(3) 倍数と約数

倍数も約数もそれぞれ具体的に集合を作って，その意味をとらえさせていくのであるが，ともすると児童は，倍数は「かけるもの」，約数は「わるもの」といったような，それぞれ独立したものだととらえがちである。そこで，一つの数を式の積の関係から倍数と約数を関連的にとらえていけるようにしたい。

つまり，二つの整数a，bに対して，$a \times c = b$となる整数cがあるとき，bをaの**倍数**，aをbの**約数**という。

> $3 \times 2 = 6$の式では，
> 6は2や3の倍数
> 2や3は6の約数
> と，みることができる。

なお，倍数・約数を小学校で扱うときは，1以上の自然数を対象とし，0は対象から除くことが多い。これは，児童にとっての難しさや，最小公倍数を扱うときを考慮してのことである。

(4) 公倍数

二つ以上の整数の共通な倍数を**公倍数**という。公倍数を求める場合には，実際にその集合を作って，その意味を明確につかませることが必要である。

例えば，2と3の公倍数を求める場合

剰余類

整数の集合を，正の整数nでわった余り0，1，2，……，$n-1$で類別したとき，各類を**剰余類**という。3でわったときは，剰余類は次のようになる。
 $A_0 = \{0, 3, 6, 9, 12, 15, ……\}$
 $A_1 = \{1, 4, 7, 10, 13, 16, ……\}$
 $A_2 = \{2, 5, 8, 11, 14, 17, ……\}$
A_0に属する整数は3の倍数であり，A_1，A_2に属する整数は，いずれも3の倍数ではない。

素数

1とその数自身以外に約数をもたない数を**素数**という。2，3，5などは素数で，1は約数が一つなので素数としない。1と素数を除く自然数を合成数という。なお，素数は中学校で指導される。自然数は約数の個数により，次のように分類される。

自然数 $\begin{cases} 1 \cdots\cdots 約数の個数が1個 \\ 素数 \cdots\cdots 約数の個数が2個 \\ 合成数 \cdots\cdots 約数の個数が3個以上 \end{cases}$

241　整数の性質

には，次のような求め方が考えられる。
① 2の倍数の集合と，3の倍数の集合から共通な要素を見つける。
・2の倍数
　　{2，4，⑥，8，10，⑫……}
・3の倍数
　　{3，⑥，9，⑫，15，……}
・倍数を数直線上に表せば

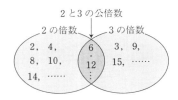

② 3の倍数の集合の中から，2の倍数を見つける。
　3の倍数
　　{3，⑥，9，⑫，15，⑱……}
　　　　└─────┬─────┘
　　　　　2の倍数（○印）

(5) **最小公倍数***

公倍数の中でいちばん小さなものを**最小公倍数（L.C.M.）**という。

二つの数の最小公倍数を求めるのには，二つの数をそれぞれ**素因数分解***して求める方法がある。具体的な場面に即して最小公倍数という用語を取り扱うが，深入りすることはさけたい。

したがって，ここでは公倍数の指導のなかで，最小公倍数にも目を向けさせていくような，意味の理解を中心とした取り扱いが大切である。

公倍数は，(4)の①，②の方法で求めることができるのであるが，最小公倍数に目を向けると，それをもとにして，見つけることができる。例えば，前述した2と3の公倍数では，最小公倍数6を見つけることにより，そのほかの公倍数も6の倍数として見つけることができる。

2と3の公倍数は，6の倍数
　　{6，12，18，24，30，……}
このことは，形式的に理解させるのでなく，最小公倍数に目を向けていくなかで，児童に発見させるようにさせたい。

なお，最小公倍数の考え方は，異分母分数の計算の通分でも必要となる大切な考え方である。ここでは，つまずきも多くみられるところであるので，意味の理解を中心に指導する必要がある。

(6) **公約数**

二つ以上の数の共通な約数を**公約数**という。公倍数と異なり，公約数の集合は，有限集合で，最大の要素と，最小の要素1が存在する。

公約数を求める場合も，公倍数を求めたときと同様に，実際に，約数の集合を

素因数分解
　合成数は12 = 3 × 4 のように，幾つかの整数の積の形に表すことができる。このとき，かけ合わされたおのおのの数3や4を，もとの数12の**因数**という。その因数が素数であるとき，それを**素因数**という。
　合成数は二つ以上の素因数だけの積で表すことができる。このように表すことを素因数分解するという。
　12を素因数分解すると，2 × 2 × 3 となる。

最小公倍数
最小公倍数は次のようにしても求められる。
　２) 18　16　12　・二つ以上の数の公約数で
　２)　9　　8　　6　　わる。
　３)　9　　4　　3　・わり切れないものは，そ
　　　　3　　4　　1　　　のまま下におろす。
・二つ以上の数に公約数（1を除く）がなくなったとき，わった数と最後に出た数をかけ合わす。
　L.C.M. = 2 × 2 × 3 × 3 × 4 × 1 = 144

作らせて、公約数を見つけていくことが大切である。
　例えば、12と18の公約数は、
・12の約数
　　{①, ②, ③, 4, ⑥, 12}
・18の約数
　　{①, ②, ③, ⑥, 9, 18}
12と18の公約数は、12の約数と18の約数のどちらにも入っている数で、それはこの二つの集合に共通な要素であり、その集合は、{1, 2, 3, 6}である。

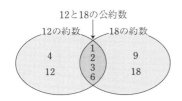

　また、まず12の約数を見つけ、その中から、18の約数を見つけることにより、公約数を求めることもできる。
12の約数
　　{①, ②, ③, 4, ⑥, 12}
　　　 ＿＿＿＿＿＿＿
　　　 18の約数（○印）

(7) **最大公約数**＊
　公約数の中で、いちばん大きな数を**最大公約数**（G.C.M.）という。指導に際しての考え方や扱い方は、最小公倍数のときと同様である。

最大公約数を見つけることにより、公約数を見つけることができる。例えば、12と18の公約数について考えると、最大公約数は6であり、12と18の公約数は1, 2, 3, 6は、すべて6の約数となっている。
　また、**ユークリッドの互除法**＊の考え方を用いると、どんな大きな2数についても、簡単に最大公約数を求めることができる。この方法は特に計算機を利用して最大公約数を求めるのによく使われる。
　ユークリッドの互除法の原理や図形的な意味は、高等学校数学Aの整数の性質において、1次不定方程式の解法とともに扱われている。

　|発展|　整数の余りに着目した類別（**剰余類**＊）についての考察は、深入りしないことが大切である。
　ここではその考え方の一例を参考に示すことにする。
　|例|　整数を3で割ったときの余りに着目して類別すると、
・余りが0である数の集合
　　{0, 3, 6, 9, 12, 15, ……}
・余りが1である数の集合
　　{1, 4, 7, 10, 13, 16, ……}
・余りが2である数の集合
　　{2, 5, 8, 11, 14, 17, ……}

最大公約数
最大公約数は次のようにしても求められる。
```
２)  24  72  108
２)  12  36   54
２)   6  18   27
      2   6    9
```
G.C.M.
　＝ 2 × 2 × 3
　＝ 12

・それぞれの数を全部の数の公約数でわる。
・さらにその答えを、公約数でわり、1以外の公約数がなくなるまでわり進む。
・わった公約数の積が、最大公約数となる。

ユークリッドの互除法
　二つの整数の最大公約数は、小さいほうの整数と、それで他方の整数をわったときの剰余との最大公約数に等しい。例えば、546と715の最大公約数13は、次のようにして求める。
(715, 546)　715 ＝ 546 × 1 ＋ 169
(546, 169)　546 ＝ 169 × 3 ＋ 39
(169, 39)　169 ＝ 39 × 4 ＋ 13
(39, 13)　 39 ＝ ⑬ × 3 ＋   0
（この関連項目は、☞102, 247の脚注）

242　整数のたし算
addition of whole numbers

$a + b = \square$ で，$\square$ にあてはまる数を求めることを**たし算***という．このとき，a を**たされる数**，b を**たす数**という．

1年　整数のたし算は，具体的な分離量を使って導入する．

[1] たし算が使われる場合
(1)　二つの数量が同時にあるとき，それらの二つの数量を合わせた大きさを求める．（**合併**）

(2)　初めにある数量に，ある数量を追加したり，増加したりしたときの全体の大きさを求める．（**添加**，または**増加**）

(3)　ある番号や順番から，幾つか後の番号や順番を求める．

上の(1)〜(3)までのなかで，特に重点的に指導されるのは(1)の合併と(2)の添加である．

[2] 扱う数の範囲
(1)　1位数に1位数をたしたとき，その和が10以下の計算

　例　$5 + 2 = 7$

(2)　1位数に1位数をたしたとき，その和が11以上（**繰り上がりの起きる場合**）の計算

　例　$8 + 3 = 11$

(3)　十を単位としてみられる数の計算

　例　$20 + 30 = 50$（和が100以下）

(4)　繰り上がりのない2種類と1位数の計算

　例　$20 + 6 = 26$，$14 + 3 = 17$

(5)　3口のたし算やたし算・ひき算の混合した計算

　例　$9 + 1 + 5 = 15$，$14 + 2 - 5 = 11$

[3] たし算の仕方
(1)　1位数に1位数をたして和が10以下の計算

たし算は，二つの集合を一緒にして数え，全体の大きさを求めることである．

例えば，$7 + 2$ の場合，7と2を一緒にして，1，2，3，…，9と数え，全体の大きさを9とすることである．

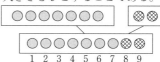

この場合，一緒にした集合の要素を順に，1，2，3，…，9と数えないで，一方に他方を8，9と**数えたし***て全体の大きさを正しく求めることもできるようにする．

これらの学習過程を通して，7と2の数値と演算記号を見て，すぐに答えの9が出るまでに高め，$7 + 2 = 9$ と結果を求められるようにしたい．

たし算
たし算を定義する導入場面として合併を扱うことが多い．この場合，たし算とは「二つの集まりを一緒にすること」というイメージを，おはじきなどの具体物の操作と対応させながら理解させる．

増加の場合も，合併のときと同じような操作になることから，「たし算」であると判断させる．

「合わせる」「みんなで」「全部で」などのキーワードに頼って判断させる指導がみられるが，それは好ましくない．操作や場面の意味をきちんととらえたうえで演算を判断させたい．

数えたし
$5 + 4 = 9$ の場合，被加数5を念頭において，加数の4を順に6，7，8，9と数えて結果を求める方法である．

$$5 + 4 = 9$$

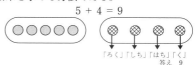

「ろく」「しち」「はち」「く」
答え　9

(2) 1位数に1位数をたして，和が11以上の計算

1位数に1位数をたして和が11以上になる計算は，1年での計算指導の重点であり，(1)の和が10以下の計算と同様に，すぐに答えが求められるまでにしておきたい。

計算の仕方としては，**加数や被加数を分解***し，下の①，②のように「10といくつ」と見て，全体の大きさを求めることもできるようにする。

① 加数分解*

$$8 + 3 = (8 + 2) + 1$$
$$= 10 + 1 = 11$$

② 被加数分解*

$$8 + 3 = 1 + (7 + 3)$$
$$= 1 + 10 = 11$$

なお，①と②のどちらによって計算するかは，加数の大きさにもよるので一概にはいえないが，通常，①を中心に指導する。

(3) 簡単な2位数などの計算

十を単位とした数の見方に関連させて，20＋30や20＋6を，2＋3，20と6と見て考えることができるようにする。

[4] 文章題

(1) めだかがすいそうに6ぴきいます。あとから2ひきいれました。めだかは，みんなでなんびきになったでしょう。

(2) おともだちがブランコに3にん，すべりだいに4にんあそんでいます。みんなでなんにんあそんでいるでしょう。

(3) ひろしさんは，まえから5ばんめです。ひろしさんのうしろには3にんいます。みんなでなんにんならんでいるでしょう。

合併や増加，順序数や集合数に関連したたし算なども，基本的には二つの部分集合を一緒にして数えればよい。

(3)の場合，ひろしさんは前から5番めということは，ひろしさんまで5人いるということである。それに，後ろに並んでいる3人をたして，5＋3の計算をすればよい。

実際の指導にあたっては，数量を具体的なおはじきなどに置き換えたり，○などの簡単な図に表したりして，数量の関係を具体的にとらえさせることが大切である。

2年 たし算の意味を深めるとともに，数の範囲が拡大され，**筆算形式**が導入される。

[1] 扱う数の範囲

百の位に繰り上がる加法までを扱う。

(1) 2位数に1位数や2位数をたして

加数分解による計算

9＋4の場合，まず被加数の9を見て，加数を1と3に分ける。9と1で10，10に残りの3をたして13，と求めるのが加数分解による方法である。

被加数分解による計算

$$9 + 4 = (3 + 6) + 4 = 3 + (6 + 4)$$
$$= 3 + 10 = 13$$

加数分解とは逆に，加数の4を見て，被加数を3と6に分ける。4と6で10，10に残りの3をたして13，と求める方法である。

242　整数のたし算

繰り上がりが起きる計算
　例　17 + 5,　25 + 18
(2)　2～3位数の3口のたし算
　例　47 + 243 + 198
(3)　簡単な場合の3位数などの計算
　例　800 + 500,　624 + 9,　236 + 47,

繰り上がりが何回も出てくる計算の基本は，（2位数）+（2位数）で繰り上がりが1回の場合なので，その計算方法を重点的に取り扱うようにしたい。

2　たし算の仕方

この学年では，**暗算**（☞201）や**筆算形式**が導入される。

(1)　たし算の筆算形式

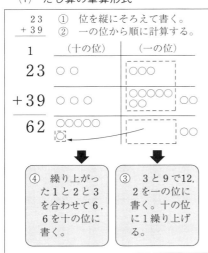

例えば，23 + 39の計算について考えてみる。3 + 9と20 + 30に分け，それぞれのたし算の答えを合わせる。

最初に計算の結果の見積りをさせることが大切である。20 + 30より大きいことは容易に気付く。すると20 + 30より幾つ大きいかということになり，20 + 30より3 + 9だけ大きいことに気づき，計算の仕方につなげることができる。

ここで大切なことは，なぜ左のような①～④の手順をふむのか，その理由がわかるように指導することが大切である。

①の位を縦にそろえて書く根底には，「同じ単位のものどうしでなければたすことはできない」という**加法の原理***があり，位を縦にそろえて書くと「たしたい数が上下に並んで便利になる」からである。

また，②の一の位から計算するのは，十の位から計算することよりも処理がしやすいからである。

さらに，③の十の位に1繰り上げるのは，その位の単位にそろえなければならないからである。

このように，教材のもつ意味を理解させながら，次の形式
　「3 + 9 = 12, 1繰り上がって，
　1 + 2 + 3 = 6, 答え62」
をおさえるようにしたい。

加法の原理

・3 + 4 ……単位1が（3 + 4）で7
・60 + 20 ……単位10が（6 + 2）で80
・0.5 + 0.3 ……単位0.1が（5 + 3）で0.8
・$\frac{2}{9} + \frac{5}{9}$ ……単位$\frac{1}{9}$が（2 + 5）で$\frac{7}{9}$

上のように，加法の原理として「加えることのできるものは同じ単位のものどうし」であることをしっかりとおさえたい。これにより，23 + 5 = 73, $\frac{1}{2} + \frac{1}{3} = \frac{2}{5}$などという誤りは，ある程度防ぐことができる。

ひき算の逆のたし算

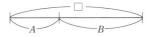

「Aこたべましたが，まだBこのこっています。はじめに，何こあったでしょう」という問題では，「たべた」「のこっています」などの言葉からひき算と錯覚しやすい。□ $- A$ $= B$のようにひき算の構造になっているのに，計算では$B + A = $□と逆のたし算になる。

3 文章題

1年の内容に加えて
「ざりがにを12ひきあげました。まだ23びきのこっています。ざりがには，はじめに何びきいたのでしょう」
のような**ひき算の逆のたし算***が扱われる。

このような問題は，関係表現が一見してひき算の形のように見えるが，与えられた数量を求める計算はたし算である。

ここでは，数量の関係を正しく把握する道具として，例えば上のような**テープ図***を与え，はじめのざりがにの数を求めるには12+23としなければならないことを，感覚を通して理解させるように指導する。

4 たし算とひき算の関係（☞253）

たし算で求めた答えからたす数をひくと，たされる数になる。

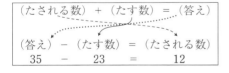

たし算とひき算の関係を使うと，12+23=35のたし算の答えが正しいかどうかを，35-23のひき算で確かめることができる。

3年

この学年では，扱う数が万の位まで拡大されるので，たし算で扱う数の範囲も大きくなる。

1 扱う数の範囲

3～4位数や3～4位数をたして繰り上がりが数回ある計算

例 274+368，459+3897など

数の範囲が拡大されても，いままでと同様な場面では，たし算が使えることをしっかりおさえておくことが大切である。

2 たし算の仕方

この学年で扱うたし算は，2年までの計算技能を基にして処理できることを理解させる。

また，この学年では，整数計算についての完成を図ることになっている。

なお，計算の仕方を考えたり，計算の確かめをしたりするときには，計算の結果の見積もりを生かすようにする。また，暗算での結果の見当を付けることができるようにする。

テープ図

与えられた数量をテープの長さに置き換えて，それらの関係を下のような1本のテープ図に表すのである。

このような図に表すと，与えられた数量の関係を視覚的にとらえやすいこと，演算決定が容易であること，二つの量が決まれば，残りの量も決まる（$A = C - B$，$B = C - A$，$C = A + B$）ことを説明するときの道具として使えること，答えの吟味に役立つことなどのよさがある。

和

4年で「たし算の答えを**和**という」ことが指導される。

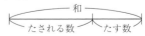

243　整数のひき算
subtraction of whole numbers

$a - b = \square$で，$\square$にあてはまる数を求めることをひき算という。このとき，aをひかれる数，bをひく数という。

1年　ひき算は，この学年で初めて導入される。

1　ひき算が使われる場合
(1)　初めにあった数量からある数量を取り去ったり，ある数量が減少したりしたときに，残りの数量を求める。（求残）
(2)　2量の違いを求める。（求差）
(3)　必要とする数量に不足な数量を求める。
(4)　ある番号や順番から，いくつか前の番号や順番を求める。

上の(1)から(4)までの中で，特に重点的に指導されるのは(1)と(2)である。
ひき算の問題場面で，演算を決定させる際には，ひき算の意味に基づいて判断させることが大切である。「残りは」「違いは」などのキーワードへの着目による表面的な指導は望ましくない。

2　扱う数の範囲
(1)　ひかれる数が10以下の計算
(2)　18以下の2位数から1位数をひいて繰り下がりが起きる計算
例　$13 - 7$
(3)　十を単位としてみられる数の計算
例　$70 - 40$
(4)　繰り下がりのない2位数と1位数の計算
例　$16 - 3$，$58 - 8$
(5)　ひき算やたし算の混合した計算
例　$14 - 4 - 3$，$10 - 8 + 4$

3　ひき算の仕方
18以下の2位数から1位数をひいて繰り下がる計算，例えば，$13 - 7$は1年での計算指導の最重点になる。この計算は，古くから次に示す方法で指導されてきたものであるが，最も中心になるのは(2)の減加法である。
(1)　数えひき*
(2)　減加法*
(3)　減々法*
(4)　補加法*

4　文章題
教師には指導上で，児童には解決の理解のうえで，難しく思われるのは，次の2種類の問題であろう。
(1)　「違い」の数量を求める問題

二つの数量の違いを求めることは，①のように，1対1対応をさせたとき，対応しない部分

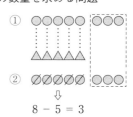

$8 - 5 = 3$

数えひき
$14 - 8$を，14から1とって「13」，「12」，…と「数詞」を唱えながら，8だけとり終わるまで唱え，「6」の詞までで，八つの数詞が除かれたので残った数詞は「6以下」となる。
そこで，答えを6とするのである。

減加法
$13 - 9$で，13を10と3に分解する。そして，3を別にしたまま$10 - 9 = 1$とひき算を終え，答えの1と別にしておいた3とをまとめて，$1 + 3 = 4$と計算する。ひいてたすので減加法と名づけたのである。

$13 - 9 = 4$　……………13は10と3
$10 - 9 = 1$　……………10ひく9は1
$1 + 3 = 4$　……………1たす3は4

を求めることである。これは，②のように，全体から部分を取り去ることと同じ考えで解決するように指導するとよい。

(2) 「順序」を数量化する問題

①のように，「子供が7人並んでいます。Aは前から3番めです。Aの後ろに何人いるでしょう」というときの人数は，②のように，7人から3人ひくひき算として求めるよう指導するとよい。

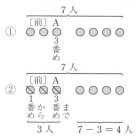

| 2年 | ひき算の意味を深めるとともに，数の範囲が拡張され，筆算形式が導入される。

1 扱う数の範囲

(1) 2位数から1位数や2位数をひいて繰り下がりが起きる計算

例 73－26

(2) 簡単な場合の3位数などの計算

例 600－200，763－8，384－52，456－27，

2 ひき算の仕方*

この学年では暗算（☞201）や筆算形式が導入される。

(1) ひき算の筆算形式

42－15は右図のように，① 12－5と，② 30－10（十の位では，3（十）－1（十））に分解し，それぞれのひき算の答えを③合わせることになる。

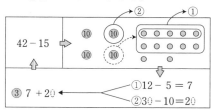

```
   4 2
 － 1 5
 ─────
   b a
```

①
```
   1 2
 －   5
 ─────
     7
```

②
```
   3 0
 － 1 0
 ─────
   2 0
```

③
```
     7
 ＋ 2 0
 ─────
   2 7
   b a
```

(ア) ひかれる数とひく数の位をそろえて，縦にそろえて書く。

(イ) 一の位の2から5がひけないので，十の位から1を繰り下げる。12－5の答えの7を a に書く。

(ウ) 十の位のひかれる数の3（4－1で3になっている）からひく数の1をひいて3－1の答えの2を， b にかく。

(エ) a と b を書くことは，(イ)の答えの7と，(ウ)の答えの20（30－10）を合成していることになる。

減々法

15－7の計算で，ひく数の7を，ひかれる数の15の一の位の5にそろえて，5と2に分解し，15－7を15－5－2と計算する方法のことである。

15－7という計算を
　　15－5＝10（減）
　　10－2＝ 8（減）
と2回のやさしいひき算に変形して計算することから減々法と名づけられた。

補加法

数えたす計算法（加法）をひき算に利用する（補なう）ことから補加法の名が出た。

11－6の計算をするのに指を1本折りながら「7」，また1本折って「8」，……と数詞を大きくしていき，「11」の数詞まで唱え，折った指の数「5」を，11－6の答えとする方法である。たし算やひき算の関係を利用している。

○ ○ ○ ○ ○ ● ← ⌒⊘ ⊘ ⊘ ⊘ ⊘⌒
1　2　3　4　5　6　　7　8　9　10　11

243　整数のひき算

3　文章題

1年の内容に加えて，次のようなたし算の逆のひき算が扱われる。

「いけにめだかがいました。さっき12ひきいれたので，いまは，32ひきいます。めだかは，はじめ何びきいたのでしょう」

問題の文意から

□ + 12 = 32

となるが，1年の経験や図などを手がかりとして，32 − 12 の考えを生み出せるよう指導することが大切である。

4　ひき算とたし算の関係 (☞253)

ひき算で求めた答えにひく数をたすと，ひかれる数になる。

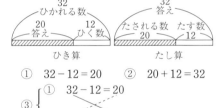

① 32 − 12 = 20　　② 20 + 12 = 32

③ ① 32 − 12 = 20
　　② 20 + 12 = 32

ひき算とたし算の関係を使うと，32 − 12 = 20のひき算の答えが正しいことを，20 + 12で確かめることができる。

|3年| この学年では，3位数や4位数のひき算，1000 − 3位数などが扱われる。

(1) ひき算の意味の理解を，文章題や計算技能の適用を通して，いっそう確かなものにするよう努力することが大切である。

(2) 3年のひき算では，数範囲が広がるだけで，基本的には2年で身につける技能で行うことができる。

これまでの学習を基にして，3位数の計算の仕方を考えたり，その計算が確実にできるようにしたりする。

(3) 3年の指導で遅れ気味の児童に対して，教師は児童をよく観察し，学習途上に現れる「つまずき」や「計算力のありよう」によく留意して，指導を工夫していくことが大切である。

この期を外しては指導の機会が全くといっていいほどなくなってしまうため，気を付けたい。

(4) 計算の仕方を考えたり計算の確かめをしたりするときには，計算の結果の見積もりを生かすようにする。また，暗算で結果の見当を付けることができるようにする。

2段階・3段階の問題

2回の演算適用で答えが求められるものを**2段階の文章題**，3回の演算適用で求められるものを**3段階の文章題**という。

3段階の問題　7 × 2 = 14，4 × 2 = 8，14 − 8 = 6は，(7 − 4) × 2 = 6 と2段階の問題として考えられる。

差

ひき算の答えを差という。

(ひかれる数) − (ひく数) = (差)

ひき算の仕方と見積り

87 − 24では，90 − 20とみると，およそ70と結果を**見積る**ことができる。大まかな計算の確かめに用いることができる。

一方，80 − 20と7 − 4の差を求めて，その和を求めればよい。このことから，80 − 20は，10を単位にすると8 − 2と一位数のひき算に帰着できる。つまり，計算のしかたを見積る場合もある。このように見積る態度の育成は大切なことである。

244　整数のわり算
division of whole numbers

|1|3|5|
|2|4|6|

A

　$\square \times a = b$ や，$a \times \square = b$ で，$\square$ にあてはまる数を求めることをわり算という。このとき，$\square$ を求めるには，$b \div a$ で表され，b を**わられる数**，a を**わる数**という。

3年　わり算は，数学的には，乗法の逆算として規定されるが，導入に当たっては，具体的な問題の処理として，分けるという操作を重視する。

1　わり算が用いられる場合

(1) ある数を幾つかに等分して，一つ分の数量を求める（**等分除***）。

(2) ある数を幾つかずつ同じように分け，幾つ分かを求める（**包含除***）。

(3) ある数を何倍かした数がわかっているとき，ある数を求める（**乗法の逆思考の問題**）。

(4) ある数を幾つかでわった数がわかっているとき，幾つかを求める（**除法の逆思考の問題**）。

　上の(1)から(4)までの中で，特に重点的に指導されるのは，(1)と(2)である。

2　扱う数の範囲

(1) 九九1回適用のわり算

例 $24 \div 8$

(2) 九九1回適用で，余りのあるわり算（**例** $22 \div 8$）

(3) 簡単な場合の除数が1位数で商が2位数のわり算

例 $80 \div 4$，$96 \div 3$

3　わり算の意味*

　わり算には，等分除の意味と包含除の意味がある。

　わり算の意味の理解を容易にするのは，等分除であり，計算方法を理解させるには包含除が適切である。したがって，わり算の導入では，等分除と包含除の意味を比較させながら理解させるとよい。

(1) **等分除の意味**

　15個のみかんを3人に同じずつ分ける場合，等分除の意味を知らせるため，まず目分量で三つに分けさせ，どれも同じように調整することや，下の図のように，3人に1個ずつ配り，なくなるまで繰り返すなど，具体的操作をさせるとよい。

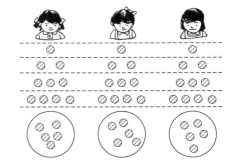

わり算の意味

　わり算は，かけ算の逆算，すなわち，$\square \times b = a$ や $b \times \square = a$ の $\square$ にあたる数を求めることとして定義され，これらの計算は，いずれも $a \div b$（ただし，$b \neq 0$）と表される。

　わり算を適用する具体的な場面を考えてみると，「6個を同じ数ずつ二つに分ける」
　　「6個を2個ずつ分ける」
の二つが考えられる。

等分除（とうぶんじょ）

　$\square \times b = a$ の $\square$ にあたる数（被乗数）を求める場合が等分除で，左の例では，「6個を二つに分ける」場合である。名数式で表すと，6個 $\div 2 = 3$ 個　となる。

包含除（ほうがんじょ）

　$b \times \square = a$ の $\square$ にあたる数（乗数）を求める場合を包含除といい，左の例では「6個を2個ずつ分ける」場合である。名数式で表すと，6個 $\div 2$ 個 $= 3$　となる。

244　整数のわり算

15個を同じ数ずつ三つに分けたとき
　　　□×3＝15　　15÷3＝□

(2)　包含除の意味

15個のみかんを3個ずつ分ける場合は，1人に3個ずつ順次，全部なくなるまで配っていく操作として指導するとよい。

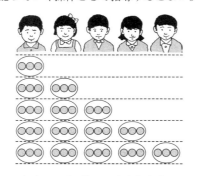

15個を，3個ずつに分けたとき
　　　3×□＝15　　15÷3＝□

(3)　わり算の式

等分除・包含除と意味の異なる分け方が，わり算として同じ式で表されることを理解させることは，**形式化や統合化の考え**に結びつくものである。

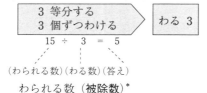

わられる数（**被除数**）*

わる数（**除数**）*，答え（**商**）*
答えの確かめは次のようになる。
　（わる数）×（答え）＝（わられる数）
または，
　（答え）×（わる数）＝（わられる数）

4　余りのあるわり算

これまではわり算の意味を，包含除と等分除の場合に用いられる演算であるとし，きちんと分けられる場合に用いてきた。しかし，数値によってはきちんと意味付けられないことがある。そこで，わり算の意味を拡張し，このような場合にもわり算を用いることを学習する。

問題が包含除や等分除で考えられるときは，これまでと同様にわり算を用いて，分けられるだけ分けて商を求め，**余り**があるときは，答え（商）と余りの両方を求めることとして，「$a \div b = c$ あまり d（a…わられる数，b…わる数，c…商，d…余り）」と表すこととするのである。また，式「$a = b \times c + d$」が成り立つことやわり算の意味は分けられるだけ分けるのだから，d(余り)$<b$(わる数) ということに注意を向けさせる。

5　わり算の仕方

3年でのわり算は，九九1回適用の暗算と簡単な場合の2位数や1位数の指導を行う。

(1)　九九1回適用の暗算の仕方

計算の仕方を理解させるには，包含除

わられる数・わる数・答え

$a \div b = c$ において，a を被除数，b を除数，c を商という。

なお，余りのある場合は，式表示として
　　　$a \div b = c$ あまり d
と書き，c を商といい，d を余りという。

3年では，a をわられる数，b をわる数，c を答え，d を余りといわせるが，c あまり d を答えといわせてもよい。4年以降は，商と余りの用語を用いさせるようにする。

長除法

$$\begin{array}{r}2\\3\overline{)72}\end{array} \rightarrow \begin{array}{r}2\\3\overline{)72}\\6\end{array} \rightarrow \begin{array}{r}2\\3\overline{)72}\\\underline{6}\\1\end{array} \rightarrow \begin{array}{r}2\\3\overline{)72}\\\underline{6}\\12\end{array}$$

長除法とは，上のように商の位ごとに商と除数の積，途中の余りなどを順序よく書いて計算を進めていく方法のことである。
「たてる」「かける」「ひく」「おろす」の四つの操作を行うことになる。

で考えさせたほうがわかりやすい。

30÷6の答えは，包含除では6×□＝30で，6の段の九九を用いて答えを求めていけばよい。

等分除の場合は，□×6＝30で，本来5の段の九九を用いることになる。したがって，まず包含除の場合の例で，九九の使用になれさせた後で，□×6＝30の場合も6の段の九九を用いられるように指導する。

余りのある場合（32÷6）は，6の段の九九を用いて，「六五，30」と「六六，36」と32をはさむようにして，「六五，30」で5余り2と答えさせるとよい。

(2) **簡単な場合の除数が1位数で商が2位数の計算の仕方**

被除数が何十で，被除数の十の位の数が除数で割り切れる計算，被除数が2位数で十の位と一の位の数が除数で割り切れるわり算である。

例えば，80÷4の場合，「10が8個」ととらえ，8÷4＝2と考え，答えは「10が2個で20」と考えたり，96÷3の場合，96を90と6に分けてとらえ，「90÷3＝30，6÷3＝2」として答えは33と考えたりするなど，単位の考えに基づいて考えることができるようにする。

6 **文章題**

順思考のわり算（等分除・包含除）に加えて，乗法の逆思考と除法の逆思考の問題がある。

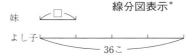

乗法の逆	除法の逆
□×a＝b	□÷a＝b
a×□＝b	a÷□＝b

(1) **乗法の逆思考の問題**

「よし子さんは，おはじきを妹の4ばい持っているそうです。よし子さんのおはじきの数は36こです。妹のおはじきの数は何こでしょうか」

線分図表示*

題意から，□×4＝36となるが，除法の意味や図などを手がかりとして，36÷4の考えを生み出させるように指導することが大切である。

「いすを，1回に2きゃくずつはこびます。何回かはこんで，18きゃくのいすを，ぜんぶはこびました。何回はこんだのでしょうか」

題意から，2×□＝18となるが，図などをもとに，18÷2の考えを生み出せるようにするとよい。

(2) **除法の逆思考の問題**

除法の逆思考の問題は，乗法になる場合（□÷a＝b→□＝b×a）と除法になる場合（a÷□＝b→□＝a÷b）がある。児童がよくつまずくところなので注意が

短除法

長除法によるわり算の途中のひき算を念頭で処理して，計算を簡略化するしかたを**短除法**という。 三二が6，余り1で1を7の上に書かせる方法から，漸次余りを書かなくてもできるようにする。短除法の筆算形式には，左下のように書く方法もある。

```
    2 4
3 ) 7 2
    ⇩
    1
3 ) 7 2
    2 4
```

線分図での表示（☞246）

線分図は，たし算・ひき算によく用いられているが，かけ算・わり算でも文章題に関連して用いられている。

線分図は，1本の線分を用いる場合と2本の線分を用いる場合があるが，特にどちらでなければいけないということはない。問題の種類（部分と全体とか，2量の比較など）によって，使い分けるとよい。

244 整数のわり算

必要である。
「長いひごが1本ありました。6cmずつに切って，みじかいひごをつくると，ちょうど9本とれました。はじめのひごの長さは，何cmだったのでしょうか」
題意から□÷6＝9となるが，線分図で表すと，下図のようになることから，

6×9と考えさせるとよい。
「色紙が32まいありました。何人かで分けたら，1人4まいずつになりました。色紙を，何人で分けたのでしょうか」
題意から32÷□＝4となり，等分除の逆思考の問題になるが，児童にはやや困難を感じる問題である。

4まいで1人分に当たるわけだから，32まいの中から4まいが何回とれるか調べればよいと気づかせることが大切である。

4年 この学年では，除数が1位数や2位数で被除数が2位数や3位数の場合の計算を取り上げ，筆算の仕方について理解させる。その際，わり算の基本である商の位置，仮商の修正などを丁寧に取り扱うことが重要である。

1 扱う数の範囲
(1) （何十，何百何十）÷（何十）＝（1位数）の暗算，（余りなし，余りあり）
  例 500÷90＝5あまり50
(2) （2，3位数）÷（1，2位数）＝（1～3位数）
  仮商修正1回，2回。
  余りのある場合を含む。
(3) （何千，何千何百，何万何千何百）÷（何百，何千）などの計算を工夫する（余りなし，余りあり）。除数，被除数の末尾の0を処理。

上の(1)から(3)までのうち，最も重点を置いて指導するのは，(2)の仮商修正の場面である。

2 わり算の仕方
この学年では，暗算と筆算が指導されるが，1位数でわる場合とは異なり，商の見当づけが必要になる。

(1) 暗算の仕方
80÷20は，具体例を基にしながら，10を単位にして，8と2を比べて商4と見当づけることを，十分に指導しておくことが大切である。

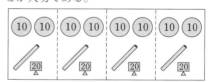

80÷20の具体例として，1本20円の鉛筆の場合，上の図のように，10円玉8個と，10円玉2個の比較から8と2を

商
a，bを整数とするとき，
  $a = bq + r$，$0 \leq r < b$
となる整数 q，r がただ1組決まる。この q を a を b でわったときの**商**（または整商），r をその**余り**（または剰余）という。

仮商の修正
文字通り仮の商で，**真商**と比較して**仮商**という。
138÷25の場合，138の13と25の2を比較し

て，13÷2＝6あまり1で6という仮商を立てる。この仮商と25をかけると，150となって，138より大きくなるから，仮商6を1減じて5を商として立てる。25×5で125になるから，5が真商となる。

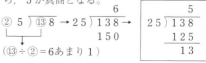

（仮商の修正）

比べて商 4 と見当をつける。除数20と商4をかけて80となることから、商4が正しいことがわかる。

同じように、90÷20についても、9と2を比べて、商を4と見当をつける。この場合、9÷2＝4あまり1から、余りを1と答える児童が出るが、商が出た場合20×4＝80で90と比べて、10余ることを確かめることが大切である。

(2) **筆算の仕方**

① 筆算には、**長除法***と**短除法***があるが、長除法を中心に指導し、余裕があれば短除法を扱ってもよい。

72÷3は、$\left\{\begin{array}{l}7÷3＝2\text{あまり}1\\12÷3＝4\end{array}\right\}$

の合成として、答え24を求める。

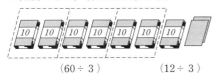

(60÷3)　　　　　(12÷3)

72÷3の計算の意味は、上図のようになるが、計算では、次のようにする。
・まず十の位の7を3でわる。
① 7の上に2をたてる。
② 3かける2の6を書く。
③ 7から6をひく。
④ 一の位から2をおろす。
・残り12を3でわる。
⑤ 2の上に4をたてる。

⑥ 3かける4の12を書く。
⑦ 12から12をひいて0。

65÷4のように、余りが出る場合も筆算の仕方が理解できていれば、最後に部分積をひいた結果が0にならないということだけで、問題はない。

(余り)＜(わる数)になることに注意させる。

② 「÷2位数」の筆算では、商が立つ位置が重要な内容である。84÷21の場合、8÷2と商を見当をつけることが容易であるために、

$$21\overline{)84}^{4}21\overline{)84}^{4}$$

などと4のおく位置を間違えてしまうことがある。このような場合、数の大きさとして、80÷20を考えて、4倍だから、商は一の位であることを確かめるとよい。

(3) **商の見当づけの仕方***
(4) **仮商の修正**

168÷24の場合、168÷20で、商8と見当をつける。

$$24\overline{)168}^{8}\quad\text{商を7にしてみる}\quad24\overline{)168}^{7}$$
　　192　　　　　　　　　　　168
大きすぎる　　　　　　　　　　　0

見当をつけた商が大きすぎたときは、商を1ずつ小さくしていくように指導するとよい。

301÷31の場合は、301÷30と考えると、

商の見当づけの仕方

商の見当づけには、二つの方法がある。

78÷26の場合、十の位の数7と2を比べて、商3と見当をつける方法と、被除数・除数ともに四捨五入して、80、30とし、8÷3で商2と見当をつける方法がある。前者は、仮商の修正は一つずつ減らして真商を見つければよいのに比べて、後者は、仮商を増やしたり、減らしたりする場合が出てくる。

また、78÷26のわる数だけ四捨五入して78

÷30として仮商を見つける方法もとられている。

わり算の筆算のリズム（長除法）

次の四つのリズムでわり進んでいくとよい。

$$26\overline{)964}^{3}\rightarrow 26\overline{)964}^{3}\rightarrow 26\overline{)964}^{3}\rightarrow 26\overline{)964}^{3}$$
　　　　　　　　78　　　78　　　78
　　　　　　　　　　　　　　　18　　184

たてる　→　かける　→　ひく　→　おろす

仮商が10となるが，31×10は，301より大きくなることから，仮商を9から立てさせる。なお，除数を**四捨五入**して見当をつける方法もある。

(5) **わり進み**

例　964÷26の計算の仕方

```
      指でおさえる
26)964
```

まず，964は10が96個とあと4というように相対的な大きさをとらえさせる。
964の上2けたの96は，わる数26よりも大きいので，商は十の位からたつ。
9÷2＝4で仮商を4としてみると26×4＝104で，96より大きくなるので仮商を修正して3とする。以下同じようにして，仮商を修正しながら**わり算のリズム**＊でわり進んでいくとよい。

(6) **末尾の0を処理して行うわり算**

6500÷250の場合では，まず0を処理しないで計算させ，0を書くことの不便さに気づかせた後で，0の処理の仕方を，指導するとよい。

```
       26
250)6500       ＝(6500÷10)
    50                ÷(250÷10)
    150          （十を単位）
    150        ＝650÷25
      0
```

余りは，もとの位になることに注意する（☞235）。

3 **文章題**

この学年では，余りの処理を行う文章題が出てくる。

(1) **余りをそのまま出す場面**

「110このももを12こずつはこに入れると，何はこできて何こ余りますか」では，
110÷12＝9あまり2となり，
答えは9はこと余り2ことなる。

(2) **余りを切り上げる場面**

「110このももを，12こずつはこぶとすると何回はこべばよいですか」では，
110÷12＝9あまり2となり，
答えは，9回では残りが出るから，あと1回たして10回となる。

7回　　8回　　9回　　10回

この考えは，長いすに6人ずつ座っていく場合のいすの数や，運動会の徒競走の組の数を求めるなど，実際に用いる場面が多いので，十分に指導しておく。

(3) **余りを切り捨てる場面**

上の例でいえば，「12こ入りのはこが何はこできるか」という問題となる。

110÷12＝9あまり2

この場合の商は12こ入りのはこの数に相当するので，余りは切り捨てることになり，答えは9はことなる。

計算を十分に生かして活用するためには，以上のような具体例を十分に活用していくとよい。

わり切れる（整除）

$a \div b$ において，$a \div b = c$ で c が整数となる場合，a は b でわり切れるという。このとき，a は b で整除されるという。

ふつう，わり切れるという言葉は，上の場合の意味に用いるが，商が有限小数になる場合，例えば，

25÷8＝3.125

のようなときも，25は8でわり切れるということがある。

わり切れない

わり算で，わり切れる場合以外を**わり切れない**という。

わり算 $a \div b$ で，a, b が整数のとき，
$$a = b \times q + r \quad (0 \leq r < b)$$

ふつう，a が b でわり切れないという言葉は，上の式で $0 < r$ の場合である。しかし，

13÷7＝1.85……

のように有限小数で表せない場合にも，13は7でわり切れないということがある。

245 正多角形
regular polygon

幾つかの辺で囲まれた平面図形を**多角形**という。多角形の中で，辺の長さがみな等しく，角の大きさもみな等しいものを，**正多角形**という。

5年 基本的な平面図形についての理解を深めることの一つとして，円を基にして正多角形をかいたり，円と関連させて正多角形の基本的な性質を調べたりすることが大切である。

1 正多角形の定義

既習の正三角形の定義が「三つの辺の長さが等しい三角形」とあるので，正五角形を「五つの辺の長さが等しい五角形」と定義してしまう児童がいる。右上の図形を示して正五角形ではないことに気づかせる。また，等角というだけでもだめなことを，右の六角形 ABGHEF を示して気づかせていく。

これらのことから正多角形は，「すべての辺の長さが等しく，すべての角の大きさが等しい多角形」であることを理解させる。

2 正多角形の性質

正多角形の内角 （☞268）

正 n 角形の内角はすべて等しいので，多角形の内角の和を n で割れば求められる。

多角形の内角の和は，例えば，辺の数が 6 の場合は
$180° \times (6 - 2)$
であるから，n 角形の場合は
$180° \times (n - 2)$
である。

(1) 正多角形の内角*の大きさ

正多角形の内角はすべて等しいので，多角形の内角の和を辺の数で割れば，正多角形の一つの内角が求められる。

例えば，正五角形の内角の和が
$180° \times (5 - 2) = 540°$ になるので，
$540 \div 5 = 108$
で，その一つの内角は 108° である。

(2) 円に内接する正多角形

正多角形の各辺の垂直二等分線は 1 点で交わる。その点を中心にして頂点までの長さを半径にした円をかくと，多角形のすべての頂点を通る。

3 正多角形の作図

(1) 辺の長さと内角を利用した作図

例えば，「1 辺が 5 cm の正五角形をかきなさい」という問いには，正五角形の内角が 108° であることを利用して，右図の手順で作図することができる。しかし，この方法は，測定に

このことから正 n 角形の内角は，

正 n 角形の一つの内角 $= \dfrac{180° \times (n - 2)}{n}$

と表される。

さらにこの式で 180° を 2∠R で示すと，次のように表される。

正 n 角形の内角 $= \dfrac{2n - 4}{n}$ ∠R

今日では，中学校でも直角記号∠R は扱われていない。

245 正多角形

誤差が生じやすく正確に作図することが難しい。

(2) 円の中心を等分する作図

正多角形の円に内接する性質を利用して，円の中心を等分して作図する。

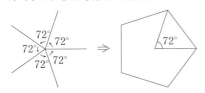

円の中心を等分する角の大きさは，次のようにして求める。

正三角形 ……………… $360° ÷ 3 = 120°$
正四角形(正方形)…… $360° ÷ 4 = 90°$
正五角形 ……………… $360° ÷ 5 = 72°$
 ⋮
正 n 角形 ……………… $360° ÷ n = \dfrac{360°}{n}$

(3) 円周を等分する作図

正六角形の場合は，図のような三角形 AOB が正三角形であり，その1辺の長

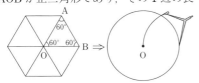

さは，半径の長さと同じであるので，このことから，正六角形はコンパスを用いて，円周を半径で等長に区分する仕方で作図することができる。

6年 線対称および点対称の意味を知り，対称性に着目して，正多角形を考察する（☞249）。

1 正多角形の対称性

正多角形は，すべて線対称な図形である。また，正多角形の中で，頂点が偶数個の正多角形は点対称な図形でもある。

正多角形 対称性	正三角形	正四角形 (正方形)	正五角形	正六角形
線対称	○	○	○	○
点対称	×	○	×	○

2 正多角形の対称軸 (☞249)

左の正三角形には3本の対称の軸がある。また，右の正方形（正四角形）には，4本の対称の軸がある。辺の数が奇数の正多角形の対称軸は，各辺の中点とその辺に向かい合う頂点を結んだ直線である。

また，辺の数が偶数の正多角形の対称の軸は，向かい合う頂点どうしを結んだ直線と，向かい合う辺の中点どうしを結んだ直線になっている。

平面を埋めつくす正多角形

タイルに用いられる形は，だいたい正多角形の幾つかの種類に限られている。

合同な1種類の正多角形だけを用いて，すきまなく敷き詰められる形は，正三角形・正方形・正六角形だけである。しかし，正三角形と正六角形や正方形と正八角形を組み合わせたものもできる。

右図のように，すきまなく平面を埋めつくした模様を**モザイク模様**とよんでいる。

正三角形　　正三角形　正六角形

正八角形　正方形　　正方形　　正六角形

246 線分図
segment diagram

文章題を解くとき，問題を見てすぐ求答することは容易ではない。このとき思考の手助けとなるのが，視覚的に考察できる図の利用である。

問題の仕組みを理解したり，数量の関係を把握したり確かめたりするのに利用すると効果的である（☞129）。

図としてよく用いられるのが**線分図**であるが，このほかに**情景図**，**構造図***，**面積図***，**ベン図***などがある。ここでは線分図を中心に述べる。

線分図は，問題の中の数量を線分の長さで表し，未知の数量も含めて，数量と数量の関係を視覚を通してとらえやすくした図である。**数直線***とは違うので注意が必要である。数直線には必ず原点が明示してある。

1 線分図の使い方

「はとが 何わか いて，そこへ 9わ とんできたので 14わに なりました。はじめ 何わ いたのでしょうか」

上の問題では，初めの数，増えた数，全部の数の三つが数量としてあげられるが，それだけでは関係はつかめない。そこで，それぞれの数量を下の図のような

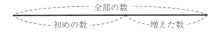

線分に表すと，関係は明確になる。

これを手がかりとして立式し，計算して答えを見つける。

初めの数がわからないから□とする。増えた数は9，全部の数は14だから，

　□＋9＝14

となる。この□の数を求める計算は，図から判断させる。□の数は，全体14から部分9をひいて求められるから，

　□＝14－9　　□＝5

となる。

2 線分図の指導の留意点

(1) 図を丁寧にかくことを強調するあまり，線分図嫌いにさせないようにする。線分図では，長さの割合が多少違っていても差し支えない。正しい割合でかくこと自体困難である。気軽に図をかいて考え，説明することを主眼とする。

(2) 問題の中の数量を明確におさえてから図をかくようにさせる。問題を読んですぐ線分図をかけるものではない。関係する数量を抽出させ，既知の数量，未知の数量を明らかにする。なお，線分図を使って考えが行き詰まったときは，もとの問題にかえってもう一度見通しを立て直すことが大切である。

3 線分図の指導段階

初めから線分図を取り上げた場合，児

構造図

文章題などの問題の仕組みを簡単な記号と線を使って表した図である。つまり，問題解決に必要な要素を抽出し，例えば，既知の数量を◯，それらを結合した数量を⬚，求める数量を▭として，これらの数量の関係を図に表したものである。

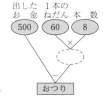

面積図

数量の関係を表すのに，長方形（正方形）あるいはこれを組み合わせた形の面積と辺の長さを利用した図のことである。乗法や除法の場合に多く用いる。

「1こ60円のりんごと1こ40円のなしを合計20こ買い，1040円はらいました。何こずつ買いましたか」

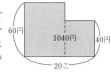

246 線分図

童の抵抗は大きい。数量が線分に置き換わることの意味がとらえにくいからである。そこで，次のような段階をたどって指導していく。

2年 (1) 物の1列並べ

具体的な事物を横に並べた図を用いる。最初は，みかんのようなまるい形をしたものでもよいが，しだいに色紙やノートなど，横に並べると一つの帯のような形になるものを扱うとよい。

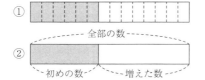

(2) テープ図（帯図）

具体的な事物の形を抽象し，テープ（帯）の形で示すのが次の段階である。

上の図のように，色紙の縦の線を消すとテープ（帯）の形になると導くとよい。あるいは，最初から線分の長さと関連させ，長さに関連する素材を用いてもよい。

「長さ2mのテープがいります。でもテープは1m40cmしかありません。どれだけたりないでしょうか」

(3) 線分図

テープ図の幅のなくなったものが線分図である，というとらえ方をさせると，理解が容易である。

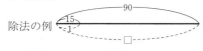

3・4年 線分図を用いるのは，加法・減法に関連した数量の関係を扱うことが多いが，乗除，あるいは加減乗除の混合した場合に用いられることもある。

除法の例

□ = 90 ÷ 15   □ = 6

また，問題によっては，2本の線分を用いると便利なことがある。

「36本あるえんぴつを，兄は弟より4本多くなるように分けました。弟は何本もらえるでしょうか」

```
兄 |────────────|4本|
弟 |────────────|    }36本
```

36 − 4 = 32   32 ÷ 2 = 16   答 弟 16本

このように，2本のテープを黒板にはって児童に操作を通しながら考えさせる。

数直線（☞128）

数直線は，一定の長さを単位として測った数を直線上に目盛ったものである。線分図が量を線分の長さで表すのに対し，数を直線上の点の位置で表していると考えるのである。したがって，数の指導のとき用いることが多いが，演算の意味の指導に用いることもある。

例 針金の値段と重さの関係

```
(値段) 0              □   210 (円)
       |──┼──┼──┼──┼──|
(重さ) 0          0.8  1  (kg)
```

ベン図（オイラー図）

集合の結び・交わり・補集合などの関係を，閉曲線を用いて図に表したものである。論理的な関係を調べるのに効果がある。J・ベンとL・オイラーとが考案したもので，もともとの主旨は違っているが，同じようによばれ使われている。

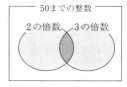

247 測定
measurement

B・C

　測定とは，量の大きさを数で表すために，同種の量*で，基準になる量を決めておき，数値化しようとする量がその何倍になるかを表そうとする操作である。

　この場合，基準になる量を**単位**（☞ 254）といい，単位の何倍にあたるかを表す数値を**測定値**という。

　このことから，測定とは，量を単位と測定値で表す手続きであるといえる。

1 測定の意義

　測定の根底には，量を数に置き換えるというアイデアがあり，数学的には同種の量の集合を実数の集合に対応させることであるといってもよい。測定により，量が数値化されると，量の大きさを伝えたり，記録したりするのに便利なばかりでなく，量を演算の対象として処理しやすくすることができる。

2 測定の手続き

(1) **単位より大きい量を測定する場合**

　A という量を測定しようとするとき，A と同種の量で E を単位にとった量とし，$A>E$ の場合，A がどんなに大きな量であっても，E の2倍，3倍，……をつくっていけば，ついには A より大きくなる（☞274）。

　例えば，$E\times 3 \leqq A < E \times 4$ のとき，A は E の3倍に等しいか，または E の3倍と4倍の間の大きさである。後者の場合，単位の E より小さなはしたが出る。これを A' とし，次のように測定する。

(2) **単位より小さい量を測定する場合**

　これには，測定値を小数で表す場合と分数で表す場合がある。

　小数で表す場合は，はじめの単位 E の $\frac{1}{10}$ の大きさ E' をとり，はしたの A' が E' の何倍にあたるかをみる。例えば，$A' = E' \times 4$ であれば，$A' = E \times 0.4$ とする。また，さらに E' より小さいはした A'' が出るときは，これまでの単位 E' の $\frac{1}{10}$ の大きさ E'' をとり，はしたの A'' が E'' の何倍にあたるかをみるのである。このようにしてはしたが残るかぎり，小数表示のけた数が増えていくわけである。

　分数で表す場合は，E より小さい単位 E' を E の $\frac{1}{2}$, $\frac{1}{3}$, $\frac{1}{4}$ と順に小さくしていって，A' が E の何分の何にあたるかをみるのである。例えば下図で A' は E の $\frac{1}{3}$ を

単位にして，E の $\frac{2}{3}$ にあたる。このような単位 E' をつくるのに，**ユークリッドの互除法***が用いられることもある。

　しかし，小数で表す場合も，分数で表

同種の量

　同種の量とは，その大小を比べ合うことのできるものの集まりである。大小を比べ合うのに，直接重ね合わせるなどして比較する段階から，媒介物を用いて，その幾つ分にあたるかを調べ，その数の大小で間接的に比較する段階に進む。後者が測定の始まりである。

ユークリッドの互除法

　上記の A' と E は，その公約量 E' を単位とすれば，測定値は整数になる。これを逆にたど

せば，A' を E を単位とした分数で表すことができる。その E' を次のように見出すのである。

　左図で，A を E で測ると測定値が2ではしたが A'，次に E を A' で測ると測定値が1ではしたが E'，さらに A' を E' で測ると測定値が2ではしたはなかったとする。このとき，E' は E，A' の最大公約量になり，$E = E' \times 3$，$A' = E' \times 2$

247 測定

す場合も，はしたが小さくした単位のちょうど整数倍になるという保証はない。はしたがいつまでも残る場合に，精密さをどこまでも追求すれば，理論的には，測定値として無限に続く小数が確定するわけである。ただ，この操作を実際に行って測定値を求める場合は，視覚的にある位以下ははっきりしない。その意味において測定値は**近似値***である。

さて，これまでは，はしたの処理について，単位を変えないで，測定値に小数や分数を用いる手続きについて述べたがはしたを新しい別の単位で測り，測定値を整数で表すことがある。例えば，長さを測るのに，初めcm単位で測ったら測定値3を得て，はしたが出た場合，そこで，はしたより小さくてcmとは異なる単位mmを決めて，そのはしたを測ったら測定値4を得てはしたはなくなったとする。この長さは，3cm4mmと表されることになる。このような表し方を**複名数***(諸等数)表示という。これに対し，3.4cm，34mmのように単位を一つにし，測定値も一つで表すものを**単名数***表示という。

3 測定値の誤差

一つの量を測定するのに，どんなによい方法でも，どんなに詳しい計器でも，注意深く操作しても，測定のたびに測定値に違いが出てくるものである。

近似値から真の値を引いたものを**誤差**という。誤差は，近似値が真の値より大きいか，小さいかによって，正または負の量になる。そこで，一般には誤差の絶対値を考える。

ところで，実際の測定の場で，真の値を求めることは不可能であるといってよい。すなわち，誤差も不明となる。そこで，誤差の絶対値は，いくら大きく見積っても，この程度の大きさは超えないという限度が考えられるとき，その限度の大きさを**誤差の限界***という。

誤差の限界は，測定する目的に応じた最小目盛りの1目盛りまたは半目盛りの大きさがとられる。例えば，ある紙の幅が18.2cmであったとする。このときmm未満のはしたは目分量で，mmの目盛りの近いほうを読んだのであるから，この場合の誤差の限界は0.5mmであるといえるわけである。しかし，ものさしのもう一方のはしを紙のはしに当てるときにも，同様に0.5mmの誤差の限界が考えられるので，この測定の誤差の限界は1mmとみたほうがより安全である。つまり，この紙の測定値は，18.1cmや18.3cmとなるかも知れないが，この測定で有効数字は，18.2cmであると認めたということである。

(1) 有効数字

上の例のように，測定値は，誤差の限界の影響の及ぶ位までの数値にとどめるべきで，それより下位の数値を記しても

したがって$E' = E \times \frac{1}{3}$, $A' = (E \times \frac{1}{3}) \times 2 = E \times \frac{2}{3}$
これからAはEを単位として，$A = E \times (2 + \frac{2}{3})$
となる。ただし，小学校の段階では，この方法を形式的に取り上げるのは好ましくない。
(☞103・241)

複名数と単名数
低学年では1m23cmのような複名数表示を用いるが，しだいに123cm，1.23mのように単名数表示にすることがのぞましい。

近似値
真の値に近い値を近似値という。測定値でないもの，例えば$\frac{1}{3}$の近似値として0.333や，円周率の近似値として3.14などがある。

誤差と誤差の限界
測定値の誤差は次の式で表すことができる。
 誤差(絶対誤差)＝|(近似値)－(真の値)|
しかし，実測の場合の真の値ははっきりしないので，誤差もはっきりしない。
また，測定ではその精度がどの程度か判断

247 測定

意味がない。測定値や近似値で上位から意味のある位までの数字を**有効数字**という。前ページの例では，18.2の1，8，2が有効数字である。

ここで，例えば巻尺を使って，廊下の長さを測定したとき，巻き尺の目盛りから45.37mという測定値が得られたとする。この場合，巻尺のたるみや，測りつぎなどで起こる誤差を考えると，誤差の限界は10cm程度あるとみなければなるまい。したがって，測定値は45.4mとすべきであって，4，5，4が有効数字である。

また，次の図のように，矢印までの長さを表すのに，mmの位を0と読んだことをはっきりさせるためには，18.0cmと書くのがよい。有効数字は1，8，0である。

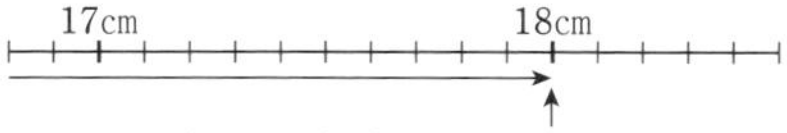

```
  17cm              18cm
├─┼─┼─┼─┼─┼─┼─┼─┼─┼─┼─┼─┼─┼─┼─┼─┤
            ↑
```

る。これを18cmと書いたのでは，17.5cm以上18.5cm未満の測定値を四捨五入したものかも知れないからである。0も有効数字であることを示すのに，小数点以下の位に0をわざわざつけることがある（18.0cmで，0も有効数字であることを示すために，1.80×10cmのように書くことがある）。

(2) **測定値の散らばりとその処理**

一つの量の測定値は，測定者の癖や失敗，計器の癖や扱い方などの影響を受け，何回か測定すると，いろいろな値に散らばるのがふつうである。このような場合には一般に**平均値**（☞251，259）をとることが多い。その場合でも，データを形式的に処理するのではなく，例えばある傾向からかけ離れたデータなどについては測り違いなどないか検討し，場合によってはこれを除くなどして平均することが必要である。

(3) **測定値の計算**＊

測定値は近似値であるので，その和や差を求めるには，有効数字の最下位をそろえて計算し，答えも同じ位まで求めるようにする。

また，測定値の積や商を求めるときは，各因数の有効数字のけた数をそろえ，答えの有効数字のけた数もそれにそろえるようにする。ただし，有効数字の最上位の数字が1のときは，もう1けた有効数字をとるとよい（☞210）。

(4) **近似値と概数**

測定値は近似値であるという意味で，ときにはおよその数などといって，概数とあまり区別されずに用いられることがある。しかし，次のように区別して用いたいものである。

近似値は，真の値に近いことが目的で，真の値とどの程度までの違いを認めるかによって，どの位までの数値を求めるのがよいか検討するのに対し，概数は大まかに結果をつかむことを目的としている。

できることが大切である。そのために，次の式で示される**相対誤差**つまり**誤差率**が考えられている。

(相対誤差〔誤差率〕) = (誤差の絶対値) ÷ (真の値)

しかし，真の値がはっきりしなければ，誤差率もはっきりしない。そこで，誤差の限界によって測定値がどの位までは正しいかの見当をつけ，誤差の限界の測定値に対する割合（**誤差率の限界**）により，測定値が何けたまで信頼できるかの見当をつけるのである。

測定値の計算

上に述べていることを例示してみる。

```
   4 3. ⑥                5. ⑥          (左の数字に○
 + 2 9. 1⑧              × 9. ④         印をつけたも
   7 2. ⑦⑧               2 ②④          のは誤差を含
                         1 6 ⑧          むことを示す)
   4 3. ⑥              1 9. ⓪ ④⇨19
 + 2 9. ②
   7 2. ⑧ ⇨73         ┌有効数字のけた数を四捨五┐
                      │入法によりそろえて計算し，│
  同程度の誤差         │積のけた数も上位から乗数 │
  をもつ計算に         │または被乗数にそろえる。 │
  直して計算           └(除法についても同様)    ┘
```

225

247 測定

そこで，数値も有効数字の最上位から1けたまたは2けた程度の数値をとり大まかに見積もる方法がとられる（☞211）。

近似値はできる限り，また必要な限り正確な数値を求めようとしているのに対し，その可能性や必要性の限界まで，厳しく数値を追求せず，適当なところで丸めた場合が**概数**＊である。

4 直接測定と間接測定

(1) 直接測定と間接測定の区分

量の測定の仕方としてある線分の長さを測定するのに，その線分にものさしをあてて，長さそのものを直接測定する場合がある。これに対し，長方形の面積を求めたいとき，その縦と横の長さを測定し，その測定値を用いて（縦）×（横）を計算して面積を求めるように，測定しようとする量ではないほかの量を測定して，もとの量を測定する場合がある。

このような測定方法で，前者を**直接測定**，後者を**間接測定**ということがある。

ところで，計器の仕組みやその構造などを考えに入れると，例えば，ばねばかりによる重さの測定では，ばねの伸び（長さ）を測定し，これを重さに置き換えているわけであるから，間接測定ということになる。しかし，ものさしのような計器で直接目的とする量を測定できるという意味では直接測定である。

また，速さの測定では，一定の時間に進んだ道のりを直接測定して，速さとすることもできるので，直接測定に準ずるともいえる。

このように，直接測定，間接測定の区分はその基準をどのように決めるかによって決まるものである。

(2) **比例関係を利用した測定**＊

前述のばねばかりは，ばねの伸びが重さに比例することを利用したものである。時間は直接測ることはできないが，等速運動，等周期運動を仮定することにより，時間を長さや角の測定に置き換えて測定している。このように量と量の比例関係を利用して，いろいろな計器が工夫されていることは，直接測定・間接測定のいずれにせよ重要なアイデアである。面積や速さの測定などにあたっても，形式的に公式に数値をあてはめて計算するだけでなく，例えば長方形の面積の場合，縦と横の長さに比例する関係に着目してその求積公式が導かれていることに気づかせることが大切である。速さの測定についても同様である。

5 測定の指導

測定の指導は量の概念指導と相まって行われることが大切であるが，ここでは測定を主にして，学年の要点をあげると，おおよそ次のようになる。

|1年| 測定の指導の前段として，事物の大小に関心をもたせ，長さの用いられる場面と相まっていくらでも身近かに見出すことのできる関係である。したがって，直接測定の場でも二つの量の比例関係にできるだけ着目させ，やがてこの関係が間接測定に利用できるようにすることが大切である。

例えば，2年で，デシリットルますでリットルますに水をくみ入れるような場合に，もう1ぱい，または2はい水を入れると，リットルますの中の水は，どの目盛りにまで到達

測定値の詳しさと概数

物理学でも測定値の詳しさの限度は有効数字6けた程度といわれている。ふつうは3けた程度の測定値が得られれば十分であろう。したがって，概数はふつう有効数字1けたまたは2けた程度の数でよいといえよう。

比例関係を利用した測定

比例という用語は，平成29年改訂学習指導要領では5年の内容と考えられている。しかし，比例関係にある具体的な事象は，かけ算

や広さ，かさについて，二つの量を**直接比較***して大きさを比べる段階から，身のまわりにある媒介物を用いて**間接的に比較***する段階をふむようにする。

また，任意単位による測定を経て，量の大きさの表し方として単位とその幾つ分によることが理解できるようにする。

2年 長さやかさ（体積）の測定を通して，任意単位による測定から，計器を用いての客観的単位による測定の段階へ進む。次の事項に配慮したい。
① **普遍単位の必要性**に気づかせる。
② 計器としてのものさしや，ますのもつはたらきをとらえさせ，正しく，大切に扱う習慣を身につけさせる。
③ 目盛りの読み方の基本を身につける。
④ 測定の対象により単位が選べる。

3年 重さの測定を加え，測定の原理や意味を確かにするとともに，単位や計器を対象や目的に応じて適切に選べるようにする。その要点は次のとおりである。
① 小数や分数の導入と関連して，はしたのある場合に単位を決めて測定できるようにする。
② はかりの目盛りを，**最小目盛りに注意**して読めるようにする。
③ はかりなどの計器を適切に選び，大切に扱え，かつ目的により選択できる。

4年 面積や角の測定を加え，測定の概念を広げる。特に，長方形や正方形の求積では，辺の長さから，その測定値が求められることを明らかにする。すなわち，縦・横ともに単位の長さの正方形の面積を S_1 とし，縦・横が単位の長さの a 倍，b 倍である長方形の面積を S とすると，$S = (S_1 \times a) \times b = S_1 \times (a \times b)$ である。このように**比例関係**を用いていることに着目させる。

5年 いろいろな図形の面積の求積を通して間接測定の考えを発展させるとともに，混み具合や速さなど異なった二つの量の割合でとらえられる量の測定について明らかにする。また，異なる二つの量の割合でとらえられるものとして，新たに速さについても学習する。また，測定値が近似値になることや誤差が伴うことに気づかせ，その処理の仕方として，平均の考えが用いられるようにする。

6年 2年のかさと関連づけて直方体や立方体という立体の体積の求積方法を学ぶ。

複雑な形の概形をとらえ，およその面積を求めることや円の面積の求め方，さらに角柱や円柱の体積の求め方についても学習する。

測定については，特に直接測定では困難な量を比例の考えによって間接的に測定することができるようにする。

なお，3，4，5年においてメートル法の単位についての仕組みをまとめる。

するか予想させ，くみ入れる回数と水量が規則的に（比例して）増加することに気づかせる。また3年で，上皿ばかりに同じ重さのものをのせていく過程を観察させ，重さと針の回転角の関係に気づかせるなど，いろいろな場面で比例関係が見出せるものである。
高学年では円周の長さと直径の長さの関係から円周率の存在することに気づかせ，またこれを用いて，測りにくいものが，測りやすいものから間接的に求められることのよさにふれるようにしたいのである。

直接比較と間接比較

量の概念や測定の原理を理解するのに基礎となる操作である。直接比較では一方が他方の部分と同じ大きさにされて，部分を含む量のほうが大きい。間接比較では媒介物が比較する二つの量に，それぞれ幾つ分含まれているかを見るようにする。

248　そろばんの活用

use of "abacus" (soroban)

そろばんの使用は，平成29年改訂学習指導要領の3，4年の「数と計算」の領域に「内容」として示されている。単に計算技能の習熟だけでなく，大きな数や概数・概算などと関連づけるなど，電卓やコンピュータの活用とともに生かすようにしたい。

また，そろばんには，計算器具と算数教具という二つの面の機能がある。

1 計算器具として
① 科学技術の進歩した現代において，なお計算器具として活用されている。
② 少し習熟すれば，加減計算では電卓より速く，またその計算過程が視覚的にとらえられるよさがある。
③ 筆算でつまずいていた児童が，そろばんの学習によって救われたという事例が報告されている。

2 算数教具として
① そろばんによる数表現は，十進位取り記数法に合致しており，空位がある場合の数構成が理解できる。
② 上位から計算するので，概数・概算のとらえ方が身につく。
③ 小数の学習の場合，**定位点**が有効である。また，四捨五入する場面では，その桁の**五珠**（ごだま）の有無に着目すればよいなどの利点がある。

また，日本の文化的な財産としても，児童にそろばんの使い方を指導するのは価値がある。

3 指導上の留意点
① 通常の指導回数を2倍にして，1単位時間を半分ずつに分けて指導すると技能の定着がよい。
② 筆算との相異点や類似点を児童に考えさせ意欲化を図る。
③ 指の使い方（**運指法**）や珠の運び方（**運珠法**）にはあまりこだわらない。
④ 特に技能のすぐれている児童の対応として，助け合い学習が効果的である。

3年　3年ではそろばんによる整数や小数の表し方や簡単な加法・減法計算ができるようにする。

1 大きな数（万の単位の数●）
そろばんには3桁ごとに定位点が付いているが，わが国の命数法は4桁区切りなので，定位点のある桁は「一」，「千」，「百万」，「十億」，「一兆」の位である。

扱うのは万の単位の数までであるが，十進位取り記数法の仕組みになっていることを理解させる。

「千を450あつめた数は，いくつでしょう」

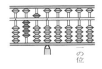

そろばんによる計算の型分け

(1) 5の合成・分解

そろばんでは五珠があるのでシンプルな構造であるが，そのためにとまどうこともある。
1+4，2+4，3+4，4+4，2+3，3+3，4+3，3+2，4+2，4+1　とその逆の減法

(2) 10の合成・分解

1+9，2+9，3+9，4+9，6+9，7+9，8+9，9+9，2+8，3+8，4+8，7+8，8+8，9+8，3+7，4+7，8+7，9+7，4+6，9+6，5+5，6+5，7+5，8+5，9+5，6+4，7+4，8+4，9+4，7+3，8+3，9+3，8+2，9+2，9+1　とその逆の減法

(3) 5と10の合成・分解

そろばんの計算では，特に難しい種類のものであるから，十分に習熟させたい。
8+6，7+6，6+6，5+6，7+7，6+7，5+7，6+8，5+8，5+9　とその逆の減法

以上の55通りの他に，そのまま入れられる計算の26通りがあり，合計81通りである。

・そろばんの千の位に指をついて，その桁を一の位とみて450を置く。

② **小数（$\frac{1}{10}$の位の数まで）**

小数も十進構造であることを理解し，小数をそろばんに置いたり，読んだり，いろいろな単位でとらえたりする。

③ **そろばんによる計算の仕方**

簡単な加法および減法の計算について指導する。5の合成・分解をともなう計算から，繰り上がりや繰り下がりのある計算，「4万＋5万」「2.3＋0.6」などの計算ができるようにする。

④ **10倍，100倍，$\frac{1}{10}$，$\frac{1}{100}$**

そろばんの上の枠をおさえている指を左右に移動すれば求める数の一の位が決まる。

|4年| そろばんを用いて，加法および減法の計算ができるようにする。整数については，億や兆の単位まで，小数については，$\frac{1}{100}$の位までの数を表すことができるようにする。

|発展| そろばんの構造を利用して，乗法を加法としてとらえ，計算の工夫をすることができる。

例えば，58×11 の計算では，58を10倍してそろばんに580と置き，次に，その580に58を加えて638を得れば，これが58×11の積である。これは，58×(10＋1)＝58×10＋58×1の計算である。

① **単位の換算，量の計算**

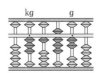

そろばんの定位点を利用したりして単位の換算を視覚的に理解する。

「左の図は3kg 182gをそろばんにおいたところです。gを単位としていいましょう」

・その他にL，dL，m，cmなどの換算にも活用できる。

② **時刻と時間**

時・分・秒の計算には，そろばんの定位点をそれぞれの単位として行う。

60を超えている部分を修正したり，減法の場合に途中でひけないときは，上の単位から1をひいて，下の単位に60を加えてからひく。

③ **おつりの計算**

一つの桁に9までしか表示できないので，逆にその利点を生かすと補数がとら

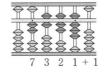

7 3 2 1 ＋ 1

えやすい。それは，梁についていない珠を見ることによって求答できるからである。

「1万円さつを出して2678円の買い物をしたときのおつりは？」梁についていない数より1多い数7322円がおつりである。

サビタイジングとの関連（☞165 幼児期の算数）

そろばんを学ぶ効用としては計算が速くなるだけではなく，低学年の児童にとってはサビタイジング能力を高めることにも役立つと考えられる。珠の数を瞬時に見分ける能力がついてくる。

また，学習障害にも対応したユニバーサルデザインの色そろばんという色がついたそろばんで，計算の原理を学ぶ新しいそろばんも開発されている。

現在でも使われている中国のそろばん

わが国で使われているそろばんは，16世紀末，室町時代の末に中国から伝わってきたそろばんがもとになっている。

（「話題源　数学」とうほう）

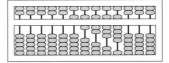

249 対称

symmetry

線対称・点対称は，図形の合同変換の一部として位置づけることができる。図形の変換とは，図形の位置や形や大きさを変えることであるが，小学校で主として取り扱われるのは，合同変換と相似変換である。

合同変換*では，次のような三つの移動が考えられる。

対称移動……ある直線を折り目にして折り返す移動（鏡映*ともいわれる）。

回転移動……ある点を中心にして，ある角度だけまわす移動。

平行移動……ある方向にある長さだけずらす移動。

これらの移動については中学校でまとめて扱われ，図形が合同であるかどうか調べるときの大切な考えである。

これに対して小学校では，一つの図形についての理解を深めるという立場から，空間における180°の回転移動によって線対称な形が，また，同一平面上での180°の回転移動によって点対称な形ができることを扱っている。

6年 一般的には，線対称から点対称の順で指導が進められる。

1 線対称

(1) 線対称の定義

一つの平面図形を直線 l を折り目として，空間で180°回転して折り重なり合うようにしたとき，その図形は**直線 l について対称（線対称）**であるという。

また，二つの平面図形を，直線 l' を折り目として空間で180°回転したとき，一方が他方とぴったり重なり合う場合，二つの図形は**直線 l' について対称（線対称）**であるという。このような直線 l や l' を**対称の軸**という。

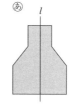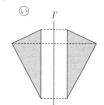

ⓘのような対称を「**線対称の位置にある図形**」ともいう。重なり合う二つの点，線，角をそれぞれ**対応する点，対応する線，対応する角**という。

(2) 線対称の性質

線対称の図形の性質には，

① 対応する2点を結ぶ直線は対称軸と垂直に交わる。

② 対応する2点を結ぶ直線は対称軸によって2等分される。

これらの線対称の性質は，実際に紙を二つに折って切り取ったり，

合同変換

合同変換は，任意の2点間の距離を変えない変換であり，等長変換ともいう。合同変換で得られた図形は，もとの図形と合同である。

合同な二つの図形では，

① 対応する線分の長さは等しい。

② 対応する角の大きさは等しい。

これにより，図形が合同であるかないか確かめられるようになる。

対称の位置にある図形の扱い

対称の見方として次の二つが考えられる。

① 一つの図形の性質を表す。

② 二つの図形の関係を表す。

小学校では平面図形の理解を深める意味で①の扱いが中心となる。②の扱いは昭和43年改訂学習指導要領では5年に位置づけられていたが現行では中学校で扱われている。

実際に測定したりするなど，具体的な操作活動の中でとらえさせることが大切である。

(3) 線対称の作図

図形の半分を与えれば，線対称の性質を使って全体を作図することができる。

なお，取り扱い方によっては，線対称な図形を作図するという観点から，(2)の線対称の性質に着目させるようにしてもよい。

2 点対称

(1) 点対称の定義

一つの平面図形を，1点Oを中心にして平面上を180°回転して，もとの図形とぴったり重なり合うとき，その図形は**点対称**であるという。

また，二つの平面図形があって，1点O′を中心にして平面上を180°回転して他方の図形にぴったり重なり合うとき，二つの図形は点O′について点対称であるという。点O′を対称の中心という。

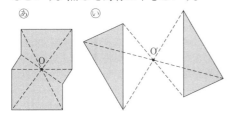

ⓘのような位置にある対称な図形を「**点対称の位置にある図形**」ともいう。

(2) 点対称の性質

点対称の性質には，次のことがいえる。

① 対応する二つの点を結ぶ直線は対称の中心を通る。
② 中心から対応する二つの点までの長さは相等しい。

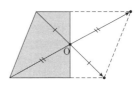

これらの性質は，線対称の場合と同じく具体的な操作を通して理解させることが大切である。

(3) 点対称の作図

図形の半分を与えれば，点対称の性質を使って全体を作図することができる。

なお，取り扱い方によっては，線対称の場合と同じく，点対称な図形を作図しながらその性質に着目させるようにしてもよい。

3 基本的な図形と対称性

これまでに学習した図形には，基本図形とよばれるものがいろいろあった。

線対称や点対称の対称性は，これらの基本図形の性質をとらえ直すための一つの見方にもなっている。

線対称・点対称という二つの観点から，基本図形は次の四つに分けられる。

対応

対応という用語は5年の合同で学習済みである。

しかし点対称で，もとの図形，つまり回転させる前の図形に，回転させた後の図形が重なるという見方は，はじめてである。

正多角形の対称軸（☞245）

対称軸の数は，すべて頂点の数に等しい本数だけあるが，形によって位置が異なる。

・頂点が奇数の正多角形

　頂点と向かい合った辺の中点を結ぶ対称の軸

・頂点が偶数の正多角形

　向かい合った頂点を結ぶ対称の軸と，向かい合った辺の中点を結ぶ対称の軸

① 線対称にも点対称にもなっている。
　（正方形・ひし形・正六角形など）
② 線対称だが，点対称でない。
　（二等辺三角形・正五角形など）
③ 点対称だが，線対称でない。
　（平行四辺形など）
④ 線対称にも点対称にもなっていない。
　（直角三角形・台形など）

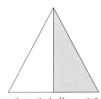

このように考察するなかで，「台形は，線対称でないが，右のような形になると線対称になる」「平行四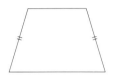辺形は点対称であるが，線対称ではない。長方形になると，線対称にも点対称にもなっている」「正多角形（☞245）では頂点の数が奇数のものは点対称でない」といったことを見つけることができる。

こうした見方が，平面図形（☞268）の理解をより深めることになる。

4 線対称と点対称の関連

線対称と点対称の相互の関連を考察させ，それらを統合的にとらえさせることは重要である。

例えば，2枚の合同な図形を用いれば，線対称の図形も点対称の図形も作ることができる。

つまり，線対称も点対称も，合同な二つの形から構成されているという共通点がある。ところが，いろいろと作ってみると気づくことであるが，2枚の合同な図形を合わせるなかで，線対称の図形を作ろうと思えば，必ず一方を裏返さなければならない。また，一方を裏返してしまうと点対称の図形は作れない。

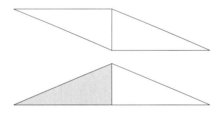

このことは，ある図形をそれぞれ線対称な図形は空間において一つの軸のまわりに180°回転させることによってできるのに対し，点対称な図形は平面上を一つの点を中心として180°回転させることによってできることを示している。

このような形づくりの活動は，線対称と点対称との関係を理解するために大切な経験となるものである。

鏡映

鏡映とは，文字どおり「鏡に映すこと」で，それは対称移動である。

したがって，右のように下の面に垂直に立てた鏡に映った形ともとの形は線対称である。

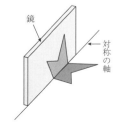

このとき，対称の軸は鏡を立てた直線になる。また，鏡に映る立体ともとの立体も対称と考えられる。この場合を**面対称**といい，鏡が対称の面となる。

面対称とは，「二つの立体図形FとF'の間の1対1に対応する点を結ぶ線分が，一つの平面Pによって垂直に2等分されるとき，FとF'は平面Pについて面対称である」と定義されている。

250 体積

volume

体積とは3次元（三つの垂直方向，すなわち縦・横・高さの方向）に広がりをもつ空間領域の大きさの程度を表す量である。小学校では，1年や2年で水などのかさについて学習しているので，そのことをふまえて5年では「もののかさのことを**体積**という」と示されている。

1・2年

一方の入れ物の水を他方の入れ物に移して比べたり，同じ入れ物に移して水面の高さで比べたりして，具体的な操作を通し，かさの意味を知る。コップなどの容器を単位にして，そのいくつ分かでかさを比べる。2年では，かさ（体積）の普遍単位として，mL，dL，L を知る。

また，積木遊びなどの活動を通して，ものの大きさ（体積）の意味を理解させる。

5年

体積の意味や直方体，立方体の体積の求め方とともに，体積の単位や容積の意味などを知る。

1 体積の直接比較

次のあ，いのような立体図形の大きさを比べる場合，長さや面積のように重ね

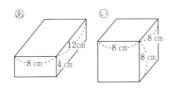

合わすことができないので，例えばいをうのような同体積の形に変えてみる。この場合あはう（い）の $\frac{3}{4}$ とみられよう。

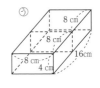

2 任意単位による測定

直接比べにくい場合には，2年で水などの量をコップ何杯分と表したように，仲介物（**任意単位**）を用いて，数値に置き換える方向に指導する。

体積を比べる場合，空間にすき間がないように置くことのできる立体で，縦・横・高さの3方向に同じように広がっている立方体を任意単位とするのが，最も適切であることに気づかせる。先のあ，いの立体図形では，1辺2cmの立方体を任意単位とすれば数値化が可能となる。

あは，縦に6個，横に4個，高さに2個積んだ大きさ

　$6 \times 4 \times 2 = 48$　　48個分

いは，縦に4個，横に4個，高さに4個積んだ大きさ

　$4 \times 4 \times 4 = 64$　　64個分

いのほうが16個分大きいことがわかる。

3 普遍単位の導入

先に，任意単位として立方体を取り上げたことに関連し，その大きさについて考えることにする。ここでもあやいのような直方体や立方体の辺の長さがcm単位で示されることに着目すると，単位とする立方体は1辺が1cmの大きさにすれば

容積の測定

容積については2年の「かさ」の指導で，L，dL，mL 単位の測定が扱われている。旧学習指導要領では容積も容器に入るものの体積として，容器の内側の長さ（内のり）を知り，求積公式を用いて計算できるようにしていた。ここで次のような単位関係も明らかにする。

$1L = 1000cm^3$　　$1dL = 100cm^3$　　$1mL = 1cm^3$

体積の単位の仕組み

メートル法では，体積の単位m^3は長さの基本単位から組み立てられた。同様にcm^3は長さの補助単位cmから組み立てられたものである。これらは，1辺が単位の長さの立方体の体積である。なお，液量などの体積を量る単位としてLがあり，これからmLやkLなどがつくられている。

よいことに気づかせる。そうすれば，長さを表す数で，単位とした立方体が，あやいの縦，横，高さのそれぞれに何個ずつ並ぶかわかるからである。また，このとき，cmが**普遍単位**であることからcm³も普遍単位として用いられていることや，それが長さの単位からつくられたことを示していることも知らせる。

体積の単位として，もっと大きな単位としてm³を導入するときも同様である。なお，これらの単位の導入の仕方は，面積の単位を導入したときと同様である。

4 直方体や立方体の体積

普遍単位が導入されることによって，直方体や立方体の体積は，その辺の長さの数を用いて計算できる。6年では体積の公式として次のようにまとめられる。

直方体の体積＝縦×横×高さ

立方体の体積＝1辺×1辺×1辺

この式で，縦，横，高さは，それぞれの長さを表す数と同数の単位立方体の個数を表すものとみられる。また，下の図で示すように，（縦）×（横）は1段分の個数，（高さ）は段の個数を表しているともみられる。この見方は中学校で，角柱の体積公式を導くときに大事になる。

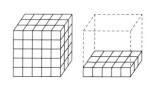

5 水などの体積に置き換えた測定

いろいろな物の体積を知りたいとき，直方体や立方体のような形でない物については困難である。そのようなとき，水の中に沈めて，水の増加分を求めるという方法がある。水の体積はメスシリンダーのような計器があればすぐに測定できるし，入れ物が直方体であれば，水面の面積と深さの増加分を測った値を用いて計算することができる。

6年

1 角柱や円柱の体積

角柱の求積にあたっては，直方体の求積公式を見直してみることから始める。

公式の（縦）×（横）は底面に並ぶ単位立方体の数とみられ，これは底面積を表す数に等しいことから，次のように表せる。

直方体の体積＝底面積×高さ

この見方から，角柱の場合もその底面積を表す数は，底面に並ぶ単位立方体の個数分（高さが単位の長さの角柱の体積）とみて，次の式で求積できることになる。

角柱の体積＝底面積×高さ

円柱の体積についても同様に考え，次のようにまとめられる。

円柱の体積＝底面積×高さ

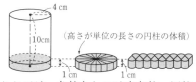

ここでは，角柱としては直角柱，円柱と

球の体積

球の体積は中学校で取り上げられる。その体積は，底面の直径と高さがこの球の直径に等しい円柱に水をいっぱいに入れ，その中にこの球を全部沈めて再び取り出したとき，円柱の体積の $\frac{1}{3}$ の水が残るこ

とから，球の体積は，この球がちょうど入る円柱の体積の $\frac{2}{3}$ であるといえる。

いま，球の半径を r，体積を V とすると，

$$V = (\pi \times r^2) \times (r \times 2) \times \frac{2}{3} = \pi \times r^3 \times \frac{4}{3}$$

なお，この円柱にちょうどはまる円錐の体積は，この円柱の体積の $\frac{1}{3}$ であるから，円錐，球，円柱の体積の比は，1：2：3である。

しては直円柱を取り上げている。

高の円柱の体積の$\frac{1}{3}$であることがわかる。これらのことから次のようにまとめる。

角錐や円錐の体積

　　$=$ 底面積 × 高さ × $\frac{1}{3}$

ここでは，角錐としては正角錐，円錐としては直円錐を取り上げている。

|発展|　平成元年改訂学習指導要領では角錐，円錐の体積の求め方についても扱っていた。また，比例関係を利用した測定の仕方や，単位についてもまとめる内容があった。

1 角錐や円錐の体積

角錐や円錐の体積は，同底，同高の角柱や円柱と対比し，実験，実測を通して帰納的に導いていた。

角錐を例にすると，この体積は先に石などの体積を水の体積と置き換えて測定したように，角錐の入れ物に水や砂などを入れ，その容積を測定することによって，角錐の体積を求める工夫をする。そこで，下図のような，同底，同高の角錐と角柱をつくり，角錐にいっぱいに入れた砂などを角柱に移してみる。このことから角錐の体積はこれと同底，同高の角柱の体積の$\frac{1}{3}$であることがとらえられる。同様に，円錐の体積もこれと同底，同

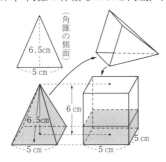

2 比例関係を利用した体積の測定

体積と重さの単位関係に着目すると，4℃ 1cm³の水の重さは1gときめられている。したがって，水1kgの体積は1L，水1tの体積は1kL（$=$ 1m³）である。このことから，ものの体積を水の体積に置き換え，その水の重さから目的の物の体積が求められるわけである。

また，単位量当たりの物の重さがわかっていれば，それを利用してその物の体積を知ることもできる。例えば，鉄1cm³が7.9gという**密度***を用いて，ある同質の鉄のかたまりの重さを調べて，その体積を計算することができる。このような方法は，体積を知るために重さを測ったりするので「間接測定」ともいわれる。この方法は，金属などの**比重***が明らかな物についても同様に有効な方法である。

3 体積の単位のまとめ

メートル法の単位として，長さの単位に関連させ，体積についてまとめる。

なお，水の体積とその重さを関連させて理解しておくことが大切である。

〈参考〉欧米では cL がよく使われている。

角錐と角柱の体積の割合

次の図のように，立方体からできる六つの角錐はどれも合同である。これから一つの角錐の体積は底面が立方体と同じで高さが$\frac{1}{2}$の角柱の体積の$\frac{1}{3}$である。

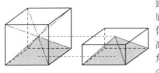

比重と密度

比重とは，ある物質の重さと，これと同体積の4℃の蒸留水の重さとの比のことである。したがって，単位はなく無名数である。

主な金属の比重は次の通りである。

金　19.3　　銀　10.50　　銅　8.93
鉄　7.86　　鉛　11.34　　水晶　2.65

密度　ある物質の体積1cm³の目方（g）をその物質の密度という。単位は g/cm³ である。

251 代表値

measures of central tendency, representative value

ある集団の資料について，その集団の特徴を一つの数で表そうとする考えがある。集団の中心的傾向を示すこの値を**代表値**という。

代表値には，次のようなものがある。
(1) 平均値*
(2) 中央値（メジアン）
(3) 最頻値（モード）

5年

1 測定値の平均

例えば，5年で円周の長さと直径の関係を五つのグループで調べたとしたら，その測定値が5グループとも一致することはまずない。そこで，その五つの測定値の平均をとって，その平均値をいま求めようとする円周の長さと考えればよい。

「平均値」は6年で学習する用語であるが，平均の意味を理解することは5年で扱う。

6年

代表値として，最もよく使われるのは平均値（単に**平均**ともいう）である。5年で「**単位量当たりの大きさ**」（☞255）を扱い，均等に分布していると考えることを扱うなかで，平均を考えるための素地が形成されている。例えば，人口密度などを調べるとき，人々が平均的に散らばっていると考えるのである。

1 平均の意味

例えば，5個のいちごがあり，重さはそれぞれ10g，12g，12g，14g，15gだったとする。

このとき，この5個のいちごの平均の重さは，
$(10+12+12+14+15) \div 5 = 12.6$
で，12.6gとなる。

ところで，この平均12.6は何を表しているだろうか。平均には次のような意味が考えられる。

(1) 幾つかの量をならした値

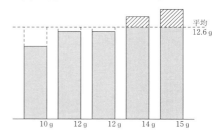

右上のほうの斜線の部分で左上の点線で囲まれた空白の部分をちょうどうずめて，全体を「ならす」ことができる。

(2) その値より小さい値までのへだたりの和と，その値より大きい値までのへだたりの和が等しい。その値が平均である。

平均値

平均値には，上で述べたもののほかに**相乗平均**（幾何平均）や**調和平均**がある。

例えば，x_1, x_2, x_3, x_4 の四つの値があるとき，

相乗平均は，$G = \sqrt[4]{x_1 x_2 x_3 x_4}$

調和平均は，$H = 4 / \left(\dfrac{1}{x_1} + \dfrac{1}{x_2} + \dfrac{1}{x_3} + \dfrac{1}{x_4} \right)$

である。これらと区別するとき，上述の平均値を，**相加平均**（算術平均）とよぶ。

仮の平均の考え

平均を能率よく計算をするために，仮の平均の考えを用いることがある。児童の側から，平均値をもっと簡単に求めることができないかといった疑問をもとに発展的に扱うとよい。

例えば，10，12，12，14，15の五つの数の平均を求めるとき，仮の平均を10と決めて，次のように求めることができる。

$10 + (0 + 2 + 2 + 4 + 5) \div 5$

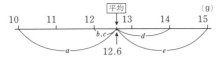

上図で $a = 12.6 - 10 = 2.6$, $b = 12.6 - 12 = 0.6$, $c = 12.6 - 12 = 0.6$ の和3.8と, $d = 14 - 12.6 = 1.4$, $e = 15 - 12.6 = 2.4$の和3.8が等しい。平均を数えるとき, ちょうど10から15までの線分の「中心」であるという感覚でまとめるとよい。

2 平均の使われる場面
(1) 集団の傾向を表す値が必要な場合

例えば, 二つの学級の児童の身長の傾向を比べるとき, それぞれの学級の身長の傾向を代表する値があったほうがよい。この代表する値として平均が使われる。

6年で平均を指導する場合, この平均を用いる意味を理解させることが大切となる。そのためには, 平均という代表値を使わなければならない場面を設定することが重要である。

3 平均の求め方
(1) 平均の計算

1のところでふれたように, n 個の値

$$x_1, x_2, x_3, \cdots\cdots, x_n$$

の和を n でわればよい。

平均 $= (x_1 + x_2 + x_3 + \cdots\cdots + x_n) \div n$

平均 $=$ 合計 $\div$ 個数,

といった言葉の式でまとめることになる。

4 中央値

資料（データ）を小さいほうから大きいほうに順に並べたとき, その真ん中の値を**中央値**という。

資料の数が奇数のときは, 真ん中は決定できるから問題はない。偶数のときは, 中央の二つの値の平均を中央値にする。

中央値は, **メジアン**または**中位数**ということもある。

5 最頻値

モードまたは並数といわれることもある。最もたくさん現れる値のことである。

例えば, 15人の子供のテストの結果が次のようだったとする。

| 4 | 5 | 5 | 6 | 6 | 6 | 6 | 7 |
| 7 | 7 | 8 | 8 | 9 | 9 | 10 | |

このときの最頻値は, 同じ点が4人いる6点である。

ちなみに, 左の場合, 中央値は7点で, 平均は6.9点である。このように, それぞれの代表値には特徴があり, ずれがあるのが普通である。

また, 最大と最小の中央値も, 代表値として考えることができる。これを**中間値**とよぶ。左の場合では, 最小は4, 最大は10だから, 中間値は7になる。

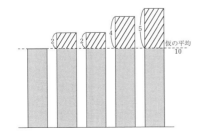

仮の平均は, 10でなく, どんな値をとってもよい。しかし, 小学校では負の数が扱えないから, 上のようにわかりやすい値にする必要がある。

例えば, 身長の平均を求める場合, 1mをこえる値の平均を求め, 後でその平均に1mを加える。このような身近な場面を題材にしての指導が考えられる。

252 確からしさ
probability

|1|3|5|
|2|4|6|

発展 ある一つの事柄の起こりうる可能性を数で表したものを確率といい，これを算数では「確からしさ」といっていた。

平成元年改訂学習指導要領において，従来6年で扱っていた「確からしさ」は，中学校の確率に集約して指導されている。この内容は，平成29年改訂学習指導要領において6年の起こり得る場合に関わる数学的活動とも関連付けられる。

従来の指導内容を参考のために示す。

1 これまでの数の指導との関連

これまでの数の指導は，次のような確定した事象を表す場合であった。

(1) 個数…40人，12本，35枚，10台
(2) 測定した量の大きさ…2m，$\frac{1}{5}$L，43.5kg
(3) 割合…3倍，$\frac{1}{2}$，6.75％，5割
(4) ものの順序…10番め，1等
(5) 整理番号…201号室，1-3
(6) 平均…75.2点

これらの中では，「数が不確定な事象の起こる程度を表すのにも用いられること」と関係が深いのは(3)である。

2 不確定な事象の起こる程度

不確定な事象にまで考察の対象を広げ，そこにひそむ規則性を探りながら，その発現傾向を数量化していこうとする考え方が確からしさの考えである。

3 確からしさの指導の段階

硬貨投げでは，これから投げる硬貨について，表，裏のどちらが出るかは断定できない。ところが，硬貨ではその構造から考えて，表と裏のどちらかが特に出やすいと考えられないので，起こりうる場合の可能性の割合を実験で調べなくても理論的に導くことができる。このようにして求めた確率を**数学的確率**という。

しかし児童は，理論的に求められるからといって納得しない。そこで実際に確かめる経験を与える必要がある。

たしかに，画びょうを投げる場合には，⑦，④の出る確率は理論的には導け
ない。したがって，多数回の試行によってそのときの発現傾向が安定したときの値から導いた確率を**統計的確率**という。

4 生活のなかの確からしさ

お年玉年賀はがきの当たる確率，宝くじの当たる確率など数学的に求められるものから，A選手のヒットを打つ確率，明日の雨の降る確率など統計的に求めなければならないものまで，私たちの生活のなかでは確率が数多く活用されている。

降水確率

右の図は，ある日の6時から24時までの間に，雨の降る確率を表したものである。

雨の降る確率は，東京で30％，札幌で70％であるが，東京が雨で札幌が曇りということもある。だから傘を持っていくかどうかは，確率を参考にしながら，自分で判断しなければならない。天気についての確率は，今後AI（人工知能）の発達により的中率が劇的に高まるだろう。

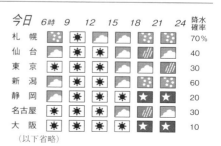

253 たし算とひき算の関係

relation between addition and subtraction

B と C とがわかっていて，A を求めるのがたし算で，A と B または C のいずれか一方がわかっていて，C または B を求める場合がひき算である。

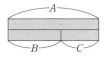

2年 具体的なたし算やひき算の問題場面を取り上げ，それに対応した図などを用いて理解させる。

1 問題をつかんで図に表す（☞246）

文章を下のようにテープ図*に表すような指導が大切である。

「本を18さつかいました。ぜんぶで75さつになりました。本ははじめに何さつありましたか」のような設問の場合，

・本を18さつかいました。……………㋐
・ぜんぶで75さつになりました。……㋑
・本は，はじめに何さつありましたか。
　　　　　　　　　　　　………㋒

㋐の文章から……………

㋑の文章から…

㋒の文章から…

このように，文章に即して段階的にテープ図などに表す指導が大切である。

2 たし算とひき算の判断

この学年で扱う問題の例，
(1) $a+\square=b$（たし算の逆のひき算）*
(2) $\square+a=b$（たし算の逆のひき算）
(3) $\square-a=b$（ひき算の逆のたし算）*
(4) $a-\square=b$（ひき算の逆のひき算）

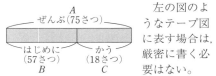

左の図のようなテープ図に表す場合は，厳密に書く必要はない。

三つの数の関係について考えさせる場合，いままでの経験や直観によって B の部分を求めるには，$75-18$ のひき算でよいことを判断させる。また，C の部分を求めるには，$75-57$ のひき算，A の部分を求めるには，$57+18$ のたし算をすればよいことに気づかせる。

なお，未知数を図に表示したり，式に表したりするのに，児童の発想として，□などを用いる者が出る場合は，扱ってもさしつかえない。

3 確かめ

① $75-18=57$
② $57+18=75$
検算 $\begin{cases} ① & 57+18=75 \\ ② & 75-18=57 \end{cases}$

テープ図

テープ図は，数量を図示し，幾つかの数量のかかわり合いをとらえさせるために用いるものである。線分図へ発展する。（☞246）

 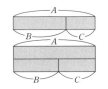

たし算の逆のひき算

「公園で子どもが3人遊んでいましたが，しばらくすると11人になっていました。何人ふえましたか」という問題では，

$3+\square=11$ となり，この□を求めるのに，$11-3$ とひき算を用いる。

このような問題をたし算の逆のひき算という。求残や求差のひき算と違い，誤りやすい。特に，何人 "ふえましたか" という言葉にとらわれ，たし算と判断する例が多い。

253 たし算とひき算の関係

ひき算とたし算の関係を使って，75 − 18 ＝ 57 のひき算の答えが正しいことを 57 ＋ 18 で確かめさせ，**検算*** の方法を理解させる。

3年 たし算とひき算の関係については，2年でテープ図などを媒介として，具体的に理解している。

この学年では，線分図（☞246）を手がかりに，未知の数量を□として式に表し，その□にあてはまる数を求めたりして，たし算とひき算の関係を深めていく。

1 3年で扱う問題の型

(1) □ ＋ a ＝ b （増加） → b − a ＝ □

(2) a ＋ □ ＝ b （増加） → b − a ＝ □

(3) □ − a ＝ b （減少） → b ＋ a ＝ □

(4) a − □ ＝ b （減少） → a − b ＝ □

たし算の式の(1)，(2)の場合では，未知数の□の置かれている位置に関係なく，ともにひき算で未知数を求めることができる。

(1)の型では，□に a をたして b になるから，逆算の考えで，□は b から a をひいたものであると考えやすいであろう。しかし，(2)の型では，a に□をたして b になるから，a は b から□をひいて，と考えるかもしれない。

また，ひき算の式の(3)，(4)では，未知数の□の位置によって，たし算やひき算になり，求め方が違うので，十分注意することが大切である。

2 数の範囲が万の位まで拡張されるが，基本的には，前学年の内容から理解できるものである。

4年以降 4学年では，数の範囲が億・兆の位までおよび，また，分数・小数にまで拡張され，4年で小数，同分母の分数，5年で異分母の分数のたし算・ひき算が導入される。

1 数の範囲が分数や小数に及んでも，整数のたし算・ひき算の計算の仕方や相互関係を用いることができるように気づかせることが重要になる。

2 文章題では，たし算・ひき算・かけ算やわり算がかかわりながら出てくる。四則に関して成り立つ性質とからめて，四則の相互関係についての理解と，それらの関係が適切に用いられるよう指導することが大切である。

ひき算の逆のたし算

「みかんを4こたべました。まだ3このこっています。はじめに何こあったでしょう」

この問題は，変化が起こる前の状態に逆行して考えることを求めている。

□を使って表すと，□ − 4 ＝ 3 となり，□は 3 ＋ 4 のたし算で求められる。

ひき算の逆のほうは，演算がたし算になる場合とひき算になる場合があるので，いっそう複雑となり，児童の誤りが多い。

検算

計算した結果が正しい答えであるかどうかを確かめることを検算という。普通，ある計算の検算には，その逆の計算が使われる。

なぜ，それで検算になっているかは，計算のきまりや，相互関係の理解によって裏づけられる。

例 92 − 37 ＝ 55 → 55 ＋ 37 ＝ 92
　　 100 − 25 − 40 ＝ 35 → 35 ＋ 40 ＋ 25 ＝ 100

254 単 位
unit

1 3 5
2 4 6
B・C・D

ある量の大きさを数で表すのに，それと同種の量で，基準にする大きさを定め，その何倍にあたるかを調べる。そのとき，基準にしたものを，その量の**単位**という（☞247）。

1 普遍単位（客観単位）と任意単位

単位のとり方は自由であるが，空間的・時間的に変わらないものを共通に，組織的に選ぶ必要がある。このような必要から定められた単位を**普遍単位**，あるいは**客観単位**などといっている。各国では普遍単位を法律で定めているので，**法定単位***ということもある。これらに対し，適当なある大きさの量を単位として，便宜的に用いたものを**任意単位**ということがある。

2 基本単位と組立単位（誘導単位）

いろいろな量の単位を定めるのに，1つは基本的な量の単位を定める方法があり，いま1つはそれらの組み合わせでほかの量の単位をつくる方法がある。前者を**基本単位**，後者を**組立単位**または**誘導単位**という。

例えば，小学校で扱う基本単位は，長さ・重さ・時間の単位であり，組立単位としては長さの単位から，面積・体積の単位が導かれ，長さの単位と時間の単位から**速さ**の単位が導かれる。このとき，導かれる単位は，それを組み立てる量が単位の大きさであることが重要である。面積の単位は，長さの単位から組み立てられるが，平方メートルは，1辺が単位の長さ（1 m）の正方形の面積である（☞271）。

なお，基本単位と組立単位（誘導単位）で，一つの単位系をつくるわけであるがわが国では**メートル法**（☞270）の単位系を採用している。

3 補助単位

基本単位と組立単位で量の大きさを表すとき，測定値が適当な大きさで表せるように，補助の単位がつくられている。

わが国で採用しているメートル法では単位の「10の整数乗倍を示す接頭語」として，次のように定めている。

> キロ（10^3倍），ヘクト（10^2倍），デカ（10倍），デシ（$\frac{1}{10}$），センチ（$\frac{1}{10^2}$），ミリ（$\frac{1}{10^3}$）

例えば，長さについては，キロメートル（km），センチメートル（cm），ミリメートル（mm）などの単位を構成している。このような単位を補助単位とよんでいる。

なお，面積や体積の補助単位は長さの補助単位を用いて構成されている。

4 量の大きさの表し方

単位を用いて量の大きさを表すには，測定値のあとに単位名をつける。例えば

法定単位

わが国では1891（明治24）年に計量に関する法律として**度量衡法**（度は長さ，量はかさ，衡は重さ）を定めた。その当時は**メートル条約**（☞270）に加盟していたので，メートル法を法定の単位としたが，同時に従来から使われていた**尺貫法**も併用することを認めた。

その後，1952（昭和27）年から**計量法**が施行され，1959（昭和34）年から**メートル法**を全面的に用いることになった。

計量法では，長さの単位は**メートル**，質量の単位は**キログラム**，時間の単位は**秒**，温度の単位は**ケルビン度**，光度の単位は**カンデラ**とするなど，基本単位を定め，続いて誘導単位として，面積の単位は**平方メートル**，体積の単位は**立方メートル**，速さは**メートル毎秒**などを定めた。また，メートル・キログラム・秒などの基本単位に対してそれぞれの補助単位を定めた。

254 単 位

Aの長さが，センチメートル（cm）を単位として，その5倍であるとき，Aの長さは5cmと書く。このような表し方を**名数**という。これに対し，数値だけを**無名数**ということがある。

無名数の大きさを表すのに，一，十，百，千，万などの数詞を用いることがある。これらの数の単位として，量の大きさの表し方と同様に，例えば，12000を1.2万などと表すことがある。

5 単位についての指導

単位の指導と学年別の重要な留意点をあげてみよう。

1年 身近な量として，長さの大小関係・相等関係に関心をもたせ，**任意単位**による量の数化について経験させる。

2年 長さやかさの**普遍単位**を導入し，その必要性に気づかせ，単位の仕組みについて理解し，適当な単位が選べるようにする。

長さの単位はメートル（m），センチメートル（cm），ミリメートル（mm）。

かさの単位はリットル（L），デシリットル（dL），ミリリットル（mL）。

時間の単位は日，時，分を扱う。

3年 長さ，重さ，時間などの測定の意味と単位について理解できるようにする。**長さの単位**はキロメートル（km），**重さの単位**はキログラム（kg）・グラム（g）を扱う。

時間の単位は秒を扱う。なお，時間については，その仕組みが十進構造になっていないことに留意させる。

4年 **面積の単位**＊を導入する。その際，誘導単位の意味を明らかにし，その大きさが把握できるようにする。**角の単位**もこの学年で導入する。

面積の単位として，平方メートル（㎡），平方センチメートル（c㎡），平方キロメートル（k㎡）などを扱う。また，**角の大きさの単位**として，度（°）を扱う。

平成29年改訂学習指導要領では，面積の単位として，アール（a），ヘクタール（ha）も取り扱う。

5年 この学年では，これまでの単位を用いて平行四辺形や三角形，ひし形，台形などの面積を求めることについて学習する。

また，直方体や立方体の体積を求める活動を通して**体積の単位**＊c㎥，㎥が導入される。さらに体積を求める公式の小数への拡張や，単位Lとc㎥の関係についても調べる。

速さについても扱う。速さの単位は，**単位量当たり**（☞255）の大きさとして，時間と道のりの組み合わせでとらえ，分速180m，時速70kmのように表す。

なお，3〜5年で，単位間の関係，メートル法の仕組みについて学習する。

国際単位系

1954年に，第10回国際度量衡総会が開かれ，今日のメートル法ともいうべき国際単位系が採択された。わが国では，これに基づいて，「国際単位系（略称SI）およびその使い方」を規定した。その内容はメートル法によるものが主であるが，SIに併用してよい単位として，リットル，トン，また特殊な分野で用いる単位として，アール・ヘクタール・週・月・年などを含めている。

面積・体積の単位

長方形の面積の単位は，縦・横が単位の長さの正方形の面積とする。そうすると，長方形の面積の測定値は，縦・横の長さの測定値の積となる。また，このとき面積の単位も長さの単位の積（2乗）の形で表すことにすると簡単である。面積のように2方向の広がりをもつ量を2次元の量ということがある。

体積は3方向に広がる3次元の量で，その単位は長さの単位の3乗の形で表される。

255　単位量当たり
per unit quantity

|1|3|5|
|2|4|6|
C

　平成29年改訂学習指導要領では，速さなど単位量当たりの大きさの意味と求め方は，5年で指導される。これらの考え方は，所要の量に関係する二つの量のうち，一方の量の単位当たりの他方の量の大きさをもって所要の量の大きさとするのである。

4年　**簡単な場合についての割合**

　二つの数量の関係が，基準とする数量を1とみたときにもう一方の数量が，2倍，3倍，4倍などの整数で表される場合について，二つの数量の関係と別の二つの数量とを比べる。

5年　**1　同種の2量の割合で表す量**（比または率）

　例えば，バスケットボールのシュートのうまさは，シュート数か，成功した数のどちらかが同じときは，他方の数で比べられる。しかし，シュート数も成功した数も異なるときは比べにくいので，成功した数のシュート数に対する割合を考え，次のように計算して，シュートのうまさを表すことがある。

$$\begin{pmatrix}シュート\\のうまさ\end{pmatrix} = (成功数) \div (シュート数)$$

　例えば，シュート数が10で，そのうち成功数が4のときのうまさは0.4である。

同種の2量の割合の意味と比例定数

　例えば，上のシュートのうまさを4割と表すときは，10回のシュートで4回成功したことを表している。しかしこのことは実際の場で5回のシュートで2回成功するとか，20回のシュートで8回成功するということではない。ただそうみなしているだけである。シュート数と成功数が比例するとみなすことにより，シュート数が（10÷10）のときの成功数を（4÷10）と計算できるわけである。

　このように同種の量の割合で表される量として，このほかに例えば，虫歯のある人の状況，出席の状況，食塩水の濃さを表す量などいろいろ考えられよう。円周の直径に対する割合（円周率）も，この種の量と考えられる。

　これらの量は，同種の二つの量の間の除法によって得られるものであるが，その意味を理解できるようにすることが大切である。例えば，円の直径と円周の長さは比例していることから，円周率が考えられた。なお，これらの量を**比**または**率**ということがあるが，その表示は無名数であり，一般には単位として**パーセント**（％）（1％=0.01）が用いられる。そのほか，わが国では古くから用いられている単位として**割**（1割=0.1）がある。

$$(出席率) = \begin{pmatrix}出席\\者数\end{pmatrix} \div \begin{pmatrix}在籍\\者数\end{pmatrix} \times 100 \;(\%)$$

$$(打率) = (安打数) \div (総打数) \times 10\;(割)$$

$$\begin{pmatrix}食塩水\\のこさ\end{pmatrix} = \begin{pmatrix}食塩の\\重さ\end{pmatrix} \div \begin{pmatrix}食塩水\\の重さ\end{pmatrix} \times 100(\%)$$

2　異種の2量の割合で表す量

　例えば，同じ鉛筆で値段のつけ方が違うとき，本数か代金のどちらかが同じときは，他方の数でどちらが高いか比べることができる。しかし，本数も代金も異なるときは比べにくいので，ふつう，代金の本数に対する割合を考え，次のように計算して値段が高いか安いかを判断する。

　この成功率などに対して，食塩水の濃さなどは，実際の場合でも，食塩水をよくかきまぜることにより，食塩の重さは，食塩水の重さに比例するものと考えられる。例えば5％の食塩水は，食塩水，食塩の重さをそれぞれx，yとすると，$y \div x = 0.05$（$y = 0.05x$）と表すことができる。この式で，0.05は**比例定数**とみられよう。

　このように，同種の2量の割合は，2量が比例する場合の比例定数とみられるのである。

255 単位量当たり

（鉛筆の値段）＝（代金）÷（本数）

いま3本で120円の場合と4本で180円の場合では，前者は1本当たり40円，後者は1本当たり45円で，後者の方が高いというわけである。

このように異種の2量の割合で表される量として，このほかに，道路の混みぐあいを表す数や仕事の速さ（☞261），人口の密度を表す数などいろいろ考えられよう。これらの割合を表す量は，異種の二つの量の間の除法によって得られるものであるが，その意味を理解できるようにすることが大切である。

例えば公園で遊んでいる人数と公園の面積を比べて混みぐあいを表そうとするとき，実際には人数が公園全体に均等に分散しているわけではないが，均等に分散しているとみなして，その割合を求めるのである。それにより例えば300m²の公園に，84人が遊んでいるときの混みぐあいは84÷300から1m²当たり0.28人，または，0.28人／m²などと表すことができるわけである。

なお，これらの量を「**度**」ということがあるが，単位はその量を導き出した二つの量の単位を組み合わせた形で表示する。例えば，値段は1本当たり□円，（円／本）とか，電車の中の混みぐあいは，1m²当たり○人，（人／m²）などである。

（人口密度）＝（人口）÷（面積）（人／km²）

（**密度***）＝（質量）÷（体積）（g／cm³）

などの例がある。

③ 単位量当たりの考え

これまでに述べてきた量はいずれも加法的でない量という意味で**内包量**（☞106）といえる。

内包量にかかわる二つの量A，Bがあって，AとBは互いに比例するとみられるか，あるいは比例するとみなされるとき，その内包量の大きさは，量Bの単位分に対する量Aの分量と考えられ，これは量Aの量Bに対する割合ともみられるものである。

このようなとき，AとBが同種の場合はAのBに対する割合は，無名数で表され，AとBが異種の場合は，Bに対するAの割合は，A，Bによって異なる（名数）／（名数）の意味をもった単位で表される。

なお，一般に2量A，Bの割合を考えるとき，AとBのどちらを基準にとっても，基準にした量の単位量当たりに対する他方の量の分量が考えられる。例えば，混みぐあいは，単位面積当たりの人数と，単位人数当たりの面積が考えられる。

例 へやの混みぐあい

1畳あたり
あ $\frac{5}{6}$＝0.83…人
い $\frac{7}{8}$＝0.87…人

密度

単位体積に含まれる質量のことを密度という。同じ物質から構成されている物体では，その物体がおかれている状態が同じであれば密度は同一不変である。つまり，その質量は体積に比例するとみられる。したがってある物質の密度を求めるには，その重さを体積でわればよい。その単位は g／cm³，g／ℓ などがある。なお，**人口密度**は同じ密度という言葉を使うが，社会科学で用いられる別の量である。

（人数／面積）と（面積／人数）

公園の混みぐあいを表すのに，その面積と使用人数に着目して，① 1m²当たりa人，② 1人当たりbm²の2通りが考えられる。

一般に量の大きさはその数値の大きいほうを大きいとしてきたので，ここでも，混んでいる状況を表したいときは①の表し方，すいている状況を表したいときは②の表し方をするのが自然である。しかし目的により逆の表し方がよいこともあり，注意したいことである。

256 柱状グラフ
histogram

1	3	5
2	4	6

D

資料がある範囲にわたって分布しているときに，資料全体の分布のようすや特徴をわかりやすくするため，**柱状グラフ（ヒストグラム）**に表したりするとよいことを知る。

6年 資料全体の分布のようすを数量的にとらえやすくするために，度数分布を表す表またはグラフについて知る。

1 度数分布表について
(1) 指導のねらい

資料を整理し表やグラフに表したり，その表やグラフを読み考察することができるようにしていくことが目標である。現在は3年で「ぼうグラフ」(☞269)，4年で「折れ線グラフ」(☞208)，5年で「帯グラフ」「円グラフ」(☞205) を扱う。

これまでは，分布の表（度数分布表）やグラフ（柱状グラフ）から，資料の全体の特徴を把握しようとする目的を明らかにして指導してきた。

具体的には，次の事柄が考えられる。
資料の全体的な特徴を把握するため，
① 資料の最も多く現れているところや，その前後の度数を調べる。
② 資料全体の散らばりの範囲を調べたり，二つの集団の傾向を比べたりする。
③ 資料の現れ方に着目して，順に並べたときの中央の値を調べる。
などの活動を通して反応を整理する。

(2) 分布の様子を調べる
資料全体の特徴をつかもうとする目的や，必要感をもつようにする。

立ちはばとびのきょりと人数

きょり		男の人数	女の人数
以上 124 cm ～	未満 132 cm	0 人	1 人
132 ～	140	1	2
140 ～	148	2	9
148 ～	156	4	7
156 ～	164	7	5
164 ～	172	12	4
172 ～	180	6	2
180 ～	188	2	0

上の度数分布表は，体力測定の中の「立ち幅とび」の記録である。

この表を例に，予想される指導内容として，次のものが考えられる。
① **階級***および**度数***の意味
② 資料全体の広がる範囲
　最大値，最小値
③ 広がりぐあい
　集中型なのか，分散型なのか
④ 資料に現れている階級
⑤ グラフに表す工夫についての予想
　どのようなグラフに表したらよいか。
　また，これまでに学んできた平均などを用いて，比較の仕方などにふれることもできる。

階級と度数
一つの変量（ある集団の個体について観察・測定して得られた数値が，いろいろ変動した値となると予想される量をいう）について調査したとき，変量のとりうる範囲を幾つかに等分し，区間ごとに，その範囲の値をとるものの個数を数えて表にまとめる。
この区間を**階級**，また，各階級に属するものの個数を**度数**といい，この表を**度数分布表**

という。
度数分布表では，各階級に属する資料の個数はわかるが，個々のものの値はわからない。
それで，ふつう区間の中央の値（またはそれに近い概数）を，その階級の代表値として用い，これを**階級値**ともいう。
一つの階級に属するものは，みなこの代表値をとるものと考えるのである。

2 柱状グラフ

(1) 柱状グラフについて

本来，柱状グラフは各階級のどの区間についても，その区間内では変数が一様に分布しているものと見なして図示したもので，その度数は長方形の面積に比例するように表したものである。

(2) 指導のねらい

右のグラフは，1であげた度数分布表を柱状グラフに表したものであるが，このグラフから，
① ある資料がどの区間にあるか調べる。
② 度数の最も多い区間を調べる。
③ グラフの概要をとらえる。
④ 分布の傾向を調べる。

などといったことを通して分布全体の様子を知り，集団としての特性をとらえ，そのとらえた特性をことばで表現させるような指導をするようにしたい。

立ちはばとびのきょりと人数

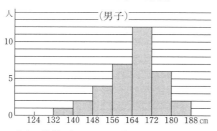

(3) 柱状グラフのよさについて

柱状グラフに表すことで，散らばりの様子や集団の傾向が一見してわかる。

グラフ用紙（3～5ミリ方眼）にかかせた柱状グラフについて，棒グラフや折れ線グラフとの違いについて十分話し合わせた後，次のような観点から読み取らせながら，いろいろな気づきをまとめていく。
① どのような範囲に散らばっているか（最高と最低）
② いちばん多いのは，何cm以上，何cm未満の人か。

③ 全体の分布の様子はどうなっているか（真ん中が高く，両端にかけて低く広がっている）。

(4) 分布の様子の割合

一つの区間の数を全体に対する割合でとらえる。これは相対度数の考えの素地指導にもなっているものである。

3 ドットプロット

離散量データの散らばりの様子や代表値の意味を捉えやすくするための方法としてドットプロットがある。ドットプロットは数値線上の該当する箇所にデータを配置し，同じ値のデータがある際には積み上げて表したものである。

第6学年では，データをドットプロットに表したり，ドットプロットからデータの特徴や傾向を読み取ったり，最頻値や中央値を見付けたりできるようにする。

次の表は，ある学期の欠席者数を調べたものである。

回数	0	1	2	3	4	5	6
人数	4	2	0	1	3	0	1

これをドットプロットで以下のように表す。

このグラフから最頻値が0回であることと，中央値が1回であることが読み取れる。

ドットプロットは，1，2学年で学ぶ絵グラフの横軸を名義尺度から数値に変えたものと考えることができる。

ドットプロットは，数値が離散的である場合に用いられる。連続量に対しては柱状グラフ（ヒストグラム）を用いる。

257 直線・平面の位置関係

incidence relations among straight lines and planes

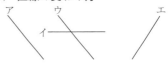

　図形の領域で対象となるものは，空間にある図形であって，それを考察する観点としては，位置関係，図形の構成，図形の変換などがあげられる。二つの図形があるとき，その位置関係について基本的なものは，**直線・平面の平行・垂直**などの関係である。これは，図形の性質を考えていくうえの重要な目のつけどころにもなる。

　平行・垂直の学習は4年であるが，その素地となる経験としては，2年で取り扱われた直角や正方形などの平面図形の学習や，箱の形などの立体図形の学習などがある。5年以後の発展としては，5年での面積，立体，6年での対称図形，縮図と拡大図にかかわるものがある。

4年　この学年での直線・平面の位置関係の学習は，平面における直線の平行・垂直と直方体や立方体における直線や平面の平行・垂直とがある。

1　平面における直線の平行・垂直

　平面における**直線の平行・垂直**は，2本の直線の位置関係の概念である。2本の直線の位置関係を取り上げ，平行・垂直の定義や性質を発見させるのであるが，平行・垂直の概念は，あとで学習する平行四辺形などの図形を考察するときの重要な観点となる。また，この指導のあとの直方体の辺や面の平行・垂直の学習の基礎ともなる。

(1)　**直線の交わり方**

　　ア　　　ウ　　　　エ
　　　　　イ

　上の図で，イとウだけが交わっているように見えるが，イを伸ばせば，ア，エとも交わり，ア，ウ，エを伸ばせば，ア，ウとエも交わる。しかし，アとウは，どこまで伸ばしても交わらない。したがって，平面上の二つの直線の位置関係は，交わるか，交わらない（平行）かの，どちらかである。そして，交わる場合，そのなす角が直角であるならば，この2本の直線は互いに**垂直***であるという。

(2)　**平行・垂直の概念と指導内容**

　2本の直線の平行の概念規定の仕方には，例えば，「2本の直線がどこまで伸ばしても交わらないとき平行である」とか，「1本の直線に垂直な2本の直線は平行である」などというのがある。このうち，後者の意味づけは実際に1本の直線にほかの2本の直線が垂直に交わっているかどうか確かめることができるとい

垂直と直角
　図形としての**直角**と位置関係としての**垂直**の違いをはっきり意識させる必要がある。

　上の図形では，図形としては直角はない。しかし，位置関係からみると，アとイは互いに垂直な関係になっている。

平行線間の距離
　2本の直線が平行の場合には，そのどちらにも垂直に交わる直線が引ける。この直線が平行線にはさまれる部分の長さを，**平行線間の距離**という。平行な2直線間の距離は，どこを測っても等しい。

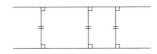

257 直線・平面の位置関係

う長所があるので，ふつうこれが使われている。この場合，垂直の概念をまず理解させておかなければならない。

① **平行についての指導内容**
- 1本の直線に垂直に交わっている二つの直線は互いに平行であること。
- 二つの直線の幅がどこも同じであること（平行線間の距離）。

② **垂直についての指導内容**
- 図形としての直角と位置関係の垂直との違いを知らせ，その用い方を確実にすること。

(3) 垂直な直線や平行な直線のかき方

① **垂直な直線のかき方**

垂直な直線を，二つの三角定規を使って正確にかけるようにする。

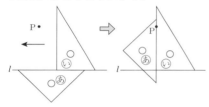

あの定規を直線 l に当て，それに沿っていの定規をすべらせ，点Pに合わせて止める。それからあの定規を右の図のように当ててからいの定規を取り去り，点Pを通る直線を引く。

② **平行な直線のかき方**

(ア) 同位角を等しくする方法

直線 l にあの定規の1辺を当て，いの定規の1辺を，あの定規の1辺にあてがって固定する。次に，あの定規を固定したいの定規に沿って下にずらし，直線 m を引く。

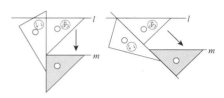

(イ) 平行線間の距離を利用してかく方法

直線 l 上に2点 A，B をとり，その点から同じ方向に，垂直な
直線 AC，BD を引き，AC = BD となる点 C，D を通る直線を引く。

(4) 児童の陥りやすい誤りの事例

① **平行や垂直と見抜けない例**

2直線が離れているような場合に，平行や垂直でないと思っている子供がいる。これは，直線をいくら伸ばしても直線の位置関係は変わらない，ということの理

同位角・錯角・対頂角

一つの平面上にある2直線に1直線が交わると，8個の角ができる。そのうち，次のような位置にある角を，それぞれ同位角，錯角という。

同位角…アとカ，イとキ，ウとク，エとケ
錯　角…ウとキ，エとカ

対頂角は，どんな直線の交わり方でも等しい。平行線に，もう1本の直線が交わってできる同位角はどこも等しく，また錯角も等しくなる。

これは，平行線の性質として大切である。小学校では，同位角に関する素地を経験させたいものである。

右図のアとウ，イとエの角を**対頂角**という。

対頂角は，どんな直線の交わり方でも等しい。

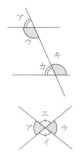

解が不足しているためであろう。
② 平行であると思ってしまう例

あの誤りは，平行線は直線どうしの位置関係であるということの理解不足であり，いは，平行線は同じ平面上にある二つの直線の位置関係を示したものであるということの理解不足で起きると考えられる。

2 直方体の直線や平面の位置関係

直方体に関連して，辺どうし，辺と面，面どうしの空間における位置関係という観点から考察させることが主なねらいである。展開図を見て，このような観点から考察させる活動も有効な学習になろう。
直方体の辺や面については，
・4本ずつ3組の辺が，それぞれ平行
・一つの辺が二つの面と垂直
・一つの頂点に集まる3辺が互いに垂直
というような直観的にわかる程度の内容を指導することになっているが，三角定規や分度器を利用して具体的に確認させ，子供の直観が正しいことを吟味しておくことが大切である。

(1) **直線と直線の平行・垂直**

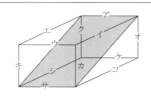

上の図で，
アと平行な辺……ウ，ケ，サ
アと垂直な辺……イ，エ，オ，ク
となって，カ，キ，コ，シは，アと平行でも，垂直でもない。これらの辺は，**ねじれの位置***にあるといい，小学校では取り上げていない。

アとサが平行であるということを確かめるには，平面を想定する必要がある。
空間での直線と直線の平行・垂直の関係を理解するには，同一平面上の直線の平行・垂直が基礎となるので，厚紙などで面を作るなどの工夫が必要である。

(2) **面と面の平行・垂直***

直方体の相対する面が互いに平行であるということは，この二つの面のへだたり（距離）がどこでも等しいという等距離性を使って，直観的に認めさせるようにする。また，隣り合っている二つの面が，互いに垂直であるということも，一方の面が他方の面に対してどちらにも傾いていないということから，直観的に認めさせるようにしたい。例として，教室の天井と床・壁などの関係にふれるとよい。

二つの平面が平行

机の上に，同一直線上にないように，同じ長さの棒を3本垂直に立てて，その上に，下敷きをのせると，机の面と下敷きの面とは平行になる。同一直線上に3本立てても平行になるとは限らない。

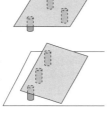

二つの平面が垂直

直線 AB に垂直な直線 CD，CE を平面 P，Q 上にそれぞれかいたとき，∠DCE を平面 P と Q の間の角（二面角）という。
∠DCE＝90°のとき，平面 P と平面 Q は垂直であるという。

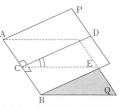

257　直線・平面の位置関係

(3) 直線と面の平行・垂直

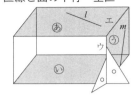

① **平行**

　あの面にあるエの辺がいの面に平行であることを，平行な面の上の辺はほかの面に平行であることから認めさせたり，⑤の面が長方形であることから認めさせたりする。

　なお，あの面にかかれたどんな直線 l もいの面に平行であることも指導しておきたい。

② **垂直**

　ウの辺が，いの面に対してどちらにも傾かないで，まっすぐに立っていることからウの辺といの面は互いに垂直であることを認めさせる。

　いの面と⑤の面が垂直であっても，直線 m のような場合はいの面に垂直ではない。これを確かめるには，三角定規の直角部分を回転させてみるか，二つの三角定規の直角部分を別の方向から当ててみる必要がある。一つの三角定規の辺を机の面に当てただけでは，定規を固定することができない。そこで，ほかの三角定規を別の方向から当てると，二つの三角定規はぴたりと止まるということの経験をさせておくことが大切である。

(4) 直線や平面の平行・垂直の構成

　鉛筆や下敷きなどを使って，直線と直線の平行・垂直，平面と平面の平行・垂直，直線と平面の平行・垂直関係を自由に作らせるとよい。これらの作業を通して，垂直・平行の関係はどのような位置にあっても成り立つことを理解させる。また，垂直でない場合や平行でない場合も十分経験させることが必要である。

(5) 児童の陥りやすい誤りの事例

① **水平と平行，鉛直と垂直の混同**

　直方体などを観察するとき，いつも水平状態の机の上に置くことが多いためか，これを斜面の上に置くようなとき，面と面が平行でないと考えたり，辺と面が垂直でないと考えてしまう子供がいる。空間内に傾けてつるした直方体などを観察するような配慮も必要であろう。

② **直線と平面の垂直な関係の確かめ方**

　直線と平面の垂直の関係を確かめるのに，一つの三角定規の直角部分を1回だけ当てて満足している子がいる。三角定規を回転させたり，二つの三角定規を別の方向からあてはめてみたりしてはじめて確かめられることをはっきりとおさえたい。

ねじれの位置

平面上の2直線では，交わるか，平行かのどちらかであるが，空間では，それだけではない。直線アと直線イは

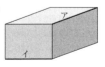

同じ平面上にないから，交わることもなければ，平行でもない。このように，同一平面上にない2直線が交わらない位置関係は平行とはいわず，「ねじれの位置にある」という。

鉛直・水平および直線と平面の垂直

　地球の重力を示す方向を**鉛直**といい，これに垂直な平面を**水平面**という。したがって，鉛直線と水平面はいつも決まった方向をもっている。しかし，直線と平面の垂直関係は，直線・平面間における相対的位置関係であるので，地球とはまったく関係がなく，どんな向きにもつくることができる。

　鉛直線と水平面は垂直であることから，直線と平面の垂直関係の特殊な例といえる。

258 長さ
length

これまで具体物の比較から感覚的にとらえてきた**長さの概念***を計器による測定を通してその概念をいっそう明確にする。また**測定の意味**（☞247）の理解を図るとともに測定の技能をのばす。

1年 日常の経験をもとにして「測る」ということの意味とその具体的な操作を知らせ，長さについての理解を得させる。

1 測定の指導段階

1年では，長さの概念を育てるため，次のような段階を扱うことになる。

(1) 直接比較

例えば2本の鉛筆など，移動できる場合には，これを動かして並べて置いたり，重ねたりして比較する。この場合には，基準をそろえるという考えで，一端をきちんとそろえ，反対側の端でその大小を判定する。

形式的に表せば，$A \gtreqless B$ である。

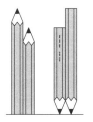

(2) 間接比較

比較しようとする物が移動できない場合，例えば机の縦と横の長さなどでは，そのまま比べることはできない。

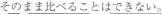
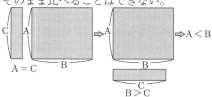

この場合は，別に棒やひもを仲介にしてこれに長さを写しとり，上の図のようにCを第3の量とすることにより，初めの考えに基いて大小を判定することができる。

(3) 任意単位による測定

どちらが長いかをいちいち実際のものを比べないで，適当な物を単位に選び，その幾つ分であるかを数値を用いて表したり比べたりする。

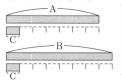

Cの長さでA，Bを測定すると，BはAよりCの一つ分だけ長い。

2年 1年での直接比較から数値化への基礎的な段階をふまえて，この学年では普遍単位を知り，計器を使った測定ができるようにする。

1 測定の指導段階
(1) 普遍単位による測定

前学年における任意単位による測定をうけて，普遍単位による測定の必要性に

長さの概念

長さは1次元的な量で，視覚的にもとらえやすく，最も基本的な量である。

長さの概念は，身近な具体物の比較から「長い」「短い」などの言葉を通して感覚的にとらえることからはじまり，計器による実測の経験を通していっそう明確になる。

また，直線的なものだけでなく，円周の長さや道のりなどの曲線的なものを扱うことによって，長さの概念はさらに深められる。

ものさしの扱い方

① ものさしの端（0のところ）と測る物の端をそろえ，平行にする。

② ものさしの目盛りのある側を向こう側におき，目盛りは真上から見る。

③ いちばん大きい目盛り（1cmきざみ）で何cmかを読み，次にはしたをミリメートルの目盛りで読む。

④ 5cm，10cmなどの目盛りにある印をうまく使うようにする。

気づかせる。

任意単位では，基準にする大きさが人により異なるなどの不便さから，客観的な単位の必要性のあることを知らせ，その単位を用いて測定できるようにする。

2 長さの単位と計器

この学年で扱う単位と計器には次のものがある。
(1) 単位
① メートル（m）
② センチメートル（cm）
③ ミリメートル（mm）
(2) 計器　ものさし

3 長さの単位（cm）の導入

1年で学習した過程を再確認するように扱うことが大切である。

縦と横の長さの差が1cm単位の長さになるような絵はがきなどを用意しておく。それを1cm幅に切った方眼の工作用紙などで測定すると，長さの違いを表すのに便利であることに気づかせる。

その後にものさしを導入し，長さの単位センチメートル（cm）を知らせるとよい。

4 計器の指導

(1) ものさし*は，児童が計器として初めて用いられるものであるので，それを正しく使えるように指導することが必要である。

(2) ものさしは単位の長さでいちいち測りとるかわりに，そのことが目盛りでひと目でわかるようにしたものであることをわからせる。

(3) 測定しようとする対象によって計器を選定したり，望ましい単位で測ることにも次第に注意させるようにする。

3年　測る対象の大きさや測る目的に応じて，単位や計器を適切に選択するなど，能率よく測定する能力をのばす。

1 長さの単位と計器

この学年で扱う単位と計器は，次のとおりである。
(1) 単位　キロメートル（km）
(2) 計器　巻き尺*

2 長さの単位（km）の導入

運動場の200mのトラックを5周する場面や，道のりで1000mを超えるときに，1000mを1kmということを知らせる。また，接頭語k，mについても指導する。

3 巻き尺の指導*

長い物を測定するときにものさしを継ぎ足して実測することは不便であり，かつ不正確になりやすい。そのことから，巻き尺を導入する。ものさしが直線状であるのに対し，巻き尺は巻かれているが直線状に伸ばして使える特徴をもっている。この両方の特徴を利用して，直線的なもののほかに，木のまわりや池のまわりなどの長さも測定させるようにする。

巻き尺

紙や布などに目盛りをつけて，容器に巻き込んだものさしのことを**巻き尺**という。

巻き尺の指導では次の三つが考えられる。
① 巻き尺の必要性の理解
② 巻き尺の構造の理解
③ 巻き尺を用いた測定

巻き尺は，テープ状になっているため，測ろうとする対象にそってその形を変えることができ，便利である。

用途によって，2m，10m，50m，100mなどの巻き尺があり，また，目盛りの0の位置（起点）が，下の図のように異なる種類のものがあるので注意する必要がある。

上の巻き尺は0の位置が明示してあるが，下の巻き尺では0の位置に注意する。

259　延べと平均

total and average

|1|3|5|
|2|4|6|

5人で20日かかった仕事を全部1人ですると考えて「延べ日数」は100日かかるとみたり，1日ですると考えて「延べ人数」は100人というように用いるのが延べの使い方である。

この延べの使い方について，平成元年改訂学習指導要領から扱わなくなった。そして，平成29年改訂学習指導要領でも，内容の扱いには変化がなく，延べの使い方については扱われていない。なお平均については，測定値の平均を5年で，データの平均値を6年で扱うことになった。

ここでは，参考までに今までどのように延べが指導されてきたかをみることにする。なお平均については**代表値**（☞251）を参考にしてほしい。

1 延べが使われる場合

(1) **仕事の総量を表す場合**

仕事の総量を表す場合に延べを用いると，仕事を仕上げるまでの日数や人数をもとに経費の見通しがつけられる。

① 6人で取りかかると一日で完成する仕事を延べ人数6人の仕事という。
② 6日間かけて一人で完成する仕事を延べ日数6日の仕事という。

(2) **二つの集団を比較する場合**

二つの集団を比較する場合に延べを用いると，平均値で比較することと同じ結果になる場合もある。

例えば，二つの組の児童数が同数であるとき，先週の欠席した人数は，1組は延べ人数10人，2組は延べ人数8人であった，というように表すことができる。

(3) **古典的文章題**＊を解く場合

2 延べと平均

(1) **相加平均**＊（☞251）

(2) **延べと平均**

Ⅰ

名まえ＼回	A	B	C	D	E	F
1		○				
2	○		○	○		
3	○	○	○	○		
4			○			
5			○		○	○

Ⅱ

名まえ＼回	a	b	c	d	e	f
1	○			○		○
2		○	○			○
3	○	○	○	○		○
4	○		○			○
5						○
6	○	○	○	○	○	

「上の表は，Ⅰ，Ⅱの二つの班の夏休み中の会合に参加した様子を表したものである。どちらのほうが参加した人数が多いでしょう。」

この問題を解決していく過程から，延べと平均の関係についてとらえられよう。

まず，上の表から各班の出席者の全員の人数をそれぞれ求めてみる。その人数だけで比べることができるかを考える。

Ⅰの班の全出席者数…5回

　4 + 3 + 6 + 1 + 3 = 17（人）

Ⅱの班の全出席者数…6回

　3 + 3 + 5 + 3 + 1 + 5 = 20（人）

古典的文章題（☞265）

四則応用問題の一つの型分けとして，「延べ算・帰一算」がある。

〈延べ算〉　全体の数量，例えば仕事の総量をもとに，その仕事に必要な人数とか日数を求める問題である。

「6人で7日かかる仕事がある。この仕事を3人ですると何日で仕上がるか」

この場合，仕事の総量を，延べ日数42日とか，延べ人数42人として考える。

この例のように，二つの数量が反比例する関係であるようなものについての問題である。

〈帰一算〉　もとにする1に当たる数量を求めて，その値をもとにして考える問題である。

「6人で7日で仕上げて42万円払った。同じ仕事を2人ですると，13日では何万円払うことになるか」

この場合，1人1日何円かを求める。

この例のように，二つの数量が比例する関係であるようなものについての問題である。

259 延べと平均

回数が同じでないから，上記で求めた延べ人数によって，多少を比較できない。
　Ⅰ班の延べ人数17人　⎫
　Ⅱ班の延べ人数20人　⎬⇒比較不能

そのために，平均によって比較することが考えられる。

この場合，「1回当たり何人か」を求めることになる。しかし，この場合でも，すでに求めてある「延べ人数」をもとにすることになる。

一般に，このような人数に関する問題では，各回ごとの人数の総計を求めてみる。すると，人数の多少をその結果で判断することができる。すなわち，延べを一種の合計とか総数としてみるわけである。しかも，合計とか総数は，平均と同じはたらきをすることが理解される。

もっともこの場合，条件としては，回数が等しいことが必要である。

とかく合計とか総計という考え方は，平均とは別物と考えられがちであるが，平均や延べを理解するには，合計とか総計がそれらと無関係ではないことがとらえられなくてはならない。

合計や総計は，平均よりも日常的すぎるので，重要さを見過ごされてしまうのかもしれない。すなわち，無意識のうちにこれを用いているのであろう。そこで，延べと平均の学習の場面では，その重要性について明確に意識させる必要がある。

なお，平均の求め方を説明するために，「ならす」という考えを用いる。

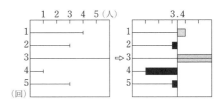

上の例のような棒グラフに示すと，平均の求め方として，「ならす」ことをとらえることができる（☞251）。

③　平均値の見方

「延べ」によって比較することが可能なことは，すでに述べた。

回数が等しくない場合は，平均による比較となる。この場合，前出の例のように，17÷5＝3.4(人)，20÷6＝3.3(人)などと，人数が小数で表されることに疑問を覚える児童がでてくるであろう。人数を数えるときは整数を用いるが，人数の平均を表すには，3.4人のように小数で表すことがあることを十分に理解させておくことが必要である。これにより，平均値を比較したり，計算に用いたりできる。

相加平均

6年で学習する平均のことで，これを**相加平均**という。また**算術平均**ともいう。代表値には，このほかにも様々ある（☞251）。

この項で扱われる「延べ」に関して学習する平均は**加重平均**（重みつき平均）の形をとる。例えば，学級のテストの結果をまとめた表から平均を求める場合を例にとると，10点満点で8点が4人なら，8点を4倍する。ほかの場合も同じようにして加えていく。この場合の4を**重み**という。これは，重要と思われるものに，その重要の度合いを与えて平均するからである。

このように加重平均というような言葉はあるが，内容的には算術平均のことにほかならない。

算術平均とは別に，**幾何平均**という言葉がある。別名**相乗平均**ともいう。
　2数 a, b の幾何平均は　$\sqrt{ab}$
　3数 a, b, c の幾何平均は　$\sqrt[3]{abc}$
である。

これは，消費者物価指数の算出などに使われている。

260 場合の数

number of outcomes

6年　分類整理する能力は，算数の最も基本的なものの一つであり，これまでの学年でもこれを伸ばすようにしてきている。この学年では，起こりうるすべての場合を適切な観点から分類整理して，順序よく列挙することができるようにする。

小学校では，場合の数を求める方法を指導するというより，児童に興味のある問題を取り上げ，具体的な事実に即して，**落ちや重なり***がないように分類整理して順序よく列挙できるようにすることを主なねらいとしている。

1 順列

場合の数を数えるのに，事柄の起こる順序や物を並べる順序などに着目して考えると，都合のよいことがある。

一般に，互いに異なる n 個のものから r 個取り出して，それを1列に並べるとき，その各並べ方を，n 個のものから r 個取る**順列**という。

例えば，リレーで4人の選手が一つのチームを作って走るときの4人の走る順番の決め方は全部で何通りあるかというのが，順列の問題である。この場合には，

(1) Aが1番に走る場合を調べる

① 2番には，だれがなることができるかを考える。

② Bを2番と決めれば，残りの人の順番の決め方は，何通りあるかを考える。

A────B<table><tr><td>C────D</td></tr><tr><td>D────C</td></tr></table>

③ Aが1番で，Cが2番と決めれば，残りの人の順番の決め方は，何通りあるかを考える。

A────C<table><tr><td>B────D</td></tr><tr><td>D────B</td></tr></table>

④ Aが1番のとき，残りの人の順番の決め方は何通りあるかを考える（**樹形図***）。

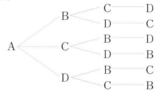

(2) B，C，Dのそれぞれが1番に走る順番も考える

4人の走る順番の決め方は，全部で何通りあるかを考える。$(2 \times 3) \times 4 = 24$ で，24通りとなる。

2 組合せ

組合せは，一つの集合の中から，幾つかの要素を取り出して組み合わせる仕方である。

落ちや重なり
起こりうるすべての場合を考えていくときには，ある観点から分類整理して列挙していく。その際に，足りないものがないように考えたり，あるいは同じものを重ねて挙げないようにしたりすることが大切である。足りないもの，同じものの重なりを**落ちや重なり**という。場合の数を求めていくときには，この落ちや重なりがないように考えさせていくことが大切である。

樹形図
論理的に考えられるすべての場合やその総数を調べるのに，枝分かれする樹木のような形の系統図にかいたものを**樹形図**という。

6年の指導内容で，簡単な事柄について起こりうる場合を順序よく整理して，落ちや重なりがないように調べるときに用いる。児童が自分で樹形図をかけるようになるまで，指導しておくことが大切である。

これも，順列の場合と同じように落ちや重なりのないよう表や図を利用して，論理的に考える力を養うようにする。

例えば，A，B，C，Dの4人で相撲をとるとき，どの人も1回ずつ取り組むことにする。

この場合の取り組みの数は全部で何組できるかを調べる場合を述べてみる。

(1) **Aのとる取り組みを考える**

A－B　　A－C　　A－D

の取り組みが考えられ，表に表してみると，次のようになる。

	A	B	C	D
A		○	○	○

(2) **Bのとる取り組みも考える**

B－AとA－Bは同じ取り組みであるから，新しい取り組みとしてはB－C，B－Dが考えられ，下表のようになる。

	A	B	C	D
A		●	●	●
B			○	○

(3) **ほかの取り組みも考える**

Cのとる取り組みは，C－Dだけが残っている。また，Dのとる取り組みは，いずれもこれまでに全部出てきているので，新たな取り組みはない。従って，取り組み全部を一つの表にまとめれば，次の表のようになる。

	A	B	C	D
A	×	○	○	○
B		×	○	○
C			×	○
D				×

したがって，取り組みは上の図の○と同じ数だけあることになり，3＋2＋1＝6で，6組あることになる。

なお，A，B，C，Dの4人の取り組みの数は，右のような図を使って考えることもできる。

辺ABはAとBの取り組みを表し，対角線ACはAとCの取り組みを表している。

取り組みは辺と対角線の本数だけあることになるので，全部で6組あることになる。

3 **場合の数の調べ方**

場合の数を調べるには，次のような方法がある。

・順列……樹形図
・組合せ……表

試合の数を調べるには，**リーグ戦**＊か，**トーナメント**＊かによって異なるので，試合の仕方について理解させる指導も大切なことである。

リーグ戦

どのチームも必ず1回ずつ試合をする場合で，**総当たり戦**ともいう。

A，B，C，D，E，F，G，Hの八つの野球チームがあって，**リーグ戦**を行う場合には，まずAと対戦する試合数は7，それを除いてBと対戦する試合数は6，……となるので，全体の試合数は，

7＋6＋5＋4＋3＋2＋1＝28

で，28試合である。

トーナメント

初めに適当な組み合わせを作り，勝ち残ったチームどうしで，試合を進めていく場合で，**勝ちぬき戦**ともいう。

A～Hの八つの野球チームがトーナメントを行う場合の全試合数は1試合ごとに1チームずつ減っていくと考え，4＋2＋1＝7となるので，7試合となる。

261 速さ
speed / velocity

1 3 5
2 4 6
C

速さは単位量当たり*（☞255）で述べているように，異種の二つの量の間の除法によって得られる**内包量***である。

その指導に当たっては内包量として取上げた量についての考え方や，その特性と関連して理解を図ることが大切である。

5年　① 速さの意味と表し方

乗物などの速さについては，これまでに児童も感覚的にとらえてきている。しかし，それを数量的に処理することができるようにするには，速さが時間と道のりの二つの量に関係することや，もし，速さが同じ場合には，道のりと時間は比例関係にあるとみなせるようになることが必要であり，そのことに気づかせることが大切である。

例えば，時刻表などで，異なる線路を走る2列車の速さを比べるには，どんな量を抜き出すようにしたらよいか考えさせ，各列車が進んだ距離と，それに要した時間に着目するようにする。また，1時間で80km進んだというとき，時間を2倍，3倍にすると，距離も2倍，3倍になるもの

短距離走の記録

	距離	時間
A	100m	17.0秒
B	100m	15.2秒
C	150m	25.0秒

とみる。

さて，左下の表で，A, Bのどちらが速いかは，走った距離が同じであるから，所要時間で比べられる。しかし，AとC，BとCの比較となると，表を見ただけでは解決しない。そこで，Cは100mを何秒でかけるかを求めて，

$$25.0 \div 3 \times 2 = \frac{50.0}{3} = 16\frac{2}{3}(秒)$$

とすれば，比較が可能となる。

しかし，一般には，このように簡単な場合ばかりとは限らない。もちろん，走る距離が同じときは，所要時間が短いほうが速い。同じ時間走ったときは，より長い距離を走ったほうが速い。このことは自明なことであるが，速さの概念を身につけていくうえで大切なことである。

さて，これまでの量の大小の比較では数値の大きいほうを長い，多い，重いと判断してきた。これと同様に，速さの判断についても，数値の大きいほうを速いとするほうが望ましい。それには，先に述べた二つの方法のうち，後者（同じ時間により長い距離を走ったほうが速い）の処理のほうが好都合である。ここから，同じ時間（**単位時間**）**当たり***の考え方に進ませていくのである。しかし，単位時間当たりの考えは，比例の考えが基礎にあって，さらに平均の考えを基本としている。ただ比例の考えについては，与えられたデータに基づき，時間と距離の一

内包量（☞106）

右の三つの公式は，速さの公式として，それぞれ場合に応じ，的確に用いられることが大切であるが，次の量の性質に留意したい。
① 量は比べることができる。　　（**比較性**）
② 量は測ることができる（数で表すことができる）。　　　　　　　　　　　　（**連続性**）
③ 量は加減することができる。　（**加法性**）
内包量は一般に③の条件を満たさない。

単位量当たり（☞255）

速さを単位時間に走る道のりとしたとき，速さ・時間・道のりの間に次の関係がある。
（道のり）÷（時間）＝（速さ）
これは道のりと時間を組み合わせて第3の量を導いたもので，単位量当たりの考えである。
ここから次の関係が導かれる。
（速さ）×（時間）＝（道のり）
（道のり）÷（速さ）＝（時間）

261 速さ

方が $\frac{1}{2}$, $\frac{1}{3}$ になれば他方も対応して $\frac{1}{2}$, $\frac{1}{3}$ になるなど，具体的に扱うようにする。

2 仕事の速さ

仕事の速さとは，仕事の分量とそれをし終えるのに要する時間との割合のことである。通例は，単位時間当たりになされる仕事の分量を**仕事の速さ**ということが多い。仕事の量を「3日分の仕事」というときは「1日分の仕事量」を仕事の速さと考えているわけである。

子供たちが実際に見聞きしたり体験したりする仕事の速さの場面では，教室を掃除する速さ，字を書く速さ，給食を用意する速さ，本を読む速さ，プールに水を入れる速さ，塀にペンキを塗る速さなど，感覚的に速い，遅いなどを判断している。これらの場合には，比例の考えは厳密には適用しがたい。

そこで，1時間に1800枚のチラシを印刷する印刷機とか，200枚の箱の展開図を35分間で作る機械など，$y = ax$ の式（比例）で表しうるものを取り上げるのがよい。この場合，**比例定数 a** は単位時間当たりの仕事量である。

また，次の場合にも，仕事の速さが考えられる。「A，B 2本の管で水槽に水を入れる。1分間にA管は10L，B管は15Lの水を入れるとすると，A，B両管を同時に使った場合，450L入りの水槽を何分間で満水にすることができるか」

(1) A管 $450 \div 10 = 45$　1分間に $\frac{1}{45}$

B管 $450 \div 15 = 30$　1分間に $\frac{1}{30}$

そこで，水槽の総量を1と考えると

両管では $1 \div \left(\frac{1}{45} + \frac{1}{30}\right) = 18$（分）

これは仕事の速さを割合として扱っているが，もし単位時間当たりの仕事の量に着目して考えると，

(2) 1分間に両管で，$10 + 15 = 25$ (L) ずつ注水するので，満水にするのに，$450 \div 25 = 18$（分）かかる。

3 回転の速さ

回転の速さとは，回転した回数の時間に対する割合のことである。

例えば，昔のレコードは1分間に45回転か33回転の2種類であった。この場合には，1分間に45回転するほうが回転の速さは速い。つまり，単位時間当たりに回転する回数が多いほど速いといえる。

水力発電に使われるタービンは高速回転をし，その単位時間当たりの回転数が大きければ，発電する電力も大きくなる。一般には，回転数の大きい場合，回転した数で表すのが取り扱い上便利であるが，単位時間当たりの回転角の大きさ（**角速度**）としてもとらえられる。

上のように，機械の仕事の場合には，**平均の速さ**[*]の考えが成り立つ。

しかし，平均速度というだけでは，速さの時間的変化は無視される。そこで，瞬間の速さを数量的にとらえる学習に進むのであるが，これは高等学校の微分学の学習へと発展することになる。

速さの単位

道のりと時間の割合は速さであるが，単位とする時間に応じて，**秒速・分速・時速**とよぶ。ただし，人が100mを10秒で走った場合の秒速を3600倍して時速36kmとし，自動車の時速と比較することは，数の扱いのうえではできても，現実性はないので，このような比較場面を取り上げるのは避けたいものである。

平均速度

乗物，機械など一定の速さでエンジンが回転すれば，速さは一定であるので，時間と道のり，時間と仕事量の間に比例関係が成り立つ。

しかし，厳密に比例関係が存在するとはいえない。ここで，所要時間で割った速さは平均の意味をもつことからこの速さを**平均の速さ（平均速度）**という。

262 比
ratio

二つの数量AとBの割合を表すには，大きく分けて二つの方法がある。

第1の表し方は，AとBのどちらか一方を基準として表す方法である。例えば，Bを基準として，「AはBの5倍」と表現する，あるいは逆にAを基準として，「BはAの$\frac{1}{5}$」などと表す場合である。この場合，AとBの割合は一つの数で表される。

このことは，低学年から引き続き指導されてきており，5年では，AのBに対する割合がPであるとき，そのPは$A \div B$として求められることを学習してきている。

さらに，BやPが整数の場合だけでなく，小数の場合にも拡張して指導されている。また，6年で分数のわり算が指導ずみであれば，一つの量を基準としてほかの量の割合を考えるという学習がまとめられているとみてよい（☞275）。

第2の表し方が，「比」の表し方である。これは二つの数量6cmと8cmの割合を表すのに，どちらか一方を基準としないで表現する表し方である。すなわち，二つの数量の共通の量を基準にして，6cm対8cmを「3対4の割合である」というように，2数の組み合わせで並列して表す方法である。

6年
比の意味について理解し，それを具体的場面で用いられるように指導する。

1 比の意味
(1) 比の表し方（比の記号：）

右の長方形は「縦の長さを3とみると，横の長さは4とみられる」ことになる。

また，別の表現をすると，「縦の長さと横の長さが3と4の割合になっている」とも表現することができる。このとき，縦の長さと横の長さの割合を，「：」の記号を用いて，「3：4」と表現し3：4を「3対4」と読む。

このように二つの数の組を用いて表された割合を比という。この表し方はゲームなどの点数*を表す場合に用いられるいい方と似ている表現である。

(2) 比を表す言葉*

$A:B$の比を表す日本語の言い回しには，以下のような幾つかの表現があるので注意を要する。
① AとBの比（または，BとAの比）
　→$A:B$（または，$B:A$）
② AのBに対する比→$A:B$
③ Aに対するBの比→$B:A$

①，②では，文章に出てくる言葉の順に，Aを**前項**（：の前の数），Bを**後項**（：の後の数）として表せばよいが，③は，

ゲームなどの点数
ゲームの「3対4」は3点と4点との並立を意味し，点数の差で勝敗が決まる場合のゲームの得点そのものの表現である。

したがって，ゲームの「3点対4点」は3対4ということはあっても，「6点対8点」はあくまでも6対8であり，これを簡単にして3対4とすることはない。

比にかかわるまちがいやすい言葉
「AのBに対する比」と「Aに対するBの比」では，文章中のどの数値を前項や後項にしてよいかが理解されない場合が多い。特に，「AのBに対する比→$A:B$」の表現に慣れないうちに，「Aに対するBの比→$B:A$」を用いることは混乱の原因になるので，A，Bの順に「AのBに対する比」といい表す配慮が大切である。

A を後項，B を前項として表す場合の表現になっているのである。

このなかで，特に②と③の表現で，前項と後項を誤る場合がある。

これは，「〜に対する」という言葉の意味が理解されていないためである。したがって，「〜に対する」ということは，「〜をもとにして」の意味であることを十分理解させ，もとになる数を後項に書くように指導する。

なお，ここでは，前項（：の前の数），後項（：の後の数）という言葉を用いたが，この用語は一般的には教科書では扱われない。「前の数」とか「後ろの数」といった子供なりの表現でそれに対応する意味をもった言葉を用いればよい。

(3) 比の値

① 比の値

比の前項を後項で割った商を**比の値**という。たとえば，3：4 の比の値は 3÷4 の商であるから $\frac{3}{4}$ である。

$A:B$ の比の値 $\frac{A}{B}$ は，後項（B）をもとにすると前項（A）がその何倍にあたるかを表す数である。

② 比の値と比の相等

2つの比が等しいのは，一方の前項，後項がそれぞれ他方の前項，後項に 0 以外の同じ数をかけたものとなっていると

きである。すなわち，2の比 $A:B$ と $C:D$ が等しいとき，$C = A \times E$，$D = B \times E$ のようになっている。だから，2つの比が等しいとき，それらの比の値 $\frac{A}{B}$ と $\frac{C}{D}$ は等しい。

このことは逆もいえるから，比の相等を比の値の相等によって定義することもできる。

2　比の相等

(1) 等しい比の意味

例えば，12：16 と 3：4，この二つの比を考えてみよう。

右の図で考えてみると，次のように説明できる。

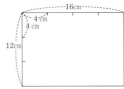

縦12cm横16cmの長方形を，1cmを単位にして縦と横の長さの割合を比で表したのが12：16 であり，4cmを単位にして縦と横の割合を比で表したものが 3：4 である。どちらも実体は同じものである。

このことから12：16 と 3：4 の二つの比は，同じ長方形の縦と横の割合を表していることになる。したがって，12：16 と 3：4 の二つの比は「等しい」という

比例式の性質

$A:B = C:D$ ならば，$A \times D = B \times C$（内項の積は外項の積に等しい）が成り立つ。この比例式の性質を用いれば，簡単に解決できる問題があるが，小学校では，この性質を真正面からは取り扱わない。

しかし，幾つかの例から導くことはできるので，場合によっては発展的に取り上げてもよい。

$$15:10 = x:2 \rightarrow \frac{15}{10} = \frac{x}{2}$$
$$\frac{15}{10} \times 10 \times 2 = \frac{x}{2} \times 10 \times 2,$$
$$15 \times 2 = 10 \times x \rightarrow x = 3$$

比例配分

ある量を決められた比に分ける（比例配分する）ことは，日常生活によく起こる。図を用いて意味を考えながら，その解き方を引き出すように指導することが大切である。

例 (1) 1200円を 2：3 に分ける。

$$1200 \times \frac{2}{5} = 480$$
$$1200 \times \frac{3}{5} = 720 \quad \begin{cases} 480円 \\ 720円 \end{cases}$$

(2) 科学の本と算数の本の冊数の比は，8：5，その合計が910冊である。

算数の本は，$910 \times 5 \div (8+5) = 350$（冊）

ことになる。これが、「二つの比が等しい」という本来的な意味である。

(2) 等しい比の作り方

① 比の性質

一般に、比には次のような性質がある。

㋐ 比の前項と後項に0以外の同じ数をかけても比は等しい。

$A:B=(A\times C):(B\times C)$

㋑ 比の前項と後項を0以外の同じ数でわっても比は等しい。

$A:B=(A\div C):(B\div C)$

② 比の性質を用いて比を簡単にする

比を、それと等しい比で、できるだけ小さい整数の比に直すことを「**比を簡単にする**」という。比は2量の割合を表現する一つの方法であるから、できるだけ簡単な整数で表し、その関係をとらえやすくしておくと便利である。

$27:18=(27\div 9):(18\div 9)$
$\qquad\quad = 3:2$

もし、発展的な学習が可能ならば、次のように、㋐のような小数のときは10倍、100倍して整数比に直し、㋑のような分数の比は、通分して整数比に直すようにすればよいことを指摘する。

㋐ $0.7:2.1=(0.7\times 10):(2.1\times 10)$
$\qquad\quad =7:21=1:3$

㋑ $\dfrac{5}{4}:\dfrac{2}{5}=\dfrac{25}{20}:\dfrac{8}{20}$ (通分)
$=\left(\dfrac{25}{20}\times 20\right):\left(\dfrac{8}{20}\times 20\right)=25:8$

3 比に関する問題

(1) 二つの等しい比における x の求め方 (比例式の解き方)

比の相等関係に着目して未知数を求めるには、次のような方法がある。

① $15:10=x:2$
 $\dfrac{1}{5}$ だから
 $15:10\ =\ x:2$
 $\dfrac{1}{5}$ になるはず
 $x=15\div 5=3$ 　　答え　3

② 比の値をもとに求める。
 $15:10\rightarrow 15\div 10=\dfrac{3}{2}$
 したがって、$x:2$ の比の値も $\dfrac{3}{2}$ になるはずだから、$x\div 2=\dfrac{3}{2}$
 $x=\dfrac{3}{2}\times 2=3$ 　　答え　3

③ 比例式の性質*を用いて解く。

(2) 比に従った分け方 (比例配分*)

「食塩と水を3:8の重さの比に混ぜて食塩水を作ります。水240gに対して、食塩を何g混ぜればよいですか」

この性質を活用して問題解決をさせる場面では、単に答えを求めさせるだけでなく、多面的な考え方ができるようにさせることが大切である。

① 食塩と水が3:8ということは、水をもとにした食塩の割合が $\dfrac{3}{8}$ であることから求める。
 $240\times\dfrac{3}{8}=90$ 　　答え　90g

② 比例式を作って解く。
 $3\ :\ 8\ =\ x\ :\ 240$
 　30倍　　　30倍
 $x=3\times 30=90$ 　　答え　90g

比と比の値を等号で結ぶこと
$\left(a:b=\dfrac{b}{a}\right)$

比の定義として、比は比の値の別の表し方で、どちらもわり算の商と定義すれば、

$2:3=\dfrac{2}{3}$

と表現できる。つまり、比と比の値は同じものとみるわけである。

しかし、小学校では、数量を「関係づける」ことを考え方の重要な視点としていることを考えれば、「比は二つの数量の関係を表すものである」という定義の仕方のほうが、焦点がはっきりする。

中学校以降で、例えば、二つの三角形の相似比を表すのに、その語からいえば比であるから2:3というべきところを、比の値の $\dfrac{2}{3}$ をもって「相似比は $\dfrac{2}{3}$」ということがある。後の数学との関連で言えば、どちらでもそれ以後の考察、処理に差し支えない。

263 比例・反比例
proportion, inverse proportion

6年 比例の関係は，比例（正比例）という用語を使わないまでも，低学年以来，おりにふれてその素地指導は行われてきている。なお，簡単な場合の比例関係と「比例」の用語は5年で扱う。

1 比例（正比例）

時速4kmで歩いた人の歩いた時間と進んだ道のりとの関係について考えてみよう。次の表を作るときは，「時速4kmで何時間か歩いたとき，その結果が歩いた道のりになる」と考えるのが自然である。

そこで，歩いた時間が先に考えられ，その結果として歩いた道のりが算出される。下に示したものが，その表である。

時　間	0.5	1	1.5	2
道のり	2	4	6	8

この表から，次の式が導かれる。

　　（道のり）＝ 4 ×（歩いた時間）

このとき，道のりは，歩いた時間に比例するという。

(1) 比例の意味

① 二つの量 x, y があって，x の値が2倍，3倍，……になると，それに対応する y の値も，2倍，3倍，……となり，また，x の値が $\frac{1}{2}$, $\frac{1}{3}$, $\frac{1}{4}$ ……になると，それに対応する y の値も，$\frac{1}{2}$, $\frac{1}{3}$, $\frac{1}{4}$ ……になるとき，

「y は x に比例（正比例）する」

という。

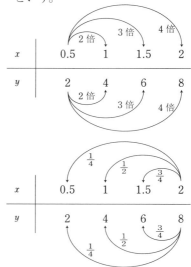

この考え方では，歩いた時間（x）が1.5時間から2時間に増えたとき，2時間は1.5時間の

$$2時間 \div 1.5時間 = \frac{4}{3}$$

になる。

そのとき，歩いた道のり（y）も6kmから8kmに増え，8kmは6kmの

$$8\,\mathrm{km} \div 6\,\mathrm{km} = \frac{4}{3}$$

になっていることを示している。

比例の素地

$2 \times \boxed{0} = \triangle$
$2 \times \boxed{1} = \triangle$
$2 \times \boxed{2} = \triangle$
　：　　：
$2 \times \square = \triangle$

2年で学習した九九の乗数と積の関係は，連続性はないけれども，比例的な関係がある。

〈2のだんの九九〉

□（かける数）	0, 1, 2, 3, 4, 5, …
△（積）	0, 2, 4, 6, 8, 10, …

反比例の素地

12このおはじきを，縦横にそろえて並べる。縦に並ぶ数を2倍，3倍にすると，横に並ぶ数は，$\frac{1}{2}$, $\frac{1}{3}$ になる。

縦に並ぶ数	1	2	3	4
横に並ぶ数	12	6	4	3

○○○○○○○○○○○○ (1, 12)
○○○○○○ (2, 6)
　　　　　　　　　　　　○○ (6, 2)
○○○○ (3, 4)　○○○ (4, 3)

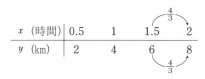

② 下の表から，時速 4 km を計算する式を考えると，

(時速 4 km)

x (時間)	0.5	1	1.5	2
y (km)	2	4	6	8

$\quad$ 2 km ÷ 0.5 = 4 km
$\quad$ 4 km ÷ 1 = 4 km $\qquad$ (時速)
$\quad$ 6 km ÷ 1.5 = 4 km
$\quad$ 8 km ÷ 2 = 4 km

のようになる。

このとき，上式の

$\quad y$ の値(km) ÷ x の値(時間)

から求めた商 4 km (時速) が一定になっていることに注意させることが大切である。表では，y の値が，x の値より下に位置しているところに注目させる必要がある。

(2) **比例を表す表と式との関係**

歩く速さ (時速 4 km)

x (時間)	0.5	1	1.5	2
y (km)	2	4	6	8

この表は，もともと時速 4 km の一定の速さで，0.5 時間，1 時間，1.5 時間，2 時間を歩いたときのそれぞれの道のりを表したものであるから，

$\quad$ 時速 4 km × 時間 = 歩いた道のり…①

の式，つまり，

$\quad$ 歩いた道のり = 時速 4 km × 時間

の式で作られた表といえるのである。

この式は，さらに，

$\quad y$ km = 時速 4 km × x 時間……②

とも表せるので，単位をとって示すと，

$\quad y = 4 × x$ ……………………③

となる。この式を，上の表から導かれる**比例の式**という。

y	=	4	×	x
2	=	4	×	0.5
4	=	4	×	1
6	=	4	×	1.5
8	=	4	×	2

x	0.5	1	1.5	2
y	2	4	6	8

小学校では，③の形の式を，一般に

$\quad y = $ (きまった数) $× x$ ……④

と表している。

④の式の（きまった数）を比例の式の**比例定数**＊という。

(3) **比例を表す式とグラフとの関係**

① 比例のグラフ

$\quad y = 4 × x$ の式から，x と y の値の組を取り出して表を作ると，下のようになる。

比例とまちがえやすい関係

ともなって変わる二つの数量 x, y があって，一方が増えると他方が増え，一方が減ると他方が減るという関係は，よく比例とまちがえられる。例えば「封書の重さが重くなれば，料金は重さにともなって高くなっていく」わけであるが，封書の重さが 2 倍になっても，必ずしも料金は 2 倍になっていない。

身長の伸びと体重の増加の関係なども，比例とはいえないので注意して指導したい。

比例定数

比例の式 $y = 4 × x$ では，x, y はいろいろな値をとりうるのに対して，4 はいつもきまっている数である。この「きまった数」のことを**比例定数**という。この用語は中学校で指導される。

比例定数は，$x = 1$ のときの y の値になっている。また，上の表からは，y の値を x の値でわって求められる。

x	0	1	2	3	4
y	0	4	8	12	16

この表は，(2)の表と違うように見えるが，実は同じ x, y の関係を表している。比例の式から表を作り出すとき，x の値を，1，2，3，……とすると，それぞれの x の値に対応する y の値がきまるのである。

上で作った表の x と y の値の組をグラフ用紙の上に・(点)で示し，それぞれの点を直線で結んでいくと，比例のグラフができあがる。

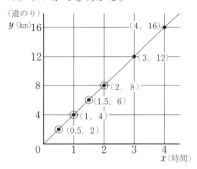

上のグラフには，(2)で使った表から導かれる点を○・で示してある。

② 比例のグラフの特徴

上のグラフは右上に向かってどんどん伸びていることはよくわかるが，左下はどこまで進むかを考えてみることは大切である。「時速4kmで0時間進めば，歩く道のりは0kmである」のように考えると，①の比例のグラフで使った表の（0，0）ができあがる。この点が，グラフの**原点**＊（0，0）になるのである。

2 反比例

反比例は**比例関係**という概念で統合した場合，そうした対比を通してその概念のいっそうの理解が深められるものである。

面積が24cm²の長方形をかくと，何種類もの長方形がかける。かける長方形は，文字を使って縦の長さ（x cm）と横の長さ（y cm）の組で表現すればよい。

縦と横のどちらを x とするかは，扱う人の好みでよいが，長方形の面積を求める公式が（縦）×（横）で使われているので，常識的に考えて，縦の長さを x cmとしたのである。

そこで，どんな長方形ができるかを表で表すことにする。

長方形の面積（24cm²）

x (cm)	1	2	3	4
y (cm)	24	12	8	6

この表から $x × y = 24$ の式が導かれる。このとき，横の長さ（y）は，縦の長さ（x）に反比例するという。

原点

数直線上では基準にする0が**原点**である。また，量を表す直線上でも0の位置を原点という。

折れ線グラフの横軸と縦軸には，直交する2本の量の直線がそれぞれ0の位置で交わっている。これは，折れ線グラフを表す座標の原点である。（原点は英語の Origin であることから中学校では「原点」にローマ字のOを用い，零は使わない。）

反比例とまちがえやすい関係

線香を燃やしたときの時間と線香の長さを調べてみると，時間が1分ずつ増えると

時間(分)	0	1	2	3	4	5
長さ(mm)	100	97	94	91	88	85

線香の長さは，3mmずつ減っていく。しかし，時間が2倍，3倍になるとき，対応する長さは $\frac{1}{2}$, $\frac{1}{3}$ にならないので，反比例ではない。

(1) 反比例の意味

① 二つの量 x と y があって, x の値が 2倍, 3倍, ……になると, それに対応する y の値は $\frac{1}{2}$, $\frac{1}{3}$, ……になり, また, x の値が $\frac{3}{4}$, $\frac{1}{2}$, ……になると, それに対応する y の値は $\frac{4}{3}$, 2倍, ……になるとき「y は x に反比例する」という。

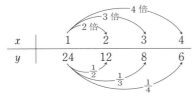

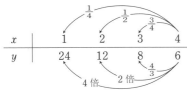

この考え方では, 縦の長さ (x) が 4cm から 3cm に減って,

$$3\,\text{cm} \div 4\,\text{cm} = \frac{3}{4}$$

になったとき, 横の長さ (y) は, 6cm から 8cm に増え,

$$8\,\text{cm} \div 6\,\text{cm} = \frac{3}{4}$$

になっているのである。

② 次の表から, 比例の式と同じように, 長方形の面積 (24㎠)

x (cm)	1	2	3	4
y (cm)	24	12	8	6

$y = \boxed{}$ の形の式に表してみると,

のようになる。

このとき, 上式のわられる数24㎠（長方形の面積）が一定になっていることに注意させることが大切である。これが反比例での「**きまった数**」, つまり**比例定数***である。

(2) 反比例を表す表と式との関係

長方形の面積 (24㎠)

x (cm)	1	2	3	4
y (cm)	24	12	8	6

この表は, もともと, 面積が24㎠の長方形をいろいろかいてみるという着想で, 面積が一定（きまった数量）になるように, 長方形の面積を求める公式が使われたわけである。

　　縦(cm) × 横(cm) = 24(㎠) …………①

この式は,

反比例の比例定数

反比例の式 $y = 10 \div x$ または $x \times y = 10$ （一般には, $y = a \div x$, $x \times y = a$) において, x, y がいろいろな値をとりうるのに対して, 10 や a はきまった数である。これを比例の場合と同じように**比例定数**という。

比例定数は, 比例の場合は商 $\frac{y}{x}$ となり, 反比例の場合は積 $x \times y$ となる。ともに $x = 1$ のときの y の値になる。なお, 比例定数の用語は中学校で指導される。

反比例のグラフ

比例の式は簡単な1次関数で, グラフが直線になるのに対して, 反比例の式は簡単な分数関数であり, グラフは曲線になる。小学校でグラフが曲線になるのは反比例だけである。しかし小学校での扱いは, 折れ線グラフを用いて2つの数量の変化の様子にふれる程度とする。

x に対応する y の点をとり, 点と点を線で結び, 変化の様子を感じ取らせたい。

$x(\text{cm}) \times y(\text{cm}) = 24(\text{cm}^2)$ ………②
とも表せるので,単位を省いてみると,
$x \times y = 24$ ………③
となる。

これが,上の表から導かれる反比例の式である。

③の式を,比例を表す式 $y = 4 \times x$ の表し方に合わせると,
$y = 24 \div x$ ………④
となる。

これもまた,反比例の式である。

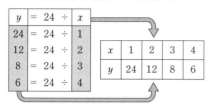

小学校では,③または④の反比例の式を,一般に,
$x \times y = (きまった数)$ ………⑤
$y = (きまった数) \div x$ ………⑥
と表している。

⑤,⑥の式の(きまった数)を**反比例の式の比例定数**[*]という。

比例の式にも比例定数があるので,区別できるようにしておくことが大切である。

(3) **反比例を表すグラフ**[*]

上の④の式から導かれた表を使ってグラフをかくためには,(1,24),(2,12),(3,8),(4,6)をグラフ用紙に目盛り,まず,次に示すような折れ線グラフをかいていくとよい。

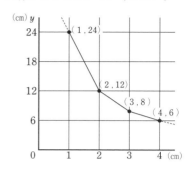

なんとなく,特徴のあるグラフになりそうなので,さらに表を細かく作り変えてみることにする。

x	0.5	1	1.5	2	2.5	3	3.5	4
y	48	24	16	12	9.6	8	$6\frac{6}{7}$	6

全体の様子が,もっと細かい折れ線グラフによってとらえられるようになる。

このとき,単に直線的に減少していないことに気づかせられればよい。

曲線のグラフをかく過程は,中学校で対応点をより多くとり,グラフが滑らかな曲線となることを扱う。小学校ではその素地指導としての意味にとどめてよい。

比例・反比例のまとめ

(1) 比例

〈表〉

〈式〉
$y = 4 \times x$

〈グラフ〉

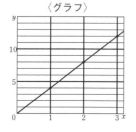

(2) 反比例

〈表〉

x	1	2	3	4
y	12	6	4	3

〈式〉
$\begin{cases} y = 12 \div x \\ x \times y = 12 \end{cases}$

〈グラフ〉

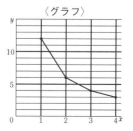

264　分解式と総合式
analytic expression
and synthetic expression

|1|3|5|
|2|4|6|
A

　総合式は，2項の計算式を幾つか結合し，まとめて一つの式に表したものである。これに対して**分解式**は，その一つ一つの2項の計算式のことである。
　例として，下の問題を解決する式を考えてみよう。

> 1こ150円のりんごと，1こ60円のみかんを5こずつ買いました。代金はいくらですか。

㋐　150円×5＝750円
　　60円×5＝300円
　　750円＋300円＝1050円
　　　　　　　　　答え　1050円
㋑　150円×5＋60円×5＝1050円
　　　　　　　　　答え　1050円
㋒　150円＋60円＝210円
　　210円×5＝1050円
　　　　　　　　　答え　1050円
㋓　(150円＋60円)×5＝1050円
　　　　　　　　　答え　1050円

　㋐は2項の計算式が三つの分解式からなる。㋑は㋐の三つの式を結合し，まとめて一つの式に表した総合式である。同様に，㋒は二つの分解式からなり，㋓は㋒の二つの分解式を結合し，一つの式にまとめた総合式である。

4年　4年では，幾つかの分解式を結びつけて総合式に表したり総合式を幾つかの分解式に表したりしながら，分解式と総合式の相互関係を理解する。また，総合式はそれぞれの分解式の有機的な結合であり，しかも，分解式を組み立てた全体構造が読み取られる式であることについて理解する。

1　分解式と総合式の特徴
　問題解決・文章題解決の過程のなかで現れる思考では，二つの数量の関係からほかの数量を導く単純な思考を繰り返し行って，仮定から結論を求める。
　分解式は，前述の㋐，㋒のように，それぞれ思考の順序を式で一つ一つ確認しながら立式していく表し方である。
　総合式は，幾つかの分解式を使って表したその思考の全過程を，一つの式で示す表し方である。そのために，総合式では四則を混合した式を作ることが必要となるので，混合式の中の計算順序やかっこの使い方についての学習が追加される。
　総合式は，**問題解決**や**文章題解決**にあたって，解決すべき問題の中に含まれているすべての数量関係を一つの式の中に有機的に位置づけることになるので，理論的に数量関係の全体構造を把握するよ

「一つの式にまとめる」ことの意味
　「一つの式にまとめる」とは，問題に含まれている幾つかの数量関係に順序をつけて，それを構造的に配列することである。そのために，四則が混合されるので，（　）を利用することになる。このとき，**分配法則**についての理解が基本となる。すなわち，次のきまりの適用である。
(○＋△)×□＝○×□＋△×□
(○－△)×□＝○×□－△×□

文脈の流れと総合式
　文章題の文脈に沿って，順次，事実に対応させて立式していくと，幾つかの分解式ができ，最後の分解式で求答の数量が求められる。すなわち，分解式は帰納的な思考に対応する。一方，総合式では，何を求めるかを考え，その求答事項を求めるために，数量全体の構造から演繹的に思考を進めたことになる。総合式を立式するには，分解式，言葉の式，線分図などの理解がなければならない。

さを気づかせるのに有効である。

また，総合式を書く訓練は，分解式を一つの数量とみる能力を開発するので，総合式に使われる記号の数は分解式に使われる記号の数より少なくなり，**能率化**，**単純化**が進められる。また，㋐と㋑の二つの総合式の相等部分の比較から，**分配法則**の成り立ちや乗法記号の省略の面をとらえることもできる。

$150 × 5 + 60 × 5 = (150 + 60) × 5$

〈りんご〉 1個の値段×買った数＝代金
　　　　　　150円　×　　5　　＝750円
〈みかん〉 1個の値段×買った数＝代金
　　　　　　 60円　×　　5　　＝300円
りんごの代金＋みかんの代金＝全体の代金
　　　 750円　＋　300円　 ＝　1050円

2 分解式の指導

4年の（ ）を用いた式の指導前までは，大部分が分解式であった。つまり，二つ以上の分解式を用いる2段階，3段階の文章題などでは，テープ図や線分図を用いて，一つ一つの式について数量の関係を明確化してきた。

一方，4年では，「**言葉の式**」（☞ 224）の指導も行われているので，個々の式を「言葉の式」で表現する学習も絶えず続けることが大切である。

例として，先に示した㋐について線分図や言葉の式を対応させてみよう。

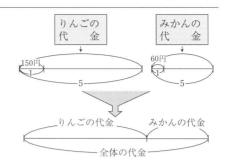

3 総合式の指導

分解式で文章題解決が可能であれば，児童にとっては，総合式を作る意欲を積極的にもつ必要は感じないであろう。それゆえ，総合式を作り，それが自由に使えるようになるためには，いろいろな新しい学習が必要であり，一般には，次のような指導法をとるとよい。

(1) 児童が（ ）を使いやすく，また，使いたくなるような問題を与える。

(2) 上図のような，分解式に対応する**線分図**＊から総合式を作らせる。

(3) 総合式に対応する線分図から，分解式や総合式を作らせ，その関係の理解を図る。

(4) 最終的には，総合式が分解式に比べ「一つの式によって，与えられた問題の意味を表現している点で優れている」ことがわかるようにする。

総合式に対応する二つの線分図の関係

本文に示した㋐と㋑の総合式に対応する線分図を示してみよう。

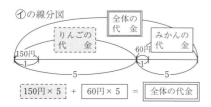

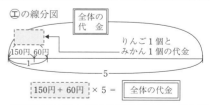

構造を示す二つの線分図の間には，図の相等関係を利用して移動することが可能となる。このように移動することによって，思考を変更し，式を変形することができる。

265 文章題
word problems

文章題とは，一般には，「具体的な生活場面や問題場面を背景として解決をせまる課題を含んだ文章などで表現されている算数の問題」と規定される。

1 文章題*の類型
① 四則計算や測定，図形，数量関係などの学習の導入に用いられるもの（**単元の導入時**）
② 四則計算や測定，図形，数量関係などの学習の後，習熟，適用のために用いられるもの（**練習，まとめの問題**）
③ 数量関係や規則性，解決の手がかりをさぐるなど解決する過程で原理・法則・着眼点などをみつけたり，それを深化，発展，統合させたりする能力や態度を育てることをねらいとしたもの（**問題の考え方**）
④ 特別な見方や特別な考え方を使うと解決できるもの（**古典的文章題**）
（☞259）

2 問題解決と文章題 （☞163）
文章題は問題解決の一部であり，次のようなことをねらいとして指導することが大切である。
(1) 計算や測定などの学習の際，どんな場面にどんな計算や考え方が活用できるかを判断したり，処理したりなどして学習内容の理解を深める。
(2) 日常の事象を算数の世界に組み入れて数学的に処理するなど見通しをもち筋道を立てて考える能力を育てる。
(3) 数理的に把握し，処理するよさがわかり，進んで活用し，生かそうとする態度を育てる。

実際指導にあたっては，単にその問題だけの解決で終わりとせず，統合的・発展的に考察させることが必要である。

3 解決の過程
文章題の解決の過程と指導上の配慮点をあげると次のようになる。
(1) **問題把握**
情景の理解と問題の理解を分節して扱うようにする。
(2) **自力解決**
児童の反応予測に基づいて，個に応じた手だてを用意するとともに，自力解決の場と時間を十分にとる。
(3) **集団解決**
発表し，話し合い，励まし合い，高め合う学習となるようにする。
(4) **解決の整理**
この問題で用いた考え方，わかったことをより一般化してまとめる。
(5) **肯定的評価***
問題解決の能力は，一人一人の発想や

文章題
従来は，黒表紙教科書（明治・大正・昭和戦前）時代から**四則応用問題**の名で伝えられたもので，植木算や通過算など古典的なものを文章題としてイメージすることが多い。
近来では，上記 1 の②，③を主として文章題として指導することが多い。しかし，④の古典的なものも，その中に含まれるアイディアを強調して，「～に目をつける問題」として指導されているものもある。

肯定的評価
「まだわかっていない」，「繰り下がりのあるひき算ができない」というような否定的な評価から，「このことがわかった」，「小数のたし算ができるようになった」というような肯定的な評価への転換が必要である。
肯定的評価は，児童に方向性を示唆し，自信を与え，良いところをのばし，誤っているところ・不足しているところを互いに補い合い，励まし合い，高め合うことにつなげることができる。

解決過程における配慮事項の要約

	手だての柱	発問の核	支援の要点
問題把握 / つかむ	場面を理解する	① 様子を思いうかべながら読んでみましょう ② どんなお話でしょう	● 発達段階に応じた提示に工夫 　部分提示と全体提示 　文章提示と説話提示 　情景画提示と実演（体験）提示
問題把握 / つかむ	問題を理解する	① 聞かれていることは ② わかっていることは ③ どんな関係になっているか	● 目的的把握（ねらい，なんのためにやるのか） ● 条件整理，関係把握
自力解決 / よそうする	見通しをたてる	① どのようにしたらできるでしょう ② 答えは，どのくらいになるでしょう ③ 何がわかるとできるでしょう	● 大まかに考えさせる ● 見当をつけさせる ● 仮定させる
自力解決 / しらべる	自力解決をする	① 自分の考え方でやってみましょう ② 図にかいても，実際にためしてみてもよいですよ	● YES, NOでなく，自分の考えをもち，それにそって活動して，結論を出したかを重視する ● つまづきよりも，とまどいを優先 ● 観点を変えさせる
集団解決 / たしかめる	話し合う	① 発表してもらいましょう，どのように考えたのかもいいましょう ② どこをなおせばよくなるでしょう ③ どれとどれが似た考え方でしょう ④ どれがよいでしょう	● 多様さの認め合い ● 肯定的評価観による相互批評 ● 同類の考え方のグルーピング ● よりよいものへの志向
集団解決 / たしかめる	自己判断をする	① いろいろと考え方が出ました　この中で，自分がよいと思う考え方で，この問題をやってみましょう	● 自己判断による変容 ● 停滞児への指導重視
解決の整理 / まとめる	抽象する	① これらのことからどんなことがわかるでしょう（いえるでしょう） ② 似ている（同じ）ことをまとめるとどんなことがいえますか	● 比べさせる，異同の考察 ● 順序よく整理させ，補完させる
解決の整理 / まとめる	一般化する	① ほかのこと（問題，場合）にもあてはまりますか ② 式（言葉，図，文）にまとめましょう	● いつでも使えるか ● 簡単で，わかりやすいのはどれか ● いつでも使えるようにまとめさせる
適用，統合，発表 / あてはめる	使う	① 同じように考えて，この問題をやってみましょう ② くふうして，ときましょう	● 単純適用 ● ほかの単純適用との重合適用 ● 応用適用
適用，統合，発表 / つなげる ひろげる	位置づける 発展させる	① わかった（できるようになった）ことは… ② 似たことを今までに学習したことがありますか ③ ～と～はどんな関係がありますか	● 進歩の自覚 ● 既習事項との関連をつけさせる ● 包摂関係（全体と部分の関係）

F．レスターの問題解決ガイド

〈問題の理解〉　①問題を読む　②何を見出すかを決める　③重要な資料を見出す

〈問題を解く〉　①パターンを探す　②挿絵をかく　③推測しチェック　④立式　⑤表を作る　⑥論理的な推論　⑦具体物を用い実演する　⑧問題を簡単にする

〈問題に答えたり答えを評価すること〉

①情報をすべて用いたかを確かめる　②したことのチェック　③答えに意味があるかどうかを決める　④答えを文章に書く

ポリアの「How to Solve it」（☞163）

①問題を理解する　②計画を立てる　③計画を実行する　④振り返ってみる

考え方を肯定し，生かす評価によっていっそう深められる。

4 現行教科書に現われている文章題

現行の教科書の中に現われている文章題の中で，四則に関する基本問題は，概して児童にとっては「難しい」ものである。そのために，古くからいろいろな研究結果が出され，特別な呼び名でその特性を示したり，分類のために使われてきている。

(1) 順思考*と逆思考*（☞227）

(2) たし算の逆のひき算とひき算の逆のたし算

文章題を読んで，求答のために立式をする段階で，たし算とひき算の関係を考慮しなければならないことがよく起こるものである。

例えば，□＋13＝40のような式が出てくる。

この式は，形はたし算であるけれども実際に□を求める式に変形すると，40－13＝□のように，□を求める式はひき算になるのである。

このことは，□＋13＝40 のように右向きに見えた式を，□＋13＝40 のように左向きに見直すことなのである。左向きに見直した式が40－13＝□の形の式であることから，「形はたし算，答えを出すにはひき算」の言葉を縮めて，「たし算の逆のひき算」とよぶようになったのである。

具体的な例題を示しておこう。

「よしおさんは，さっき兄さんから13枚カードをもらったので，いまは40枚もっています。よしおさんは，はじめ何枚カードをもっていたのでしょうか」

この問題の表現形式から読み取れる文章構造は，

「13枚もらったから40枚になった」

というたし算の表現となっている。

これが，□枚＋13枚＝40枚の式を誘導するが，答えを求めるための立式が要求されるわけであるから，その立式は，「たし算の逆のひき算」になるのである。

(3) かけ算の逆のわり算とわり算の逆のかけ算

(2)で述べたのと同じ考え方で，かけ算とわり算の間にも，「逆」の考え方が出てくるのである。

□×4＝20から，答えを見つける式の20÷4＝□が導かれるならば，20÷4の式は「かけ算の逆のわり算」であり，□÷4＝20から答えを見つける式の20×4＝□が導かれるならば，この式は「わり算の逆のかけ算」となるのである。

(4) 1段階・多段階の問題

文章題を解く場合，解答に使われる演算の回数（四則）が多ければ多いほど，問題は複雑で，難しくなると考えることができよう。このために，1段階とか2

順思考の文章題

文章題解決にあたって，文章題に示されている数量を，題意のまま順に処理して解決に到達する思考を**順思考**という。例えば，

「おはじきを17こもっていました。友だちに15こもらうと，おはじきは何こになりますか」

の文章題は，順思考の文章題である。

逆思考の文章題

順思考の文章題に対して，「おはじきを15こもらったので32こになりました。はじめに何こもっていましたか」という問題では，「15こもらった」という条件を逆に戻し，「15こもらわなかった」として，もとの状態を考え，32－15＝17として解決に到達する。このような思考を**逆思考**という。

逆思考の文章題では，反転の思考法が難しいので，図解で問題場面の構造を明らかにしたり，□＋15＝32のような順思考の形に表してから，たし算の逆のひき算を使うような効果的な手段を工夫することが必要である。

265 文章題

段階という言葉で,文章題を演算の回数によって分類している。

(5) 和・差・積・商一定の問題*

① 和一定の問題

二つの数量の和がある決まった数量になっている場合である。

「A,B2人の兄弟の所持金の和は750円で,AはBより150円多いそうです。A,Bそれぞれの所持金はいくらですか。」は,和差算といわれる問題である。しかし,その解き方として,
　(Aのお金)+(Bのお金)=750
という和が一定の考え方に従えば,
(Bのお金+150円)+(Bのお金)=750円
の条件に帰着して解決することができる。

② 差一定の問題

二つの数量差がある決まった数量になっている場合である。

「AはBより100円多く持っていました。A,Bがそれぞれノートを1さつ買いましたが,AはBより10円高いノートを買いました。Aはいま,Bよりいくら多く持っていますか。」
という問題では,AとBが同じ値段のノートを買ったときは,残りのお金も,AはBより100円多いわけである。しかし,ノート代はAのほうが10円高いので,Aは,Bより10円多く使ったことになる。このような考えから,
　100円-10円=90円　が導かれる。

③ 積一定の問題

二つの数量の積がある決まった数量になっている場合である。

「たてが6cm,横が8cmの長方形の面積を変えないで,たての長さ4cmの長方形をかくと,横の長さは何cmになりますか」
この問題は,教科書によく見られる。

④ 商一定の問題

二つの数量の商がある決まった数量になっている場合である。

「BはAの$\frac{3}{5}$のお金を持っています。Aが200円使ったとき,Bが120円使うと,Bの残りのお金は,Aの残りのお金の何分のいくつにあたりますか。」
この問題はB÷A=$\frac{3}{5}$というわり算の商(割合)が一定の問題である。

しかも,Aが200円使ったとき,Bが使った120円は,
　$120 \div 200 = \frac{3}{5}$
で,やはり$\frac{3}{5}$の割合になっている。このとき,Bの残りのお金は,Aの残りのお金の$\frac{3}{5}$になっているわけである。

図をかいてみたり,Aが1000円で,Bが600円持っていると仮定して具体的に考えさせてみるとよい。

(6) 四則応用問題*

平成元年改訂学習指導要領以前の教科書の中にあった「四則応用問題」でありながら,教科書の改訂や教育方法の改善

和・差・積・商一定の問題

2数の差が一定の関係は$x-y=25$のような具体例となる。これは,一般には,伴って変わる2量の関係であって,関数の問題である。しかし,文章題では,例えば,年齢算の基本的な考え方につながるものとして,現在の父と子の年齢差は,5年前でも,5年後でも一定であると考えるのである。年齢算の中では,差一定の考え方は,具体的な問題解決の基本的な考え方として利用される。

四則応用問題

たし算を勉強したすぐあとで,たし算の文章題を解くのではなく,わたしたちの身のまわりに起こっているできごとの中にある問題で,特別な考え方やアイディアを利用して,たし算・ひき算・かけ算・わり算を使って解く,古くから勉強されてきた文章題と考えればよい。「鶴亀算」とか「植木算」などの呼び名を使って,それらの文章題を分類している。

などの経過のなかで扱われなくなった文章題が多い。それらのうち，比較的やさしいものであり，しかも重要なものと思われるものの，具体例を次に示しておこう。

なお，ここでの学年表示には学習指導要領に準拠したものも含まれているので，今後の文章題指導の研究にも役立つだろう。

2・3年　① 対応のきまり*
例1（2年）

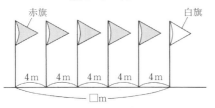

「赤いはたから，白いはたまで何mありますか」

例2（3年）

「道にそって，いちょうの木が18mごとに8本うえてあります。両はしの木と木の間は何mありますか。木の数と間の数に目をつけて考えましょう」

植木が1列に植えられたとき，そこに木の数と木と木の間の数の関係が現われるわけである。

この関係は，紙テープを何枚ものりづけするときとか，部屋にいすを1列に並べたりするときに現われる。また，人が5本の指を立てれば，すでにそこに植木算で基本的な木と間の数の関係が見られるのである。

この問題は図を示すことによって，2〜3年生にも指導できるであろう。

4・5年　② 和と差に目をつける*
例1（4年）

「旗の両側に子供が9人ずつついました。左側から右側へ何人か移ったので，右側のほうが，左側のほうより4人多くなりました。移った子供は何人ですか」

例2（5年）

「5mのひもを二つに切って，長いほうが短いほうより60cm長くなるようにしたいと思います。短いひもは何mに切ればよいでしょうか」

$\left.\begin{array}{l}A+B=15\\A-B=3\end{array}\right\}$ の文章題を線分図で示してみると，次の図のようになる。

---

① 対応のきまり（植木算）

上の例2（3年）によって説明すると，「植木が道にそって8本植えてあって，木と木の間を18mとする」という条件から

$\left.\begin{array}{l}\text{木が2本なら間の数は1}\\\text{木が3本なら間の数は2}\\\vdots \qquad\qquad \vdots\\\text{木が8本なら間の数は7}\end{array}\right\}$ $\begin{array}{l}(\text{木の数})-1\\=(\text{間の数})\end{array}$

のルールを使って解くのである。

② 和と差の関係（和差算）

上の例2（5年）の問題では，二つに切った場合の2本のひもの和は当然5mである。また，長いひもと短いひもの長さの差は60cmである。このように，二つの数量の和と差がわかっているときは，

$\begin{cases}(\text{和}-\text{差})\div 2=(\text{短いひもの長さ})\\(\text{和}+\text{差})\div 2=(\text{長いひもの長さ})\end{cases}$

という公式がある。図をかいて考えるとよい。

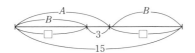

与えられた条件 $A - B = 3$ から，A は $B + 3$ で置き換えられるので，これを $A + B$ の図にあてはめるのである。

この図を眺めて

$B \times 2 = 15 - 3$

と考えつけば，

$B = (15 - 3) \div 2 = 6$

となり，$A = 6 + 3 = 9$ となる。

図解を利用して，直観的に図の変形を試みる力がつけば，4年の文章題として適当である。このことから教科書でも扱われるものである。

4・5年
③ 同じものを取り去る考え*

例1（4年）

「タオル1まいとせっけん3この代金は440円で，これと同じタオル1まいとせっけん5この代金は600円です。タオル1まいのねだんはいくらですか。」

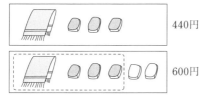

例2（5年）

「りんご10こをかごに入れて買うと，代金は1350円です。このかごに同じねだんのりんご15こを入れて買うと，代金は1725円になりました。りんご1このねだんとかごのねだんは，それぞれいくらですか。」

1年での「ちがい」を求めるひき算の問題で，⑮と⑩を下図のように並べることが行われる。この場合のひき算は，下図のように，⑩の対応部分の⑦を消去す

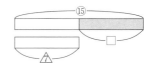

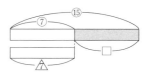

ることが行われ，⑮－⑦＝⑧と⑦－⑩＝0を直観的に行わせることになる。このように考えると，消去の考え方は二つの数量（上の例でいえば，⑮と⑩）の比較をする場面で行われるものであり，これは1年の段階から基本的な学習内容として扱われているものである。

5・6年
④ 平均の考え*

例（6年）

「Aさんの学校の6年生は，1組から3組まであります。1組と2組の男子

---

③ **同じものを取り去る**（消去算）

上の**例**1の図を見て，600円から440円をひく（消去する）と，せっけん2個分の代金が求められることがわかる。消去したとき，タオルが自然に姿を消すために，せっけん2個分だけの代金が残るところが着眼点になるのである。

④ **平均の考え**（平均算）

上の例では，1組と2組の平均体重34.6kgから，合計体重34.6kg×40を求めるのである。

また，3組の平均体重と人数から3組の合計体重35.2kg×20を求め，学年の平均体重を求めればよい。

⑤ **速さの考え**（旅人算）

AとBの分速からAがBを5分間に追い越す距離は，(280－240)×5である。これがトラックの1周の長さである。A, Bを旅人として名称をつけてあるところがおもしろい。同一方向に進む場合を「追いつき算」，反対方向に進む場合を「出会算」ともいう。

の合計は40人で，その体重の平均は34.6kgです。3組の男子は20人で，その体重の平均は35.2kgです。6年男子の体重の平均を求めましょう。」

平成29年改訂学習指導要領では，代表値の「平均」は6年で指導することになっている。したがって，四則応用問題として扱われていた平均算の一部が，教科書で扱われている。

5年　⑤　速さの考え*

例1（5年）

「運動場のトラックをAとBが同じ場所から同時に出発して，Aは分速280m，Bは分速240mで同じ方向へ走りました。AはBをひきはなして，出発後5分ではじめてBを追いぬきました。
　⑦　A，Bは5分間に，それぞれ何m走りましたか。
　⑦　このトラックの1周は何mありますか。」

例2（5年）

「長さが180mで，秒速15mで走っている電車があります。この電車がふみ切りで待っている人の前を通過するのに何秒かかりますか。」

この四則応用問題は，速さの概念を利用した，追いつき・追い越しの問題や，列車の追いつき・追い越しの問題，および列車がトンネルや鉄橋を通過し終わる時間を計算する問題である。

---

⑤　**速さの考え**（通過算）

列車が人前を通ったり，橋を渡る時間を計算したりする問題である。例に示した問題は，とまっている人の前を電車が通過する時間を求める問題である。

⑥　**くり返し**（周期算）

例に示したご石の並び方は，○○●の配列が何回も繰り返されている。つまり，○○●の3個の石が，周期性をもっているのである。58÷3＝22…2の余り2個から白石がわかる。

平成29年改訂学習指導要領では，速さの指導は5年で行われるので，速さの文章題も扱われる。実際の指導では，図を援用し，情景の理解に工夫をすることが大切である。

5年　⑥　くり返しに目をつける*

例（5年）

「下の図のように，左から白，白，黒の順に，ご石が68こならんでいます。いちばん右のご石は，白ですか。黒ですか。」

「1月1日が日曜日のとき，1月31日は何曜日になるか」のような問題は，時間をかけ，1つずつ数えて解答に迫ることは可能である。

これを立式で説明すれば，31÷7＝4…3となり，余りの3日が（日曜日・月曜日・火曜日）に対応することになるから「1月31日は火曜日」と解答するのである。

きわめて日常的な暦の問題も，実は「周期算」の一例なのである。

わり算の余りが，5で割れば0，1，2，3，4，0，1……と繰り返しになることに目をつけて解決する問題として，3・4年のわり算の単元の適用として扱われることもある。

4・5・6年　⑦　割合の考え*

例1（5年）

---

⑦　**割合の考え**（相当算）

ある数量と，その数量に対応（相当）する割合がわかれば，1（100％）に対応（相当）する数量は，
　（ある数量）÷（対応〈相当〉する割合）
の商として求められる。対応（相当）する割合でわる計算を使う問題を相当算とよんだ。

例1は，540人が去年の児童数（100％）の90％に相当している（あたっている）ので，540÷0.9＝600の式が使われる。

「きよしさんの学校の今年の児童数は540人です。これは去年の児童数の90％にあたります。
　きよしさんの学校の去年の児童数は何人でしたか」
例2（6年）
「Aさんの組の男の子の人数は21人です。これは，組全体の人数の$\frac{7}{13}$にあたるそうです。組全体の人数は何人ですか。」
　割合生活問題が取り扱われるならば，$A \div B = p$（Aは比べられる数量，Bはもとにする数量，pはAのBに対する割合）から，第3用法の式
　　$A \div p = B$　が導かれる。
　この$A \div p$の式のAとpの関係は，「Aの数量の割合がpである」ことである。つまり，「Aの数量を割合で示すとpに相当する」ことから，「相当算」の名称が付けられたのである。

5年　⑧　**順にもどして**＊
　　　　　例（5年）
「長さ40cmのはりがねを使って，長方形を作ります。横の長さを11cmとすると，たての長さは何cmになりますか。」
　□＋2＝5，□÷5＝6　などの□を求めるのに，教科書では，「たし算とひき算の関係」や「かけ算とわり算の関係」を理解したうえで逆思考を利用して解答する。
　これが，「還元算」の最も易しい問題であるから，

---

　⑧　**順にもどして**（還元算）
　　例の問題を，長方形の縦の長さを□(cm)として式を立てれば，(□＋11)×2＝40となろう。この式を逆思考してみれば，
　　　□＝40÷2－11
として，縦の長さを求めることができる。このように逆思考することを「還元」とよんだ。上の総合式(□＋11)×2＝40の中の□を逆思考の考えで解く算法のことである。

　　$□ \times \frac{3}{5} \times \left(1 + \frac{1}{2}\right) = 5$
などの□を求める考え方を教科書で扱うことになる。

4・5年　⑨　**仮定の考え**＊
　　　　　　例1（4年）
「1こ20円と30円のあめを16こ買って350円はらいました。それぞれ何こずつ買いましたか。」
例2（5年）
「1こ20円と30円のあめを何こかずつ買ってちょうど350円にしたいと思います。何こずつ買えばよいですか」

30円のあめ(個)	1	2	3	4
20円のあめ(個)	16	×	13	×

例1では，全部20円のあめを買ったと仮定して
　20×16＝320……全部のあめの代金
　350－320＝30……実際の代金との差
全部20円のあめを買ったために30円少なくなったので，30円のを1つ増やすたびに10円ずつ差がちぢまる。
　　30÷(30－20)＝3……30円のあめ
　　16－3＝13……20円のあめ
例2は**例**1の発展なので，仮定して修正してもよいが，設問の下にあるような表を用いて，順序よく調べてちょうどよい場合を見つけるようにするとよい。
　30円のあめが1個，3個，5個，7個

---

　⑨　**仮定の考え**（鶴亀算）
　つるの2本の足，かめの4本の足を基本として，つるとかめの数の総和とつるとかめの足数の総和からつるやかめの数を求めるような種類の問題を総称して鶴亀算という。
　解答は，すべてがつると仮定して，
　(全体の足数)－(2本×全体の数)＝(差)
　(差)÷(4本－2本)＝(かめの数)
　(全体の数)－(かめの数)＝(つるの数)
のような公式が利用される。

9個，11個の場合が成り立つ。

6年 ⑩ 余りや不足に目をつける*
例（6年）
「えん筆を，何人かの児童で分けます。1人8本ずつ分けると12本余りました。そこで，1人10本ずつにすると6本不足しました。児童は何人いるでしょう。」

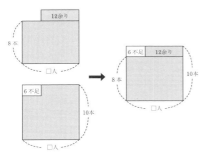

児童の人数を□人として，
$8 \times □ + 12 = 10 \times □ - 6$
と立式して解く問題であるが，算数では設問の図のように全体の構造をとらえて余りと不足分の和 $6 + 12$ が，1人分8本を10本にしたことと関連があると見抜いて解決させることになる。

4・5・6年 ⑪ 正方形に並べる*
例1（4年）

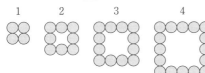

「ご石を図のように正方形にならべます。6番めの正方形をつくるには，ご石は何個いりますか。表をつくって調べなさい」
例2（5年）
「ご石を，正方形にぴったりしきつめたら，まわりのご石の数は72個でした。しきつめたご石全体の数を求めなさい」

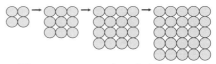

例1では，下のように表を使って考えて，4ずつ増えている，（順番）×4になっていると考えて，$4 \times 6 = 24$ と求めることができる。

順番	1	2	3	4	…
ご石(個)	4	8	12	16	…

また，右図のように，n 番めの個数は，
$(n-1) \times 4$ で
求められることがわかる。

例1では，（1辺の数）=（まわりの数）÷ 4 + 1 であることから，
$72 \div 4 + 1 = 19$ ……1辺の数
$19 \times 19 = 361$ ……答え 361個
と求められるが，図や表をかかせ，多様な発想で考えさせることが大切である。

⑩ **余りや不足**（過不足算）
　一定の個数を一定の人数に2通りの分け方をするとき，第1回と，第2回に分けたときの1人分の分配量の差に着目すると，一定の個数や，一定の人数を求めることができる。
　1回目の分配量と余りの量（過分な量）と，2回目の分配量とたりない量（不足量）が，問題解決の鍵になるので，この種の問題を過不足算とよぶことになったのである。

⑪ **正方形に並べる**（方陣算）
　おはじきの個数や人数を正方形の形に並べたとき，辺に並ぶ数と全体の数の関係に着目した問題ができる。このような問題を方陣算というのである。
方陣算では，次の公式が使われる。
　（1辺の数）=（まわりの数）÷ 4 + 1
　（全体の個数）=（1辺の数）×（1辺の数）

265　文章題

5　文章題の考え方と解き方

文章題は，児童にとっては難しい学習内容である。

文章で書き表されていること，文章中の言葉の中から，たし算・ひき算・かけ算・わり算の判断をしなければならないこと，同種の数量の間に異なった単位が使われたり，異種の数量どうしの間の関係を見抜かなければならないことなどが児童に抵抗を与えるためである。

しかし，既に学習したことを活用したり，ねばり強く調べたりしていくと最後には解決できるという知的満足感を得ることのできるのもまた文章題である。

考える楽しさに着目し，良い問題を開発し充実した指導を展開したい。

(1) 文章題を解くときの考え方

① 問題を丁寧に，2，3回読み，意味のわからないところをしっかり理解するようにする。

② 問題のあらすじを基にして，都合のよい図にかき表すようにする。

図は，線分図が最も一般的である。線分の長さで，数量の大小が判断できるし，図がかきやすいからである。

作図は，文章題の難しさを視覚を使って理解しやすくしてくれるものである。

③ 数値が大きくて考えにくいときは，小さい，易しい整数に直して関係を調べるような工夫をする。

④ 公式が使えるかどうかを考える。

⑤ 式を書いて，式を見ながら「文章題」の意味を式のうえで考え直してみる。

⑥ 計算を正しくして，検算をする。

⑦ 答えにつける単位名に気をつける。

(2) 既習事項を生活に生かす*

児童は既有経験や既習事項をかなり豊富にもっている。計算する，測定する，作図する，指示に従って作業するなどはある程度できるのに，実際の問題解決や生活の向上に活用しきれていない。

そこで既有経験や既習事項を活用するように仕向けていくこと，解決のあとで，既有経験や既習事項をどのように活用したのかなどを認識させるための活動を意図的に設けることが大切である。生活に生かされてこそはじめて基礎・基本的な知識・技能といえるのである。

(3) 作問の指導のよさ

児童に問題を作らせる作問指導には次のような効果があるといわれている。

① 既習事項の適用可能な学習場面のいっそうの理解の深化

② 数量関係を把握する力の伸長

③ 導入時の問題をより深く，より一般的にとらえ発展させることの可能性の拡大

④ 日常生活の中から問題を見つけて解決したり，既にあるものを新しい視点からとらえ直したりする力の伸長

文章題と図解（☞246）

文章題は，ふつう数量の関係を四則の計算を使って解決するものである。

一般に四則の計算は，線分図を利用して示すことができるし，必要な数量は線分のそばに記入することもできる。しかも，線分図の位置によって，数量の関係をとらえることができる。また，線分図を直観的に観察したり，図の位置を変えることで観点の変更ができるので，作図の有効性が発揮される。

進んで生活に生かす

学習指導要領の目標の(3)に「数学的活動の楽しさや数学のよさに気付き，学習を振り返ってよりよく問題解決しようとする態度，算数で学んだことを生活や学習に活用しようとする態度を養う」とある。知識・技能や数学的な考え方は，それが単独にできるようになる，知っているというだけでなく，生活や学習の中で，問題の解決や生活をよりよくしていくことに生かされることが大切である。

266 分数

fractions

平成29年改訂学習指導要領では，2年で$\frac{1}{2}$，$\frac{1}{3}$などの簡単な分数を扱い（素地的な学習活動），3年から分数の意味や表し方について本格的に指導する。そして，分数の意味，大きさの等しい分数の理解，分数の種類などと進み，5年で約分・通分の意味の理解で分数の学習は完結する形になっている。

3年
この学年から，分数が本格的に導入される。分数，分母，分子などの用語がここで扱われる。

1 量を使った分数の導入

(1) 等分したものを何個か集めて，その大きさを表す場合

例えば，右の図のようにパイを3人で同じ大きさに分けて（3等分）食べると1人分は$\frac{1}{3}$であり，2人分は$\frac{2}{3}$となる。

この$\frac{1}{3}$や$\frac{2}{3}$の分数は，ものを等分割する操作と関連してできた分数なので，**分割分数**または**操作分数**ということがある。

(2) 測定の際に生じたはしたの大きさを表す場合

例えば，あるコップのかさをdL単位で調べたら，右の図のようであったとする。この場合右側のコップの水の量は，1 dLの$\frac{1}{2}$であり，これを$\frac{1}{2}$dLと表すことにする。この$\frac{1}{2}$dLは，単位に満たない端数表示のために使われる分数であり，このような分数を**量分数**ということがある。

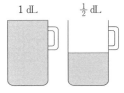

2 数としての分数の理解

これまで学習してきた整数と同様に分数も数であることの理解のために，この学年では，およそ次のような事項を扱うことになる。

(1) 分数・分子・分母などの用語の導入

$\frac{1}{2}$，$\frac{1}{3}$，$\frac{2}{3}$などを**分数**という。

右のように，線の下の数を**分母**，線の上の数を**分子**という。

$$\frac{2}{3} \begin{array}{l}\leftarrow 分子 \\ \leftarrow 分母\end{array}$$

例えば，$\frac{2}{3}$という分数について考えると，分母の3で**単位分数***の$\frac{1}{3}$がわかり，分子の2でその$\frac{1}{3}$が2個集まったことがわかる。

(2) 1を等分する指導

1を何等分かした数直線を作り，各目盛りにあたる分数を記入させる。

例

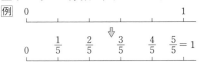

単位分数

$\frac{1}{2}$，$\frac{1}{3}$，$\frac{1}{4}$，……のように分子が1である分数を**単位分数**という。

整数の場合に，1を単位にしてそれが何個という見方をして，次々に数を構成していったが，分数の場合には，単位分数を基にして同様な扱いをするのである。

この用語を知らせる必要はないが，上記の見方そのものは大切にしなければならない。

$\frac{1}{10}$の位

分数も小数も3年で導入するが，その場合に分数のほうを先に扱っておいたほうがよい。というのは，次の関係を扱うことにより，発展的に小数が導入できるからである。

$$\frac{1}{10} = 0.1$$

そして，いわゆる小数第1位のことを$\frac{1}{10}$の位とよぶことができるので，便利である。

266 分 数

前ページの数直線の読みと関連し，分数の構成や大小関係について知らせる。

例えば，$\frac{1}{5}$ を2個，3個集めるとそれぞれ $\frac{2}{5}$，$\frac{3}{5}$ であり，$\frac{2}{5} < \frac{3}{5}$ となる。

4年 この学年では，大きさの等しい分数の存在に気づかせ，それに基づいて分数の意味を見直し，理解を深めるようにすることが大切である。

1 分数の種類

はじめは分数を数直線上に表すとき，暗黙のうちに1をこえない範囲で考えてきた。そこで，これまでの発展として，適当に単位分数を選んで，次々に目盛りをつける作業を行い，その数表示の仕方を考える。

$\frac{1}{3}$ の場合

(1) 上の活動を通してできた分数の種類分け

$\frac{1}{3}$, $\frac{2}{3}$ ……分子が分母より小さい分数を**真分数**という。

$\frac{3}{3}$, $\frac{4}{3}$, $\frac{5}{3}$, $\frac{6}{3}$ ……分子が分母と同じか，分子が分母より大きい分数を**仮分数*** という。

$1\frac{1}{3}$, $1\frac{2}{3}$ ……整数と真分数の和になっている分数を**帯分数*** という。

(2) 分数と整数の関係

前掲の数直線で，整数に対応する分数について考察することから，分子が分母の1倍，2倍，3倍，……の分数は，それぞれ1，2，3，……の整数に等しい大きさであることに気づかせる。

(3) 仮分数と帯分数の関係

前掲の数直線で大きさの等しい仮分数と帯分数のあることを知り，一方の形から他方の形に移す仕方を考えさせる。

仮分数を帯分数に直す場合，例えば，$\frac{9}{4}$ は $\frac{8}{4}$ ($= 2$) とあとどれだけかと数直線を使って考える児童もいるし，$\frac{9}{4}$ は $\frac{1}{4}$ を単位として表した分数なので，計算は整数で処理して，

$9 \div 4 = 2$ あまり 1

$\frac{9}{4}$ は $2\frac{1}{4}$ になると考える児童もいる。

また，帯分数を仮分数に直す場合も同様である。いずれにしても，形式的な計算を指導するのではなく，ここでは次のような数直線を基にして，児童の実態を見ながら進めるようにすることが大切である。

・$\frac{9}{4}$ を帯分数に直す場合

$\frac{9}{4} = \frac{4}{4} + \frac{4}{4} + \frac{1}{4}$ → $\frac{9}{4} = 2\frac{1}{4}$

単位分数の比較

「$\frac{1}{3}$ と $\frac{1}{4}$ では，なぜ $\frac{1}{3}$ のほうが大きいか」と理由をたずねると，答えられない児童が案外多い。いろいろな答え方が考えられるが，なるべく簡潔に答えられる工夫をしたい。

ここでは，「分母が1を何等分するかを示しているので，多くの数に等分するほど1つ分は小さくなるから，3は4より小さいので，$\frac{1}{3}$ のほうが大きい」と，この程度の言語表現でわからせるようにしたい。

仮分数と帯分数

仮分数を帯分数に直す場合に，$\frac{3}{2}$ のような簡単な場合には，ほとんど直観的に $1\frac{1}{2}$ とできるが，$\frac{20}{3}$ というようにちょっと複雑になると，とまどう児童が出てくる。除法での体験などに依拠しつつ，仮分数を帯分数に直す過程を確実に理解し，実行できる能力を培っておくことが大事である。

$\frac{20}{3}$ → 「$20 \div 3 = 6$ あまり 2」 → $6\frac{2}{3}$

・$1\frac{3}{4}$ を仮分数に直す場合

1 は $\frac{1}{4}$ が 4 こ，$\frac{3}{4}$ は $\frac{1}{4}$ が 3 こだから

$1\frac{3}{4}$ は $\frac{1}{4}$ が 7 こ　→　$1\frac{3}{4} = \frac{7}{4}$

この図のように，数直線を実際に児童に作らせるとよりいっそう理解が深まる。

5年　この学年では，同値分数の意味を基にして，**約分や通分**の意味とその仕方について理解させ，分数の相等関係や大小関係について調べることができるようにする。

1 分数の性質

次に示すように1より小さい分数を数直線上に図示する活動を通して，分数特有の性質（同値分数*）に気づかせていく。

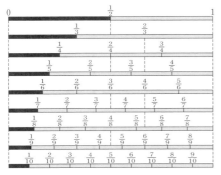

(1) 大きさの等しい分数

上図に示すように，$\frac{1}{2}$ や $\frac{2}{3}$ などの目盛りから真下に見通すことにより，分数では，分母が違っても，**大きさの等しい分**数*が多数あることに気づかせる。

$\frac{1}{2} = \frac{2}{4} = \frac{3}{6} = \frac{4}{8} = \frac{5}{10} = \cdots\cdots$

$\frac{2}{3} = \frac{4}{6} = \frac{6}{9} = \cdots\cdots$

また，大きさの等しい分数は，ふつう，分母がいちばん小さい分数で表すことを約束させる。

(2) 分子が同じ分数の大小

前ページの数直線について，分子が同じ分数では，どのようなことがいえるか調べさせる。

まず，分子が1の場合に着目し，分母の数が小さいほど分数は大きくなることに気づくであろう（単位分数の比較）。

そこでさらに，分子が2や3の場合にも調べさせ，一般に分子が同じ分数では，分母が小さいほど分数は大きくなることに気づかせる。

2 分数の意味

分数の見方は様々あり，次の二つに大別できることを理解させる。

(1) 単位分数の何倍

これは，前学年までに扱ってきた見方で，分数についてのいちばん基礎的な見方である。**例** $\frac{2}{3}\cdots\frac{1}{3}$ の2倍

(2) 整数の除法の商

これは，この学年で，整数の除法が自由にできるようにするために，分数について新しい意味づけをするものである。

大きさの等しい分数（同値分数）

一つの分数と大きさの等しい分数が，多数存在するというのは，既習の整数では考えることのできなかった分数特有の性質である。

右のように円をパイに見立て，その分け方などと関連づけて理解させておくとよい。

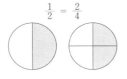

分数の歴史

分数の歴史はずいぶん古く，4000年も昔のエジプトのパピルスに，今の記数法に翻訳すれば，次のようなことが示されている。

$\frac{2}{7} = \frac{1}{4} + \frac{1}{28}$

これは，古代エジプト人が，**単位分数**を重視していたという一つの証拠である。

現在の記数法はアラビアに始まり，ヨーロッパに広がったのは13世紀以降といわれる。

例 $2 \div 3 = \frac{2}{3}$

この場合には，除法の用いられる場面を考慮して，次の2通りについて扱う必要がある。

① 何等分かした量の大きさを表す
　例 2mのテープを3人で等分して分けると1人分は何mですか。
　$2 \div 3 = \frac{2}{3}$ (m)

② 割合を表す
　例 2mは3mのどれだけにあたりますか。$2 \div 3 = \frac{2}{3}$

このように割合を表す分数のことを，**割合分数**ということがある。

③ 約分

前学年でも，分数の構成活動に関連して，$\frac{1}{2} = \frac{2}{4}$ のような関係に気づいている。そこで，この学年ではこれを一般化し，次のような約分の原理をまず理解させる。

「分子と分母に同じ数をかけても，また，分子と分母を同じ数でわっても，分数の大きさは変わらない」

この原理により，分子，分母に公約数があれば，両方をそれでわって簡単な分数にすることができる。このようにして簡単な分数にすることを**約分する**（**約す**）という。

約分の仕方は，小学校段階では次の程度にできればよいであろう。

例 $\frac{16}{24}$ の場合

16＜24なので16の約数の大きいほうから（16，8，…）順に24をわり，初めてわり切れたときのわる数（8…最大公約数）を使って約分する。

$\frac{16}{24} = \frac{2}{3}$

4 通分

異分母の分数を比較する場合，一見しただけではどちらが大きいか判断しかねることがある。

例 $\frac{5}{9}, \frac{7}{12}$

このような場合には，約分の原理を逆に使って，分母の同じ二つの分数に直して比較するとよい。分母の違う分数を分母の同じ分数に直すことを**通分する**といい，通分して得られた分母を**共通な分母**という。

通分の仕方は，小学校としては次の程度でよいであろう。

上の**例**で，9＜12なので12の倍数の小さいほうから（12, 24, 36, …）順に9でわり，初めてわり切れたときのわられる数（36…最小公倍数）を共通な分母にして通分する。

$\left(\frac{5}{9}, \frac{7}{12}\right) \Rightarrow \left(\frac{20}{36}, \frac{21}{36}\right)$

約分と最大公約数

分数を約せるだけ約せば，分母と分子は1以外の公約数をもたなくなる。このような分数を**既約分数**（分母，分子は互いに素）という。既約分数にするには，分母と分子の**最大公約数**で約せばよい。

例 $\frac{12}{18}$ の約分

$\frac{12}{18} = \frac{\boxed{2} \times 2 \times \boxed{3}}{\boxed{2} \qquad \times \boxed{3} \times 3} \rightarrow \frac{12}{18} = \frac{2}{3}$

最大公約数は，共通な約数2，3の積で6とわかり，これを用いて約分する。

通分と最小公倍数

通分するには，分母の最小公倍数を求める。

例 $\frac{5}{12}, \frac{7}{18}$ の通分

$\left.\begin{array}{l}12 = ② \times ② \times 3 \\ 18 = 2 \times ③ \times ③\end{array}\right\} \rightarrow 2 \times 2 \times 3 \times 3 = 36$

$\frac{5}{12} = \frac{5 \times 3}{12 \times 3} = \frac{15}{36} \qquad \frac{7}{18} = \frac{7 \times 2}{18 \times 2} = \frac{14}{36}$

267 分数の計算
computation of fractions

分数の計算がはじめて取り上げられるのは，3年からである。5年では，**異分母分数**の加減計算をはじめ，分数の乗除計算まで集中的に扱われている。

3年　この学年では，**同分母の分数**のたし算とひき算を学習することになる。

1 たし算・ひき算の導入
同分母の分数についてのたし算・ひき算を完成するのはこの学年である。導入段階では，分数の理解に重点を置く。

(1) たし算

まず，二つの分数の和が1より大きくならない場合について考え，次のような問題を課す。

例「びんに油が$\frac{1}{5}$L 入っています。そこへ，油を$\frac{2}{5}$L 買って入れると，油は全部で何Lになりますか」

上のような場面では，これまで液量が整数値の場合にたし算を用いてきたので，分数値の場合にも同じようにたし算が使えるだろうと考えさせて，次のように立式させる。

$$\frac{1}{5} + \frac{2}{5}$$

結果の求め方（計算）は，単位分数を基にして考えると，次のように整数の計算に帰着できることに気づかせる。

$$1 + 2 = 3$$

この3は，$\frac{1}{5}$が3個のことであるから，答えを$\frac{3}{5}$L とする。

以上のような過程を，必要によっては半具体物（教具）を用いたり，数直線で図解させたりして，児童の実態に即して扱うようにする。

(2) ひき算

上で扱ったたし算の逆にあたるひき算を，たし算に準じて扱うようにする。

4年　分数についての理解を深めるとともに，同分母の分数の加法および減法の意味について理解し，それらを用いることができるようにする。

1 同分母分数のたし算・ひき算
真分数どうしの加法，減法を主に扱うが，発展として帯分数を含んだ計算を扱ってもよい。

(1) たし算

次の2通りの場合が考えられる。

① （真分数）＋（真分数）

・$\frac{1}{5} + \frac{3}{5} = \frac{4}{5}$　・$\frac{3}{5} + \frac{4}{5} = \frac{7}{5} = 1\frac{2}{5}$

② （帯分数）＋（帯分数）

$1\frac{2}{5} + 2\frac{1}{5} = (1 + 2) + (\frac{2}{5} + \frac{1}{5}) = 3\frac{3}{5}$

①では，答えが仮分数になったら，帯分数や整数に直す。②では，ふつう整数部分と分数部分に分けて計算する。

分数の計算の基本

分数の加法は，分数を単位分数の幾つ分でとらえると，整数，小数の加法と同じしくみで計算できる。
・$300 + 200 \rightarrow 100$が$(3+2)$個分$\rightarrow 100$が5個分
・$0.3 + 0.2 \rightarrow 0.1$が$(3+2)$個分$\rightarrow 0.1$が5個分
・$\frac{3}{7} + \frac{2}{7} \rightarrow \frac{1}{7}$が$(3+2)$個分$\rightarrow \frac{1}{7}$が5個分

こうした見方，考え方を生かして，乗除などの新しい計算方法を児童自らに発見させるようにする。

線分を等分に分ける作図

数直線上に分数を表示するために，ときには正確に線分を等分しなければならないことがある。右の図は，線分ABの5等分の仕方を示したものである。AB'の5等分目盛りを利用し，B'Bに平行な直線をAB'からABへ順次ひいていく。

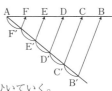

(2) ひき算

前ページのたし算の逆のひき算について，たし算に順じて行うようにさせる。

2 大きさの等しい分数

ここでは，異分母の分数の相等・大小の関係について理解することがねらいであるが，5年で学習する異分母どうしのたし算・ひき算の準備にもなっている。

例えば，「$\frac{8}{9}$と$\frac{6}{7}$とはどちらが大きいでしょうか」という児童の疑問をもとに，数直線を作って学習指導を展開すればよい。(☞266)

5年 この学年では，異分母の分数のたし算やひき算を扱い，その基礎が確実にできるようにする。

1 異分母分数のたし算・ひき算

異分母の分数のたし算・ひき算は，通分することにより，前学年での同分母の場合の計算に帰着させることができる。

例 $\frac{1}{2} + \frac{1}{3} = \frac{3}{6} + \frac{2}{6} = \frac{5}{6}$

$\frac{1}{2} - \frac{1}{3} = \frac{3}{6} - \frac{2}{6} = \frac{1}{6}$

問題によっては，児童にとってかなり困難なものもあるので，段階を追って理解させ，それらについても練習の機会を与えるようにする。

6年 分数の整数倍とその逆のわり算，分数の分数倍とその逆のわり算ができるようにする。その学習をふまえて，×(分数)，÷(分数)を学習する。

1 分数の整数倍とその逆のわり算

(1) (分数)×(整数)

分数に整数をかけることは，分数を整数個だけ加えることと解釈できる。

例 $\frac{2}{5} \times 3 = \frac{2}{5} + \frac{2}{5} + \frac{2}{5} = \frac{6}{5}$

一般に，同分母分数の累加の簡便な計算と考え，次のようにまとめさせる。

$$\frac{b}{a} \times n = \frac{b \times n}{a}$$

ただし，途中で約分できるときは約分する。 例 $\frac{2}{9} \times 3 = \frac{2 \times \overset{1}{3}}{\underset{3}{9}} = \frac{2}{3}$

また，帯分数に整数をかけるときは，帯分数を仮分数に直して計算する。

(2) (分数)÷(整数)*

次のような場面で，図解を通して計算法を理解させる。

例 $\frac{2}{3}$ m²のボール紙を3等分すると，1つ分は何m²ですか。

$\frac{2}{3} \div 3 = \frac{2}{3 \times 3} = \frac{2}{9}$

また，順次一般化し，$\frac{b}{a} \div c = \frac{b}{a \times c}$を導く。

あとは，既習の計算と同様にする。

2 分数のかけ算

(1) (整数)×(分数)

次のような例を取り上げることにより，立式と計算法とを導いていく。

1時間に4kmの速さで歩く人は，2時間には4×2 (km) 進み，$\frac{1}{2}$時間には

分数と小数

$0.1 = \frac{1}{10}$, $0.12 = \frac{12}{100}$, $0.123 = \frac{123}{1000}$

このように小数(有限小数)は容易に分数の形に書き改められる。逆に分数を小数に直すには，分子を分母でわり算すればよい。

例えば，$\frac{1}{2} = 0.5$，$\frac{1}{4} = 0.25$

ただし，$\frac{1}{3} = 0.3333 \cdots$のようにわり切れない場合がある。この場合には，小学校では適当な位で四捨五入し$\frac{1}{3} ≒$ 約0.33のように表す。

これは，循環小数と称し，$0.\dot{3}$と表すことになる。循環小数を逆に分数の形に直すこともできる。循環しない無限小数は分数の形に直すことはできない。

帯分数×整数，分数÷整数

場合により，次のように計算できる。

・$2\frac{1}{5} \times 3 = 2 \times 3 + \frac{1}{5} \times 3 = 6\frac{3}{5}$

・$\frac{6}{7} \div 3 = \frac{6 \div 3}{7} = \frac{2}{7}$

267 分数の計算

$4 \times \frac{1}{2}$(km) 進むはずである。

$4 \times \frac{1}{2}$(km) は何kmであろうか。それは 4 kmの $\frac{1}{2}$ で，$\frac{4}{2} = 2$ (km)

このような例を基にして，次のようになることの理解を図る。

$$a \times \frac{c}{b} = \frac{a \times c}{b}$$

(2) （分数）×（分数）

この場合には，次のような例によって考えさせていく。

・水道の蛇口から1時間に $\frac{1}{2}$ Lの水がもるとすれば，$\frac{1}{3}$ 時間には $\frac{1}{2} \times \frac{1}{3}$ (L) の水がもるが，それは $\frac{1}{2}$ L の $\frac{1}{3}$ で $\frac{1}{6}$ L である。

・縦 $\frac{1}{2}$ m，横 $\frac{1}{3}$ m の長方形（斜線の部分）の面積は，図でわかるように 1 m² の $\frac{1}{6}$ である。

これらの例より $\frac{1}{2} \times \frac{1}{3} = \frac{1}{6}$ を導き，一般に，次のようになることの理解を図る。

$$\frac{b}{a} \times \frac{d}{c} = \frac{b \times d}{a \times c}$$

帯分数をかける場合は，仮分数に直して計算するように導く。

(3) 「逆数」について

（分数）×（分数）の計算を通して，次のような関係にある2数の存在に気づかせるようにする。

$$\frac{b}{a} \times \frac{a}{b} = \frac{b \times a}{a \times b} = 1$$

$\frac{a}{b}$ を $\frac{b}{a}$ の逆数という。

逆数は，6年で扱う。

3 分数のわり算

(1) （整数）÷（分数）

4 m のテープから 2 m のテープなら 4 ÷ 2 (本) 取れ，$\frac{1}{2}$ m のテープなら $4 \div \frac{1}{2}$ (本) 取れる。$\frac{1}{2}$ m のテープの本数は，4 の 2 倍（$\frac{1}{2}$ の逆数倍）で 8 本となる。

このような例から順次考察させ，一般には次のようになることの理解を図る。

$$a \div \frac{c}{b} = a \times \frac{b}{c}$$

(2) （分数）÷（分数）

面積が $\frac{2}{3}$ m²で，横が $\frac{3}{4}$ m の長方形の縦の長さは，$\frac{2}{3} \div \frac{3}{4}$ で求められる。いっぽう，縦の長さを□mとすれば，次のようにも表すことができる。□ $\times \frac{3}{4} = \frac{2}{3}$

□は $\frac{2}{3}$ に $\frac{4}{3}$（$\frac{3}{4}$ の逆数）をかければ求められる（☞212）。

以上の例から，一般に

$$\frac{b}{a} \div \frac{d}{c} = \frac{b}{a} \times \frac{c}{d}$$

のようになることの理解を図る。

かけ算やわり算の混じった計算

分数の四則混合計算では，児童に自由に工夫させると，次のような計算などが見られよう。

例1　$3\frac{3}{5} \div 1.2 = \frac{18}{5} \div \frac{18}{10} = \frac{\overset{3}{\cancel{18}} \times \overset{2}{\cancel{10}}}{\underset{1}{\cancel{5}} \times \underset{1}{\cancel{12}}} = \frac{6}{2} = 3$

例2

$$1\frac{2}{5} \times \frac{3}{4} \div \frac{7}{8}$$
$$= \frac{\overset{1}{\cancel{7}} \times 3 \times \overset{2}{\cancel{8}}}{5 \times \underset{1}{\cancel{4}} \times \underset{1}{\cancel{7}}}$$
$$= \frac{6}{5} = 1\frac{1}{5}$$

例3

$$70 \div 24 \times 6 \div 5$$
$$= \frac{\overset{14}{\cancel{70}} \times \overset{1}{\cancel{6}}}{\underset{4}{\cancel{24}} \times \underset{1}{\cancel{5}}} = \frac{7}{2} = 3\frac{1}{2}$$

268　平面図形
plane figures

平面上にかかれた図形を**平面図形**という。

1〜2年　1年では，立体から面を移し取るという形で，平面図形を取り出す。しかし，まだ「しかく」「さんかく」「まる」といった概形でとらえている。

本格的な平面図形は，2年で三角形，四角形から導入される。

1 三角形・四角形の概念
(1) 三角形の定義

三角形とは3本の直線で囲まれた形である。

(2) 四角形の定義

四角形は，4本の直線で囲まれた形である。

三角形・四角形の概念を明らかにするには，下のように類似の形との対比で考えさせていくのが効果的である。

2 辺・頂点

3本の直線のことを三角形の**辺**といい，直線の交点を三角形の**頂点**という。

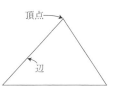

四角形についても，同じように4本の直線を辺，その交点を頂点という。

3 長方形・正方形の概念*
(1) 長方形の定義

長方形は，四つの角がみな直角になっている四角形である。

(2) 正方形の定義

正方形は，四つの辺の長さが等しく，四つの角がみな直角の四角形である。

指導にあたっては，いろいろな四角形を対象に「かどがきちんとした形」という観点から，長方形・正方形の仲間作りを図り，その後，比較しながらそれぞれの形の特徴を明らかにするとよい。

4 直角三角形の概念
(1) 直角三角形の定義

直角三角形は，一つの角が直角である三角形。

3年　3年では，円や二等辺三角形，正三角形が指導される。

1 円の概念
(1) 円の定義

円は，正確には「一つの点から等距離にある点の集まり」と定義される。しかし，この表現は子供に理解されにくいので，コンパスでかかれたまんまるい形を指して円という。

(2) 円の性質

円をふちどっている曲線を**円周**（用語は5年），中心と円周上の点を結ぶ線分を

長方形・正方形と直角三角形

一つの角が直角になっている三角形を**直角三角形**という。直角三角形は，長方形や正方形を対角線に沿って切り取った形として導入される。正方形を対角線に沿って切り取った直角三角形が，直角二等辺三角形である。

三角形の種類

辺の長さによって種類分けしたのが右の図である。

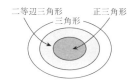

半径という。また，中心を通る円周上の2点を結ぶ線分が**直径**で，半径の2倍の長さである。

2 三角形の種類*

三角形には，辺の長さや角の大きさによって，次のような形がある。

(1) 二等辺三角形　(2) 正三角形
(3) 直角三角形　(4) その他

〔中学校では角の大きさによって，鋭角三角形，直角三角形，鈍角三角形に分類することもある（☞213）。〕

小学校3年では，二等辺三角形と正三角形を重点的に取り扱う（☞226）。

4年　4年では，平行四辺形や垂直，平行関係などを扱う。

1 平行四辺形（☞228）

ここでは，四角形の辺の垂直，平行の関係に着目することや，**平行四辺形**を重点にして，それと関連する**ひし形**，**台形**（☞228）を取り上げる。さらに，各四角形についての定義や性質を明らかにする。**対角線**についての考察も扱う。

5年　5年では三角形や四角形を中心に，合同の概念や形が決まるという見方を発展させる。また，平面図形を正多角形まで広げ，図形について論理的な見方や考え方を深めさせる。

1 三角形や四角形についての見方

(1) 合同の意味や条件

三角形や四角形について，合同の意味

や条件（☞223）を明らかにするとともに，この観点から，例えば，平行四辺形は一つの対角線で二つの合同な三角形に分けられることなど，基本図形を見直すことができるようにする。

(2) 図形が決まること（☞223）

「図形が決まる」とは，その図形を構成する辺や角などの要素をすべて使わなくても，合同な図形がかけることである。ここではそのために必要な条件を見つけることなどを通して，論理的に考えられることも大切なねらいである。

(3) 三角形の三つの角の和

三角形の三つの角〔**内角**の用語は中学校で扱う。〕の和は180°である。このことは三角定規の三つの角の和が180°であることなどからもわかる。しかし，一般の三角形で考える場合，例えば，右上の図のように合同な三つの三角形で平面が敷き詰められることから考えさせたい。

ある頂点Cの周りに集めた三角形の三

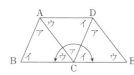

つの角の和が180°であることは，平行線の性質から明らかであろう。

なお，この図から平行四辺形ABCDの隣り合う二つの∠Aと∠Bの和が180〔∠ア+∠ウと∠イの和のように二つの角は互いに**補角***をなす…中学校〕であ

四角形を作図する条件

白紙に分度器・定規・コンパスを利用して四角形を作図するには，四つの角と四つの辺のすべてを使う必要はない。下の図のように五つの条件で十分である。

補角・余角

二つの角の和が2直角に等しいとき，その2角は互いに**補角**をなすという。右の図で，角aの補角は角bであり，角bの補角は角aである。

なお，二つの角の和が1直角に等しいとき，その2角は互いに**余角**をなすという。

268 平面図形

2 多角形についての見方

一般の多角形についても次のような考察ができる。

(1) 多角形の対角線の数

多角形の対角線の数は，一般に下図に示したように，具体的な場の中で考察させていった。

2本

5本

9本

なかには，その活動から n 角形の対角線の数 $n\times(n-3)\div 2$ を見出す児童がいるが，そこまでは深入りしない。

(2) 円と正多角形

円については円周率が導入され，また正多角形については，その特徴や円を利用した正多角形の作図などが取り扱われる（☞204，245）。

正多角形

長方形の紙を四つに折り，さらに二つに折って右の図のように切りとって開くと，正八角形ができる。

正多角形の定義

辺の長さが全部等しく，角の大きさも全部等しい多角形を，**正多角形**という。

例えば，その正八角形について，三角形が幾つあるか。三角形はどんな三角形であるかなどを調べさせてみるとよい。

また，正六角形は，円のまわりを半径の長さで区切ってかくこともできることなどを確かめさせたい。

3 多角形の角の和

多角形の（内）角の和は，次の図のように一つの頂点から対角線を引き，三角形に区分することによって考察できる。

一般に，n 角形の内角の和は，
$$180°\times(n-2)$$
で求められる。

4 円

円（☞204）については，円周率（☞206）が導入され，円周や直径，半径の長さの求め方まで取り扱う。

6年 6年では，新しい観点として，図形の対称性（☞249），縮図・拡大図（☞233），の見方を取り上げ，図形に対する感覚を豊かにする。

また，円の面積を求める公式をつくる学習で，円を概形的にとらえる。

---

n 角形の対角線の数（☞116）

n 角形の一つの頂点から出る対角線の数は $(n-3)$ 本である。

各頂点から $(n-3)$ 本ずつ引けるが，結果的には2本ずつ重複するので，次のような式が成り立つことになる。

n 角形の対角線の数 $=\dfrac{n\times(n-3)}{2}$

n 角形の外角の和

n 角形の内角の和は，$180°\times(n-2)$ で求められた。

このことをもとにして，右の図から n 角形の**外角**の和を計算すると，文字 n が消去されて360°になることがわかる。

$180°\times n - 180°\times(n-2)$
$= 180°\times n - 180°\times n + 180°\times 2 = 360°$

269 ぼうグラフ
bar graph

ぼうグラフは，二つ以上の同種の数量を，線分や長方形の棒の長さで表して，その長短を比較することによって量の大小を判断するグラフで，統計図表のなかで比較的多く使用される。

3年 ぼうグラフについては，2年までに，○，×を使ったゲームの結果などの記録表から，○の数の多少を一目でとらえやすい表にまとめるなどの作業を通して，ぼうグラフの学習を行うための素地的な経験をさせてきている。

この学年では，身辺にある簡単な事象について，目的に応じて観点を決め，資料を分類整理して，これを表やぼうグラフに表したり，読んだりすることができるようにすることになっている。

1 統計資料の分類整理と表・グラフ

事象についての数量関係を統計的に調べる場合，まず調べる目的を明らかにすること，その目的に合うように資料を集めること，資料を適切な項目に分類整理して表に表すことが指導される。

表は，「資料を適切な項目ごとに配列・整理し，それらに該当する数量を対応させたもの」といえる。

関係把握のねらいから，整理の仕方や表現の仕方が違ってくるので，表の種類も異なってくる。

読んだ本のしらべ（3年1組）

しゅるい	どう話	ずかん	でんき	りか	そのた
さつ数	10	8	6	5	7

※1週間に図書室で読んだ本の数

これに対して**グラフ**（☞220）は，数量の関係や変化を，視覚に訴えて直観的にわかりやすく表したもので，「二つ以上の事柄の数量的・系列的な関係や変化を，線・図形または絵などによって示したもの」ということができる。

グラフは数量の関係等を表から読み取って判断する困難さを克服するためのものであるが，表はグラフ化するための単なる一素材ではないことに注意しよう。

2 ぼうグラフの読み方

ぼうグラフには，図のような縦型のものと，横型の水平ぼうグラフとがある。

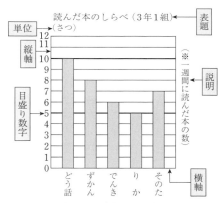

いずれも表と同様に，調査の目的に応じて，それが何のグラフであるか知らせる表題がついている。また，数の目盛りを記入した縦の線（縦軸—縦の基線）とそれに直交する横の線（横軸—横の基線）とがある。

ぼうグラフは，次のようなことに気をつけて読み取るようにする。

(1) 表題を見て，何のグラフかを知る。

(2) 縦軸・横軸が何を表しているか，単位，1目盛りの大きさをつかむ。

(3) 全体を見て，グラフのだいたいの様子をつかむ。

(4) 目的に応じて，個々の棒が表している数量の大きさを正しく読み取る。

(5) 最大値・最小値をおさえる。

(6) 棒の表す数量の比較（差・割合）。

なお，目盛りが1のものからはじめて，

5，10，100などの基礎的なものを扱い，2，20，50などにあたるものを最小目盛りとしたものについても，漸次読めるようにしていくことが必要である。

③ 組み合わせぼうグラフ

ぼうグラフを用いて異なる集合の特徴をよみとることを指導する。

読んだ本のしらべ（3年2組）

しゅるい	どう話	ずかん	でんき	りか	そのた
さつ数	4	10	9	7	6

2個のぼうを並べてくらべる，2個のぼうを積み重ねてかくなど，目的に応じて組み合わせぼうグラフがかけるようにする。

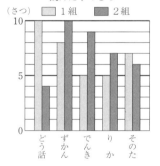

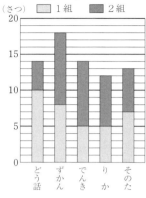

④ ぼうグラフのかき方

グラフをかくことと読むことは，互いに逆の思考操作，作業であり，かくことが読むことの理解をいっそうのばすことに通じていくことになる。

主として，大小の差だけを問題にする場合で，0からかくと棒が長くなりすぎるときには，波線〰〰〰を入れて，途中の部分を省略することがある。これについては，4年の「折れ線グラフ」で扱う。目盛りのつけ方には，**概数**（☞210）の考えも必要になる。

1次元・2次元の表 （☞118）

表は元来，順序のついた組（**順序対**）からできている集合であるといえる。

例えば，ある学校の1週間のけがの調査を次の内容で行った。

①所属学年　②けがの種類　③校内の場所について調べた。それをA表からB表を作る学習をしたとする。A表は児童個人ごとの調査で，B表はけがの種類と場所の同じ児童の人数を調査したものとなっている。

A表（1次元の表）

学年	けが	場所
4	ねんざ	校庭
1	すりきず	ろう下
6	つき指	教室
3	ねんざ	ろう下
4	打ぼく	体育館
5	切りきず	教室
⋮	⋮	⋮

B表（2次元の表）

	校庭	ろう下	体育館	教室	合計
切りきず	0	1	1	0	2
すりきず	1	2	3	0	6
打ぼく	0	1	2	1	4
ねんざ	⋮	⋮	⋮	⋮	
つき指	⋮	⋮	⋮	⋮	
合計					

・2次元表の方が集団の傾向や特徴がわかり易い

270 メートル法

the metric system

平成29年改訂学習指導要領では，メートル法の単位の仕組みが3年（キロ，ミリなどの接頭語について），4年（長さと面積の単位の関係について），5年（長さと体積の関係について）に分けて取り扱うことになっている。

長さの**基本単位**に「メートル」，質量（重さ）の基本単位に「キログラム」，時間の基本単位に「秒」を採用する**単位系をメートル法**といっている（☞254）。

長さ・体積・質量（重さ）などは日常生活に重要な量で，集団生活をするには，これらの量に対して，共通単位が必要である。そこで，初めにメートルとキログラムを基本単位とし，面積や体積の単位はメートルから組み立てることにして，メートル法の単位系が作られた。

この単位系は，さらにいくつかの基本単位をつけ加えて，より総合的な単位系にしようとする試みによって，いくつかの単位系が成立した。今日では**国際単位系**といわれるものが成立し，これをメートル法といっている。わが国の現在の計量法も全面的にこのメートル法に従っている。

1 メートル法の由来

メートル法は，単位のとり方が国により，地方によって異なるのでは大変不便であるということから，これを国際的に統一しようとしてできた単位系である。

このような必要性から，フランス政府はフランス学士院に統一単位系の研究を命じ，これを受けた学士院は，長さの単位として，地球の子午線の極から赤道までの長さの千万分の1を実測し，基準のものさしを作った。この単位がメートルで，面積・体積の単位はこれから組み立てることにした。質量の単位は4℃の水の1立方デシメートルの質量を基本単位とすることにし，これと同じ質量をもつ基準の分銅を作った。

これらの基準のものさしや分銅が，それぞれ「**メートル原器***」，「**キログラム原器***」と定められ，後にメートル条約加盟国に，原器の副原器が配布された。

しかし，メートル原器はその後精度が問題とされるようになり，1983（昭和58）年には1メートルを光が真空中で299792458分の1秒間に進む距離として定義することになった。このようにしてメートル原器は補助的なものになったわけである。

メートル法単位系は，しだいに各国の注目を集め，国際的に統一され，**国際単位系**として定着してきた。

わが国では，1885（明治18）年に**メートル条約***に加盟し，古来の尺貫法にメートル法を併用してきたが1921（大正10）年にメートル法専用の法律を公布した。そして，1952（昭和27）年に**計量法**を施行

メートル原器・キログラム原器

1875年パリの国際会議で結ばれたメートル条約によって作られ，この条約加盟国には副原器が配布された。メートル原器は1メートルの基準となる長さを刻んだものさしで，白金90％，イリジウム10％の合金で作られ，表面の2線間の距離が1mになっている。キログラム原器は1キログラムの基準となる質量をもつ分銅で，メートル原器と同じ合金で作られた。1キログラムは4℃，1立方デシメートルの水の質量としているので，それだけの質量の分銅が基準となっている。

メートル条約

メートル法の普及と完成を目標として，1875年，17か国によりパリで締結された。

1889年，メートル条約の決議機関である国際度量衡総会（第1回）では，国際メートル原器・国際キログラム原器を確定し，その保管場所を決めるとともに，加盟国には副原器を配布することにした。

し，1959（昭和34）年から，取り引きや証明の計量には，特別な場合のほか，メートル法を用いなければならないことにしたのである。

2 メートル法の仕組み

メートル法を定める原理として，
(1) 大きさが不変な自然物に，単位の基礎をおくこと
(2) 十進法を採用すること
にした。

今日のメートル法である国際単位系では，**基本単位**として，長さにメートル，質量にキログラム，時間に秒などを採用し，基本単位の決められていない量の単位は，基本単位を組み合わせて導くことにしている（☞254）。

また，単位にその10の整数乗（10^n，10^{-n}）倍を示す，キロ，ヘクト，デシ，センチ，ミリなどの接頭語をつけ，補助の単位を構成している。

3 メートル法の長所

メートル法がほかの単位系より優れている点として，次のことがあげられる。
(1) 十進法を採用しているので，**単位の記号が規則的である**。

補助単位が，次の表に示すように，十進法に従って決められている。

キロ	ヘクト	デカ	基本	デシ	センチ	ミリ
k	h	D		d	c	m
10^3倍	10^2倍	10倍	1	$\frac{1}{10}$	$\frac{1}{10^2}$	$\frac{1}{10^3}$

(2) 基本単位から組立単位が導きやすい。

例えば，長さの単位から面積の単位や，体積の単位は次のように導ける。

cm→cm²　　m →m²　　10m → a
100m → ha　　km→km²
cm→cm³　　m →m³

また，水の体積と重さの関係も簡単にとらえやすい。

1cm³→ 1 g　　100cm³（ 1 dL）→100g
1000cm³（ 1 L）→ 1 kg　　1m³→ 1 t

(3) 世界的に共通な単位である。

現在，メートル法以外の単位系を採用している少数の国でも，科学技術者はメートル法を用いている。

4 メートル法の指導

平成20年改訂学習指導要領でメートル法が算数学習の対象となった。子供の興味に応じて総合的な学習や発展的な学習として扱っていくのに適した題材である。

その際，次のようなことが指導の観点になるであろう。
(1) メートル法の誕生の由来と「メートル条約」が結ばれた意味。
(2) メートル法の仕組みおよび単位間の関係。
(3) メートル法の長所と短所。
(4) メートル法の仕組みを生かした**単位換算**＊（深入りしない）。

メートル法の基本単位と組立単位の例

〈基本単位名と記号〉
長さ（メートル，m），質量（キログラム，kg），時間（秒，s），電流（アンペア，A）熱力学的温度（ケルビン，K），物質量（モル，mol），光度（カンデラ，cd）

組立（誘導）単位名と記号の例
面積（平方メートル，m²），体積（立方メートル，m³），速さ（メートル毎秒，m/s），密度（キログラム毎立方メートル，kg/m³）など。

単位換算

ある単位で表された量をほかの単位に直して表すことを**単位換算**という。

例えば，42.195kmを42195m，20mLを200cm³あるいは 2 dLと表したり，30分を0.5時間としたりすることである

換算には，単位間の関係が正しくとらえられていることが必要である。メートル法の単位については，十進数の表し方と関連して，その仕組みをとらえさせておくようにする。

271 面　積
area

面積とは二次元の方向，つまり縦横に広がりをもつ量で，その大きさは，単位面積の幾つ分で表すことができる。

4年では主として長方形や正方形の面積を，長さの単位から組み立てられた普遍単位を用い，計算できるようになる。5年では三角形，平行四辺形，ひし形・台形などの面積を扱う。6年では円の面積や比例関係に着目した測定の工夫も取り上げられる。

4年　この学年では，1年で体験した広さの感覚から面積の概念へと抽象化を進めることが大切である。そして，面積の測定も，長さやかさ，重さなどと同様に，単位を定めることにより，それを基に測定した数で表せることを知らせる。ただ，長さやかさ，重さなどは，それぞれ，ものさし，ます，はかりなどの計器を用いて直接数値化できるのに比べ，面積（長方形や正方形など）は，図形を構成する辺の長さから，計算によってその測定値を求める。この違いを理解させることが大切である。

1 広さ比べ

まわりの長さが等しい長方形と正方形について，「どちらが広いか」という問題を与えたとき，次の反応が予想される。

① 重ねて比べる。
② まわりの長さで比べる。
③ 合同な図形を敷き詰め，その個数の大小で比べる。

例えば，縦3cm，横5cmの長方形と1辺が4cmの正方形について，次のような場を設けて学習をすることにしよう。

(1) 直接比較

長方形に正方形を重ねて比べる。このとき互いに重ならない部分は，1cmの幅をもったテープ状の長方形で，そのテープの長さは正方形の部分が4cm，長方形の部分が3cmであることから，

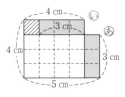

再度重ね合わせると，正方形のほうが1cm²分大きいことがわかる。

あの長方形とⓘの正方形を重ね合わせ，重ならないあの部分を切り取って，ⓘの部分に再度重ね合わせたとき，斜線の部分だけ正方形のほうが大きいことを知る。

(2) まわりの長さと面積*

面積がまわりの長さで比べられるというものに対しては，次ページの図のように，まわりの長さを変えないで，縦，横の長さを変えてみる。それでも，まわりの内部のます目の数は変わらないかどうかを調べるようにする。

敷き詰めに便利な図形とその個数

4年では図形の敷き詰めにより平面の広がりについての理解を図る。このとき，敷き詰める単位の図形としては，縦横にすき間なく，また重ならない正方形や長方形が適当であることや，敷き詰めた正方形の個数は縦横の個数の積として求められることなどに気づかせたい。

面積の概念形成

面積の概念形成にあたり，二つの面を重ね合わせて比較したり，単位図形の幾つ分か数値化したりするが，その際，対象を二次元の広がりとして認識できることが大切である。そのため広がりの対象に色を塗ったり，ものを並べたり，敷き詰めたりすることが必要である。このようにして面積と長さは異なる量であることや，面積は形にかかわりない量であることなどを明らかにするのである。

271 面積

ただし，面積を比べようとする二つの図形が相似の関係にあれば，小さいほうは大きいほうに含まれるので，その面積はまわりの長さで比べられるわけである。

(3) 敷き詰めた図形の個数で比べる

合同な図形を敷き詰め，その個数の大小で比べる場合を考えてみよう。

色板など，1・2年での素地経験を生かして，単位図形として適切なものを選べるようにする。

例えば，正方形，長方形，直角三角形，正三角形などのなかで，次の観点から正方形がよいことに気づかせたい。

① すき間なく敷き詰められるもの
② 敷き詰めたまわりがきちんとした図形になるもの
③ 敷き詰めた個数が計算しやすいもの
④ 辺の長さに関連して数えやすいもの

2 面積の単位

前の項で述べたように，長方形や正方形などの面積を測る単位としては，正方形が適当である。正方形は敷き詰めたときの周囲がきちっとした図形となり，その全体の個数も数えやすいからである。

さらに，単位の正方形の1辺は単位の長さにすると，辺に沿って並ぶ面積の単位の数は長さを表す数と同じになり，長さから面積を導き出しやすくなる。このようなわけで，面積の単位は長さの単位を組み合わせて作られている。(☞254)

長さと面積の単位の関係を図示すると次の通りである。この図で(10)や(100)は，その右の単位が左の単位のそれぞれ10倍，100倍を表すもので，単位関係は次のようにとらえられる。

1 a = (10×10) ㎡ = 100㎡

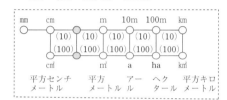

3 長方形や正方形の面積

長方形や正方形の面積は，その内部に敷き詰められる単位面積の図形の個数を調べることで数値化できる。ここでは，この操作が念頭でできるようにする。

それには，前項で述べたように，1辺が単位の長さの正方形を面積の単位とし，これが長方形や正方形の縦，横に，それぞれ何個ずつ並ぶか，測定値から知ればよい。面積は次の公式で計算できる。

長方形の面積 ＝ 縦×横
正方形の面積 ＝ 1辺×1辺

なお，このように縦，横の長さを用い

まわりの長さと面積との対応

下図のようにまわりの長さは同じでも，単位の長さを単位の面積に対応させてみると，残りの部分の面積に違いのあることがわかる。

平面に敷き詰められる図形

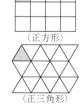

（正方形）（長方形）
（正三角形）（正六角形）

271　面積

て面積の公式が得られたことは，長方形や正方形は，その縦，横の長さが決まると，その図形が一意に決まるということによるものである。

また，長方形や正方形の面積公式は，これらの図形だけでなく，次のような場合にも適用できることが大切である。

5年　この学年では，平行四辺形，三角形，円，ひし形，台形，多角形などの基本図形を取り上げる。

1　平行四辺形の面積
(1)　単位正方形の敷き詰め

図のように単位の正方形を敷き詰めた1段分の面積は，高さが単位の長さの平行四辺形の面積に等しい。これより全体の面積はその（高さ）倍とみられる。

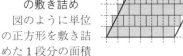

(2)　等積変形

図のように変形した長方形の縦，横は，それぞれ平行四辺形の高さ，底辺とみられる。

これから次の公式が得られる。
平行四辺形の面積 ＝ 底辺 × 高さ

2　三角形の面積

三角形も長方形や平行四辺形に変形したり，これらの $\frac{1}{2}$ とみたりして求積する。

図1では，三角形ABCの面積は，その高さと底辺の $\frac{1}{2}$ を2辺とする長方形の面積に等しいとみられる。図2では，三角形の底辺と高さの $\frac{1}{2}$ をそれぞれ底辺と高さとする平行四辺形の面積に等しいとみられる。図3では，三角形の底辺と高さをそれぞれ底辺と高さとする平行四辺形の面積の $\frac{1}{2}$ に等しいとみられる。これらのことから，三角形の面積はその底辺と高さが決まれば，次の公式で表すことができる。

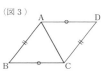

三角形の面積 ＝ 底辺 × 高さ ÷ 2

3　ひし形の面積

ひし形は，これを平行四辺形とみなし，その面積公式を用いて求積できる。

また，ひし形の対角線が垂直に交わることに着目し，三角

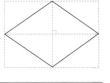

長方形の面積公式の読み方

長方形の面積公式をかけ算の式にあてはめてみると，（縦）は（基準の大きさ），（横）は（基準とする大きさの幾つ分）を表す数，（縦）×（横）は（全体の大きさ）を表すとみられる。

なお，左図で基準の大きさを表す長方形の横は単位の長さであることに注目させたい。

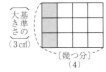

高さが底辺の外にある平行四辺形の面積

図1のような平行四辺形でも，底辺をBC，高さをAEとみてよいことを図2，3のように示すことができる。

271 面積

形の面積公式を用いて，次の式で求めることもできる。

ひし形の面積＝対角線×対角線÷2

4 台形の面積

台形も(図1)，(図2)のように等積変形したり，(図3)のように平行四辺形の$\frac{1}{2}$とみたり，(図4)のように2つの三角形の和とみたりして，結局台形の面積は両底辺と高さから下の公式で求められる。

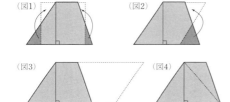

台形の面積＝(上底＋下底)×高さ÷2

6年 この学年では，円の面積や身近にある図形について，その概形をとらえて，およその面積などを求めることができるようにする。

1 円の面積

円は曲線で囲まれた図形であるので，その面積としては近似値を求めることになる。その求積を通して，円の面積はその半径を1辺とする正方形の面積に対する割合が一定(円周率)になることが納得されるようにする。

(1) **円の面積の見積り**

右図のように円の面積は，半径を1辺とする正方形の面積の2倍より大きく，4倍より小さく約3倍とみられる。

(2) **直接測定**

半径10cmの四分円に1cm²の正方形が幾つ分敷き詰められるか調べる。円周にかかる正方形は0.5cm²とみて全体では310cm²(これは半径を1辺とする正方形の約3.1倍)。

(3) **区分求積**

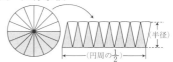

上のように円を等分割し，並べかえる分割数を増やしていくと長方形(底辺は円周の$\frac{1}{2}$)に近づくとみられる。

円の面積＝(円周÷2)×半径
＝半径×半径×円周率

2 不定形の面積*の概測 (☞211)

これには，次の2つの方法がある。

(1) 不定形な図形を長方形や円などの基本図形に見たてて，測定しやすい形に変えて考える方法

(2) 方眼紙を利用して，方眼の数を数えて面積を概測する方法

高さが底辺の外にある三角形の面積

図1のような三角形でも，底辺をBC，高さをADとみてよいことを明らかにする。図1では，△ABC＝△ABD－△ACD
　　　　　　　＝(□AE₁BD－□AE₂CD)÷2
　　　　　　　＝□E₂E₁BC÷2
　　　　　　　＝△E₂BC
図2では，
△ABC
＝□AEBC÷2

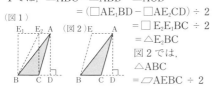

不定形の面積(比例関係を用いた測定)

例えば，木の葉の面積(表の面)などを求めようとするとき，その形を厚紙などに写して切り取り，別に同じ厚紙で1辺10cmの正方形を切り取って，それぞれの重さを測り，次のように面積を求めることができる。

不定形の面積＝求積できる図形の面積
　　　　　　×$\frac{\text{不定形の重さ}}{\text{求積できる図形の重さ}}$

面積は重さに比例すると見ているわけである。

272 文字を使った式 ①③⑤②④⑥ Ⓐ
expression using letters

普通，文字 a, b, c, x, y や記号 $+$，$-$，$\times$，$\div$，$=$ などを用いて，事柄や関係を表した式を，**文字を使った式（文字式）**という。

文字を使った式では，普通，次のような書き方をする（←）。

(1) たし算とひき算では，数と同様に，a と b の和は $a+b$ で，差は $a-b$ と書く。

(2) かけ算では，5×6 のように数と数の積を表す以外は，記号「$\times$」を省略し，$3\times a$ は $3a$，$x\times y$ は xy のように書く。ただし，小学校では，記号「$\times$」を省略しない。

(3) $1\times a$ や $a\times 1$ では，1を省略して a と書く。

(4) $x\times x$ は x^2，$a\times a\times a$ は a^3 のように累乗の形に書く。ただし，小学校では，累乗は指導されない。

(5) わり算では $a\div b$ の商を $\frac{a}{b}$ と書く。

6年 2年から扱われた□や△を含む式の経験をもとに，数量を表す言葉や，□の代わりに a, x などの文字を用いることを知り，それに数をあてはめて調べることが重要である。

1 3年・4年の扱い
(1) 3年では，数量を□などを用いて表したり，それに数をあてはめて調べることが重点となる。

(2) 4年では，(1)を受けて，数量を□や△などを用いて表し，その関係を式で表したり，□や△に数をあてはめて調べたりすることが重点となる（☞227）。

2 文字の一般的なはたらき
(1) 任意の数を表す

1本 a 円の鉛筆半ダースの代金を $a\times 6$ と表したり，下の三角形の面積を
$8\times a\div 2$
と表したりする。
このときの文字
a は任意の数を
表している。

(2) 未知の定数を表す

例えば，下の平行四辺形の底辺の長さを x cm として，
$x\times 5=28$
のように数量の
関係を式に表す。
このときの文字
x は未知の特定の数（**未知数**＊）を表している。

(3) 変量を表す

例えば，分速1.3kmの速さで走っている電車について，x 分間走ったときの道のり y km を表す式を，
$y=1.3\times x$ または $1.3\times x=y$
と表す。これは，時間と道のりの関係を

式表示
数学的な事柄や関係を，約束や形式にのせて式に書き表すことを**式表示**という。

式は，対象を表す 5，0.8，$\frac{2}{3}$，a，x などや，操作を表す $+$，$-$，$\times$，$\div$ などや，関係を表す $=$，$<$，$>$ などを用いて表される。
また式には，次の三つの見方がある。
・操作とみる……4×8……4 に 8 をかける
・結果とみる……$4\times 8=32$……4×8 は 32
・関係とみる……$y=3\times x$……y は 3 の x 倍

未知数（☞227）
文字 x が特定の値をとるときに成り立つ等式（方程式→次ページ）で，これから数値を定められる x を**未知数**という。未知数に対して**既知数**という言葉がある。

小学校では，未知数を，求める数，まだわかっていない数などと表現することが多く，次のような記号が用いられる。
・3・4年……□または○，△ など
・5・6年……x, y または a, b

272　文字を使った式

表す式で，この中の文字 x, y は変量を表し，ある範囲の数をいろいろにとりうるものである。
　この関係を数直線を用いた図に表すと，次のようになる。

```
0    1.3×1  1.3×2  1.3×3  1.3×4  y(km)
├──────┼──────┼──────┼──────┼──────
0      1      2      3      4    x(分)
```

　つまり，分速1.3kmのとき，2分，3分，……で進む道のりは，それぞれ，
　　$1.3×2$ (km)，$1.3×3$ (km)，………
で表される。
　上記の $y=1.3×x$ の式は，進んだ道のりを表すとともに，時間（x）が1，2，3，……と変わると，進む道のり（y）が，1.3, 2.6, 3.9, ……，つまり，1.3の1倍，1.3の2倍，1.3の3倍，……と変わるということも表している。
　このような見方にもふれ，6年で学習する比例の伏線としての経験を豊かにしておくことも大切である。

3　文字を用いることのよさ

　前記の扱いを通しながら，次のような文字を用いることのよさを感得させていくことも大切である。
　(1) 表した結果が，どの場合にもあてはまる一般性をもつこと。
　(2) 筋道がはっきりして，考えを進めるのに便利になること。
　(3) 抽象的な事柄を具象化するとともに，関係を具体化させ，直観しやすくなること。
　(4) 形式の普遍化，原理の確立，概念の拡張がしやすくなること。

4　文字の一般的なはたらき（まとめ）

　上述の内容を活用させ，いっそう深めていくとともに，一般的な法則を表すことにも慣れさせていく。
　(1) 任意の数を表す
　(2) 未知の定数を表す
　具体的な問題を解くのに，$(x+8)×6=78$などと表す（**等式***，**公式***）。
　(3) 変量を表す
　比例・反比例の関係の表示に用いる。
　　$y=3×x$, $y=8÷x$, $x×y=12$,
　　$y=$（きまった数）$×x$

5　一般的な法則の表現

　上記の(1), (2), (3)に加えて，例えば，交換・結合・分配などの計算法則を文字を用いて，一般的に次のように表す。
　　$a+b=b+a$,　$a×b=b×a$
　　$(a+b)+c=a+(b+c)$
　　$(a×b)×c=a×(b×c)$
　　$(a+b)×c=a×c+b×c$
　これらの計算のきまりは，文字 a, b, c がどんな整数であっても，また，どんな小数であっても，分数であってもつねに成り立つのである。

等式・不等式

　数量や式を，等号（＝）で結びつけた式を**等式**という。等式のなかで，
　　$a×(b+c)=a×b+a×c$
のように，a, b, c がどんな値をとっても成り立つ等式を**恒等式**，
　　$3x+4=10$
のように，決まった数のときだけ成り立つ式を**方程式**という。
　また，不等号<，>または≦，≧で結びつけた式を**不等式**という。

公式（☞224）

　計算の方法を言葉や文字を用いて表した式を**公式**という。つまり，公式とは，一連の思考過程を実用的に固定したアルゴリズムともいえる。
　公式の指導にあたっては，次の3点を重視して扱うことが望まれる。
・公式の便利さに着目し，それを身を以て感じ取れること。
・公式を子供自身が作れるようにすること。
・公式を活用し，発展的にみさせること。

273 立体図形
solid figures

3次元の空間的広がりをもつ図形を**立体図形**という。

1年 身のまわりにあるいろいろな立体について、その特徴をとらえる。

1 特徴のとらえ方

身のまわりにあるいろいろな立体の特徴のとらえ方には、手でさわって動かしてみるような動的なとらえ方と、いろいろな方向から眺めてみるような静的なとらえ方がある。

前者は形の機能に着目したとらえ方であり、後者は形の形態に着目したとらえ方といえる。

(1) 機能的な特徴

例えば、身のまわりにあるいろいろな立体を右のように⑦, ⑦, ⑦の仲間に分類し、その観点を次のように形の機能の面

から特徴づけるとらえ方である。
⑦ どこへでもころころころがるもの。
⑦ 一方の方向にころころころがるもの。
⑦ カッタンコットンところがるもの。

これらの機能的な特徴は、具体的には積み木遊びなどを通して指導される。

(2) 形態的な特徴

立体を形づくる面などに着目し、その形の特徴を直観的にとらえさせるようにする。

例えば、左記の⑦, ⑦, ⑦の仲間分けであれば、次のようにその形態が表現されてくるであろう。
⑦ どこからみてもまる。
⑦ 横からみるとながしかく、上からみるとまる。
⑦ 横からみても上からみてもしかく。

この形態的な特徴は、類似な形を仲間分けするなかで取り上げられてくる。

2 特徴のモデル化

機能的、または形態的な観点から仲間分けされた立体図形を、下記のように積み木と対応づけながら、その特徴を言葉でまとめるようにする。

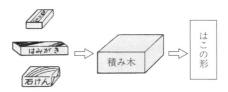

言葉でのまとめは、一般に直方体が「はこの形」、立方体が「さいころの形」、円柱が「つつの形」、球が「たま」「ぼうるの形」としてまとめられる。しかし、これらの用語は、子供の実態に即応した言

抽象化と理想化 (☞140)

図形の特徴をとらえるためには、抽象化と理想化という精神作用が必要である。抽象化というのは、種々の属性(色・材質・大きさ・位置など)を捨象して、形という観点から同一視する見方である。また、理想化というのは、例えば、野球ボールの皮の縫い目とかさいころの目の穴といったものに目を奪われないで、それらを無視して、面が滑らかであるものと見たてていく見方である。

立体図形に限らず、図形の概念を得させるときは、この抽象化と理想化の精神作用が対象にはたらきかけることを十分意識して、指導に当たらなければならない。

葉でまとめればよいのであって，用語にこだわりすぎないようにする。

3 仲間探し

特徴のモデル化が図られた次の段階として，身のまわりの物のなかから，次のような問いで同じ仲間を探すようにする。
「はこの形をさがしましょう」
「つつの形はどれでしょう」

4 はこの形と面の形

次のように積み木の面を画用紙に写し取らせ，それをもとに子供の創意に基づく絵をかかせるのもよい。この活動は，立体を基にして平面図形に着目させる一つの手立てとなる。

この学年では，身のまわりにある立体のなかで，さいころの形（立方体）とティッシュの箱の形（直方体）に限定して，その構成要素や構成のあり方を肌で感じ取らせようとするものである。

1 はこの形の分類とその特徴

1年では，はこの形を直観的にとらえているので，さいころの形もマッチ箱の形も，同一的にとらえている可能性がある。ここでは，その実態を前提にしながら，形の構成要素に着目させ，直方体の箱と立方体の箱の相違点と類似点を明らかにする。

具体的には，次のように展開する。

(1) **直方体・立方体の分類***

持ち寄った箱を，直方体・立方体の仲間に分類する。分類にあたっては，自由に分類させるのではなく，直方体・立方体の積み木を見せて，それぞれの形のイメージをもたせて分類させるようにする。

(2) **相異点探しと類似点探し**

相異点・類似点は，直方体と立方体の箱，または積み木と対比しながら明らかにする。

① 相異点
㋐ さいころの形は面の形が正方形であるが，ティッシュの箱の形は長方形である。
㋑ さいころの形はどの面も正方形であるが，ティッシュの箱の面はふつう長方形である。(正方形の面のものもある。)
㋒ さいころの辺の長さはすべて同じであるが，ティッシュの箱の辺の長さは同じとは限らない。

② 類似点
㋐ 面で囲まれている。
㋑ 辺が12，面が6，頂点が8である。

概念の適用

特徴のモデル化を図った後に，身のまわりから「同じ仲間を探す」という活動は，概念の適用を図ることである。図形の概念は，逆に**概念の形成**だけに重きがおかれるのではなく，形成された概念が適用できるかどうかといった，**概念の達成**の観点からも吟味されなければならない。

直方体・立方体の分類

いろいろな箱をさいころの形とティッシュの箱の形に分類する。これらの立体図形は，直四角柱である。しかし，2年のこの段階では無理をして「さいころの形」と「ティッシュの

2 切り開いた図

直方体の箱を切り開いた図を通してのつながり方を調べたり、方眼紙に切り開いた図を実際にかいて直方体や立方体の箱を構成したりする。

具体的には、次のような手順で進めるとよい。

(1) **箱の面を写す**

紙の上に側面を順に当てて、その輪郭を写し取る。

(2) **面のつながり**

写し取った六つの面を切り取り、どの面がどこにくるか、そのつながり方を考え、机上に並べる。

(3) **箱作り**

切り開いた紙をセロテープでつなぎとめ、実際に箱を作る。

(4) **方眼紙の利用**

工作用の方眼紙を利用して、切り開いた紙をかき、実際に箱を作る。その過程で、どの面とどの面が向き合うかなどを考えさせるようにする。なお、立方体は「さいころを作る」という観点で構成させ、実際に目の数を記入させるとよい。

 この学年で学習する立体図形は、円との関連で球が取り扱われる。

1 球*

(1) **球の特徴**

次のような特徴が考えられる。
・ころがりやすい。
・どこから見ても円。
・切り開いた図をかくことができない。
・どこを切っても、切り口の形は円。

(2) **球の中心・直径**

切り口の形が円のなかで、最も大きい円は、球の中心を通る。

4年 この学年では、まず直方体・立方体の構成要素の数について観察し、辺や面の垂直・平行の位置関係を明らかにする。

次に、立体図形を平面上に表すしかたを考え、また直方体・立方体に関連して空間上の位置の表し方も学習する。

1 辺や面の位置関係

具体的には、次のような段階を追って指導する。

(1) **直方体・立方体の弁別**

いろいろな立体模型のなかから、直方体・立方体を弁別する。

(2) **直方体・立方体の定義***

(3) **直方体・立方体の構成要素**

箱の形」を一つにまとめるまでもない。

球

球は、どんな平面で切っても、切り口の形が円である。中心を通る最も大きな円を**大円**といい、その他の円を**小円**という。また、直径の両端

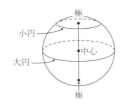

を**極**という。両極を通る大円は無数にある。

直方体・立方体の定義

長方形だけ、または長方形と正方形だけで囲まれた形を**直方体**といい、正方形だけで囲まれた形を**立方体**という。

直方体は直六面体ともいう。また、四角柱でもある立方体は正六面体でもある。四角形で囲まれた立体は、常に六面体を形づくるので、直方体・立方体の定義において囲む面の数をいう必要はない。

273 立体図形

・面・頂点…三つの辺の交点 →8
・辺…二つの面の交線 →12
・面…正方形または長方形→ 6
辺の長さ，面の形と大きさを比べる。

(4) 構成要素の相互の位置関係

① 辺と辺の垂直・平行
右図で，辺アイに垂直な辺は，
辺イウ，辺イカ，
辺アエ，辺アオ
の四つである。
また，辺アイに平行な辺は，
辺エウ，辺オカ，辺クキ
の三つである。

② 辺と面の垂直・平行
直方体・立方体では，一つの辺に垂直・平行な面が，それぞれ二つある。

③ 面と面の垂直・平行
直方体・立方体では，一つの面に垂直な面が四つ，平行な面が一つある。

2 平面上への表し方

直方体・立方体などの立体図形を平面上に表す仕方には，**見取り図・展開図・投影図**があるが，この学年では，見取り図・展開図のみを扱う。

(1) 見取り図

① 模型を見て見取り図をかく
まず，「直方体らしい形」「立方体らしい形」をできるだけ大きくフリーハンドでかかせる。

② 代表的な図を見て話し合う
子供がかいた見取り図のなかから代表的なものを取り上げ，どの図が「直方体らしい形」「立方体らしい形」であるかを判断し，その根拠を考える。

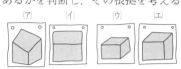

この場合，代表的な図は，それなりの根拠やよさがあることを認めながら，より望ましい形を選択させるようにしたい。

③ 見取り図のかき方
見取り図は，立体を見る方向によって，次のようなかき方がある。

(2) 展開図

直方体・立方体を切り開いた図は，2年のときにも学習しているので，それほど抵抗はない。ここでは，特に次のようなことを重点的に取り扱う。

① 展開図のいろいろなかき方*
② 展開図を基に重なり合う辺や頂点の洞察
③ 組み立てたときに垂直・平行になる

立方体の展開図 立方体の展開図は，下記に示すように11通りある。

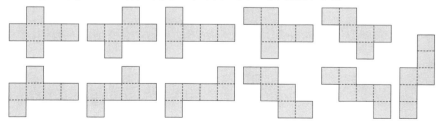

面の洞察
3 空間上の位置
ここでは，3次元の空間にあるものの位置が，結局は，直方体で考えたときの縦・横・高さにあたる三つの要素で表されることを指導する。

具体的には，まず平面上の位置の表し方を復習し，次に教室の中にマイクロホンなどの具体物を持ち込み，その位置の表し方などを考えさせるようにするとよい。

また，ジャングルジムの交点の位置の表し方を考えさせるのも効果的である。

5年 この学年では，角柱・円柱について，分析的・総合的に考察し，それぞれの立方図形の特徴を明らかにする。

1 角柱と円柱*
(1) 角柱・円柱への着目のさせ方

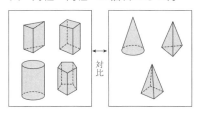

角柱・円柱は，柱体という観点から仲間を作ることができる。したがって，指導に当たっては，角すいや円すいも提示し，それらの形の対比において，角柱・円柱を取り上げるようにしたい。

(2) **角柱の底面と側面***

角柱は，三角柱，四角柱，五角柱，…などを総称した名称である。その名称を決定づけるのが，底面の形であることを理解する。そして，同時に側面や辺，頂点について指導する。

(3) **角柱の面・辺・頂点の数**

角柱の面・辺・頂点の数を列挙し，そのなかで成り立つきまりを見出させるのもおもしろい。

	面の数	辺の数	頂点の数
三角柱	5	9	6
四角柱	6	12	8
五角柱	7	15	10

㋐ 側面の数は，底面の辺の数と同じである。
㋑ （側面の数）＋2 が面の数である。
㋒ 面の数が一つずつ増えると，辺の数は3ずつ，頂点の数は2ずつ増える。
㋓ 辺の数は，（面の数）＋（頂点の数）より常に2少ない。

(4) **角柱の切り口の形**
(5) **円柱の性質**

柱体（角柱・円柱）
一つの平面α上に，閉じた図形Cを考え，αと平行でない直線lを一つ定める。C上の点を通り，lと平行な直線全体の集合は一つの面を作る。この面をαに平行な平面βで切ると，切り口はα上の図形Cと合同である。

このとき，α，βと，面で囲まれた立体を**柱体**という。柱体の平行な二つの平面を**底面**，他の面を**側面**という。底面が多角形や円である柱体をそれぞれ，**角柱，円柱**という。

また，側面をえがく直線（これを**母線**という）が，底面に垂直な角柱や円柱をそれぞれ**直角柱，直円柱**といい，小学校での学習の対象とされる。

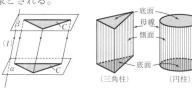

（三角柱）　（円柱）

273 立体図形

発展 平成29年改訂学習指導要領では、角錐、円錐、投影図についての学習は中学校で取り扱う。

1 角錐と円錐*

角錐と円錐の性質を明らかにする仕方も、角柱・円柱の指導の流れとほぼ同じ方向で展開された。

2 立体図形の表し方

角柱・円柱・角錐・円錐などの基本的な立体図形を、**見取り図・展開図・投影図**の三つの方法で平面上に表す。

四角錐・円錐を代表にとって示すと、次の通りである。

(1) 見取り図

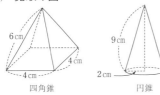

(2) 展開図

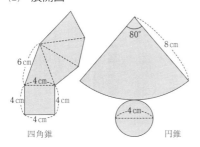

角錐の展開図は、底面を中心にして側面を放射状に示すこともできる。また、円錐の展開図は、母線の長さと底面の半径がわかればかくことができる。

(3) 投影図

投影図は、見取り図などとは違って、3方向から見た図、つまり、一つの立体を垂直に交わる三つの画面に垂直に投影した図である。

平成10年改訂学習指導要領以来、小学校では扱われなくなった。

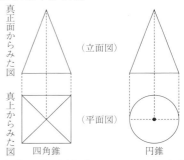

立体図形の置き方によって、真正面から見た図、真上から見た図が異なって表されることもあるので、その点についても十分理解させれば、空間認識がいっそう高まるであろう。

錐体（角錐・円錐）

一つの平面 α 上に閉じた図形 C を考え、α 上にない点 O を定める。O と C 上の点を結んだ直線全体の集合は一つの面を作る。この面と α 上の図形 C とで囲まれた立体を**錐体**という。この錐体で図形 C を**底面**、他の面を**側面**、点 O を**頂点**という。

底面が多角形や円のすい体をそれぞれ、**角錐**、**円錐**という。また、底面が正多角形や円で頂点から下ろした垂線が底面の中心を通るものをそれぞれ**正角錐**、**直円錐**という。

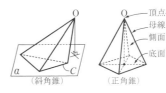

274 量の概念

the concept of quantity

B・C

量とは，大小の比較ができる対象をもっているもののことで，物の個数，長さ，重さ，時間，面積，体積，速さなど，いろいろなものがある。これらの中で，例えば個数などは，二つの集まりを1対1に対応させたとき，対応する相手がなくなって残りの出たほうが大きいというようにして，どちらが多いか比較できる量である。これに対し，長さや重さなどは，おのおのの全体を対応させたとき，対応する共通部分を除いた部分が残るほうが大きいというようにして，大小の比較ができる量である。また，速さなどはすでに知っている二つの量に関係して，その一方を定めたとき，他方の量の大小で比較できる量である。

大小を比較できるものは，基準とするものを定め，その幾つ分というように表すこともできる。この意味で量はその大きさを数値化できるものということもできる（☞247，254）。

個数や人数などは1対1に対応させることができ，その大きさを0と自然数で表すことができる。このような量を**分離量**ということがある。これに対し，長さ・重さ・速さなどは，基準とするものをいくらでも小さくとりうる量で，その大きさは実数で表される。このような量を**連続量**ということがある（☞157）。

1 量の性質

(1) 量の比較性

この性質は，量が移動したり，分割したり，合併したり，変形したりしても，その大きさは変わらないという**量の保存性***を前提としているが，量が比較できることで，次の3点が重要である。

① 同種の2量を比較するとき，一方が他方より大きいか，小さいか，あるいは等しいかのいずれか一つが成り立ち，これらの二つが同時に起こることはない。

② 同種の2量 a, b があるとき，b を基準として，a は b より大きいといえるとき，その関係は a を基準として，b は a より小さいともいうことができる。このように二つの量の関係について，一方から見た関係を他方から見直していえる。

③ 同種の量，a, b, c があるとき，例えば $a > b$ で，$b > c$ のときは，$a > c$ といえることである。この性質を基準として同種の量がいくつもあるとき，その一つの量を媒介として，ほかの量を間接的に比較でき，また多くの同種の量の大小，相等関係を見出すことができる。

(2) 量の測定性（測定の可能性）

量が測定できるのは，その量を正の実数に対応させることができる場合である。そのためには量が連続であることが必要

量の保存性

例えば，3Lの水はどんな容器に移しても3Lであり，幾つかの容器に分けて入れても，その総量は3Lであり，量の大きさは増えたり，減ったりはしない。量には移しても，分けても，形を変えても，全体の大きさは変わらないという性質がある。この性質を**量の保存性**といい，量のいろいろな性質の前提となっている。

ピアジェの研究と実験によれば，幼児は，保存概念のない段階から，徐々に保存概念の形成される段階を経て，保存概念が完成する段階に発達していくということである。

したがって，低学年の時期には，量をほかの位置へ移した場合や量の見かけの形が変わった場合，さらに一つの量を幾つかに分割した場合などについて，重ねたり，元に戻したりして，量の大きさが変わらないことを確かめさせるようにし，保存性が認められるようにしむけていくことが必要である。

である。しかし，小学校で扱う数は有理数までであるから，量の測定性についても，次の程度に扱うことになろう。
① 同種の2量の間にいくらでも同種の量が存在すること。これにより量の数値化がいくらでも詳しくできることになる。（**量の稠密性***）
② 量は整数で何等分でもできることで，それに当たる量が存在すること（**量の等分可能性***）。これにより，例えば，測定の単位を $\frac{1}{n}$ にするなどができることになる。
③ 同種の2量 a, b が $a > b$ のとき，b を2倍，3倍，…していくと，いつかは a 以上になる整数が存在すること（**アルキメデスの法則***）。これにより，どんな大きさの量でもその量と同種の量を単位として，その幾つ分，あるいはそれに近い値として測定できるわけである。

(3) **量の加法性**

この性質も量の保存性を前提として，量を移動・変形・合成・分解などを通してとらえるときの基礎となるもので，次のような特徴があげられる。
① 同種の量についてたし算やひき算ができることで，その大きさがもとの量の大きさだけで一意的に決まること。このことは，例えば，ある物体Aの重さ a と，Bの重さ b との和は，A，Bの重さだけでただ一つに決まり，A，Bの他の属性と考えられる体積などに関係しないことを指している。
② 量の和をつくるとき，**交換法則**や，**結合法則**が成り立つこと。つまり，同種の量 a, b, c について，次のことがいえる。
同種の量 a, b, c について，
$a + b = b + a$　　　　　　　　（**交換法則**）
$(a + b) + c = a + (b + c)$　　（**結合法則**）
この交換法則は，a に b を加えるか，b に a を加えるかという加える手順には関係しないことを示したものである。また，結合法則は幾つかの量を加える場合，その大きさは加える手順に関係しないことを示している。
③ 量の比較性と関連して，同種の量の和について次のことがいえること。
同種の量 a, b, c について，
$a + b > a$
$a > b$ ならば，$a + c > b + c$
この性質は，二つの量を比べるとき，両者に共通な大きさがあれば，それを除いた部分のあるほうが大きく，また，共通部分を除いた残りの部分の大きいほうが大きいことを示すものである。
〔$a + b > a$, $a > b \Rightarrow a + c > b + c$〕
ここで，量の加法性については，これが成り立たない量があることに注意しなければならない。例えば温度について，a℃の水に b℃の水を加えても $(a + b)$℃にはならない。また，濃度について，

量の稠密性・連続性

量の稠密性とは，同種の2量 a, b が $a > b$ ならば，$a > c > b$ となる a, b と同種の量 c が存在することである。量に対し有理数は稠密ではあるが，連続性がないことから無理数を考えることにより，数の連続性が明らかにされた。数直線上に有理数と無理数を合わせた実数をとった点の集合は，すき間がなくつながる（**連続性**）。量はこの実数と対応していて連続性を備えたものであるといえる。

量の等分可能性

どんな量についても，これを何等分にもできるということである。ある量 a を n 等分（n は整数）したときの一つ分の大きさを $a \div n$, a の $\frac{1}{n}$, $a \times \frac{1}{n}$ などと表すことができる。また，a の $\frac{1}{n}$ の m 個分を a の $\frac{m}{n}$, $a \times \frac{m}{n}$ と表すことができる。これは量を測定していくときのものさし，単位量の $\frac{1}{n}$ を基にして，分数で表すときの基礎となる。特に n が10，100，……のときは，測定値は小数で表される。

二つの食塩水を混ぜる場合，できる食塩水の濃度は，もとの食塩水を混ぜる割合を決めなければ決まらない。つまり，もとの食塩水の濃度だけでは，これを混ぜてできる食塩水の濃度は決まらないのである。

この観点から，長さ，重さ，時間，面積，体積などのように加法性の成り立つ量を**外延量**，加法性の成り立たない量を**内包量**ということがある（☞104）。

2　量と数の関係
(1)　量の計算と数の計算

一般に加法性のある量については，それが未測量であっても，和や差が確定するものである。また，加える場合に交換法則や結合法則が成り立つことについてはすでに述べた通りであるが（[1](3)），これらのことは測定値のわかっている既測量についてもいえることである。

そこで，ここでは量について**倍の概念***を導入したときの計算について考え，数の計算と比較してみよう。

まず，同じ量 a について，前述の加法性により，$a+a$, $a+a+a$, ……などが確定するので，これらをそれぞれ，a の 2 倍，a の 3 倍，……といい，$a\times 2$, $a\times 3$, ……などと表し，a の n 倍は $a\times n$ と表すことにする。

すると，これらの和や差，積について次の性質があげられる。

① $(a\times m)\pm(a\times n)=a\times(m\pm n)$
② $(a\times m)\pm(b\times m)=(a\pm b)\times m$
③ $(a\times m)\times n=(a\times n)\times m$
$=a\times(m\times n)$

①については，例えば $a\times 4$ と $a\times 3$ の和は次の図に示す通りである。

②については，例えば $a\times 4$ と $b\times 4$ の和は次の図に示す通りである。

③についても，例えば $(a\times 4)\times 3$ は次の図から $(a\times 3)\times 4$ や $a\times(4\times 3)$

ととらえることができよう。

ここで，これらの計算を，数の計算に移してみよう。例えば先の①の式で，$a=2$ cm とし，$m=4$, $n=3$ とすると，次の式になる（単位cm）。

$(2\times 4)\pm(2\times 3)=2\times(4\pm 3)$

量の計算では先の図に示した集合数の計算のように簡単であるが，数の計算に移してみるとやや複雑である。しかし，量についての計算を念頭に置いて数の計

アルキメデスの法則

長さを例にとると，a を b で測定するとき，次の二つの場合が考えられる。

① $\begin{cases}(a)\\(b)\end{cases}$　$a=b\times 4$（測定値は4）

② $\begin{cases}(a)\\(b)\end{cases}$　$b\times 4<a$
$\phantom{\begin{cases}(a)\\(b)\end{cases}}\quad <b\times 5$

a が $b\times 4$ に近いときは測定値は 4 とする。アルキメデスの法則は，このように測定の原理となるものである。

倍の概念

次の図で示すように，b の長さを継ぎ足して，a の長さが得られたとき，b に対して，a は b の3倍といい，$a=b\times 3$ と表す。

一般に，b の n 倍を $b\times n$ と表すことにする。

$\begin{cases}(a)\\(b)\end{cases}$　$a=b\times 3$

このように，倍は一つの大きさを，ほかの適当な大きさを単位として，その幾つ分にあたるかとみたり，表したりする考えである。

算をみれば，その性質もとらえやすくなるものである。

②についても，$a = 2$，$b = 3$ とし，$m = 4$ の場合を次の式で調べてみよう。

$2 \times 4 + 3 \times 4$
$= (2+2+2+2) + (3+3+3+3)$
$= (2+3) + (2+3) + (2+3)$
$\quad + (2+3)$
$= (2+3) \times 4$

次に③についても，$a = 2$，$m = 4$，$n = 3$ とし，前ページの図を番号にして調べてみると，次のとおりである。

$(2 \times 4) \times 3$
$= (2+2+2+2) + (2+2+2+2)$
$\quad + (2+2+2+2)$
$= (2+2+2) + (2+2+2)$
$\quad + (2+2+2) + (2+2+2)$
$= (2 \times 3) \times 4$

また，$(2 \times 4) \times 3 = 2 \times (4 \times 3)$ についても，図から明らかであろう。

以上のように，かけ算の概念のもとになる事柄が，量の加法性をよりどころにして明らかにされたが，量の計算を基礎にして，数の計算が導かれることが重要である。

さて，量の等分性（1(2)）により，量は何等分することもできるので，量の等分について，次の性質があげられる。

④ $(a \div m) + (b \div m) = (a+b) \div m$

量の計算と数の計算の関係

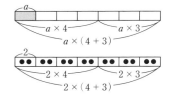

上の図から，a の4倍と3倍の和は，a の $(4+3)$ 倍である。このような関係をふつう**分配法則**といっているが，これは数の計算

⑤ $a \div m \times n = a \times n \div m$
⑥ $a \div m \div n = a \div (m \times n)$

これらについても，次のような図を用いてとらえられる。④については，$m = 4$ とした次の図で明らかであろう。

次に，⑤，⑥についても，左の図で影の部分を a とすれば，$a \div 4 \times 3$ と，$a \times 3 \div 4$ が一致することがとらえられよう。また，同じ図で，全体の長方形を a とすれば，$a \div 4 \times 3$ と，$a \div (4 \times 3)$ が一致することも明らかであろう。

実は，これらの性質は，④については a の $\frac{1}{m}$，b の $\frac{1}{m}$ を基にして，先の②を適用したものであり，⑤については a の $\frac{1}{m}$ をもとにして③を，⑥については $a \div m \div n$ をもとにして③を適用したものである。さらに，これらの性質をもとにして a の $\frac{m}{n}$ などについても，前にあげた①，②，③などとまったく同じ形の関係が成り立つのである。（**例** a の $\frac{m}{n}$ の $\frac{p}{q}$ ＊）

(2) 量の概念と測定との関連

量の概念は，量の大小を比較したり，その大きさを測定したりすることを通してしだいに深められるものである。

の立場からみたもので，量の立場からいえば，a の四つ分と三つ分は，四つ分と三つ分を合わせて，a の七つ分というように，a の個数の間の関係にすぎない。いいかえれば，量の立場での和の関係が，数の立場では，単位の大きさを1とみたときの和の関係に移されることである。

乗法についての**結合法則**でも同様で，a の4倍の3倍が a の (4×3) 倍になることは，量の個数の間の関係であり，a を1とみればこれは数4と3の積を求めることになる。

特に量を測定する場合，測定値を得る手続きに着目することが重要である。

まず直接測定の段階では，単位量 a の n 倍を $a \times n$ と表すが，n が 1，2，3，……と変化するのに対応して，$a \times n$ は $a \times 1$，$a \times 2$，$a \times 3$，……と変化する。これは，n と，$a \times n$ が比例関係にあることを示すものである。

次に，間接測定の段階では，求める量が直接測定する量に比例して変化する関係に着目することが重要である。

例えば台ばかりは，台にのせた物の重さと針の回転する角度が比例するようになっている。この比例関係を利用して，重さを角度に置き換えているのである。

このようにして，量をほかのとらえやすい量でとらえたり表したりする考えが次第に養われるわけである。

測定に比例関係が用いられる場合は，ある量がほかの一つの量に比例するものに限らない。例えば，長方形の面積は，横の長さが一定のとき，縦の長さに比例し，縦の長さが一定のとき，横の長さに比例する。このような場合には，縦，横の辺がともに単位の長さの正方形の面積を S_1 とすると，縦が単位の長さの a 倍，横が単位の長さの b 倍である長方形の面積 S は次の式で表すことができる。

$$S = S_1 \times (a \times b)$$

この例で重要なことは，長方形の面積を C，縦，横の長さをそれぞれ A，B とすると，C が A，B に**複比例***するとき，C の測定値は，A，B の対応する測定値の積になることである。

なお，単位を表す記号についても，測定値を積の形で表したように，比例する量の単位の記号の積の形を使うことにすれば，量の大きさがいっそう簡便に表されるわけである。先の面積では，単位を長さの単位の積として，(長さの単位)×(長さの単位)を(長さの単位)^2 として表すのである。（**例** $m \times m \to m^{2*}$）

また，ある物体が等速運動をしているものとみなしたとき，その速さは，時間が一定のとき距離に比例し，距離が一定のとき時間に反比例する関係とみることができよう。このようなときにも，距離，時間をそれぞれ単位の距離，単位の時間として，その速さを V_1 とした場合，距離が単位の a 倍，時間が単位の b 倍である速さ V は，次の式で表すことができるのである。

$$V = V_1 \times a \div b = V_1 \times \frac{a}{b}$$

なお，速さの単位としても，測定値を

量 a の $\frac{m}{n}$ の $\frac{p}{q}$

量 a の $\frac{m}{n}$ の $\frac{p}{q}$ を，$a \frac{m}{n} \times \frac{p}{q}$ と表すことにすれば，a の $\frac{m}{n} \times \frac{p}{q}$ は $a \frac{m \times p}{n \times q}$ である。

これは右の図から，明らかであるが，次のように証明することもできる。

（長方形全体の面積 a）

$a \times \frac{m}{n} \times \frac{p}{q}$
$= a \div n \times m \div q \times p$
$= a \times m \div n \div q \times p$
$= a \times m \div (n \times q) \times p$
$= a \div (n \times q) \times (m \times p)$
$= a \times \frac{m \times p}{n \times q}$

これから，

$$a \times \frac{m}{n} \times \frac{p}{q} = a \times (\frac{m}{n} \times \frac{p}{q}) = a \times \frac{m \times p}{n \times q}$$

ここでも，$a = 1$ とおけば $\frac{m}{n} \times \frac{p}{q} = \frac{m \times p}{n \times q}$

すなわち，量についての計算を基盤にして数の計算（分数）が導かれるわけである。

商の形で表したように，単位の記号も商の形を使うことにすれば，b 分間に a m 進んだときの速さの単位は m/分となる。つまり，Vm/分 $= \frac{a}{b}$m/分である。

この例でも重要なことは，b が一定のとき V は a に比例し，a が一定のとき V は b に反比例する。このとき，V の測定値は $\frac{a}{b}$ のように，a，b の対応する測定値の商になることである。また，その単位を表す記号についても同様である。

このようにして，すでに測定可能な量で，比例・反比例の関係にあるものに着目し，それらの組み合わせでとらえたり，表したりできるものがあることを理解していく。また，それらの量の単位の構成やその表し方についても，測定値を得る手続きと同様に既測量の単位を積や商の形で組み合わせて考えるようにする。

③ 量概念の指導

量の概念は，これを測定することによって確定していくものであるが，ここでは量の性質を明らかにしていく面から，各学年における指導の重点をあげてみる（☞247）。

1年 長さや広さ（面積），かさ（体量）を取り上げ，比較することを通して同種の量がとらえられるようにする。例えば，長さの場合には比べられるものを集めて，まっすぐなものだけでなく，折れ曲がったものなどにも長さがあることが認められるようにする。その際，日常用いられる「長い」「短い」などの言葉を手がかりとする。

2年 長さやかさ（体量）について，普遍単位による測定を通して，量の概念の理解を図る時期である。

この学年では，長さについては直接測定する長さが線として見えないようなもの，例えば，二つの物の距離などについても，そこに長さが認められるようにする。なお，身近にあるいろいろな物の長さや入れ物のかさについてその**量感***を養い，それらと比較して，長さやかさなどの量が大まかにとらえられるようにしておくことも大切である。

この時期の児童には「量の保存性」の欠ける者があるといわれている。そこで，例えばかさの学習の際には「色水」をいろいろな容器に移し変えたときの見かけの形の変化や，幾つかの容器に分別したり，逆に合併したりすることを通して，量の総量は，これらのことにかかわりがなく，変わらないことに気づかせていく。

時間など目に見えない量についても，例えば，砂時計などを用いて，単位時間の幾つ分として，測定できる量であることに気づかせる。

3年 3年で学習する重さも，目に見えない量であるので，とらえにくい。はかりに同じつくりの物を一つずつ載せていくようなとき，はかりの針の動く幅が同じことを観察させ，重さを

複比例

例えば，長方形の面積は，横の長さを一定にすると，縦の長さに比例して変わる。また，縦の長さを一定にすると，面積は横の長さに比例して変わる。この場合，面積は縦，横の長さに**複比例する**という。

また，このような量の単位は，複比例する量の単位を組み合わせて作る（**例** 長さの単位を組み合わせて面積の単位とする）。

基本単位から誘導単位を作る

例えば，縦 3 m，横 4 m の長方形の面積は，単位の正方形の面積の（4×3）倍である。この数値は，縦，横の対応する数値の積である。そこで，単位記号も積の形を使うことにすれば，m×m ⇨ ㎡ となる。

単位の記号を数と同様に扱って計算していくことにすると次のように書くこともできる。

$$4 \text{ (m)} \times 3 \text{ (m)} = 4 \times 3 \text{ (㎡)}$$

量るのに，針の回転角，あるいは，針の先端が動く長さが用いられていることに気付かせる。また，重さも物の見かけの形や大きさに関係しないことを，測定を通して実験的に知らせるようにする。

4年 この学年で取り上げる長方形の面積については，敷き詰められる単位正方形の数を直接的に計算することも必要であるが，それが，長方形の縦・横の長さから間接的に計算できることに気づかせることが重要である。求めようとする量を直接測定するのでなく，求めやすい既習の量で，比例関係にある量を用いていくアイディアは，この学年以後における各種図形の求積や一般に比例関係を利用した測定の初歩的・基礎的な経験として重要である。

角については，その大きさが，辺の長さにかかわりのないことにも留意する。

5年 4年で学習したことを活用して，三角形や平行四辺形，ひし形および台形などの面積の求め方を考えることができるようにしていく。

また，この学年では簡単な立体の体積の求め方を取り上げる。体積の意味，体積の単位としてcm³, m³が用いられること，直方体や立方体の体積を求める公式をまとめ，適用すること，Lとcm³の関係などについてまとめる。そのほか不定形な図形の面積や体積を概測できるようにする。

また異なる値の2量の割合としてとらえられる数量について，その比べ方や表し方を理解させていく。単位量あたりの大きさで比べる活動を通して人口密度や濃度などについての初歩的な理解を図っていきたい。

この学年では，速さが，距離と時間の二つの量でとらえられることについての理解を図ることが重要である。速さが距離に比例し，時間に反比例する量であることから，速さの測定方法や，単位の組み立てが工夫されていることに気づかせるようにする。

6年 円の面積では，曲線で囲まれた図形の面積を工夫して測定するとともに，円の面積を求める公式をつくり，計算による求め方について理解をはかる。

また，5年で学習した立方体，直方体の体積の求め方をもとにして，基本的な角柱および円柱の体積の求め方を考える。直方体の体積は（縦）×（横）×（高さ）で求めたが，それを（底面積）×（高さ）と捉え直すことで，角柱や円柱の体積を計算で求めることができることを理解する。

これらの学習では，計算による求め方の表現をふりかえり，簡潔で的確な表現（公式）に高めていくことも大切である。

量感（☞207，211）

長さについていえば，はがきの横の長さや両手を広げた長さはどのくらいかを，ものさしをあててみなくても，およその測定値をいえる状態にあるとき，長さに対する**量感**があるという。量感は測定を通して養われるものであるが，量感があると，量の大きさに従って適切な計器や単位を選定したりできる。また，仕事を計画的・能率的に進めることができる。

速さ・濃度・密度の初歩的理解

速さは（距離）÷（時間）の計算で求められるが，速さを求めるのに，距離と時間を測定しなくても，単位時間に進む距離を測定すればよい。速さをこのようにとらえると，考えやすく，処理しやすい。

濃度や密度についても同様に，それぞれ単位体積当たりの重さ（質量）と考えるようにする。これらの量は，単位量当たりの大きさといわれるものである。（☞255）

275 割合
rate

二つの数または同種の量 A, B について，A が B の何倍であるかを表した数 P を，A の B に対する**割合***という。

$$A \div B = P \text{（割合）}$$

学習指導要領の「内容」の説明では，割合に関する用語や記号を5年以上で用いているが，その素地的内容や意味については1年から積み上げられている。

1年 割合の素地となる指導として，数えることや計算に関連しては，基準にする個数に関心を向ける。また，測定に関連しては，基準にする長さ，かさ，広さなどの大きさを意識するようにする。これらをとおして，割合の素地となる用語や概念を実際の場で正しく用いられるようにし，その理解を深める。

1 基準にする数量

二つの数量を比較する場合，比較している量や，基準にする量に関心を向ける。

例えば，「赤い花は白い花より2本おおい」など，何が何よりどれだけ多いかをはっきり表現することは，何の何に対する割合かを表す大事な素地となる。

2 まとめて数えたり，等分したりする操作

具体的な事物を，2ずつ，5ずつ，10ずつなど，幾つかずつにまとめて数えたり，等分したりし，それを整理して表す。

例えば，12個のおはじきを2個ずつの組にすると6組，3個ずつでは4組できる。また，2列に並べると6個ずつになり，3列に並べると4個ずつになることなど，基準が認められるようにする。

3 （何十）±（何十）の計算

例えば，50＋30＝80になる訳を，10のかわりに磁石玉1個を使うなどの操作をとおしてとらえられるようにする。

このように適当な単位を設定して，数量の大きさをつかみやすくするなど割合の考えのよさにふれられるようにする。

4 長さの比較

長さを比べるのに，直接比較したり，身近に存在する棒や鉛筆，指幅などを基準にして，その幾つ分であるか数えてその大きさを表したり，比べたりすることができる。その際，何（基準にする大きさ）で測って，それが幾つ分あったかということが，はっきり言えるようにする。

また，二つのものを比べる際，どちらを基準にして「長い」「短い」と表現しているか，「長いほうは，短いほうのいくつ分あるか」など，「倍」の見方の素地を培うようにする。

2年 1年の素地指導をもとに，さらに指導が引き継がれる。

割合

割合という用語は，A, B の2量が同種の場合，上述のほかに，「縦と横の長さは3対2の割合」など，比の意味でも用いられる。

また，異種の2量の関係を表すにも用いられる。例えば，速さは長さの時間に対する割合とみられ，1時間に進む長さ（時速）などの表し方がある。このように「単位量当たりの大きさ」を表すものとして，1km²当たりの人口とか，1ha 当たりの米のとれ高などがある。

数量関係としての割合

昭和33年の学習指導要領では，A－数と計算，B－量と測定，C－数量関係（割合，式・公式，表・グラフ），D－図形の4領域のうちの「数量関係」の中に，一つの独立した分野として「割合」が明示されていた。

しかし，43年の学習指導要領では，C－図形，D－数量関係となり，Dの分野は割合を除いて「関数」「式表示」「統計」と改められ，内容の多くは各領域に分散された。

275 割合

1 整数倍の見方

長さやかさなどの量を比較するところで，機会をとらえて，2量の関係を**整数倍の見方***でとらえ，的確に表現できるようにする。

例えば，掲示板の縦が2m，横が4mだとすれば，横の長さは縦の長さの2倍（二つ分）であるとか，縦の長さは横の長さの半分であるというようにみたり表したりする。

2 乗法の意味（☞240）

乗法の意味を理解するうえで，最も重要なことは，「同じ大きさの数量」として，どの数量を一まとまりとしてとらえるのか，さらに，その一まとまりを幾つ集めると，その数量全体の大きさになるかなどを明確にすることである。つまり，数量全体の大きさを「～の～倍」というようにとらえられることが大切である。

その指導としては，
・2量を比較して，大きいほうが小さいほうの何倍に当たるかをとらえる。
・基準量の幾つ分かに当たる量を作る。
・一つの量が，その中に含まれている量を基準にして，その何倍に当たるかをとらえる。

なお，これらの指導は分離量の場合から，しだいに連続量の場合に発展していくようにするとよい。

3 乗法の式を読む

ある量を作ったり，等分割したりする活動をとおして，数量の関係を乗法の式で表したり，逆に式から具体的な数量関係を読み取ったりする。

12cmは4cmの3倍 ⇌ 4×3＝12

4 簡単な分数

具体物を用いて，$\frac{1}{2}$，$\frac{1}{3}$，$\frac{1}{4}$などの大きさを作ることや，$\frac{1}{2}$，$\frac{1}{3}$，$\frac{1}{4}$などの数を分数と呼ぶことを指導する。

3年　整数についての割合の計算ができるようになる。

1 ぼうグラフの読み方（☞269）

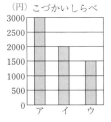

ぼうグラフの読み方に関連して，差の見方の外に，割合の見方が的確にできるようにする。

例えば，上図で「アはイより1000円多い」という読み方だけでなく，「アはウの2倍」「イはアの$\frac{2}{3}$」「ウはアの$\frac{1}{2}$」など，適当な量を単位として数量の大きさをつかみやすくする割合の見方を用いるようにする。

2 分数（☞266）

日常経験している分割などの操作と関連させながら，ある大きさを3等分したものの二つ分の大きさをもとの大きさの「三分の二」といい，これを$\frac{2}{3}$と表すことを学ばせる。そして，その発展として「1mの三分の二」を$\frac{2}{3}$mと表すことを

倍の見方

二つの量を比較する場合に，差に着目する場合と，割合に着目する場合とがある。

差を表すには，二つの量の共通単位を用いればよいが，割合を表すには，一方を基準にして他方を測り直すことになる。その場合，基準にしたほうの測定値は「1」とし，他方がその2倍のときは「2」というように，測定値がつけ直されているわけである。

割合の考えの素地指導

昭和33年の学習指導要領では，割合についての素地指導を重視した。乗法や測定に関連して，割合の考えの基礎となる事柄を理解させることを2年の学年も目標に掲げ，内容として「具体的な事物の取り扱いをとおして割合の基礎となる事柄について理解させる。ア……の2ばい，イ……の$\frac{1}{3}$（三ぶんの一）などの意味を知ること」をあげていた。

275 割合

指導する。これらの指導で，全体の長さ，わけた一つ分の長さを明確にしておく。また，この学年では，左図のように，Aの長さを1とすると，Bの長さは$\frac{2}{5}$とみることができるようにする。同様に，Dのおはじきの個数はCのおはじきの個数の$\frac{2}{5}$とみることができるようにする。

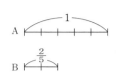

C ◯◯◯◯◯
D ◯◯

3 わり算の意味 (☞244)

わり算の意味は，**等分除**による意味と**包含除**による意味とがある。

わり算の意味の理解を容易にするには等分除が適切であり，計算方法の理解を図るには包含除が適切である。

したがって，わり算の導入では，等分除と包含除の意味を比較させながら指導するとよい。

(1) 等分除の意味

例えば，「20個を5人に等分すると1人分は何個か」のとき，20÷5で，これは□×5＝20の□を求めることである。

(2) 包含除の意味

例えば，「20個は5個のいくつ分か」のとき，20÷5で，これは5×□＝20の□を求めることである。

(3) 等分除の見直し

等分除は整数でわる場合は具体的に考えやすいが，小数・分数の場合には困難になるので，「等分する」という操作から離れて，下図のように「1に相当する大きさ□」を求める計算として見直しをする。このあたりが指導の要点である。

4 「倍」を使ったわり算の適用

(1) 何倍かを求めるわり算

何倍かを求める（ある数がもとにする数の何倍であるかを見つける）には，わり算を用いる。

これは，**比の第1用法**＊に発展するもので，倍（割合）を求める場合に当たる。

$$a \times x = b \quad \rightarrow \quad b \div a = x$$

(2) もとにする数を求めるわり算

もとにする数を求める場合には，わり算を用いる。

「Aのもっている切手の数はBの4ばいで，32まいです。Bは何まいもっていますか」

これは，**比の第3用法**＊に発展するもので，もとにする数を求める場合に当たる。

$$x \times a = b \quad \rightarrow \quad b \div a = x$$

この場合は，Bの枚数を□とし，

□×4＝32　　32÷4＝□

として求める。

もとにする数（量）・比べる数（量）

割合の概念は，もとにする数（量），比べる数（量）（または，比べられる数（量））と割合の三つの要素からなっている。しかし，表現の仕方は，基準になる量を「**基準量**」，比較する量を「**比較量**」といったり，比較する量を「**割合に当たる量**」といったりするなど，いろいろある。

ここでは，統一した用い方をしていないので，留意されたい。

比の3用法

二つの数量AとBについて，AのBに対する割合をPとすると，割合についての計算は，次の三つにまとめられる。

① $P = A \div B$ （比の第1用法）
② $A = B \times P$ （比の第2用法）
③ $B = A \div P$ （比の第3用法）

①は割合を求める計算，②は割合に当たる量を求める計算，③は基準量を求める計算である。

④ さらに，数量の関係の見方やとらえ方を含め，割合についての素地指導が進められる。

1 概数の扱い（☞210）

千単位や百万単位などの概数を扱うなかで，適当な単位をとって数量の大きさをつかみやすくするという見方やぼうグラフに表す場合，例えば，

　1cmで　1人　→　15cmでは□人
　1cmで　10人　→　15cmでは□人
　1cmで　100人　→　15cmでは□人

といった考えなどが，割合の指導に含まれる。

2 わり算（倍を表すのに小数を用いる）

割合の考えが小数でも表せることを学ばせていく。

この場合，二つの数量の関係について，例えば，4mは2mの2倍になることを基にして，3mは2mの1.5倍，2mは

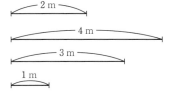

2mの1倍，1mは2mの0.5倍になることを理解する。

3 簡単な場合についての割合

二つの数量の関係が，基準とする数量を1とみたときにもう一方の数量が，2倍，3倍，4倍などの整数で表される場合について，二つの数量の関係と別の二つの数量とを比べることを扱う。この内容は平成29年改訂学習指導要領において新設された。

⑤ 割合が整数で表された場合から，この学年では割合が小数で表される場合に拡張する。何倍かを表す数が小数のときも，乗法を適用して，比較量が求められることを指導する。

すなわち，基準にする大きさをBとしたとき，このBに対する場合がp（小数）であるようなAを求める操作が乗法$B \times p$であることを指導する。

除法の場合も，次のことを指導する。
① AのBに対する割合を求める場合（AはBの何倍であるかを求める，いわゆる包含除に当たる）

$$p = A \div B$$

② 基準にする大きさを求める場合（整数の場合は，いわゆる等分除に当たる）

$$B = A \div p$$

これらを，除数が小数の場合には，1に相当する大きさ（基準にする大きさ）を求めるという見方で一般化する。

1 割合と百分率・歩合

小数の乗法・除法をもとにして，例え

基準の交換

昭和33年の学習指導要領では，4年の数量関係（割合）に，次のように示されていた。
(1) 二つの数量の割合について理解を深める。
　ア　例えば，二つの量A，Bについて，Aの大きさを2とみるとき，Bの大きさが3とみられるという考え方や，また，そのとき，AはBの$\frac{2}{3}$であり，BはAの$\frac{3}{2}$であることなどを知る。

図式によるかけ算の意味

割合が小数の場合まで拡張されても，乗法の式にそのまま当てはまることを理解するために，次のような数直線を用いる。

275 割合

ば，横 6 cm，縦4.8cmの長方形があるとき，横は縦の何倍かを求める場合，

$$6 \div 4.8 = 1.25$$

より，縦を1とみると，横は1.25の割合であることから，「ある量をもとにして，それと比べる量が何倍に当たるかを表した数を**割合**という」ことをまとめる。

そして，

(割合) = (比べる量) ÷ (もとにする量)
(比べる量) = (もとにする量) × (割合)
(もとにする量) = (比べる量) ÷ (割合)

であることを理解する。

割合を具体的に求めることを通して，

比較量＜基準量　⟶　割合＜1 *
比較量＝基準量　⟶　割合＝1 *
比較量＞基準量　⟶　割合＞1 *

といった関係をとらえる。

さらに，これらの扱いのなかで，割合が全体と部分，部分と部分の関係を表すことも取り上げる。

その際，これまで基準とする大きさを1として，それに対する割合を表すのに分数や小数を用いてきたが，もっととらえやすい整数で表すために，基準とする量の大きさを100とみて，それに対する割合で表す方法として0.01を1％と表すのに「**百分率**」があり，基準とする量の大きさを10とみて，それに対する割合で表す方法として0.1を1割と表すのに「**歩合**」があることを指導する。

なお，百分率と歩合についても，

・40人のうち2人欠席したときの欠席率
・250円の15％に当たる金額
・8 kmが40％に当たるとき，1に当たる長さ

といったような，「割合」を求めたり，「割合に当たる量」「もとにする量」などを求めたりする文章題が扱われる。

2　帯グラフと円グラフ（☞205）

割合のうちで，全体量を1とみたときの各部分の割合は，帯グラフや円グラフに表すことができる。

帯グラフは円グラフと同じように，面積で数量の大きさ（割合）を示すグラフであり，その面積の割合が線分の長さや円弧の長さまたは中心角と比例することが利用されていることを指導する。

3　円周率（☞206）

円について，円周の直径に対する割合（円周率）が一定であることを知り，円周・直径・円周率の関係を明らかにする。

4　異種の二つの量の割合

人口密度（混みぐあい）のように，2つの量から定まり，一方のみでは比較できない量があることに気付かせる。

混みぐあいが同じであるとき人数と面積が比例の関係にあることを利用し，人数をそろえるか，または，面積をそろえ

基準量と比較量

割合と1との大小関係で，基準量と比較量の大小関係はわかるが，基準量が比較量の内にある場合と外にある場合があるので，この点に十分に留意して指導することが大切である。

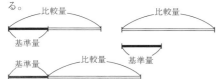

全体と部分，部分と部分の割合

全体と部分，部分と部分を比べる場合に，割合を用いる例として，百分率や歩合がある。

この場合，「もとにする量」が「全体の大きさ」であり，「比べる量」が「部分の大きさ」となる。

したがって，割合は，

(**部分の大きさ**) ÷ (**全体の大きさ**)

で計算できる。

また，部分と部分を比べる場合は，基準とする部分を「もとにする量」として計算する。

275 割合

るかで考えると比較できることがわかる。その際，面積を単位の面積としたときに得られる数値が人口密度である。

このように，2量が比例関係にあると考えられるとき，一方が1となったときのもう一方の値が**単位量当たりの大きさ**（☞255）である。

6年 5年で取り扱った乗数や除数は小数であったが，6年ではこれを分数にまで拡張していく。その際，小数を用いたときと同様に考えを進める。

また，割合を使った問題の解決についても扱うことになる。ここでは，倍の加法性を用いた場面で，**第1用法***，**第3用法***の使い方をとおして，小数のときと同様に，割合への拡張を図っていく。

1 分数の乗法・除法（☞261）

乗法は基準とする大きさと，それに対する割合とから，その割合にあたる大きさを求める演算として理解させ，除法はその逆の演算として理解させる。

例えば，

・$1\frac{3}{5}$ m の $\frac{2}{3}$ は何 m かを求める場合，$1\frac{3}{5}$ m の $\frac{2}{3}$ にあたる量は，$1\frac{3}{5}$ m の $\frac{2}{3}$ 倍と同じであることから，$1\frac{3}{5} \times \frac{2}{3}$ を計算する。

・A が $\frac{1}{2}$ m，B が $1\frac{1}{4}$ m のとき，B の長さは A の長さの何倍かを求める場合，$1\frac{1}{4} \div \frac{1}{2}$ を計算する。

・700円が $2\frac{1}{3}$ 倍にあたる場合の基準とする大きさを求める場合，基準とする大きさを□として，次のように計算する。

　$□ \times 2\frac{1}{3} = 700 → □ = 700 \div 2\frac{1}{3} = 300$

2 分数計算を用いる文章題

分数で割合が表されている問題の解決をとおして，分数の乗法・除法の適用の場を広げる。

・$B \times P = A$（P は分数）
・$A \div B = P$（$A = B \times □$ の形で考え，□を用いて立式し，解決する。）
・その発展として
　$A = B \times (1 \pm p)$　（p は小数）
　$B = A \div (1 \pm p)$

なども扱うことになる。

また，全体を1として部分の割合（和や積を含め）を考え，問題を解決する方法を，表や図をかいて工夫する。

3 比（☞262）

比は二つの簡単な整数の組で2量の割合を表すもので，例えば，長方形の縦と横の長さをある単位で測って5と8であるとき，5：8　と書く。

等しい比

「二つの比があって，それぞれの比が同じ割合を表しているときこの二つの比は等しい」という。比が等しいことを次のように書く。例えば，

　　　　2：3 ＝ 4：6

比の第2用法と第3用法の関係

第3用法は，割合の計算では最も困難なものである。5，6年でも，□を使用して，問題の表現に即した立式を重視し，**第2用法**に帰着させてから解決させるようにするのが効果的である。

上の例で，基準とする大きさ□として，「□の $2\frac{1}{3}$ が700円」と問題を読みかえて，第2用法に帰着させて立式し，□を求める。

割合の問題と図解

割合の問題では，図解も有効であり，その方法もいろいろある。第3用法の場合例えば，「A は B の $\frac{3}{4}$ で60」から，B を求めるとき，

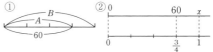

①よりも，②のほうが1当たりの量（基準量）を求めることを認めやすい。

索 引

索 引

〈注〉 ① ここで取り上げた用語は，すべて本文中の太字体で示された用語である。また，索引中の太字体の用語は，本文中の中項目名で，○印を付した用語は脚注で取り上げたものである。
② 行の右端の数字は掲載ページを表している。その中で太字は中項目名の掲載ページを示している。

〈あ行〉

- ○IEA国際数学教育調査 ……75
- **ICT機器の活用** ……………3
- 青表紙教科書 ……………89
- 新しい概念の構成 …………69
- アフィン変換 ……………141
- 余り ………………………214
- 余りのあるわり算 …………214
- 余りのあるわり算の式 ……168
- ○余りの処理 ………………149
- ○余りや不足 ………………277
- 余りを切り上げる場面 ……218
- 余りを切り捨てる場面 ……218
- 余りをそのまま出す場面 …218
- ○誤りやすい計算の扱い …182
- アラビア数字 ………………137
- ○アリバイの原理 ……………71
- ○アルキメデスの法則 ……306, 307
- 歩く時間による概測 ………117
- **アルゴリズム** ………5, 36, 82
- アルゴリズム化 ……………36
- アルゴリズムの意味 …………5
- **暗算** ……………97, 208, 211
- ○暗算の仕方 ……98, 214, 216
- 暗算を中心に進める立場 …97
- 暗算をできるだけ排除する立場 ……………………97
- 以下 …………………………99
- 意外性 ………………………57

- **以上・未満** ………………99
- 位相的 ………………………44
- 位相変換 ……………………141
- 依存関係 ……………………170
- 位置 …………………………100
- 1位数をかける場合 ………200
- 一意対応 ……………………56
- ○1次元・2次元の表 …27, 290
- 1対1対応 ……………………55
- 1対多対応 ……………………56
- 1段階・多段階の問題 ……271
- **位置の考え方** ……………100
- 一般化 ……………6, 36, 37, 154
- ○一般化・形式化 …………154
- 一般化・特殊化 ………36, 37
- **一般化・特殊化の考え** ……6
- 一般化・特殊化の考えを伸ばす指導 …………………7
- 一般化・特殊化の教育的価値 ……………………………7
- ○一般化と抽象化の関係 ……6
- ○一般化を図る場面 …………93
- 一般的な法則の表現 ………298
- 一般的な見方 ………………154
- ○移動 ………………………150
- 異分母分数 …………………283
- 異分母分数のたし算 ………284
- 異分母分数のひき算 ………284
- 色板遊び ……………………129
- いろいろな円グラフ ………106
- ○いろいろなグラフ …………27

- インド数字 …………137, 186
- 植木算 ………………………273
- 後ろの数 ……………………260
- ○内のり ……………………128
- 写しとった角の大小比較 …123
- 裏 ……………………………16
- うらがえす …………………150
- 鋭角 …………………………124
- ○a×0 = 0 …………………199
- 絵グラフ ……………………142
- SMSGの実験用テキスト …32
- 円 ………………103, 108, 286
- 演繹 …………………………61
- 演繹的思考 …………………49
- 演繹的推論 …………………30
- 演繹的な推論 ………………61
- 円グラフ ……105, 143, 144, 316
- **円グラフ・帯グラフ** ……105
- 円グラフのかき方 …………105
- ○演算の可能性としての数の拡張 ……………………12
- 円周 ……………………103, 286
- ○円周の長さと直径との関係 ……………………………104
- **円周率** ………………108, 316
- ○円錐 …………………234, 235, 304
- ○円柱 …………………234, 303
- ○鉛直 ………………………250
- 円と正多角形 ………………288
- 円の性質 ………………103, 286

円の定義 ……………103, 286
○円の定義のあいまいさ……103
円の面積……………………296
追いつき算…………………274
おうぎ形 ……………………104
OECD生徒の学習到達度調査
　…………………………76
OECD−PISA調査 ……42, 51
○オイラー図…………………222
オープンエンド・アプローチ
　……………………………8
オープンエンド・アプローチ
　の意義……………………8
オープンエンド・アプローチ
　の経緯……………………8
○落ちや重なり ………142, 255
○同じものを取り去る………274
帯グラフ ……107, 143, 316
帯グラフのかき方…………107
帯図…………………………222
思い違い ……………………57
重さ……………………………109
重さ比べ………………………109
重さの概測……………………118
○重さの客観単位……………109
重さの測定……………………109
○重さの保存性と加法性……109
○重さの量感…………………110
重さをはかる計器……………110
おもしろい数学的課題 ……23
○折り紙による正三角形……159
折れ線グラフ…105, 111, 143
折れ線グラフをかくときの留
　意点……………………112
折れ線グラフを読むときの留
　意点……………………112
折れ線グラフを読んだり、か
　いたりする……………135

〈か行〉
外延 ……………………10, 59
外延・内包 ……………………10
外延と内包の関係……………10

外延と内包の指導……………10
外延量 ……………11, 307
外延量と内包量の結びつき
　……………………………11
下位概念 ………………………10
外角 …………………………125
外角の和……………………288
階級 …………………………245
階級値………………………245
概形 ……………………………87
解決の過程…………………269
解決の多様性…………………9
解決方法の多様性……………8
概算 ……………………113
概数 ……115, 226, 290, 315
概数の表す範囲……………116
概数の意味…………………115
概数の求め方………………115
概数の利用…………………116
解析的思考 …………………49
蓋然的推論 …………………31
概測 ……………………117
○概測で得た測定値の計算…119
階段グラフと範囲……………99
外的スキーマ ………44, 46
○回転移動 ……56, 130, 150, 195, 230
回転角 ………………122, 125
回転の角 ……………………125
○概念形成 ……………………86
概念形成時に用いる考え …59
概念の拡張 …………………12
概念の包摂関係……………10
○「開発」の指導方法 ………89
科学的リテラシー ……………76
角 …………………………122
拡散的思考 …………………74
学習意欲の喚起の課題 ……57
学習到達度調査 ……………76
学習内容の定着場面 ………93
学習の基本的過程 …………73
学習の発展場面 ……………93
○角錐…………………………304

角錐や円錐の体積…………235
角速度………………………258
拡大・縮小する操作………196
拡大図………………………176
拡大率………………………176
○角柱…………………………303
角柱や円柱の体積…………234
拡張と統合 …………36, 69
拡張の考え ………………12
角度の大きさと図形………124
○角のいろいろな呼称………124
○角の大きさの指導…………122
○角の大きさの見積り………123
角の単位……………………123
確率 ……………………32, 238
各領域の指導で ……………87
かけ算………………………197
かけ算が用いられる場合…120
かけ算九九表………………198
かけ算とわり算の関係……120
かけ算における計算の工夫
　…………………………147
かけ算の意味………………197
○かけ算の式 ………161, 197
かけ算表……………………198
かける数が整数のかけ算…183
かさ ………………………126
重ね合わせる………………150
○かさの加法性………………126
かさの測定の素地…………126
○かさの単位…………………127
かさの比較…………………126
○かさの比較と測定…………126
○かさの保存性………………126
加重平均……………………254
○加数分解……………………207
かずのせん …………………44
カズノホン ……………………17
○仮説の設定 …………………73
○仮説の洗練 …………………73
数え主義 ………………………17
○数えたし……………………206
○数えひき……………………210

索引（か，き，く，け）

課題解決の方法 …………………70
形の構成と分解……………129
○傾き……………………143
　（ ）を使った式 …161，168
　かっこを含む計算…………132
　かっこを用いた式……131
　合併 …………………29，206
　仮定 …………………16，31
○仮定の考え……………276
　過不足算………………277
○仮分数 ………………190，280
　仮分数と帯分数の関係……280
　加法九九 ………………97
　加法・減法の概念…………113
○加法の原理 …………208
　仮商………………………216
○仮商の修正 ………216，217
○仮の平均の考え………236
○カリフォルニア数学戦争 …22
○為替レートに関する問題 …76
　感覚………………………194
○感覚教育 ………………86
　関係のきまり…………134
　関係を一般化…………170
　還元算……………………276
○関数 ……………13，32，133
○関数関係 ………13，133，170
○漢数字・インド数字（アラビア数字）……………137
　関数的な見方…………133
　関数の意味 …………13
　関数の考え ……13，37，133，134
　関数の考えの指導……14
　「関数の考え」を育てる一場面……………108
○関数の数学的な定義 …13
　間接証明法 …………71，72
　間接資料 ………………67
　間接測定…………………226
○間接比較 ……109，126，227，251
　観点別学習状況 …………79

観点別学習状況の評価 ……79
○カントールと集合論 ……26
○簡便算 …………………147
　感量………………………110
　帰一算……………………253
　幾何平均 ……………236，254
　記号化 ……………………36
　記号的表現 ………………40
○記号を用いた式や図……121
　既習事項を生活に生かす…278
　基準にする数量…………312
○基準の交換………………315
○基準量 ……………314，316
　基数 …………………186，198
　奇数 …………………190，202
　記数法 ……………137，192
○基礎・基本に徹する ……175
　基礎暗算 …………………97
　気付き ……………………15
　帰納……………………61
　帰納的推論 …………30，36
　帰納的な推論 ……………61
　帰謬法 ……………………72
　基本単位 …109，241，291
○基本単位から誘導単位を作る……………………310
　基本的な原理・性質等の発見………………………73
○基本的な図形……………140
　基本的な図形と対称性……231
　基本的な立体図形…………100
　きまった数 ………263，265
　逆…………………………16
　逆・裏・対偶……………16
　逆・裏・対偶の関係 ……16
　逆算 ……………161，173，199
　逆思考……………161，271
　逆思考の文章題…………271
　逆数………………………285
　既約分数…………………282
　客観単位…………………241
　客観単位による測定………109
○球 ……………………234，301

求減 ………………………29
求差 …………………29，210
求残 …………………29，210
急進的構成主義 ……………22
教育用ソフトの活用…………4
○鏡映 ……………230，232
　共通性に着目する ………69
　極座標……………………101
　虚数………………………186
　切り上げ………………116
　切り捨て………………116
　切り開いた図……………301
○キログラム原器…………291
　近似値 ………114，115，224
　近似値3.14の指導 ………108
　近似値と概数……………225
○空位………………………138
　空間上にあるものの位置…102
　空間の広がり……………102
　偶数 ……………190，202
　九九1回適用の暗算の仕方………………………214
○九九表……………………198
　具体化……………………59
　具体的な操作活動…………53
　区分求積…………………296
　組合せ……………………255
　組立単位…………………241
　位取り記数法の原理………137
○グラフ……………………142
　グラフに表現する目的の気づき…………………………105
○グラフの種類……………144
○くり返し…………………275
　黒表紙教科書………17，88
　黒表紙教科書誕生までその影響 ……………………17
○黒表紙教科書の修正 ……17
　黒表紙教科書の特色 ……17
○黒表紙教科書の名称 ……17
　計器の指導………………252
　経験的解決………………70
　計算の意味の拡張 ………12

索引（け，こ，さ）

計算の簡便化 …………………148
計算のきまり ……145，173，174，175
計算の工夫………………………147
○計算の工夫の特殊な例……148
○計算法則に関する注意事項 ……………………………20
　計算練習の順序……………182
　形式化 ………………154，214
　形式的操作 …………………53
形式陶冶・実質陶冶 ………19
　形式陶冶説の論争点 ………19
　形式陶冶の意味 ……………19
形式不易の原理 ……20，184
　形式不易の原理の素地……21
○掲示用位取り板……………138
○形成的評価…………………80
　系統学習……………………32
　計量数………………………186
○ゲームなどの点数…………259
　結合法則……145，173，199，306，308
　ケッセン……………………86
　結論 …………………16，31
○減加法 ………………49，210
○減々法 ………………49，211
　言語的表現…………………39
○検算…………120，199，240
　現実的表現…………………39
○原点 …………………44，264
　現物実験……………………24
　弧………………………………104
　交換法則……145，173，197，199，306
　交換法則の発見……………197
　交換法則を適用した計算の工夫 ……………………………148
　後項……………………………259
　考察……………………………45
○**公式**…………………153，298
　公式の発見……………………73
○降水確率……………………238
　構成主義……………………22

構成主義型指導 ………………22
構成主義の基本原理 ………22
構成する形…………………129
構造………………………………46
構造図………………………221
肯定的評価…………………269
合同…………………………150
恒等式………………………298
合同な三角形のかき方…151
合同な2枚の直角三角形の並べ方 …………………………129
合同に関する既習事項……150
合同の意味や条件…………287
合同変換 ………141，230
公倍数 …………191，203
公約数 …………191，204
国際教育到達度評価学会…63
国際数学・理科教育動向調査 …………………………63
○国際単位系 ……242，291
○誤差 ……………115，224
○誤差の限界………………224
○誤差の絶対値……………224
○誤差率………………………225
○個人差への対応……………92
○個人内評価……………79，80
○五珠………………………228
○古典的文章題………253，269
○弧とおうぎ形………………104
　言葉の公式…………………170
言葉の式…………153，160
　個別指導………………………92
コミュニケーション ………23
コミュニケーションと学習 ……………………………23
コミュニケーションと算数・数学教育 ……………………23
コミュニケーションと指導 ……………………………23
コンパス…………104，151
コンピュータの動作原理……4

〈さ行〉
○差 ……………………………212
○最小公倍数 …191，204，282
○最大公約数 …191，205，282
　最頻値 ……28，65，67，236，237
作図 …………104，156，231
○作図における問題解決……156
　作図による相互関係 ………48
○作図能力……………………124
○作図の公法…………………156
○作図の道具と方法…………151
　作問指導……………………93
　作問の指導のよさ…………278
○錯角…………………………248
○サビタイジング ……94，229
　座標平面……………………101
　3位数をかける場合………201
三角形………………………157
○三角形の決定条件…………152
○三角形の合同条件…………152
○三角形の種類………286，287
○三角形の相互関係 ………47
○三角形の定義………………286
○三角形の導入………………157
○三角形の三つの角の和……287
○三角形の面積………………295
○三角定規の角 …123，124
　算術平均 ………236，254
　算数………………………89
　算数・数学のアイディア …23
　算数科における数学的モデル ……………………………41
　算数科における評価の観点 ……………………………79
　算数科におけるプログラミング教育 ……………………83
○算数学習におけるアルゴリズムの意義………………………5
　算数教育における洞察 ……70
　算数・数学科の指導要綱 …22
　算数という教科の特性 …35
　算数独自のアイディア ……38

索引（さ，し）

算数における問題解決 …… 36
算数の内容を整理する際に用いられる考え・考え方 … 38
○算数のよさの体得 ………… 14
算数を応用する際に用いられる数学的な考え方 ……… 37
算数を発展させる数学的な考え方 ………………… 36
散布度 ……………………… 28
算用数字 ………………… 186
○視暗算 …………………… 97
○□，○，＝などの記号 …… 168
○視覚化 ………………… 105
四角形 ………………… 163
四角形の相互関係 ……… 47
四角形の定義 …………… 286
○四角形を作図する条件 …… 287
□を使った式 … 153, 160, 168
○□を用いることのよさ …… 160
時間の計算の例 ………… 172
敷き詰めた図形の個数で比べる ……………………… 294
○敷き詰めに便利な図形とその個数 ………………… 293
式で使われる記号 ……… 167
○式に対する児童の実態 …… 169
式に用いられる記号 …… 131
式の指導の重点 ………… 169
式の中の乗除計算の先行 … 132
式のはたらき …………… 169
式の表現と読み ………… 169
○式表示 ………………… 297
○式を発展的に読む例 …… 170
○式を読む活動例 ………… 170
○事柄，関係の意味 ……… 153
思考活動 ………………… 49
○試行錯誤 …………… 25, 70
思考実験 ……………… 24, 37
思考実験と類推 ………… 37
○思考実験による試行接近 … 25
思考実験の背景と意義 …… 24
思考実験を伴う学習指導の改善 …………………… 25

思考実験を伴う学習例 …… 24
試行接近 ………………… 25
思考的（観念的）モデル … 46
時刻と時間 …………… 171
仕事の速さ ……………… 258
資質・能力の観点による評価 ……………………… 80
四捨五入 …… 113, 115, 217
○四捨五入による誤差の範囲 ……………………… 115
自然数 …………… 12, 26, 186
四則 …………………… 173
○四則応用問題 …… 269, 272
四則計算 ………………… 173
○四則混合式の計算順序 …… 132
四則の意味の理解 ……… 153
四則の可能性 …………… 175
四則の混合した式の計算 … 174
四則の相互関係 …… 121, 162
○思潮の先頭に立った人々 … 88
実証的推論 ……………… 31
○十進位取り記数法
… 69, 137, 138, 139, 192
○十進数 ………………… 139
○十進法 ………………… 193
実数 ……………… 12, 186
実測で得た量感 ………… 117
質的分類 ………………… 27
○指導法と現代化 ………… 32
○清水甚吾の作問主義 ……… 93
射影変換 ………………… 141
○社会科での扱いとの関連 … 106
捨象する ………………… 59
周期算 …………………… 275
○集合数 …………… 100, 186
○集合と分類整理 ………… 26
集合の概念 ……………… 26
集合の考え … 10, 26, 32, 38
集合の考えによる概念形成 ……………………… 26
集合の考えと分類整理 …… 26
習熟度別指導 …………… 92
収束的思考 ……………… 74

従属変数 ………………… 135
集団解決 ………………… 269
集団の傾向を表す値が必要な場合 ……………… 237
集中的思考 ……………… 74
1/10の位 ………………… 279
自由保育における遊びの例 ……………………… 94
○種概念 …………………… 47
縮尺 …………………… 176
縮尺の表し方 …………… 178
縮図と拡大図 ………… 176
縮図や拡大図の作図 …… 178
縮図や拡大図の意味 …… 177
○樹形図 ………………… 255
循環小数 ………………… 185
順思考 …………… 161, 271
順思考と逆思考 ………… 161
順思考の文章題 ………… 271
純小数 ………………… 179
順序関係 ………………… 188
順序数 …………… 100, 186
順序対 …… 102, 136, 290
順序的 …………………… 44
「順序」を数量化する問題 ……………………… 211
○順にもどして ………… 276
順列 …………………… 255
○商 ……………… 214, 216
上位概念 ………………… 10
小学算術改正に関する意見 ……………………… 18
小学算術書 ……………… 17
○小学校での基本的な用語の定義の仕方 …………… 103
小学校における現代化 …… 32
消去算 ………………… 274
○情景図 …………… 142, 221
条件化 …………………… 45
条件文 …………………… 16
証拠と推論 ……………… 31
○乗除の計算のきまり ……… 193
○**小数** …… 179, 189, 190, 191

325

索引（し，す）

乗数が小数のかけ算 184
○小数点 190
　小数点以下の位取り 180
　小数の意味 179
○小数のかけ算の構造 183
○小数のかけ算の筆算の仕方 183, 184
小数の計算 182
　小数の仕組み 179, 180
○小数の大小 180
　小数のたし算 182
○小数の導入と表記 179
　小数のひき算 182
○小数のわり算の筆算 184
○上底と下底 166
　少人数指導 92
○商の見当づけの仕方 217
　情報活用能力 82
　乗法の意味 313
　乗法の概算 113
　乗法の逆思考 213, 215
　正味 110
○剰余類 203, 205
○秤量と感量 110
　触索活動 86
　所見 79
　除数 214
　除数が小数のわり算 185
　諸等数 224
　除法について成り立つ性質 146
○乗法の意味の指導 12
　除法の概算 114
　除法のきまりの活用 148
　除法の逆思考 213, 215
　乗法の逆思考 213, 215
　乗法の式を読む 313
　処理 45
　自力解決 92, 269
　自力解決の重視 91
　資料 27
　資料の整理と図表示 66
資料の整理と統計量 27

真偽 16
○真偽表 16
　人口密度 244
　真商 216
　尋常小学算術 17, 45, 88
　尋常小学算術書 17
　身体の一部を使った概測 117
○身体の一部を使った長さの単位 117
　心的活動 53
　真の値 115, 224
　真分数 190, 280
　心理学における洞察 70
　水源池 29
　錐体 304
○垂直 100, 247
　垂直な直線のかき方 248
水道方式 29
　水平 250
推論 30
　推論の意味 30
　数化 43
　数概念の形成 59
数学教育現代化 32
　数学教育現代化をめぐる論争 32
　数学教育の改良運動 17
　数学教育の根本問題 85, 88
　数学三千題 17
○『数学三千題』とは 18
　数学的アイディアの間のつながり 62
　数学的確率 238
数学的活動 33
　「数学的活動」の意味 33
　数学的活動の指導上の留意点 34
　数学的活動の内容 34
○数学的活動の例① 33
○数学的活動の例② 34
　数学的考え方の必要性 35
　数学的構造の抽出 36
○数学的思考力 42

　数学的整合性とアイディアの相互関係 62
○数学的センス 43
　数学的な演算 5
　数学的な考え 12, 13, 59
数学的な考え方 35, 79
○数学的な考え方と算数科の目標 35, 36, 37
　数学的な考え方の育成 38, 91
○数学的な表現様式 39
数学的表現 39
　数学的表現能力を育てる指導 40
　数学的マイクロワールド 83
数学的モデル 41
　数学的モデリング 41
数学的リテラシー 42, 76
数感覚 43
　数感覚の指導上の留意点 43
　数感覚の内容 43
　数計算の工夫 149
○数詞 186
　数式化 41
○数唱 94
○数図 186
数直線 39, 44, 84, 198, 221, 222
　数直線上の小数 181
○数直線と数の構造 44
　数直線と大小 187
　数直線による数の指導の系統化 44
　数としての分数の理解 279
○数についての多様な見方 194
　数についての直観 61
数の概念 186
　数の拡張の考え 20
○数の感覚 187
数の相対的な大きさ 139, 188, 189, 193
　数の見方 187

○数理思想 …………45, 88, 89
　数理的手法 ………………37
　数理的な処理 ……………45
　数理的な処理のよさ ……45
○数量関係としての割合……312
　数量関係の学習における対応
　　の考え …………………56
　数量関係の公式化…………153
○数量の関係を表す式………153
　数量の関係を式に表す……135
　数量の関係を調べること…134
　数量や図形についての感覚
　　………………………………194
　スキーマ …………………46
　スキーマとモデル …………46
　スキーマ（シェマ）の意味
　　…………………………………46
　図形が決まること………287
　図形の学習における対応の考
　　え …………………………56
　図形の合同………………150
　図形の操作……………195
　図形の対称性……………196
　図形の対称性と相互関係 …48
○図形の変換………………141
　図形の包摂関係 …7, 32, 47,
　　156
○図形の名称 ………………47
　図形の面積 ………………74
　図形を決定する条件………156
　図形を構成する要素………140
○図式によるかけ算の意味…315
　筋道を立てて解決を目ざす思
　　考 …………………………49
　筋道を立てて考える……49
○スタンダード ……………23
　図的表現 …………………39
○ストラテジー ……………91
　ストラテジーの体得………91
　スパイラル ………………50
　すべてを尽くす論理 ………49
　ずらす ……………………150

○生活算数がうたっていた特色
　　…………………………………89
　生活単元学習 ………………32
　生活にいかす………………278
　生活のなかの確からしさ…238
○正規分布モデル ……………41
　正三角形 ……………47, 158
　性質の共有性による相互関係
　　…………………………………48
　整除 ………………………218
　清少納言智恵の板…………196
　整数 ……12, 186, 188, 189,
　　190, 202
　整数・小数・分数の相等, 大
　　小 …………………………192
○整数から有理数への拡張 …69
○整数と小数 …………………69
　整数のかけ算……………197
　整数の除法の商 ……192, 281
　整数の性質………………202
　整数のたし算……………206
　整数のひき算……………210
　整数の類別………………202
　整数のわり算……………213
　整数倍の見方………………313
　正多角形 ……………219, 288
　正多角形の対称軸…220, 231
　正多角形の対称性…………220
　正多角形の定義 ……219, 288
　正多角形の内角……………219
　正比例 ……………………262
○正方形に並べる……………277
　正方形の性質 ………163, 164
　正方形の定義 ………163, 286
○積・部分積…………………201
○積や商の見積り……………114
○絶対評価 ……………………79
　設定保育における遊びの例
　　…………………………………94
　前項 ………………………259
　線構成 ………………129, 130
　全国学力・学習状況調査 …51
　全数 …………………………12

　全数調査 ……………………67
　線対称 ……………………230
　線対称と点対称の関連……232
○全体と部分, 部分と部分の割
　　合 …………………………316
○線分 ………………………163
　線分図 …39, 198, 215, 221,
　　222, 240, 268
　線分図の指導段階…………221
　線分図の指導の留意点……221
　線分図の使い方……………221
○線分を等分に分ける作図…283
○素因数分解…………………204
○相加平均 ………65, 236, 253
○総合式………………………267
○総合式に対応する線分図…268
○総合式の指導………………268
　操作 …………………………60
　操作活動……………………195
　操作的表現 …………………39
　操作的な活動………………53
　操作で定義…………………150
　操作分数……………………279
○相似な図形…………………176
○相似の位置 …………177, 196
　相似の中心…………………177
　相似比 ……………………176
　相似変換……………………141
　相乗平均 ………65, 236, 254
　創造的思考 …………………74
　相対誤差……………………225
　相対評価 ……………………79
　相当算………………………275
○素過程 ………………………29
　属性統計 ……………………67
○測定 …………87, 109, 223
　測定値 ………………115, 223
○測定値の詳しさと概数……226
○測定値の計算………………225
　測定値の誤差………………224
　測定値の散らばりとその処理
　　…………………………………225

索引（そ，た，ち）

測定で円周率の意味を知らせる……108
測定の意義……223
測定の意味……251
測定の指導……226
測定の指導段階……251
測定の手続き……223
素材と形と構成……129
○素数……203
素地指導……54
素地指導の具体例……54
○そろばんによる計算の型分け……228
そろばんの活用……228

〈た行〉

○対応……55，231
対応づけをして進める数の学習……55
対応の概念……55
対応の考え……56
○対角線……165，288
対偶……16
台形……166，296
対称……196，230
○対称移動……56，130，150，195，230
○大小関係……188
○帯小数……179
対称の軸……230
代数的……44
体積……128，233
体積の概測……119
○体積の単位……242
体積の単位の仕組み……233
体積の直接比較……233
○対頂角……248
代表値……28，65，236，253
代表値と尺度水準……65
○代表値による統計集団の考察……67
帯分数……190，280
タイル……29

多角形……163，219
多角形の角の和……288
多角形の対角線の数……288
多角形についての見方……288
○高さが底辺の外にある平行四辺形の面積……295
他教科との関連……105
確かめ……239
確からしさ……238
○たし算……206，239
たし算が使われる場合……206
○たし算の逆のひき算……212，239
たし算とひき算の関係……209，239
たし算とひき算の判断……239
たし算の筆算形式……208
多対1対応……55
○縦軸……143，289
縦の基線……289
楽しさ……57，79
楽しさとおもしろさ……57
旅人算……274
多面的な考え……74
○多様な考え……9
単位……223，241
○単位換算……292
単位系……291
単位点……44
単位の考え……38
○単位分数……279
○単位分数の比較……280
単位量当たり……236，243，257
単位量当たりの考え……244
タングラム……196
単純化……36，268
単純化する考え方……74
○短除法……148，215，217
単名数……167，224
○小さい数の単位……181
知恵の板……196
「違い」の数量を求める問題……210

知識基盤社会……58
知識注入型指導の弱点……22
知識の能動的構成……22
知的理解に基づく概測……117
中位数……237
中央値……28，65，67，236，237
中間値……237
○抽象化……36，45，59，299
抽象化の考え……59
抽象化の考えの例……59
柱状グラフ……144，245
柱状グラフと範囲……99
抽象する……59
中心……103
○柱体……303
○中点……165
○稠密性……44，191，192
聴暗算……97
○頂角……158
○長除法……214，217
○長方形・正方形と直角三角形……286
長方形・正方形の作図や構成……164
○長方形の性質……163，164
長方形の定義……163，286
長方形や正方形の面積……294
調和平均……236
直接証明法……71
直接資料……67
直接測定……226，296
○直接比較……109，126，227，251，293
直線・平面の位置関係……247
直線・平面の平行・垂直……247
○直線と平面の垂直……250
直線の位置関係……100
○直方体・立方体の定義……301
直方体の直線や平面の位置関係……249
直方体や立方体の体積……234
直角……122，124，247

索引（ち，つ，て，と，な，に）

- ○直角三角形 …140, 157, 286
- ○直角三角形の作図………157
-   直角三角形の操作………158
-   直角三角形の弁別………157
-   直角柱………………………141
- ○直角二等辺三角形…………158
- ○直角の特徴…………………122
- ○直観的にとらえる…………105
- ○直観と洞察 ………………60
-   直観とは……………………60
-   **直観と論理**………………60
-   直観と論理の関係…………60
-   直観力………………………60
-   直観・論理と推論…………61
-   直観を養うために…………61
-   直径…………………103, 287
- ○直交座標……………………101
-   通過算………………………275
-   通分 ………192, 281, 282
- ○通分と最小公倍数…………282
-   **つながり**………………23, 62
-   つまずきの早期発見と早期治療……………………………201
-   鶴亀算………………………276
-   積み木遊び…………………129
-   出会算………………………274
- ○底角…………………………158
- ○定義…………………………163
-   定数…………………………134
- ○底辺…………………………158
-   **TIMSS**……………………63
-   **データの活用** ……………65
-   データの収集 ……………67
-   データの表現 ……………68
-   データマイニング ………65
- ○テープ図 ……39, 198, 209, 222, 239
-   適応を目ざした知識………22
- ○転移…………………………19
-   添加…………………………206
-   展開図………………302, 304
-   転換法………………………72
-   点対称………………230, 231

-   度………………………………11
- ○同位角………………………248
-   同一法…………………………72
-   投影図………………………304
- ○等脚台形の定義……………166
-   統計資料の分類整理………289
-   統計調査の手順 …………67
-   統計調査の目的と方法 ……67
-   統計的確率…………………238
- ○統計的推論…………………30
- ○統計的推論の事例 ………31
-   **統計的な見方・考え方**………………………………27, 67
-   統計的な見方・考え方の素地………………………………68
- ○統計的な問題解決…………68
-   統計的方法…………………67
-   統計量………………………28
-   統合化………………………214
-   **統合的な考え** ………69, 75
-   洞察…………………………70
-   洞察力………………………49
- ○等式…………………………298
-   同種の2量の割合で表す量………………………………243
- ○同種の量……………………223
-   等積変形……………………295
-   同値…………………………16
- ○同値分数……………………281
-   動的幾何ソフト………4, 83
-   等分除 …29, 185, 213, 314
-   同分母の分数………………283
-   同分母分数のたし算………283
-   同分母分数のひき算………283
- ○ドーナツ図表………………107
- ○トーナメント………………256
-   読解リテラシー（読解力）…76
-   特殊化…………………6, 37
-   特徴のとらえ方……………299
-   特徴のモデル化……………299
-   独立変数と従属変数………135
-   時計…………………84, 171
-   度数…………………………245

-   度数分布とヒストグラム …66
-   度数分布表…………………245
-   ドットプロット ……66, 144, 246
-   唱え方・数え方……………138
-   鈍角…………………………124

〈な行〉

- ○内角 …………125, 219, 287
- ○内角と外角…………………125
-   内的スキーマ………………46
-   内包……………………10, 59
- ○**内包量** …11, 244, 257, 307
- ○内包量の3用法 …………11
-   内包量の分類………………11
-   **長さ**………………………251
-   長さの概測…………117, 118
-   長さの概念…………………251
-   長さの単位（km）の導入…252
-   長さの単位（cm）の導入…252
-   長さの単位と計器…………252
- ○長さ・広さ・かさの測定 …84
-   仲間探し……………………300
-   並数…………………………237
-   ならす………………236, 254
-   （何十）±（何十）の計算 …312
-   何倍かを求めるわり算……314
-   2位数をかける場合 ………200
-   二重否定の原理 …………71
- ○2段階・3段階の問題 ……212
-   日・時・分などの単位の関係………………………171, 172
-   日常生活や社会的事象の中で………………………………87
-   二等辺三角形 …47, 140, 158
-   New Math批判………………32
-   任意単位 ……109, 126, 241
-   任意単位から普遍単位へ…127
-   任意単位による測定 ……109, 233, 251
-   任意の数を表す……………297
- ○認識のありようと楽しさ，おもしろさ ………………57

329

索引（ね，の，は，ひ）

○ねじれの位置 ……… 249, 250
念頭操作 …………………… 53
濃度 ………………………… 311
能率化 …………………… 268
○能力心理学 ………………… 19
延べ ……………………… 253

〈は行〉

場合の数 ………………… 255
場合の数の調べ方 ……… 256
倍概念 ……………………… 12
倍数 ……………… 191, 203
○倍の概念 ………………… 307
○倍の考え ………………… 197
○倍の見方 ………………… 313
排中律 …………………… 71
背理法 …………………… 71
背理法の考え ……………… 71
背理法の使い方 …………… 71
○背理法の論理 …………… 72
「倍」を使ったわり算の適用
………………………… 314
はかりを用いる指導 …… 110
はこの形と面の形 ……… 300
はこの形の分類とその特徴
………………………… 300
○箱ひげ図 ………………… 66
発見学習 ………………… 73
発見的・創造的な思考 …… 74
発見の対象 ……………… 73
発散的思考 ……………… 74
○ハッチング ……………… 107
発展的な考え ……………… 75
○発展的な考えと統合的な考え
………………………… 75
発展的な考えに沿った学習指導 ……………………… 75
速さ ……………………… 257
○速さ・濃度・密度の初歩的理解 ………………… 311
速さの意味と表し方 …… 257
○速さの考え ……………… 275
○速さの単位 ……………… 258

○パラダイム ……………… 58
○パラダイム論の起源 …… 58
パラドクス ……………… 72
範囲 ……………………… 28
範囲を表す言葉 …………… 99
半径 …………………… 103, 287
反省的活動による構成 …… 22
反比例 …………… 262, 264
反比例とまちがえやすい関係
………………………… 264
○反比例の素地 …………… 262
○反比例の比例定数 …… 265
○反比例のグラフ …… 265, 266
反比例を表す表と式との関係
………………………… 265
反復 ……………………… 50
比 ………………… 259, 317
ピアジェ ……… 32, 53, 86
ピアジェの心的活動 …… 53
比較量 ……………… 314, 316
○被加数分解 ……………… 207
ひき算 …………… 210, 239
ひき算の逆のひき算 …… 239
ひき算とたし算の関係 … 212
○ひき算の逆のたし算 … 208,
209, 239, 240
ひき算の仕方 …… 210, 211
○ひき算の仕方と見積り … 212
ひき算の筆算形式 ……… 211
PISA …………………… 76
ひし形・平行四辺形の分割
………………………… 150
ひし形の定義と性質
………………………… 164
ひし形の面積 …………… 295
○ビジュアルプログラミング言語 ………………… 82, 83
比重 ……………………… 235
被乗数の数範囲の拡張 … 198
被除数 …………………… 214
ヒストグラム …………… 245
ビッグデータ …………… 65
筆算形式 ………… 208, 211

筆算に必要な暗算を扱う立場
………………………… 97
筆算の形式 ……………… 200
筆算の仕方 ……………… 217
○ぴったり重ね合わせること
………………………… 150
等しい比 …………… 260, 317
○一つの式にまとめる …… 267
○比と比の値を等号で結ぶこと
………………………… 261
○比にかかわるまちがえやすい言葉 ………………… 259
比の値 …………………… 260
比の表し方 ……………… 259
比の意味 ………………… 259
○比の3用法 ……………… 314
比の相等 ………………… 260
比の第2用法と第3用法の関係
………………………… 317
批判的思考 ……………… 78
○批判的数学教育 ………… 78
○百分率の合計の調整 … 106
○百分率の理解と活用 …… 105
100までの記数法 ……… 138
表 ………………………… 68
評価規準 ………………… 80
評価の観点 ……………… 79
評価の方法 ……………… 80
表計算ソフト ……………… 4
○表計算ソフト等を用いる場合の留意事項 ……………… 4
表現 ………………… 23, 45
表現活動の関連的指導 …… 40
表現活動の系統的指導 …… 40
標準偏差 ………………… 28
評定 ……………………… 79
標本調査 ………………… 67
比例・反比例 …………… 262
○比例・反比例のまとめ … 266
比例関係 …… 136, 227, 264
○比例関係を利用した測定 … 226
○比例式の性質 …… 260, 261

○比例定数 ……243，258，263，
　265，266
○比例とまちがえやすい関係
　………………………………263
　比例の意味………………262
　比例の概念…………………59
　比例のグラフ……………144
○比例の素地………………262
○比例配分 …………260，261
　比例を表す式とグラフとの関
　係………………………263
　比例を表す表と式との関係
　………………………………263
　広さ比べ…………………293
　比を表す言葉……………259
　比を簡単にする…………261
　比を式で表す……………168
　風袋………………………110
○フェリックス・クラインの主
　張…………………………85
　不確定な事象の起こる程度
　………………………………238
○複合過程 …………………29
　複素数 ………………12，186
○複比例 ……………309，310
○複名数 ……………167，224
　2けたの概数……………116
○二つの平面が垂直………249
○二つの平面が平行………249
　物的モデル…………………46
○不定形の面積……………296
○不等式……………………298
○部分積 ……………200，201
　普遍単位 …………126，241
　普遍単位による測定……251
　普遍単位の導入…………233
　普遍単位の必要性 …127，227
○振り返り…………………81
　振り返りに焦点を当てた指導
　………………………………81
○振り返りの視点としての数学
　のよさ…………………81
○フリーソフトの活用…………3

ブルーナー …………………50
○ブルーナーのEIS理論 ……40
○プレイスホルダー …161，162
プログラミング教育………82
プログラミング的思考…5，83
プログラミング的思考の育成
………………………………82
プログラミングとアルゴリズ
ム…………………………82
分解式と総合式……………267
分解式と総合式の特徴……267
分解式の指導………………268
分割分数……………………279
分散……………………………28
分子が同じ分数の大小……281
○**文章題**………207，209，210，
　212，215，218，267，269
　文章題での□の求め方……160
　文章題と図解………………278
　文章題の考え方と解き方…278
　文章題の類型………………269
　文章題を解くときの考え方
　………………………………278
○**分数** …190，192，197，279，
　313
　分数計算を用いる文章題…317
○分数と小数 …191，192，284
○分数と整数 …191，192，280
　分数のかけ算………………284
分数の計算…………………283
　分数の計算の基本…………283
　分数の種類…………………280
　分数の乗法・除法…………317
　分数の整数倍とその逆のわり
　算……………………………284
　分数の相等と大小…………192
○分数の歴史…………………281
　分数のわり算………………285
　分度器 ………………123，124
　分配法則 ……145，148，173，
　199，267，268，308
○分配法則の活用……………148

分配法則を適用した計算の工
　夫……………………………148
○文脈の流れと総合式………267
分離量 ………………84，305
分類……………………………67
分類・整理……………………68
分類整理 ………………26，27
分類整理の素地となる経験
………………………………68
平角……………………………124
平均…………………………253
平均算…………………………274
○平均速度……………………258
○平均値 ……28，65，67，225，
　236
○平均値の見方………………254
○平均の意味…………………236
○平均の考え…………………274
○平均の計算…………………237
○平均の使われる場面………237
○平均の速さ…………………258
○平均の求め方………………237
　平均偏差………………………28
　平行 …………………100，247
○平行移動 ……130，150，195，
　230
　平行四辺形 ……47，140，287
　平行四辺形の定義と性質…165
　平行四辺形の面積…………295
○平行線間の距離 ……247，248
　平行な直線のかき方………248
　平面……………………………100
　平面上への表し方…………302
　平面上にあるものの位置…101
平面図形……………140，286
　平面図形の敷き詰め………159
○**平面と立体**…………………100
　平面における直線の平行・垂
　直……………………………247
○平面に敷き詰められる図形
　………………………………294
　平面の敷き詰め……………150
ペリー運動 …………………85

索引（へ，ほ，ま，み，む，め，も）

ペリー運動と日本の数学教育
　　改造運動 ……………………85
ペリー運動の背景 ……………85
ペリーの主張 …………………85
○変数……………………………134
○変域……………………………134
○変化の特徴 …………112，133
○変化の様子……………………111
　変化を調べる…………………111
○偏差値…………………………28
○ベン図……………………221，222
○変数………………………134，162
○変数と変域……………………134
　辺の位置関係や相等関係 …47
弁別 ……………………86，103
　弁別の意味 …………………86
　辺や面の位置関係……………301
　変量……………………………66
　変量統計………………………67
　変量を表す……………………297
○包含除 …29，185，213，214，
　　314
ぼうグラフ …105，142，289
　ぼうグラフのかき方 ……143，
　　290
　ぼうグラフの特徴 …………142
　ぼうグラフの読み方 ……289，
　　313
　方向や位置のいい表し方…100
　方陣算…………………………277
○包摂関係………………………47
○包摂関係と集合の包含関係
　　………………………………48
　方程式…………………………298
○法定単位………………………241
　ぼうならべ……………………130
　方略 ………………………23，91
○補角……………………………287
○補加法…………………………211
　補助単位…………………109，241
　歩測による概測………………118
○ポリア……………………7，92

○ポリアの「How to Solve it」
　　………………………………270

〈ま行〉
○マイナスのはたらきをするス
　　キーマの例 …………………46
　前の数…………………………260
○巻き尺の指導…………………252
○マスコミと現代化 ……………32
　末尾に0のある数のかけ算
　　………………………………149
　末尾に0のある数のわり算
　　………………………………149
　まとめて数えたり，等分した
　　りする操作…………………312
○まとめて数える………………187
　まわす…………………………150
○まわりの長さと面積 ……293，
　　294
○未知数……………………160，297
　未知の定数を表す……………297
○密度………………235，244，311
見積り …60，87，113，212
　見積り指導のねらい …………87
　見積りの指導のポイント …87
　見積りの対象 …………………87
○見通し………………25，49，70，87
○見通しと見積り ………………87
　見取り図……………………302，304
緑表紙教科書 ………………45，88
　緑表紙教科書誕生とその影響
　　………………………………88
○緑表紙教科書の外国への反響
　　………………………………88
　緑表紙教科書の特色 …………88
未満……………………………99
○無限小数………………………185
　無名数……………………167，242
○名数………………………167，242
○名数と無名数…………………167
　命数法…………………………137
　命題……………………………16
○メートル原器…………………291

○メートル条約…………………291
メートル法 ……………241，291
○メートル法の仕組み ……128，
　　292
　メートル法の指導……………292
　メートル法の長所……………292
　メートル法の由来……………291
　メジアン…………………236，237
メタ認知……………………90
　メタ認知と算数指導 …………90
　メタ認知と推力 ………………90
　面構成……………………129，130
面積……………………………293
○面積図……………………39，221
　面積の概測……………………118
○面積の概念形成………………293
　面積の公式……………………154
○面積の単位………………242，294
　面対称…………………………232
　面と面の平行・垂直…………249
　目的に応じたグラフのかき方
　　の選択………………………105
　模型時計………………………171
文字を使った式……………297
○モデルと対応させて式を読む
　　………………………………169
　モデルの考え …………………35
　モード……………………236，237
　もとにする数を求めるわり算
　　………………………………314
○もとにする数（量）・比べる数
　　（量）…………………………314
○ものさしの扱い方……………251
問題解決 …60，87，91，267，
　　269
　問題解決指導のあり方 ……91
　問題解決時に用いる考え …59
　問題解決と文章題………………269
　問題解決における数学的な考
　　え方……………………………36
○問題解決の過程………………92
　問題解決のねらい ……………91
　問題設定の場面 ………………93

索引（も，や，ゆ，よ，り，れ，ろ，わ）

問題づくり ……………93
問題の多様性 ……………8
問題把握 ……………269
問題をつかんで図に表す…239
文部科学省・国立教育政策研究所 ……………51

〈や行〉
約数 ……………191, 203
約分 ……………192, 281, 282
○約分と最大公約数 ……………282
○やや高度な数学的考え方 …38
○ユークリッドの互除法 ……5, 205, 223
有限小数 ……………185
優弧 ……………104
○有効数字 ……113, 116, 224
誘導単位 ……………241
有理数 ……………12, 186
幼児期の算数 ……………94
幼児の図形の弁別 ……………86
○容積 ……………128, 233
○余角 ……………287
○横軸 ……………143, 289
横の基線 ……………289
○よさの捉え方 ……………15
○四つの基本操作 ……………195

〈ら行〉
○リーグ戦 ……………256
理解の不確かさ ……………57
離散性 ……………44
離散変量 ……………66
離散量 ……………84
○理想化 ……36, 45, 59, 299
率 ……………11
立体 ……………100
立体図形 ……………140, 299
立体図形の表し方 ……………304
○リットルます・デシリットルます ……………127

○立方体の定義 ……………301
○立方体の展開図 ……………302
量概念の指導 ……………310
○量感 ……………110, 310, 311
量的分類 ……………27
量としての概念をのばす指導 ……………111
量と数の関係 ……………307
量の大きさの表し方 ……………241
量の概念 ……………305
量の概念と測定との関連…308
量の加法性 ……………306
○量の計算と数の計算 ……307, 308
量の性質 ……………305
量の測定性 ……………305
○量の体系 ……………11
量の稠密性・連続性 ……………306
量の等分可能性 ……………306
量の比較性 ……………305
量の保存性 ……………305
量分数 ……………279
量を使った分数の導入 ……………279
類概念 ……………47
類推 ……31, 36, 37, 61
累積度数分布 ……………66
類比的推論 ……………30, 31
○類別 ……………202
0から20までの記数法 ……138
0の扱い方 ……………202
0の意味 ……………187
0のかけ算 ……………199
0の効用 ……………137
○0の処理 ……………201
○レスターの問題解決ガイド ……………270
劣弧 ……………104
連続変量 ……………66
連続量 ……………84, 305
○LOGO ……………83

論証的推論 ……………31
論理的思考 ……………60
○論理的な推論 ……………61

〈わ行〉
○和 ……………209
和差算 ……………273
○和・差・積・商一定の問題 ……………272
○和と差の関係 ……………273
わられる数とわる数・商・余りの関係 ……………120
割合 ……………312
割合と百分率・歩合 ……………315
○割合の考え ……………275
○割合の考えの素地指導 ……313
○割合の問題と図解 ……………317
割合分数 ……………282
○わり切れない ……………218
○わり切れる ……………218
わり算 ……………213
わり算が用いられる場合…213
○わり算逆 ……………120
わり算における計算の工夫 ……………147
○わり算について成り立つ性質 ……………121
○わり算の意味…120, 213, 314
わり算の逆算 ……………199
わり算の逆のかけ算 ……………198
わり算の仕方 ……………214, 216
わり算の式 ……………214
わり算の筆算のリズム ……217
わり進み ……………218
○「割」と「分」について…181
わる数が整数のわり算 ……183
○わる数の0を全部消す方法 ……………149

算数教育指導用語辞典 ［第五版］

昭和59年 8月 1日	初　版	第1刷発行
平成 4年 7月 1日	新訂版	第1刷発行
平成16年 6月18日	第3版	第1刷発行
平成21年 1月25日	第4版	第1刷発行
平成30年 7月30日	第5版	第1刷発行
令和 4年11月30日	第5版	第3刷発行

編　著　者　　日 本 数 学 教 育 学 会
発　行　者　　伊 東 千 尋
発　行　所　　教 育 出 版 株 式 会 社
　　　　　　　〒135-0063　東京都江東区有明3-4-10 TFTビル西館
　　　　　　　TEL 03(5579)6725　　振替　00190-1-107340

印刷・製本　モリモト印刷

ⒸJapan Society of Mathematical Education 2018
Printed in Japan
落丁・乱丁本はお取替えいたします

ISBN978-4-316-80462-0 C3537